プリント形式のリアル過去問で本番の臨場感！

兵庫県 公立高等学校

2025年春 受験用　解答集

本書は，実物をなるべくそのままに，プリント形式で年度ごとに収録しています。
問題用紙を教科別に分けて使うことができるので，本番さながらの演習ができます。

■　収録内容

・解答集（この冊子です）

書籍ＩＤ番号，この問題集の使い方，最新年度実物データ，教科別入試データ解析，
解答例と解説，ご使用にあたってのお願い・ご注意，お問い合わせ

・2024（令和６）年度　～　2022（令和４）年度　学力検査問題

・リスニング問題音声《オンラインで聴く》　詳しくは次のページをご覧ください。

○は収録あり　年度	'24	'23	'22		
■ 問題収録	○	○	○		
■ 解答用紙	○	○	○		
■ 配点	○	○	○		
■ 英語リスニング音声・原稿	○	○	○		

全教科に解説
があります

☆問題文等の非掲載はありません

JN132404

教英出版

■　書籍ＩＤ番号

リスニング問題の音声は，教英出版ウェブサイトの「ご購入者様のページ」画面で，書籍ＩＤ番号を入力してご利用ください。

入試に役立つダウンロード付録や学校情報なども随時更新して掲載しています。

書籍ＩＤ番号　187330

（有効期限：2025年9月30日まで）

【入試に役立つダウンロード付録】
「ラストチェックテスト（標準／ハイレベル）」
「高校合格への道」

【リスニング問題音声】
オンラインで問題の音声を聴くことができます。
有効期限までは無料で何度でも聴くことができます。

■　この問題集の使い方

年度ごとにプリント形式で収録しています。針を外して教科ごとに分けて使用します。①片側，②中央のどちらかでとじてありますので，下図を参考に，問題用紙と解答用紙に分けて準備をしましょう（解答用紙がない場合もあります）。

針を外すときは，けがをしないように十分注意してください。また，針を外すと紛失しやすくなりますので気をつけましょう。

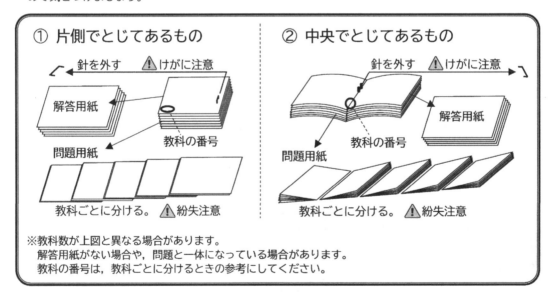

① 片側でとじてあるもの

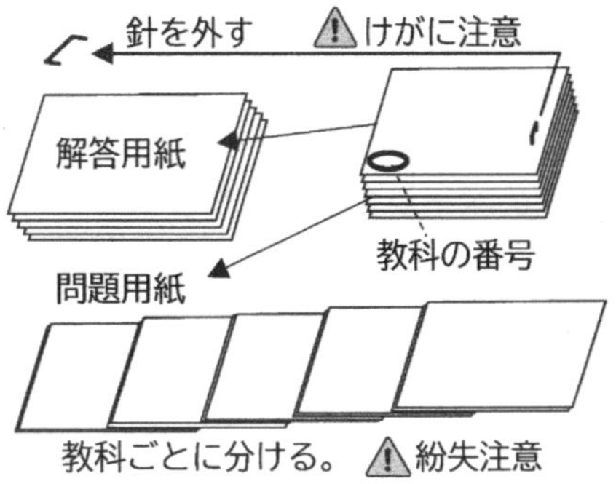

② 中央でとじてあるもの

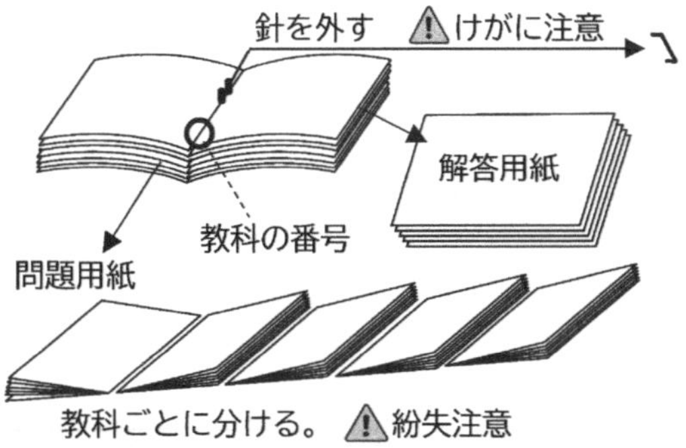

※教科数が上図と異なる場合があります。
解答用紙がない場合や，問題と一体になっている場合があります。
教科の番号は，教科ごとに分けるときの参考にしてください。

■　最新年度 実物データ

実物をなるべくそのままに編集していますが，収録の都合上，実際の試験問題とは異なる場合があります。実物のサイズ，様式は右表で確認してください。

問題用紙	Ａ４冊子（二つ折り）
解答用紙	Ａ３プリント（問題表紙裏）

兵庫県　公立高校入試データ解析　国語

分野別データ			2024	2023	2022
大問の種類	長文	論説文・説明文・評論	○	○	○
		小説・物語	○	○	○
		随筆・紀行文			
	古文・漢文		○	○	○
	詩・短歌・俳句		○		
	その他の文章		○	○	○
	条件・課題作文				
	聞き取り				
漢字・語句	漢字の読み書き		○	○	○
	熟語・熟語の構成		○		
	部首・筆順・画数・書体				○
	四字熟語・慣用句・ことわざ			○	
	類義語・対義語				
文法	品詞・用法・活用		○	○	○
	文節相互の関係・文の組み立て			○	○
	敬語・言葉づかい				
文章の読解	長文	語句の意味・補充	○	○	○
		接続語の用法・補充			
		表現技法・表現の特徴	○	○	
		段落・文の相互関係			
		文章内容の理解	○	○	○
		人物の心情の理解	○	○	○
	古文・漢文	歴史的仮名遣い		○	○
		文法・語句の意味・知識	○	○	○
		動作主	○	○	○
		文章内容の理解	○	○	○
	詩・短歌・俳句		○		
	その他の文章		○	○	○

形式データ	2024	2023	2022
漢字の読み書き	3	3	3
記号選択	27	27	26
抜き出し	4	6	5
記述	3	2	2
作文・短文			
その他	1	1	1

2025 年度入試に向けて

漢字に関する知識，文法，歴史的仮名遣いや返り点など，基本的な問題は確実に得点しよう。漢文は，書き下し文と照合しながら，全体として何を言いたいのかを考えよう。古文は，省略された主語を補いながら，話の流れをつかむこと。小説は，人物の言葉や行動から，そこに表れた気持ちを読み取ろう。また，細かい表現の工夫などにも注意しながら読み進めたい。説明的な文章は，各段落の内容をふまえた上で，論の展開をとらえ，筆者が言おうとしていることをつかもう。問題数が多いので，時間内に集中して解けるよう，過去問を使って練習しよう。

兵庫県 公立高校入試データ解析 数学

<table>
<tr><th colspan="2">分類</th><th>2024</th><th>2023</th><th>2022</th><th>問題構成</th><th>2024</th><th>2023</th><th>2022</th></tr>
<tr><td rowspan="7">式と計算</td><td>数と計算</td><td>○</td><td>○</td><td>○</td><td rowspan="4">小問</td><td rowspan="4">[1](1)～(4)
計算問題
(6)絶対値
[3](1)整数の積についての説明</td><td rowspan="4">[1](1)～(4)
計算問題</td><td rowspan="4">[1](1)～(5)
計算問題</td></tr>
<tr><td>文字式</td><td>○</td><td>○</td><td>○</td></tr>
<tr><td>平方根</td><td>○</td><td>○</td><td>○</td></tr>
<tr><td>因数分解</td><td></td><td>○</td><td>○</td></tr>
<tr><td>１次方程式</td><td></td><td>○</td><td></td><td rowspan="3">大問</td><td rowspan="3"></td><td rowspan="3">[6]３つの箱にコインを入れ，既定の操作をする問題</td><td rowspan="3">[6]３つの順位をかけ算してポイントを算出する問題</td></tr>
<tr><td>連立方程式</td><td></td><td>○</td><td></td></tr>
<tr><td>２次方程式</td><td>○</td><td></td><td>○</td></tr>
<tr><td rowspan="4">統計</td><td rowspan="2">データの活用</td><td rowspan="2">○</td><td rowspan="2">○</td><td rowspan="2">○</td><td>小問</td><td></td><td>[1](8)標本調査</td><td>[1](8)箱ひげ図</td></tr>
<tr><td>大問</td><td>[6]箱ひげ図等</td><td></td><td></td></tr>
<tr><td rowspan="2">確率</td><td rowspan="2">○</td><td rowspan="2">○</td><td rowspan="2">○</td><td>小問</td><td>[3](2)２つのさいころ</td><td></td><td></td></tr>
<tr><td>大問</td><td></td><td>[5]連立方程式との複合問題</td><td>[5]空間図形との複合問題</td></tr>
<tr><td rowspan="7">関数</td><td>比例・反比例</td><td>○</td><td>○</td><td>○</td><td rowspan="4">小問</td><td rowspan="4">[1](5)反比例</td><td rowspan="4">[1](5)反比例</td><td rowspan="4">[1](6)反比例</td></tr>
<tr><td>１次関数</td><td>○</td><td>○</td><td>○</td></tr>
<tr><td>２乗に比例する関数</td><td>○</td><td>○</td><td>○</td></tr>
<tr><td>いろいろな関数</td><td>○</td><td></td><td></td></tr>
<tr><td>グラフの作成</td><td></td><td></td><td></td><td rowspan="3">大問</td><td rowspan="3">[2]文章問題
駐輪時間と料金
[4]座標平面
放物線，直線，三角形，平行四辺形</td><td rowspan="3">[2]文章問題
動点と三角形の面積
[4]座標平面
放物線，直線，円</td><td rowspan="3">[2]文章問題
道のり・時間・速さ
[4]座標平面
放物線，直線，四角形の回転体</td></tr>
<tr><td>座標平面上の図形</td><td>○</td><td>○</td><td>○</td></tr>
<tr><td>動点，重なる図形</td><td></td><td>○</td><td></td></tr>
<tr><td rowspan="9">図形</td><td>平面図形の性質</td><td>○</td><td>○</td><td>○</td><td rowspan="5">小問</td><td rowspan="5">[1](7)円すいの体積
(8)平行線と角度</td><td rowspan="5">[1](6)円すいの側面積
(7)平行線と角度</td><td rowspan="5">[1](7)外角と角度</td></tr>
<tr><td>空間図形の性質</td><td>○</td><td>○</td><td>○</td></tr>
<tr><td>回転体</td><td></td><td></td><td>○</td></tr>
<tr><td>立体の切断</td><td></td><td></td><td></td></tr>
<tr><td>円周角</td><td>○</td><td>○</td><td>○</td></tr>
<tr><td>相似と比</td><td>○</td><td>○</td><td>○</td><td rowspan="4">大問</td><td rowspan="4">[5]平面図形
円，三角形</td><td rowspan="4">[3]平面図形
三角形，ひし形</td><td rowspan="4">[3]平面図形
円，三角形</td></tr>
<tr><td>三平方の定理</td><td>○</td><td>○</td><td>○</td></tr>
<tr><td>作図</td><td></td><td></td><td></td></tr>
<tr><td>証明</td><td>○</td><td>○</td><td>○</td></tr>
</table>

2025 年度入試に向けて

全体を通して難易度が高く，毎年異なるパターンの問題が出ているので，どの分野もしっかりと復習しておくことが重要である。[1]と[2]以外でも(1)は易しい問題が多いので，確実に正解しよう。後の方にある大問が難しいとは限らないので，時間がかかる問題はとばそう。

兵庫県　公立高校入試データ解析　英語

	分野別データ	2024	2023	2022
音声	発音・読み方			
	リスニング	○	○	○
文法	適語補充・選択	○	○	○
	語形変化	○	○	○
	その他			
英作文	語句の並べかえ	○	○	○
	補充作文			
	自由作文			
	条件作文			
読解	語句や文の補充	○	○	○
	代名詞などの指示内容			
	英文の並べかえ			
	日本語での記述			
	英問英答			
	絵・表・図を選択	○	○	
	内容真偽	○	○	
	内容の要約	○	○	○
	その他	○	○	○

形式データ			2024	2023	2022
リスニング	記号選択		8	8	8
	英語記述				
	日本語記述				
文法・英作文・読解	読解	会話文	1	2	2
		長文	2	1	1
		絵・図・表	2	2	2
	記号選択		18	15	15
	語句記述		8	11	12
	日本語記述				
	英文記述		2	2	2

2025 年度入試に向けて

読解問題は文や図などの補充問題が中心。高得点を目指すには，空欄の前後だけを読んで問題を解くのではなく，英文全体を読んで理解する必要がある。最初は時間がかかるが，まとまった量の英文を読む練習を重ねれば，速く正確に読めるようになっていく。

兵庫県　公立高校入試データ解析　理科

分野別データ		2024	2023	2022
物理	光・音・力による現象	○		○
	電流の性質とその利用		○	○
	運動とエネルギー	○	○	○
化学	物質のすがた	○	○	
	化学変化と原子・分子	○		
	化学変化とイオン		○	○
生物	植物の生活と種類		○	
	動物の生活と種類	○		○
	生命の連続性と食物連鎖	○	○	
地学	大地の変化	○		○
	気象のしくみとその変化		○	
	地球と宇宙	○		

形式データ	2024	2023	2022
記号選択	33	35	31
語句記述			1
文章記述			
作図			
数値	3	3	5

2025 年度入試に向けて

記号選択問題の割合が大きいが，すぐに答えがわかるような選択問題だけでなく，実験や観察の内容をよく理解したうえで答えを選ばなければならない選択問題も多い。教科書にのっている基本的な用語や公式，法則などを確実に覚えておくことはもちろんのこと，それらを使いこなせるように繰り返し練習したうえで，過去問に取り組むとよい。また，計算問題では，桁が多かったり答えにたどりつくまでにいくつかの式が必要だったりするので，正確さと速さが求められる。日々の学習の中で，計算ミスがないように意識しておくことが非常に重要である。

兵庫県　公立高校入試データ解析　社会

	分野別データ	2024	2023	2022	形式データ		2024	2023	2022
地理	世界のすがた	○	○	○	記号選択	資料読み取り	8	8	7
	世界の諸地域（アジア・ヨーロッパ・アフリカ）	○	○			知識	2	5	5
	世界の諸地域（南北アメリカ・オセアニア）	○	○	○		計算	2		1
	日本のすがた	○	○	○	語句記述		1		
	日本の諸地域（九州・中国・四国・近畿）	○	○		文章記述				
	日本の諸地域（中部・関東・東北・北海道）			○	計算				
	身近な地域の調査	○	○	○	作図				
歴史	原始・古代の日本	○	○	○	記号選択	資料読み取り	2		2
	中世の日本	○	○	○		知識	8	11	10
	近世の日本	○	○	○		時系列並べ替え	1	2	
	近代の日本	○	○	○	語句記述		3	2	2
	現代の日本				文章記述				
	世界史		○		並べ替え				
公民	わたしたちと現代社会	○	○	○	記号選択	資料読み取り	3	3	3
	基本的人権	○		○		知識	8	5	7
	日本国憲法	○			語句記述		1	2	2
	民主政治	○	○	○	文章記述				
	経済	○	○	○					
	国際社会・国際問題		○						

2025 年度入試に向けて

地理については，資料を読み取る選択問題が数多く出題される。特に日本地理では地形図を扱った問題が必出だから，しっかりと読み取れるように練習を繰り返したい。歴史については，歴史的事実の順序を問う問題や時代のようすを問う問題が多くなっている。時代背景と関連項目をしっかりと理解することが重要である。公民については，政治・経済から資料問題と知識問題がバランスよく出題されている。選択肢の誤っている部分を見きわめる知識と判断力を身につけよう。

2024 解答例 令和6年度　兵庫県公立高等学校

《2024　国語　解答例》

一　問一．つわもの　問二．ア　問三．ウ　問四．イ　問五．(1)イ　(2)エ　問六．ウ

二　問一．エ　問二．右漢文　問三．a．ア　b．イ　問四．イ

三　問一．イ　問二．エ　問三．増す　問四．ウ

四　問一．③す　⑤あら　⑧ほどこ　問二．4　問三．④ア　⑥ウ　問四．イ　問五．エ　問六．ア　問七．気に入　問八．イ

五　問一．A．ウ　B．イ　C．ア　問二．成熟し　問三．ア　問四．エ　問五．家や村　問六．エ　問七．ウ　問八．集団の効用　問九．イ

命ジテ二門人一ニ鑽セシムレ火ヲ。

《2024　数学　解答例》

1　(1) -3　(2) $5x+7y$　(3) $5\sqrt{5}$　(4) $\dfrac{-5\pm\sqrt{13}}{2}$　(5) -9　(6) 0　(7) 32π　(8) 40

2　(1)240　(2) $y=x+80$　(3)イ　(4)240

3　(1) i．2　ii．$2mn+m+n$　iii・iv・v．ウ　(2)① $\dfrac{1}{4}$　② $\dfrac{3}{4}$　③ $\dfrac{2}{9}$

4　(1) $\dfrac{1}{4}$　(2)ア．0　イ．4　(3) $y=\dfrac{1}{2}x+2$　(4)①(6，9)　② $\left(\dfrac{4}{3},\ \dfrac{32}{3}\right)$

5　(1) i．エ　ii．ウ　iii．カ　iv．2　(2) $\sqrt{7}-2$　(3) $\dfrac{10-2\sqrt{7}}{3}$

6　(1)7.5　(2)① a．ア　b．ウ　②0.75　(3)① $-x+1$　② $x=0.3$　符号…ウ

《2024　英語　解答例》

I　1．No.1．c　No.2．b　No.3．a　2．No.1．b　No.2．a　No.3．d　3．1．c　2．d

II　1．ウ　2．A．イ　B．エ　3．ア　4．エ　5．あ．nurse who can work　い．helpful for me to

III　1．①イ　②ウ　③エ　2．A．イ　B．ア　3．エ

IV　1．イ　2．エ　3．ウ　4．ア　5．さとしさん…ウ　すずさん…ア　6．イ

V　1．①thrown　②decided　③to join　2．①health　②first　③holiday　④address　⑤free

《2024　理科　解答例》

I　1．(1)D　(2)イ　(3)ア　(4)ウ　2．(1)イ　(2)①エ　②ウ　③ア，エ

II　1．(1)エ　(2)ウ　(3)ア　(4)あア　いイ　2．(1)①エ　②ウ　(2)①エ　②イ　③ウ

III　1．(1)ア　(2)イ　(3)ウ　(4)ア，エ　2．(1)イ　(2)①ウ　②エ　③3.04

IV　1．(1)ウ　(2)①ウ　②イ　③ア　(3)ア　(4)ア　2．(1)イ　(2)1.05　(3)エ　(4)1.2

《2024　社会　解答例》

I　1．(1)インド洋　(2)エ　(3)ウ　(4)イ　(5)ア　(6)カ　2．(1)ウ　(2)オ　(3)イ　(4)①ウ　②ア　③エ　④オ

II　1．(1)① i．平城　ii．聖武　②イ　(2)①ウ　②ア　③カ　④ウ　2．(1)ア　(2)①ウ　②ア　③エ　④イ　(3)①イ　②小村寿太郎

III　1．(1)①ア　②エ　(2)エ　(3)ウ　(4)①イ　②ウ　2．(1)イ　(2)①ア　②イ　(3)生存　(4)①オ　②エ

《2024　国語　解説》

一　**問二**　句の切れ目に用いる「や」「か」「かな」などを「切れ字」という。感動の中心を表す。

問三　「春雨《はるさめ》」は霧のように細かい春の雨。降っているかわからないほど細かい雨が牛の目に降り込んでいく情景。

問四　④　は、「別れゆく」という「結果」だけが詠まれている。　⑤　は、後に「それを鑑賞者が想像する」「事の経緯を全部書いてしまうと、報告文のようになるからね」とあることから、それまでに何が起こったのかという「過程」が省略されている。

問五(1)　生徒Ｃの「月並み(＝ありきたり)なものだから、句に深みを生む表現とは言えない」「事の経緯を全部書いてしまうと、報告文のようになる」、生徒Ａの「意味の重なりにも気をつけている」という点が、会話文の中に挙げられたいくつかの句の改善点として提案されていることから考える。この場合、「春風」も「たんぽぽ」も春の季語で、「ありきたりの情景」になっていると言える。　(2)　「春の風物」が２つ詠まれていた点を改善したものを選ぶ。イは「たんぽぽ」をそのまま使っているし、アの「桜」、ウの「蝶《ちょう》」も春の季語なので、適さない。

問六　生徒Ｂの「冬の雨～」の句に、生徒Ｃが「冬の雨」を「春近し」にするよう助言し、生徒Ａ・生徒Ｂ・生徒Ｄが賛同している。

二　**問一**　「暴」を書き下し文で「にはかに」と読んでいることから、「急に」という意味を表しているとわかる。よって、エが適する。他の選択肢の「暴」は、ア、イは「激しい」、ウは「あらわす」という意味。

問二　「門人に命じて」は「人」から「命」に二字以上返って読むので、「人」に「一点」、「命」に二点をつける。「火を鑽《さん》せしむ」は「火」から「鑽」に一字返って読むので、「鑽」にレ点をつける。

問四　【資料】の、「笑い」と「教訓的な意義」が読み取れるという説明に注目する。この話の面白い点(＝「笑い」)は、灯りをつけさせたいのなら、まず灯りで照らしてほしいと要求するところである。また、本文の最後「人を責むるには当《まさ》に其の方を以てすべきなり（人を責めるにはもっともな方法でするべきである)」という部分が「教訓的な意義」にあたる。

【漢文の内容】

ある人が夜急に病気になり、召し使いに火をおこし灯りをつけるよう命じた。その夜は闇夜で、なかなか灯りをつけることができなかった。ある人は早くするよう催促した。召し使いはむっとして言うことには、「ご主人が人を責めるのはまた非常に道理にかなっていません。今は漆《うるし》のように真っ暗です。どうして灯りを持ってきて私を照らしてくださらないのですか。私は火をおこす道具を探すことができます。その後に灯りをともしやすくなるのです。」と。孔文挙《こうぶんきょ》がこれを聞いて言うことには、「人を責めるにはやり方を考えるべきである。」と。

三　**問一**　古文の暦は旧暦で、一～三月が春、四～六月が夏、七～九月が秋、十～十二月が冬である。本文に「五月長雨の頃」とあることから夏であり、現代の六月頃、つまり梅雨の時期に当たる。

問二　「をかしげなる」は「すばらしい」という意味の「をかし」から考える。「手」は「文字・筆跡」のこと。

問三　一つの言葉に二つ以上の意味を込めた言葉を「掛詞《かけことば》」という。

問四　「馴れにし影」は「慣れ親しんだ姿」の意味。鏡に映してきた自分の姿ということである。

【古文の内容】

今となっては昔のことだが、大ききんで世の中がひどくすさんでいた年の、五月の長雨の頃に、鏡が入っている箱を、女が、持ち歩いて売っていたのを、大江定基《おおえのさだもと》（寂照《じゃくしょう》）のところに、持って来たところ、金や銀の粉を散らして装飾した箱である。中に薄くすいた和紙を引き破って、美しい字で書いてある。

今日までと思って見るにつけても涙が増す真澄《ます》鏡よ。慣れ親しんだ（私の）姿を人に伝えないでおくれ。

と（書いて）あるのを見て、（定基は）仏道を修めようと思う心が起こった頃だったので、非常にしみじみと思われて、泣いて、食物や米十石を車に乗せて、鏡は返し与えてやったのだった。召し使いの男が帰ってきて、「五条町のあたりの、荒れていた所で、そのまま降ろしました」と語った。（女が）誰というかもわからない。

四　問二　付属語は助詞・助動詞を指している。文節の中では自立語の後につく。「間違えた/ところの/糸を/引き抜いて/いる」の斜線が文節の区切りで、下線部が付属語である。

問四　より子の「綾《あや》ちゃんば見てると、初心ば思い出すねえ」「家族の着物っこさ刺してせ、喜んでもらえるのは嬉《うれ》しかったねえ」「友だちともおしゃべりしながら刺すのは本当に楽しかったねえ」という言葉から、イが適する。

問五　「それなのに」は、前の「菱刺《ひしざ》し」は「家族や大切な人に温かな着物を着せたい」という「想《おも》い」に「満たされている」ということを受けている。「それなのに」の後に「お父さん、パワハラ」などの「頭に浮かんだ言葉をそのまま吐いた」とあり、「父がどう思うかなんて考えちゃいなかった」と後悔している。

問六　リード文にあるように、綾は「やりたいことが見つからず、進路調査票を提出できずにいた」が、菱刺しの工房を訪れ、後にあるように「八戸《はちのへ》の工業大学で伝統デザインを勉強しようと思う」ようになった。よって、アが適する。イの「短時間で高度な技法を習得した」、ウの「父親を喜ばせる方法を思いついた」、エの「菱刺しを一生の仕事にできる幸せ」が適さない。

問七　「素直に自分の気持ちを言えない」ということを象徴的に表しているのは、本心では父にネクタイをしてほしいのに「気に入らなかったら、無理にしてかなくていいから」と発言しているところである。

問八　綾が素直でないなりに「できることはしました」と言っているのは、父に菱刺しのネクタイを渡して進路についての決意を伝えたことである。「あとはお父さん次第」とは、父がその気持ちに応えてくれるかどうかということである。「結果を言えば」以下にあるように、この後、父はネクタイを締めた姿を見せて応えてくれた。

五　問一　A「採用」　ア．祝祭　イ．俊才　ウ．伐採　エ．根菜　　B　「有機的」　ア．喚起　イ．機関　ウ．発揮　エ．危急　　C「普段」　ア．階段　イ．果断　ウ．談笑　エ．暖房

問二　「やがて」は副詞で用言を修飾する。やがてどうなるのかという部分「成熟し」が適する。

問四　近代化が「社会における個人の役割を大きく」し、「社会の中の共同的な要素を抑制する」とあり、「諸個人」が「自らの置かれている共同体から切り離されていった」とあることから、エが適する。

問五　「江戸時代までの社会は」とあることから、前の段落の「近隣住民の助け合いを基盤にした」という内容がよいが、字数が合わないので、３段落後の「家や村を生きる基盤にしてきた」が適する。

問六　「個人の存在が～前景化する」とは、直後の段落より、「個人を前面に出す」こと。このような、個人の存在が強調されるようになった時代について、傍線部③の直後に「明治政府は～統治を一元的に行う各種のシステムを導入した」とある。そして、明治政府は「個人の成功を～内なる努力と工夫による独立した精神で成し遂げる重要性を訴えた作品」である、『西国立志編』を修身（＝道徳）の教科書として採用した。個人の成功を、自分の努力によるものとする考え方を広めたということになるから、エが適する。

問七　「個人を真ん中におく発想」とは、直前の「家や村を生きる基盤にしてきた」の反対の内容であることから、

家や村などの「所属関係から離れてすべての人間を『国民』として一元的な戸籍に登録」し、「個人を前面に出す」ような発想であるということになる。

問八　「この疑問」とは直前の「合理的な個人」は「なぜ自分の利益を犠牲にしてまで〜だろうか」で、犠牲にするのとは逆に「優先させる」のは、その前の「集団の効用」である。

問九　「現代社会の諸集団の特徴」として、直前に「対外的な競争と対内的な協力が重層的に織り込まれている」とある。「競争」と「協力」は「集団においては両方を内包している」とあるイが、これに合致している。

《2024　数学　解説》

1　(2)　与式$=6x+3y-x+4y=\boldsymbol{5x+7y}$

(3)　与式$=3\sqrt{5}+2\sqrt{5}=\boldsymbol{5\sqrt{5}}$

(4)　2次方程式の解の公式より，$x=\dfrac{-5\pm\sqrt{5^2-4\times1\times3}}{2\times1}=\boldsymbol{\dfrac{-5\pm\sqrt{13}}{2}}$

(5)　**【解き方】反比例の式は$y=\dfrac{a}{x}$，または$xy=a$と表せる。**

$xy=a$に$x=-6$，$y=3$を代入すると，$-6\times3=a$より$a=-18$となる。よって，$x=2$のとき$y=\dfrac{-18}{2}=\boldsymbol{-9}$

(6)　絶対値が2以下である整数は，-2，-1，0，1，2の5個だから，その和は$(-2+2)+(-1+1)+0=$**0**である。

(7)　円すいの体積は，$\dfrac{1}{3}\times4^2\pi\times6=\boldsymbol{32\pi}$ (cm³)

(8)　**【解き方】三角形の1つの外角は，これととなり合わない2つの内角の和に等しいことを利用する。**

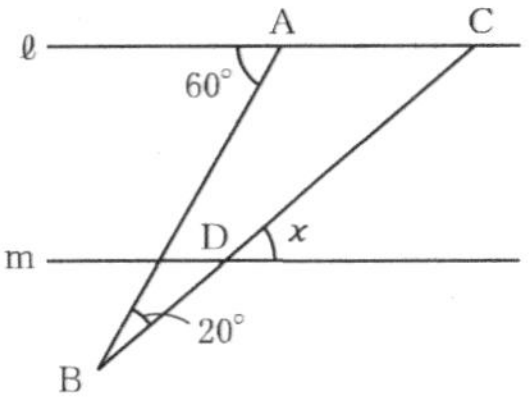

右図において，平行線の錯角は等しいから，ℓ//mより，∠ACD＝∠x

△ABCにおいて，三角形の外角の性質より，20°＋∠x＝60°

よって，∠x＝60°－20°＝**40°**

2　(1)　駐輪場Aでは，60分を超えて180分までの料金は**240**円である。

(2)　直線PQの式を$y=ax+b$とおき，直線の式にP，Qの座標をそれぞれ代入すると，$100=20a+b$，$120=40a+b$となる。これらの式を連立方程式として解くと，$a=1$，$b=80$となるから，直線PQの式は$\boldsymbol{y=x+80}$である。

(3)　駐輪場Aでは，60分を超えて180分までの料金が240円だから，駐輪場Bで料金が240円になる時間を考える。基本料金が100円で，20分を超えるごとに20円ずつ加算されるから，料金が240円となるのは，$(240-100)\div20=7$より，$20\times7=140$(分)を超えて160分までなので，**イ**が適切である。

(4)　**【解き方】駐輪場Aにおける，駐輪時間が180分を超えて300分までの料金は330円である。まずは駐輪場Bにおける，駐輪時間が180分を超えて200分までの料金を求める。**

(2)で求めた式は，駐輪場Bにおいて，駐輪時間が$(x-20)$分を超えてx分までの料金をy円とした式だから，180分を超えて200分までの料金は，$200+80=280$(円)である。330円を超えない最大料金になるのは，$(330-280)\div20=2.5$より，料金がさらに2回だけ加算されたときだから，駐輪時間が$200+20\times2=240$(分)までは，駐輪場Bの方が安くなる。よって，求める駐輪時間は最大で**240**分である。

3　(1)　2つの奇数$2m+1$，$2n+1$の積は，$4mn+2m+2n+1=\boldsymbol{2(2mn+m+n)+1}$となる。$2mn+m+n$は整数だから，$2(2mn+m+n)$は整数を2倍した数，つまり偶数となり，2つの奇数の積は偶数に1を足した数だから，奇数になる。

同様に，２つの偶数を$2p$，$2q$（p，qは整数）とおくと，その積は$2p\times 2q=2\times 2pq$となり，偶数と奇数をそれぞれ$2r$，$2s+1$（r，sは整数）とおくと，その積は$2r\times(2s+1)=2\times(2rs+r)$となるから，どちらも偶数である。よって，**ウ**が正しい。

⑵① **【解き方】⑴より，a，bがともに奇数となる場合を考えればよい。**

さいころの目の数のうち，奇数は１，３，５の３通りだから，a，bのどちらも奇数となるような目の出方は$3\times 3=9$（通り）ある。大小２つのさいころの目の出方は全部で$6\times 6=36$（通り）だから，abの値が奇数となる確率は，$\frac{9}{36}=\mathbf{\frac{1}{4}}$である。

② **【解き方】$ab+3b=b(a+3)$であり，aが奇数のとき$a+3$は偶数，aが偶数のとき$a+3$は奇数になる。**

aが奇数のとき，bの値に関わらず$b(a+3)$は偶数になるから，$3\times 6=18$（通り）ある。

aが偶数のとき，bが偶数であれば$b(a+3)$は偶数になるから，$3\times 3=9$（通り）ある。

よって，求める確率は，$\frac{18+9}{36}=\mathbf{\frac{3}{4}}$

③ **【解き方】まずは，$a^2-5ab+6b^2=a^2-ab-4ab+6b^2=a(a-b)+2(-2ab+3b^2)$と変形し，これが奇数となる条件を考える。**

$2(-2ab+3b^2)$は偶数だから，$a(a-b)$が奇数ならばよい。それはaと$a-b$がともに奇数のときであり，そのためにはbは偶数でなければならない。したがって，aが奇数，bが偶数であればよい。

次に，$a^2-5ab+6b^2=(a-2b)(a-3b)$とする。

$(a-2b)(a-3b)>0$となるためには，$a>3b$または$a<2b$となればよい。

$a>3b$のとき，bは偶数だから$3b\geqq 6$となり，これを満たすaは存在しない。

$a<2b$のとき，$(a,\ b)=(1,\ 2)(1,\ 4)(1,\ 6)(3,\ 2)(3,\ 4)(3,\ 6)(5,\ 4)(5,\ 6)$の８通りが条件に合う。このとき，$a-2b$，$a-3b$は互いに異なる負の奇数だから，その積は３以上である。

したがって，求める確率は，$\frac{8}{36}=\mathbf{\frac{2}{9}}$

4 ⑴ 放物線$y=ax^2$は$A(-2,\ 1)$を通るから，Aの座標を放物線の式に代入して，$1=a\times(-2)^2$より$a=\mathbf{\frac{1}{4}}$

⑵ **【解き方】放物線のグラフにおいて，xの変域に０が含まれるとき，yの最大値または最小値が０になる。**

放物線$y=\frac{1}{4}x^2$は上に開いているから，最小値は$y=0$である。-2と４の絶対値は４の方が大きいから，$x=4$のとき，yは最大値$y=\frac{1}{4}\times 4^2=4$となる。よって，$y$の変域は$\mathbf{0\leqq y\leqq 4}$

⑶ **【解き方】直線ABの式を$y=mx+n$として，AとBの座標をそれぞれ代入することで，連立方程式を立てる。**

直線$y=mx+n$は$A(-2,\ 1)$を通るので，$1=-2m+n$が成り立つ。また，⑵よりBの座標は$(4,\ 4)$だから，$4=4m+n$が成り立つ。これらを連立方程式として解くと，$m=\frac{1}{2}$，$n=2$となるから，直線ABの式は，$\mathbf{y=\frac{1}{2}x+2}$

⑷① **【解き方】四角形ABDCは平行四辺形だから，（AとBのx座標の差）＝（CとDのx座標の差）となることを利用して，Dのx座標を求める。**

（AとBのx座標の差）$=4-(-2)=6$だから，

（Dのx座標）＝（Cのx座標）$+6=0+6=6$である。

Dは放物線$y=\frac{1}{4}x^2$上の点だから，Dのy座標は$\frac{1}{4}\times 6^2=9$となるので，

D(6，9)である。

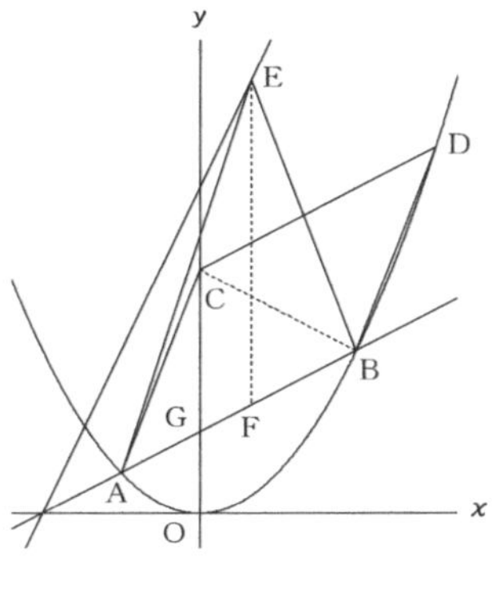

② **【解き方】Eからy軸と平行な直線を引き，直線ABとの交点をFとする。△ABCと△ABEの面積比から，EFの長さを求める。**

△ABC＝△CAG＋△CBG＝$\frac{1}{2}$×CG×(AとCのx座標の差)＋$\frac{1}{2}$×CG×(BとCのx座標の差)＝$\frac{1}{2}$×CG×{(AとCのx座標の差)＋(BとCのx座標の差)}＝$\frac{1}{2}$×CG×(AとBのx座標の差)と表せる。

同様に，△ABE＝$\frac{1}{2}$×EF×(AとBのx座標の差)と表せる。したがって，△ABC：△ABE＝CG：EFである。△ABCの面積は平行四辺形ABDCの面積の$\frac{1}{2}$だから，CG：EF＝△ABC：△ABE＝1：2

(4)①より，(Cのy座標)＝(Aのy座標)＋(BとDのy座標の差)＝1＋(9－4)＝6だから，C(0，6)

直線ABとy軸の交点をGとすると，G(0，2)

よって，CG＝(CとGのy座標の差)＝6－2＝4だから，EF＝2CG＝2×4＝8

EとFのx座標をpとする(p＞0)。Eは直線$y=2x+8$上の点だから，Eのy座標は2p＋8であり，Fは直線$y=\frac{1}{2}x+2$上の点だから，Fのy座標は$\frac{1}{2}$p＋2である。よって，EF＝(2p＋8)－($\frac{1}{2}$p＋2)＝$\frac{3}{2}$p＋6

したがって，$\frac{3}{2}$p＋6＝8より，p＝$\frac{4}{3}$　　Eのy座標は$2\times\frac{4}{3}+8=\frac{32}{3}$だから，E$\left(\boldsymbol{\frac{4}{3}},\ \boldsymbol{\frac{32}{3}}\right)$

5　(1)　証明の穴埋め問題では，すでに書かれていることがヒントになるのでそれをよく読んで，論理的な説明になるように空欄を埋めていこう。答えがすぐにわからない場合は，仮定を図にかきこみ，問題の内容に応じて，図形の性質，平行線の同位角・錯角，円周角の定理などからわかることも図にかきこんで，答えを考えよう。

BEの長さについては，AB：EB＝BE：BD　　4：BE＝BE：1より$BE^2=4\times1$　　これを解くと，BE＝±2　　BE＞0よりBE＝**2**(cm)となる。

(2)　△ABCにおいて，三平方の定理より，BC＝$\sqrt{4^2-3^2}=\sqrt{7}$(cm)だから，CE＝BC－BE＝$\boldsymbol{\sqrt{7}-2}$(cm)

(3)　**【解き方1】右図で，△ABC∽△GBEであることを利用し，GB，GEの長さを求めた後，△AEG∽△FDGの相似比を利用して円Oの半径を求める。**

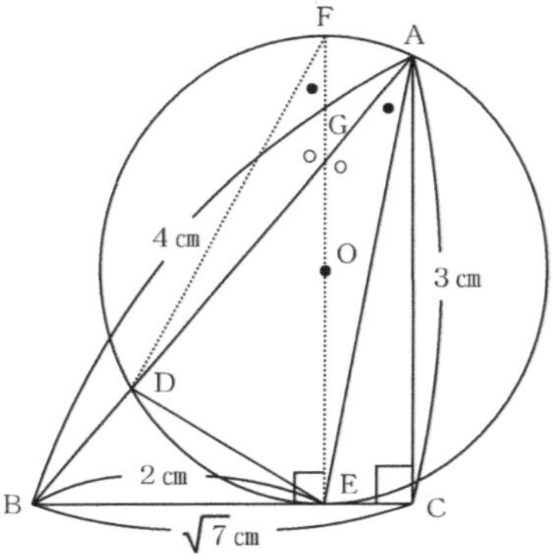

△ABCは3つの辺の長さの比が3：4：$\sqrt{7}$の直角三角形だから，

△GBEの辺の長さの比も3：4：$\sqrt{7}$である。

よって，GB＝$2\times\frac{4}{\sqrt{7}}=\frac{8}{\sqrt{7}}$(cm)，GE＝$2\times\frac{3}{\sqrt{7}}=\frac{6}{\sqrt{7}}$(cm)

円Oの半径をr cmとすると，FG＝FE－GE＝$2r-\frac{6}{\sqrt{7}}$(cm)，

GD＝GB－BD＝$\frac{8}{\sqrt{7}}-1$(cm)，AG＝AB－GB＝$4-\frac{8}{\sqrt{7}}$(cm)

となるから，△AGE∽△FGDより，AG：FG＝GE：GD

$\left(4-\frac{8}{\sqrt{7}}\right):\left(2r-\frac{6}{\sqrt{7}}\right)=\frac{6}{\sqrt{7}}:\left(\frac{8}{\sqrt{7}}-1\right)$　　よって，$\frac{6}{\sqrt{7}}\left(2r-\frac{6}{\sqrt{7}}\right)=\left(4-\frac{8}{\sqrt{7}}\right)\left(\frac{8}{\sqrt{7}}-1\right)$

これを解くと，$r=\frac{10-2\sqrt{7}}{3}$となるから，円Oの半径は$\boldsymbol{\frac{10-2\sqrt{7}}{3}}$cmである。

【解き方2】円Oの半径をr cmとし，右のように作図する。直角三角形AOHにおいて三平方の定理を利用して，rの方程式を立てる。

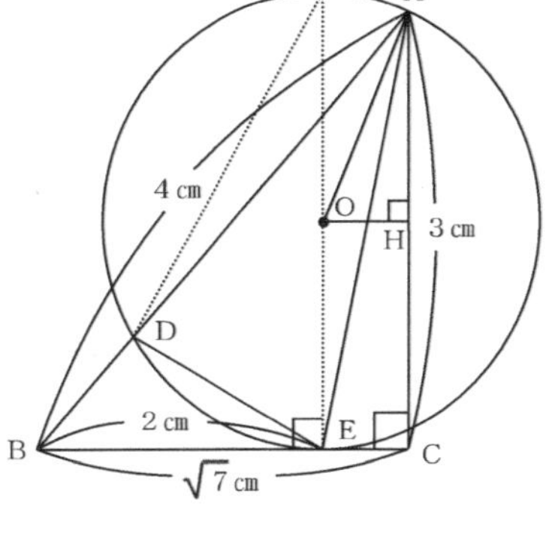

HO＝CE＝($\sqrt{7}-2$)cm，AH＝AC－OE＝3－r(cm)，

OA＝r cmだから，$HO^2+AH^2=OA^2$より，

$(\sqrt{7}-2)^2+(3-r)^2=r^2$

これを解くと，$r=\frac{10-2\sqrt{7}}{3}$となるから，

円Oの半径は$\boldsymbol{\frac{10-2\sqrt{7}}{3}}$cmである。

6 (1) データを小さい順に並べると，2，2，4，5，7，7，8，9，10，10，11，14となる。データの個数は12個だから，中央値は，12÷2＝6より，大きさ順に6番目と7番目の平均なので，(7＋8)÷2＝**7.5(日)**である。

(2)① 範囲は箱ひげ図全体の長さだから，三田市と洲本市の範囲は等しい。よって，aは「**ア** 正しい」となる。平均値は箱ひげ図から求めることができないので，bは「**ウ** 図からはわからない」となる。

② **【解き方】12日以上16日未満の階級の累積度数について考えるので，15日以下の度数の合計を求める。**

豊岡市の箱ひげ図を見ると，第3四分位数が15.5日であり，15日に近い。第3四分位数は，6÷2＝3より，データの大きい方から3番目と4番目の値の平均だから，大きい方から4番目以下の値はすべて15日以下，大きい方から3番目以上の値はすべて16日以上である。

したがって，15日以下の度数の合計は12−3＝9(日)だから，求める相対度数は$\frac{9}{12}$＝**0.75**である。

(3)① 2月1日から3日までのブライアスコアは，$\{(x-0)^2+(y-0)^2+(0.5-0)^2\}\div 3=\frac{x^2+y^2+0.25}{3}$，

2月4日から6日までのブライアスコアは，$\{(x-1)^2+(y-1)^2+(0.5-1)^2\}\div 3=\frac{(x-1)^2+(y-1)^2+0.25}{3}$

であり，これらのブライアスコアが等しいから，$\frac{x^2+y^2+0.25}{3}=\frac{(x-1)^2+(y-1)^2+0.25}{3}$

整理すると，$\boldsymbol{y=-x+1}$となる。

② **【解き方】以下の解説では，「降水確率」と「降水の有無」の差を2乗した値を「2乗の値」とよび，複数の日について2乗の値を足し合せたものを「2乗の値の和」とよぶ。なるべく計算が簡単になるように，2乗の値の和で考えていく。**

2月1日から3日までの3日間と，2月4日から6日までの3日間は，ブライアスコアが等しく，ともに3日間だから，2乗の値の和も等しい。したがって，2月1日から6日までの6日間の2乗の値の和は，2月1日から3日までの3日間の2乗の値の和の2倍だから，$(x^2+y^2+0.25)\times 2=\{x^2+(-x+1)^2+0.25\}\times 2=4x^2-4x+2.5$

である。これより，2月7日から9日までの3日間のブライアスコアは，$\frac{4x^2-4x+2.5}{6}-\frac{2}{15}=\frac{20x^2-20x+8.5}{30}$

2月7日から9日までの3日間の2乗の値の和は，$\frac{20x^2-20x+8.5}{30}\times 3=2x^2-2x+0.85$

2月9日は，降水の有無が0でも1でも2乗の値が0.25になるから，2月7日と8日の2日間の2乗の値の和は，

$(2x^2-2x+0.85)-0.25=2x^2-2x+0.6$…①になる。

次に，2月7日と8日の2日間の2乗の値の和をxの異なる式で表し，方程式を立てる。2月7日と8日の2乗の値は，降水の有無によって右表のように変化する。

	7日	8日
降水確率	x	$-x+1$
降水の有無が0のときの2乗の値	x^2	x^2-2x+1
降水の有無が1のときの2乗の値	x^2-2x+1	x^2

2月7日と8日の2日間の2乗の値の和は，降水の有無がともに0かともに1のとき，$x^2+(x^2-2x+1)=2x^2-2x+1$となり，①の式と方程式を立てたとき，式が成り立たない。

2月7日と8日の降水の有無が0と1のとき，$x^2+x^2=2x^2$…②

となる。①，②より，$2x^2=2x^2-2x+0.6$　これを解くと$x=0.3$となり，$0\leqq x<0.5$に合う。

2月7日と8日の降水の有無が1と0のとき，$(x^2-2x+1)+(x^2-2x+1)=2x^2-4x+2$…③となる。

①，③より，$2x^2-4x+2=2x^2-2x+0.6$　これを解くと$x=0.7$となり，$0\leqq x<0.5$に合わない。

以上より，$x=0.3$であり，雨が降った日は「**ウ** 2月8日と9日」である。

《2024 英語 解説》

I 1 **No.1** A「すみません。次のバスは駅へ行きますか？」→B「はい。そのバスはもうすぐ来ますよ」→A「ありがとうございます。駅まではどれくらいかかりますか？」の流れより，c「約10分です」が適切。

No. 2　A「明日のコンサート，自信がないよ」→B「心配ないよ。たくさん練習したじゃないか」→A「もう一度，私のパートを聴いてくれる？」への返答だから，b「もちろんだよ」が適切。　No. 3　A「もしもし，こちらはノジギク社です。ご用件をお伺いいたします」→B「もしもし，マエダと申します。トンプソンさんに代わっていただけますか？」→A「申し訳ございません。ただ今外出中です」の流れより，a「わかりました。かけなおします」が適切。

2　No. 1　質問「リンダはいつ宿題をしましたか？」…Aの２回目の発言「私は水曜日の放課後にやったよ」より，b「水曜日に」が適切。　No. 2　質問「彼らは今，何をしていますか？」…cutting the vegetables「野菜を切る」，pass me the salt and spices「塩とスパイスを取って」，Dinner will start at 7:00「夕食は７時に始まるよ」などより，a「夕食を作っている」が適切。　No. 3　質問「彼らはどのバースデーカードを作るでしょうか？」…how about drawing both flowers?「両方の花の絵を描くのはどう？」，we should write our message below the pictures「絵の下にメッセージを書くのがいいね」より，ヒマワリとバラの絵があって，その下にメッセージが書かれたdが適切。

3　【放送文の要約】参照。1　質問「特製パンケーキを食べるにはどの階に行く必要がありますか？」…４行目より，パンケーキが食べられるのは３階にある西洋式レストランである。c「３階」が適切。　2　質問「安全のため，自分の部屋に入る前に何をする必要がありますか？」…５～６行目より，d「非常口を確認する」が適切。

【放送文の要約】

こちらがお部屋の鍵と朝食のチケットです。このホテルにはレストランが２つあります。日本式の朝食か西洋式の朝食かお選びいただけます。レストランは１階と３階にございます。日本式の朝食をお召し上がりになりたい場合は，１階においでください。そこからは美しい庭園を見ることができます。1c西洋式レストランは３階にございます。そちらでは朝食に特製パンケーキを提供しております。それから，お客様のお部屋は４階になります。2d非常口は廊下の突き当たりにございます。安全のため，お部屋に入る前にご確認ください。それではごゆっくりお過ごしください。

Ⅱ【本文の要約】参照。

1　下線部①の直前の文のI wanted to ～の部分に，ひなこが将来したいことが書かれている。同じ内容のウ「看護師としていくつかのアジアの国で患者をサポートする」が適切。

2　「ひなこはいくつかのアジアの国で病院の［A］を見ることができる。同時に，彼女は英語のコミュニケーションを通して英語のスキル［B］ことができる」…ひなこの３回目の発言参照。A　１行目のreal situation「実際の状況」と似た意味の，イ「現実」が適切。　B　２行目のmake my English skills better「英語のスキルをアップさせる」と似た意味の，エ「～を向上させる」が適切。　・make＋もの＋状態「(もの)を(状態)にする」

3　「クラスメートと教室を掃除することは，［　　］のに役立った」…下線部③のthatは直前の文のI found thatのあとの部分を指す。よって，ア「生徒が互いに助け合うことの大切さを知る」が適切。

4　ア「時は金なり」，イ「過ちが人をつくる」，ウ「明日は明日の風が吹く／明日は別の日」は会話の流れと合わない。

5　ひなこの２回目の発言参照。あ　３～４行目より，ひなこがなりたいのは「外国で働くことができる看護師」である。「外国で働くことができる看護師」は〈関係代名詞(＝who)＋語句(＝can work overseas)〉で後ろから名詞(＝nurse)を修飾して表す。teacher「教師」が不要。　い　最後の文より，「このプログラムで留学することは，夢を実現させるのに役立つ」という文にする。impossible「不可能な」が不要。　・it is＋形容詞＋for＋人＋to ～「(人)にとって～することは…だ」

【本文の要約】

レオ　：やあ，ひなこ。何をしているの？

ひなこ：レオ，このポスターを見ているよ。このポスターによると，私たちは来年留学するチャンスがあるみたい。国を１つ選んで，そこでやってみたい活動の計画を立てられるよ。

レオ　：それはいいね！君はこのプログラムに興味があるの？

ひなこ：うん。私はこの夏，地元の病院に行ってそこで職場体験をしたの。フィリピン出身のスタッフと出会ったよ。彼は私に，アジアの一部の国では満足のいく医療が受けられないと教えてくれたよ。1ウ，5あ私は彼の話を聞いたあと，将来看護師になって，そういった国の患者を助けたいなって思ったの。5いこのプログラムは私の将来の夢を実現させるのに役立つと思う。

レオ　：なるほど。活動に関しては何か計画はあるの？

ひなこ：2Aイ実際の状況を見るためにに，ボランティアとしてそれらの国の病院を訪れたいよ。あと，地域の人たちや他の国から来たボランティアの人たちと話すことによって，2Bエ英語のスキルをアップさせるつもりだよ。

レオ　：つまりこのプログラムで君は２つのことができるんだね。

ひなこ：その通り。ところで，交換留学生としての経験についてあなたに質問したいな。日本に来てから学んだことで，何かおもしろいことはある？

レオ　：うん，ひとつ話したいことがあるよ。先生が僕に，クラスメートと一緒に教室の掃除をしなさい，って言った時は驚いたよ。アメリカでは普通，生徒は教室の掃除をしないんだ。数か月後，僕は，生徒はこの活動から大切なことを学ぶんだって思ったよ。自分たちの教室を掃除している間，僕たちは同じ目的を持ってお互いに助け合うよね。3ア僕はこの経験のおかげで，学校で一緒に掃除をすることは生徒が協力することの大切さを学ぶのに役立つってことがわかったよ。このことは，日本で教室の掃除をするまで気づかなかったよ。

ひなこ：あなたは実生活で実際にいろいろやったんだね。とても大切なことだね。

レオ　：そう。英語では，「④エ経験は最良の教師」って言うよ。君が来年の留学プログラムで多くを学ぶことができるよう祈っているよ。

ひなこ：ありがとう，レオ。

Ⅲ　【本文の要約】参照。

1　①～③はすべて，「～するために」という目的を表すto不定詞の副詞的用法の文。

2　下線部④の後の３文の内容と合うものを選ぶ。「客はパンの缶詰の賞味期限が来る前にメールを受信する」→「客がそのパンを困っている人に送ってほしい場合，Aイパン屋が古いパンを回収する（＝collects the old bread）」→「パン屋は回収したパンの安全性を確認する」→「パン屋は世界中の困っている人のところBアに回収したパンを送る（＝sends the collected bread to）」

3　エ「パンで支援が必要な人を手助けすること」が適切。ア「大企業と一緒に新しいタイプのパンを作ること」，イ「大勢の人に美味しいパンの作り方を教えること」，ウ「有名なパン屋のオーナーになること」は本文の内容と合わない。

【本文の要約】

あるパン屋で働いていたひとりの男性が，阪神淡路大震災で被害を受けた人々にできたてのパンを送りました。ある女性が「あなたの作った柔らかくておいしいパンが食べられてうれしいわ。乾パンは食べるのが大変なの。でも残念ながら，賞味期限のせいで，あなたのパンは短い間しか食べられないわね」と言いました。彼は考えました。「①イパンを長い間柔らかくておいしく保つにはどうしたらいいのだろう？」それはとても難しい問題でした。しかし彼は，大勢の困っている人を自分のパンで助けることが，自分にとって大切な仕事なのだと思いました。彼は100回以上の実験をし，ついに，柔らかくておいしいパンの缶詰を作りました。

その特別なパンの缶詰は，彼の多大な努力によって生み出されました。しかし，最初，販売は順調ではありませんでした。当時，多くの人はパンの缶詰のことを知りませんでした。「②ウ人々にこの特別なパンについて伝えるにはどうしたらいいのだろう？」と彼は思いました。そこで彼は地元の自治体にパンの缶詰を 500 個提供しました。テレビ番組が彼の特別なパンを紹介し，多くの学校，企業，そして自治体が注文しました。

ある日，以前に多くのパンの缶詰を買った市役所が彼に電話をかけました。市役所の職員は「また新たにパンの缶詰を買いますので，古いパンの缶詰を廃棄してもらえませんか？」と言いました。彼はこの言葉を聞いて悲しくなりました。パンの缶詰の賞味期限は３年でした。もしお客さんがその期限内に食べなかったら，廃棄する必要がありました。彼は，「③エ古いパンの廃棄を減らすにはどうしたらいいのだろう？」と考えました。彼はまた新しい問題に直面しましたが，決してあきらめませんでした。当時，海外で大きな地震が起こり，彼は売れなかったパンの缶詰を送るように依頼されました。その時，ある考えが浮かんだのです。彼はこう考えました。「世界には，災害と食料不足に苦しむ人がたくさんいるのだ。もし私が，賞味期限が切れる前にパンの缶詰をお客さんから集めて，それを困っている人に送ることができたら，そのパンが彼らを助けることになる」

彼は新しいサービスを始めました。このサービスでは，パンの缶詰を買った人は，パンの賞味期限の前に，パン屋からメールを受信します。2A彼らはパン屋にそのパンの回収を依頼してもいいし，非常事態に備えて置いておくこともできます。もしパン屋に回収を頼むと，彼らは新しいパンを割引価格で買うことができます。パン屋が回収したパンの安全性を確認した後，2Bそれらのパンは災害や食料不足で苦しむ人々の元に送られます。このサービスで，20 万個以上のパンの缶詰が世界中に送られました。

挑戦が始まった時点では，彼の目標はパンを長い間柔らかく，おいしく保つことでした。その目標を達成した後，彼はまた別の問題に直面しました。しかし，彼は様々な方法でそれらの問題を解決しようと努力し続けました。その結果，彼は多くの人を助ける制度を確立することができました。「私はいつでも⑤エ自分の使命(＝パンで支援が必要な人を手助けすること)を心に刻んでいます。それが，自分の使命の成功のための最も大事なことだったのです」と彼は言いました。

Ⅳ 【本文の要約】参照。

1　直前の but now「しかし今は」より，カンマの前の部分と相反する内容のイが適切。ア「とてもにぎやか」，ウ「よく知られるようになった」，エ「人気になった」は不適切。

2　下線部②の具体的な内容は「ショッピング街についてのウェブサイトを作ること」と「観光客がショッピング街で楽しむことができる活動を計画すること」である。どちらも町を活性化するためにさとしのグループが考えた方法だから，エ「地元により多くの人を引き寄せるための」が適切。

3　発表の最後から２文目などより，すずのグループは，観光客に地域の農業に興味を持ってもらいたいので，ウが適切。　・get one's interest in ～「(人)に～に興味をもってもらう」

4　ア「人々が，地域の農家は化学薬品無しでは野菜を育てられないことに気づく」はすずが述べたことと異なる。イ「人々が，農業分野における最新技術が農業を楽にすることを知る」，ウ「人々が，地域の農業を支援するために自分たちに何かできるということに気づく」，エ「人々が，ポスターによって地域の野菜の料理方法を知る」は，すずが述べた内容。

5　**さとしさん**　ウが適切。(コメントの訳)「★よかった点…地域独自のものを使ってオリジナルグッズを作るといった活動を通して，ショッピング街に人々を引き寄せるというのがいいですね。　★その他のコメント…お客さんに，ウェブサイトでどの商品を買いたいか聞いてみるのはどうですか？」

すずさん　アが適切。（コメントの訳）「★よかった点…農作業の大変さについての人々のイメージを変えることが大事だと思います。　★その他のコメント…レシピのコンテストを開催するのはどうですか？人々からたくさんのレシピを集め，それらをポスターに載せることができますよ」

6　「さとしとすずはふたりとも［　　］と考えている」…ふたりの発表で共通していることは，地域の活性化のためには観光客に町のことを知ってもらい，関心を持ってもらう必要があるという点である。イ「問題の解決方法と観光客の関心は関連している」が適切。

【本文の要約】

［さとし］　今日は僕たちの町を活性化させる方法について話したいと思います。この町は，過去には多くの観光客がいました。しかしその数は今では減少しています。僕たちはこれを重大な問題だと考えています。ショッピング街は以前はとてもにぎわっていましたが，今では①イとても静かです。僕たちの調査によると，観光客はこの地域の伝統的な布のような独自性のあるものに興味を持っていたようです。家から遠いにも関わらず，このようなものを買うためにショッピング街に来る人もいました。6イもし観光客がこの町の独特なものの情報をもっと簡単に手に入れることができたら，より多くの観光客にこの町に来てもらえると思います。そこで僕たちは２つのことを提案します。2エひとつは，ショッピング街についてのウェブサイトを作ることです。これで，そこで販売されているさまざまなものを紹介できます。また，この町に住んでいる外国人や海外から来る人向けに，英語のウェブサイトも作るべきだと思います。2エもうひとつは，観光客がショッピング街で楽しむことができる活動を計画することです。例えば，観光客はこの地域の伝統的な布を使って自分だけのバッグを作って楽しむことができます。彼らはこの地元独特のものに興味を持つことでしょう。僕たちは，より多くの人にこの町を訪れてもらい，そのような体験を通していい思い出を作ってもらいたいと思っています。

［すず］　私たちの発表では，③ウ人々にこの地域の農業に興味を持ってもらう方法を提案したいと思います。この地域では農家の数が減少しています。農業が大変な仕事だからです。また，農業に興味を持つ人も減ってきているそうです。私たちはこれらの問題について話し合い，２つのアイデアを思いつきました。ひとつは，人々に農業体験をしてもらうイベントを企画することです。私たちの町には，最新技術を使った農業用機械を開発している企業が数社あります。そのイベントのためにそれらの機械を借りることができます。4イ人々はそのような機械を試せば，それらの機械が農作業の大変さを軽減してくれることがわかるでしょう。そのような機械のおかげで，農家は化学薬品を使わずに野菜を育てることができます。私たちはそのイベントで，それらの野菜を料理して観光客にふるまいます。もうひとつのアイデアは，地域の野菜とそれを育てている農家についての情報を載せたポスターを作ることです。4エそのポスターには，料理のレシピも載せます。料理のレシピは，訪れた人々に地元の野菜を使った料理のアイデアを与えることができます。4ウ彼らはもっと地域の野菜を食べることが地域の農家を支援することになるということに気づくでしょう。6イこのようなアイデアによって，観光客はもっと私たちの地域の農業に興味を持つと思います。より多くの人がこの地域の農業を支援してくれることを期待しています。

V　**1**【本文の要約】参照。

①　〈過去分詞（＝thrown）＋語句（＝away on the beach）〉が後ろから名詞（＝garbage）を修飾する形にする。

②　「～することに決める」＝decide to＋動詞の原形　　③　「喜んで～する」＝be pleased to＋動詞の原形

【本文の要約】

冬休みのある日，浜辺を歩いていると，たくさんの①浜辺に捨てられたごみ（＝garbage thrown away on the beach）がありました。僕は友達にそのことについて話し，それから僕たちは一緒に浜辺を清掃する②ことに決めました（＝decided to)。その後，僕たちはたびたび浜辺にごみを拾いに行きました。僕たちは浜辺で多くの人に話しかけ，手伝ってくれるように頼みました。彼らは③喜んで参加してくれました(＝were pleased to join us)。僕は浜辺を清掃する人の数が増えてうれしかったです。僕は浜辺をきれいに保つためにこの活動を続けていきたいです。

2　【本文の要約】参照。　①　「健康」を意味する語を入れる。fitness も可。

【本文の要約】

えみ　：こんにちは，ニック。あなたはマラソンイベントに興味がある？

ニック：うん，僕は体調維持のために運動をしようと思っているんだよ。

えみ　：ちょうどよかった。このポスターを見て。これは，①健康(＝health)のためにマラソンを走りたい人のためのイベントだって書いてあるよ。そのイベントは，②初めて(＝for the first time)参加する人も大歓迎だって。

ニック：本当？いつ行われるの？

えみ　：10 月 14 日に開催予定だよ。その日は体育の日で，日本では③祝日(＝national holiday)でもあるよ。

ニック：あ，その日は授業がないね。一緒に走ろうよ。

えみ　：いいよ。じゃあメールで名前，④住所(＝address)，電話番号を送ってね。

ニック：わかった，そうするよ。ところで，丸で囲まれた言葉は何ていう意味？

えみ　：それは，⑤無料の(＝free)イベントという意味だよ。お金を支払わなくていいよ。一緒に楽しく走ろうね！

《2024　理科　解説》

Ⅰ　1(1)　１つ目と２つ目の特徴は有性生殖によるふえ方の特徴である。３つ目の特徴は陸上に卵を産む生物の特徴である。AとDは有性生殖によるふえ方，BとDは無性生殖によるふえ方である。A(魚類)は水中に殻のない卵を産み，D(鳥類)は陸上にかたい殻のある卵を産む。　(2)　①～④に入る動物は，①が魚類(ア)，②が両生類(エ)，③がは虫類(イ)，④が哺乳類(ウ)である。　(3)　イ×…ふつう，卵の中に入る精子は１つである。　ウ×…分裂を繰り返し，形やはたらきのちがういくつかの部分に分かれて，親と同じような形へと成長する。　エ×…メダカは親に似た形で卵からかえり，変態はしない。　(4)　親の個体のうち，①がメス，②と③がオスである。顕性形質の黒色の個体(①と②と④)は少なくとも１つはRの遺伝子をもち，潜性形質の黄色の個体(③と⑤)の遺伝子の組み合わせはｒｒである。子に黄色の個体が生まれていることから，①(メス)がｒの遺伝子をもっているとわかり，①の遺伝子の組み合わせはＲｒと決まる。すると，①(Ｒｒ)と③(ｒｒ)をかけ合わせると，黒色と黄色の両方が生まれるから，②の遺伝子の組み合わせはＲＲとＲｒのどちらか推測できない。また，①(Ｒｒ)と②をかけ合わせたとき，②がＲＲとＲｒのどちらであっても，生まれる黒色の個体の遺伝子の組み合わせはＲＲとＲｒのどちらか推測できない。

2(1)　固めたゼリーがとけた生のままのキウイと冷凍したキウイには，タンパク質を分解する消化酵素がふくまれると考えられる。　(2)①　かたくり粉の成分はデンプンだから，デンプンを分解する消化酵素をふくむだ液のついたスプーンでかたくり粉のとろみをかき混ぜると，とろみが少なくなる。　②　とろみが少なくなったものに麦芽糖やブドウ糖が含まれていることを確認したいから，ベネジクト溶液を加えて加熱すればよい。この実験では，赤褐色の沈殿ができる。　③　デンプンを分解する消化酵素を分泌するのは，ア(だ液腺)とエ(すい臓)である。なお，イは胃でタンパク質を分解する消化酵素を分泌し，ウは胆のうで脂肪の分解を助ける胆汁を蓄える。

Ⅱ　1(2)　他の露頭と地層の並びと厚さが同じウを選べばよい。　(3)　地層は，ふつう，下にあるものほど古い。また，離れた場所であっても同じ特徴をもつ火山灰の層は同じ火山の噴火によってできたものであり，同じ時期に堆積したと考えられる。このように離れた場所において，堆積した時代などを推測するのに用いられる地層を鍵層という。図４より，Ｚは火山灰の層より新しい(後にできた)とわかる。図３より，Ｙは火山灰の層より古い(前にできた)とわかる。よって，ＹはＺよりも前にできたと考えられる。　(4)　Ｘの下面が②・④の地表から何ｍの高さにあるかを比べる。Ｘの下面の高さは，②が０ｍ，④が 0.5ｍである。また，①・③の地表の高さは②・④の地表の高さより１ｍ高いから，Ｘの下面の高さは，①が 0.5＋１＝1.5(ｍ)，③が１＋１＝２(ｍ)である。よって，Ｘが最も高いのは③で最も低い②から北東の方角で，Ｘの高さの差が最大となるのは２ｍである。

２(1)　①地軸の北極側が太陽と反対向きに傾いている地球が冬至のときの地球の位置である。したがって，冬至の地球をはさんで，太陽と反対側にあるふたご座が冬至の真夜中に南の空に見える星座である。　②同じ時刻に同じ星座を観測すると，地球の公転により東から西に移動して見える。また，星座は１年で同じ位置に戻るから１か月では約$\frac{360}{12}$＝30(度)西に移動して見える。　(2)①　冬至の太陽の南中高度は〔90 度－緯度(度)－地軸の傾き(度)〕で求められるから，90－35－23.4＝31.6→約32度となる。　②　太陽の南中高度が変化するのは，地軸が地球の公転面に対して傾いているからである。北緯 35 度地点で，太陽の南中高度は，冬至が約 32 度，冬至の３か月後の春分や冬至の３か月前の秋分は 55 度で，20 度以上変化する。このことからもわかるように，冬至の前後２か月で太陽の南中高度は変化すると言える。これに対し，地球とオリオン座をつくる星との間の距離は，地球と太陽の間の距離に比べて非常に大きいので，オリオン座が南中するときの高さは，地軸の傾きの影響をほとんど受けない。そのため，オリオン座が南中するときの高さは１年を通してほぼ変化しない。　③　太陽が真東からのぼり，真西に沈む春分と秋分に着目する。図７の星座早見において，春分の頃の３月中旬では18時に目盛りが合っていて，これは日の入りの時刻に近い。同様に秋分の頃(９月中旬)は日の出の頃の６時に目盛りが合っている。よって，図７の星座早見に描かれる黄道は真東と真西で地平線と交わるから，ウが正答となる。

Ⅲ　１　Ａは水素，Ｂは酸素，Ｃは二酸化炭素，Ｄはアンモニアが発生する。　(1)　Ａ(水素)は水に溶けにくい気体なので，ア(水上置換法)で集める。なお，イ(上方置換法)は水に溶けやすく空気より密度が小さい気体，ウ(下方置換法)は水に溶けやすく空気より密度が大きい気体を集めるのに適した方法である。　(2)　イ○…ダイコンにはオキシドール(過酸化水素)を水と酸素に分解する酵素が含まれる。なお，アとウとエでは二酸化炭素が発生する。
(3)　Ｃ(二酸化炭素)の水溶液(炭酸水)は酸性を示す。ウの青色リトマス紙は酸性で赤色に変化する。なお，アとイとエはアルカリ性の水溶液による変化である。　(4)　ア○…水素は空気中で火を近づけると爆発的に燃え，水ができる。　イ×…Ｂ(酸素)を集めた試験管に入れた線香は激しく燃え，Ｃ(二酸化炭素)を集めた試験管に入れた線香の火は消える。　ウ×…Ｃ(二酸化炭素)は空気よりも密度が大きいから，Ｃを入れたポリエチレンの袋が空気中で浮かび上がることはない。　エ○…Ｄ(アンモニア)の水溶液はアルカリ性だから，水に溶けて酸性を示すＣ(二酸化炭素)をふきこむと，中和が起きて，フェノールフタレイン溶液の赤色は消える。

２(1)　酸化銅と活性炭の混合物を加熱すると二酸化炭素が発生する。二酸化炭素を通すと白くにごるのは石灰水である。　(2)①　化学反応式の矢印の前後で，原子の組み合わせは変わるが，原子の種類と数は変化しないことに注意する。　②　酸化銅 6.00ｇと活性炭 $0.30\times\frac{6.00}{4.00}$＝0.45(ｇ)が反応するから，活性炭 0.50－0.45＝0.05(ｇ)が残っていた。　③　活性炭 0.18ｇと反応する酸化銅は $4.00\times\frac{0.18}{0.30}$＝2.4(ｇ)で，これらが反応してできる銅は $3.20\times\frac{0.18}{0.30}$＝1.92(ｇ)である。したがって，残った物質のうち 2.56－1.92＝0.64(ｇ)が化学変化しなかった酸化銅である。よって，加熱前の試験管に入れた酸化銅は 2.4＋0.64＝3.04(ｇ)である。

Ⅳ　１(1)　１秒間に60回打点するから，0.1秒間では６回打点する。基準点を０として，６打点目のウを選べばよい。
(2)　①Ａの平均の速さは$\frac{3.0}{0.1}$＝30(cm/ｓ)，Ｂの平均の速さは$\frac{5.4}{0.1}$＝54(cm/ｓ)だから，平均の速さは 54－30＝24(cm/ｓ)

大きくなっている。BとC，CとDも同様に求めると，24 cm/ｓずつ大きくなっている。　②おもりが床に衝突するまで，おもりをつないだ糸は同じ大きさの力で力学台車を引き続ける。このとき，Ａ～Ｄのように平均の速さが一定の割合で大きくなる。Ａ～Ｄでは 0.1 秒ごとの移動距離が 2.4 cmずつ大きくなっているが，ＤからＥでは 2.0 cmしか大きくなっていないから，Ｅの途中でおもりが床に衝突したと考えられる。　③おもりが床に衝突した後は，力学台車の進行方向と同じ向きにはたらく力がなくなるので，力学台車にはたらく力はつり合い速さは一定になる。
(3)　(2)③より，Ｈで力学台車は等速直線運動をしていて，はたらく力はつり合っている。アでは力学台車のはたらく重力と力学台車の４つの車輪にはたらく垂直抗力の合力がつり合っている。なお，Ａ～Ｄで力学台車にはたらく力はウのようになる。　(4)　Ａ～Ｄのように平均の速さが一定の割合で大きくなるとき，ある時間の平均の速さは，ある時間のちょうど真ん中の時間の瞬間の速さと等しくなる。つまり，基準点を０秒としたとき，Ｃは 0.2 秒後～0.3 秒後の力学台車の運動を表していて，このときの平均の速さは$\frac{7.8}{0.1}=78$(cm/ｓ)→0.78m/ｓである。これより，0.25 秒後の力学台車の瞬間の速さは 0.78m/ｓとなる。0.80m/ｓは 0.25 秒後の瞬間の速さよりやや速いから，0.3 秒後の瞬間の速さを求める。0.2 秒後～0.4 秒後の平均の速さより，$\frac{7.8+10.2}{0.4-0.2}=90$(cm/ｓ)→0.90m/ｓとわかる。よって，力学台車の瞬間の速さが 0.80m/ｓになるのは，0.25 秒後～0.3 秒後とわかるから，アが正答となる。
２(1)　水圧は深いところほど大きい。よって，より深くにある，容器の下面にはたらく水圧の方が上面にはたらく水圧より大きい。　(2)　図７より，力の大きさが 0.60Ｎのとき，ばねののびは 2.0 cmになるとわかる。ばねののびと力の大きさは比例しているから，ばねが 3.5 cmのびているとき，ばねに加わる力は $0.60\times\frac{3.5}{2.0}=1.05$(Ｎ)である。　(3)　ア×…Ａ全体が水中にあるとき，浮力の大きさは深さによって変化しない。　イ×…ばねばかりが示す値が 0.25Ｎだから，ばねばかりはＡを上向きに 0.25Ｎの力で引いている。　ウ×…浮力は物体にはたらく重力から，ばねばかりが示す値を引いて求められる。水面から容器の下面までの距離が０cmのときは，物体が水中に入っていないから，このときばねばかりが示す値は容器にはたらく重力の大きさに等しい。よって，水面から容器の下面までの距離が 6.0 cmのとき，はたらく浮力は，Ａが 0.60－0.25＝0.35(Ｎ)，Ｂが 0.80－0.45＝0.35(Ｎ)となり，等しい。　エ○…ウ解説より，容器全体を水中に入れると 0.35Ｎの浮力がはたらく。Ｂにはたらく重力が 30ｇ→0.30Ｎのとき，Ｂ全体が水中に沈むことはない(Ｂにはたらく浮力が 0.30Ｎになったところで浮いて静止する)。
(4)　水面から容器の下面までの距離が０cmから 6.0 cmになるとき，Ａがばねを引く力は 0.35Ｎ小さくなるから，実験２で用いたばねは $2.0\times\frac{0.35}{0.60}=1.16\cdots\rightarrow1.2$ cm縮む。

《2024　社会　解説》

Ⅰ　１(1)　インド洋　　オーストラリア大陸は西側にインド洋，東側に太平洋を臨む。

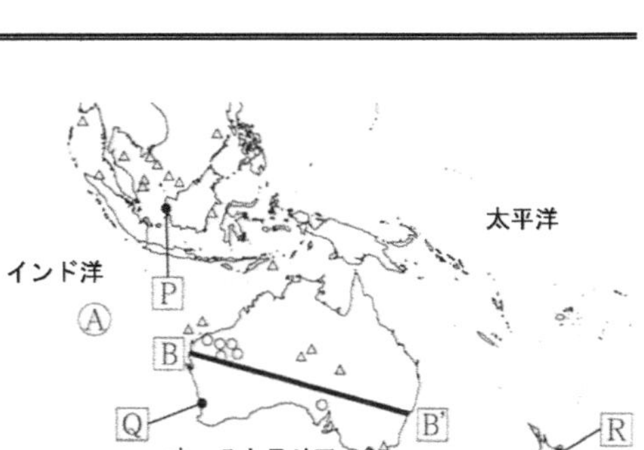

(2)　エ　　オーストラリア大陸のほとんどは楯状地と卓状地の安定陸塊で，東側のグレートディバイディング山脈は古期造山帯であり，低くなだらかな山が多い。
(3)　ウ　　Ｘ．誤り。英語を公用語とするのは，フィリピン，オーストラリア，ニュージーランドであり，フィリピンは日本人訪問者数と日本人留学者数の両方とも増え続けている。Ｙ．正しい。
(4)　イ　　北西部のピルバラ地区で盛んに採れるのが鉄鉱石だから，△は天然ガスである。ⅱが鉄鉱石であり，鉄鉱石は露天掘りで採掘されるから[あ]である。よって，天然ガスはⅰと[い]である。アメリカではシェールガスの採掘が可能になり，天然ガスの産出量が急激に増えている。

⑸　ア　　せっけんやマーガリンの原料となる油やしは，そのほとんどがマレーシアとインドネシアで栽培されている。マレーシアやインドネシアは，１年を通して高温多湿の熱帯雨林気候である。

⑹　カ　　輸出額が大幅に増えているｗとｘがマレーシアとシンガポールである。シンガポールの方がより工業が発展しているので，ｗがマレーシア，ｘがシンガポールと判断できる。また，ｙとｚを比較した場合，農業生産品の輸出額の割合が50％を超えているｙが，農業国のニュージーランドである。

２⑴　ウ　　地球１周は約４万kmだから，４万÷360＝111.1…より，緯度１度の差は約 111 kmになる。よって，福岡市との緯度の差が約４度の地点を選べばよい。

⑵　オ　　低緯度になるほど気温は高く年較差は小さくなるので，高緯度→低緯度の順にｚ→ｘ→ｙになる。

⑶　イ　　宮崎県は，暖流の黒潮（日本海流）の影響で，冬でも比較的温暖である。温暖な気候とビニールハウスなどを利用して成長を早め，夏野菜のピーマンを冬に出荷する促成栽培が盛んである。

⑷①　ウ　　ア．誤り。旧集成館北側の斜面に針葉樹林（Λ）は見られるが，稲荷町北側の斜面に茶畑（∴）は見られない。イ．誤り。皷川町は２つの山にはさまれた谷間の地域であり，東坂元の住宅地は西側の山の上に広がっているので，道は上り坂になっている。エ．誤り。三島村役場と十島村役場は，鹿児島駅の南側にある。

②　ア　　（実際の距離）＝（地図上の長さ）×（縮尺の分母）より，14×25000＝350000（cm）＝3500（m）＝3.5（km）

③　エ　　ア．誤り。避難するのにかかる想定時間は書かれていない。イ．誤り。資料３に「南岳山頂火口からの噴火は継続中」とある。ウ．誤り。資料２に「島外避難（大規模噴火時）」とある。

④　オ　　資料６を見ると，土砂災害特別警戒区域は，国道 10 号線やＪＲの東側の斜線で表された地域である。

Ⅱ　１⑴①　ⅰ＝平城　ⅱ＝聖武　　天平年間は奈良時代の聖武天皇の治世であり，国際色豊かな仏教文化である天平文化が栄えた頃である。　②　イ　　Ｘ．正しい。特産物を納める調は，農民が直接都に運んでいた（運脚）。Ｙ．誤り。６歳以上の男女にかかる税は租である。租以外はすべて男子にかかる税であった。律令時代の税については右表参照。

名称		内容		納める場所
租		全員	収穫した稲の約３％	国府
調		男子（17～65 歳）	布または特産物	都
庸		男子（21～65 歳）	10 日間の労役に代わる布	都
雑徭		男子（17～65 歳）	年間 60 日以内の労役	
兵役	衛士	男子（21～60 歳）	１年間の都の警備	
	防人	男子（21～60 歳）	３年間の九州北部の警備	

⑵①　ウ　　松江市は島根県，富山市は富山県，福井市は福井県の都市であり，これらの県はいずれも日本海に面している。東北地方から日本海・瀬戸内海を経由して大阪に至る航路が西廻り航路，東北地方から太平洋岸を通り江戸に至る航路が東廻り航路である。　②　ア　　江戸時代の北海道は蝦夷地とよばれ，先住民であるアイヌの人々は農耕ではなく狩猟や漁業の生活をしていた。よって，寒流魚であるにしんを選ぶ。

③　カ　　琉球王国は，日本の室町時代に，中山王の尚巴志が中山，南山，北山を統一して建国し，東南アジアと東アジアを結ぶ中継貿易で栄えた。その交易ルートは，東南アジアの安南や中国の広州，福州を結ぶものであった。

④　ウ　　蝦夷地から運ばれる昆布の経路を昆布ロードといい，昆布ロードは琉球王国まで続いていた。鎖国体制が確立したあとも，琉球王国は薩摩藩の管理の下で交易を続け，将軍の代替わりには慶賀使が，琉球王の代替わりには謝恩使が江戸に送られた。

２⑴　ア　　開港地は，函館・新潟・神奈川（横浜）・兵庫（神戸）・長崎の５港である。ｉは，資料１に「神戸海運操練所」とあることから兵庫と判断する。文中に「第４代兵庫県知事となる陸奥宗光」とあることからも確認できる。資料２は，旧幕府軍の勝海舟と新政府軍の西郷隆盛が話し合っている場面である。

⑵①　ウ　　1886 年，イギリス船ノルマントン号が紀伊半島沖で沈没し，イギリス人の船長と乗組員は脱出したが，

日本人の乗客は全員水死する事件が起きた。治外法権による領事裁判で船長には軽い刑罰しか科されなかったため，国内で不平等条約の改正を求める声が高まった。　②　ア　　内閣制度は 1885 年に確立された。イの徴兵令は 1873 年，ウの樺太千島交換条約は 1875 年，エの日清修好条規は 1871 年。　③　エ　　当初，船長をはじめとする乗組員全員が無罪となったが，兵庫県知事らが殺人罪で告訴すると，再度領事裁判が行われ，船長に禁錮刑３か月が科された。　④　イ　　欧化政策は，外務大臣井上馨の主導によって行われた。井上馨外相は，条件付きで領事裁判権の撤廃と関税自主権の一部回復を取り付けたが，欧化政策やノルマントン号事件で国民の反感を買って外務大臣を辞任し，条約改正も実現しなかった。

(3)①　イ　　1894 年，陸奥宗光外相はイギリスと日英通商航海条約に調印し，領事裁判権の撤廃に成功した。大日本帝国憲法の発布は 1889 年，第一次護憲運動の開始は 1912 年。　②　小村寿太郎　　経済発展に必要な権利とは，関税自主権であり，関税自主権の回復は 1911 年に小村寿太郎外相がアメリカとの間で実現させた。

Ⅲ　1(1)②　エ　　判決が確定するまでは無罪と推定されることを推定無罪の原則という。自己に不利益な供述を強要されない黙秘権がある。

(2)　エ　　ア．誤り。高等裁判所は，札幌・仙台・東京・名古屋・大阪・広島・高松・福岡の８か所にある。
イ．誤り。刑事裁判，民事裁判ともに三審制がとられている。ウ．誤り。刑事裁判の第二審は高等裁判所で行われる。

(3)　ウ　　犯罪の疑いがある事件が発生した場合，検察官は警察官の協力を得て事件を捜査し，被疑者の取り調べ・被害者からの事情聴取・証拠品の収集などを行い，犯罪が確かであると判断した場合，被疑者を起訴する。

(4)①　イ　　３人の裁判官とくじで選ばれた６人の裁判員で，重大な刑事事件の第一審を扱う。　②　ウ　　成人年齢が 18 歳に引き下げられたため，2023 年１月から裁判員の年齢も 18 歳に引き下げられた。資料を見ると，「非常によい経験と感じた」「よい経験と感じた」と答えた人が 90%以上いることから，肯定的であると判断する。

2(1)　イ　　売り手が１つに限られた状態を独占といい，市場を独占する売り手が一方的に決めた価格を独占価格という。需要量と供給量の一致によって決まる価格を均衡価格という。

(2)②　イ　　X．正しい。Y．誤り。情報通信業は 97.7÷46.5＝2.1…(倍)，製造業は 59.9÷21.1＝2.8…(倍)より，最も増加の割合が高いのは製造業である。

(3)　生存　　社会権には，生存権・教育を受ける権利・勤労の権利・労働基本権がある。

(4)①　オ　　鉄道の復旧を望む人の割合は，高校生が約 78%，住民は約 66%だから，高校生の方が高い。資料５を見ると，高校生が肥薩線の鉄道での復旧を希望する理由は，多い順に，「鉄道があると観光客が多く訪れる」＞「鉄道が走っていた風景を残したい」＞「運賃が安い」である。

2023 解答例 令和5年度

兵庫県公立高等学校

《2023　国語　解答例》

一　問一．イ　　問二．詩Ⅰ…エ　詩Ⅱ…ア　　問三．①文字　②人形のやうに　　問四．ウ　　問五．エ
　問六．イ

二　問一．ア　　問二．右漢文　　問三．a．ア　b．エ　　問四．ウ

三　問一．いて　　問二．ウ　　問三．②イ　③オ　　問四．エ

四　問一．④おもも　⑦なごり　⑪ひろう　　問二．音便　　問三．ア　　問四．ウ　　問五．エ
　問六．ア　　問七．エ　　問八．イ

五　問一．A．エ　B．ア　C．イ　　問二．変革を　　問三．メディアと政治
　問四．a．副次的な　b．一般的なイメージ　　問五．ア　　問六．ウ　　問七．イ　　問八．ウ

謂ヒテ二持ツレ燭ヲ者ニ一曰ハク、

《2023　数学　解答例》

1　(1)6　　(2)$-5y$　　(3)$2\sqrt{3}$　　(4)$(x-2)(x+4)$　　(5)-4　　(6)18π　　(7)75　　(8)ウ

2　(1)2　　(2)ア　　(3)①4　②$\frac{1}{2}$　③$\frac{3}{2}$

3　(1)ⅰ．ア　ⅱ．オ　　(2)10　　(3)15　　(4)$\frac{1}{10}$

4　(1)-2　　(2)$-\frac{1}{4}$　　(3)$y=-\frac{5}{4}x+\frac{3}{2}$　　(4)①$\sqrt{41}$　②$2\sqrt{2}$

5　(1)4　　(2)$\frac{11}{36}$　　(3)①21　②3　③$\frac{45}{49}$

6　(1)25　　(2)ⅰ．24　ⅱ．$x+16$　ⅲ．$x-8$　(3)①3　②符号…ウ／18

《2023　英語　解答例》

Ⅰ　1．No. 1．b　No. 2．a　No. 3．c　　2．No. 1．a　No. 2．d　No. 3．c　　3．1．b　2．d

Ⅱ　1．(1)ア　(2)ウ　　2．①イ　②ウ　③ア　　3．あ．able to enjoy many　い．looking forward to seeing

Ⅲ　1．ア　　2．③エ　④ウ　⑤オ　⑥ア　　3．エ

Ⅳ　1．イ　　2．ウ　　3．イ　　4．エ　　5．あ．tea　い．pictures　う．carefully

Ⅴ　1．①to sing　②sat　③forget　　2．①warming　②forests　③countries〔別解〕nations　④price〔別解〕cost
　⑤hands

《2023　理科　解答例》

Ⅰ　1．(1)A　(2)b　(3)エ　(4)①ウ　②イ　③ア　　2．(1)ア　(2)①ウ　②ア　③㋓イ　㋔ア　㋕・㋖ウ

Ⅱ　1．(1)イ　(2)ウ　(3)ア　(4)ウ→エ→ア→イ　　2．(1)エ　(2)ウ　(3)イ　(4)1.2

Ⅲ　1．(1)エ　(2)エ　(3)オ　(4)ウ　　2．(1)ウ　(2)イ　(3)ア　(4)10.2

Ⅳ　1．(1)エ　(2)イ　(3)ア　(4)オ　　2．(1)ウ　(2)エ　(3)6.9　(4)X．イ　Y．ア　Z．イ

《2023　社会　解答例》

Ⅰ　1．⑴ア　⑵ア　⑶イ　⑷ウ　⑸オ　⑹ウ　　2．⑴カ　⑵イ　⑶ウ　⑷キ　⑸①カ　②エ　③ウ

Ⅱ　1．⑴ア　⑵①ウ　②イ　③カ　⑶①オ　②エ　⑷①イ　②エ　　2．⑴エ　⑵ア　⑶イ　⑷オ　⑸原敬　⑹ウィルソン

Ⅲ　1．⑴エ　⑵ｉ．ユーロ　ⅱ．イタリア　⑶エ　⑷ア　⑸ウ　　2．⑴ア　⑵①オ　②イ　⑶①2007　②エ　③民主主義の学校

《2023 国語 解説》

一 **問二** 詩Ⅰ…「立つてるの」「出てゆくの」「こさへるの」「好きなのよ」と、「の」「よ」という終助詞を用いて、やさしい印象を与えている。　詩Ⅱ…「独楽《こま》の実よ」「こまの実よ」と、最初の連で反復して印象づけている。

問三① 「なかは横文字ばかしなの」より、「文字」が適する。横文字は英語などの西洋の文字のこと。読めないので「もやうみたい」と言っている。　② 直後に「本を大切なものだと捉えていることがわかる」とあるから、「人形のやうに」が適する。「抱つこして」からも、大切に扱っていることが伝わる。

問四 生徒Ａの最初の発言の「視覚や嗅覚など身体で本を感じている」より、ウの「ふしぎな香がするの」が適する。

問五 ［③］の前の生徒Ｄの「寂しいということばは一つもないのに語り手の寂しさが伝わってくる」という発言から、さびしいという語の入るアとウは適さない。また、生徒Ｃの「繰り返しの部分が、逆接表現であることも効果を生んでいる」から、エの「ひとりだけれど」が入るとわかる。

問六 生徒Ｂの、「語り手は本が好き」だが、文字は読めないので「〝読書〟はしていない」という指摘を受けて、生徒Ｃは「〝本を見て想像の世界を作り上げている〟」、生徒Ａは「本で寂しさを癒やしていたということか」などと気づいた。そしてその後の話し合いで、二つの詩が「心の奥に隠された寂しさを表現している」などと理解が深まった。

二 **問一** 「王に白《まう》す」の「白」は、目上の人に真実を申しあげるという意味。アの「敬白」も、敬って申しあげるという意味。

問二 書き下し文は「燭《しよく》を持つ者に謂《い》ひて曰《い》はく」。「燭」から「持」に１字返るので、「持」の下にレ点をつけ、「者」から「謂」に２字以上へだてて返るので、一・二点を用いる。

問四 手紙を書いた人は、暗かったので「ろうそくをあげよ」と命じたが、その言葉を間違えて手紙に書いてしまった。すると、燕《えん》の相国《しょうこく》はその言葉を、賢者を重用するべきだという意味だと深読みして王に申し上げ、そのおかげで、国がよく治まったのである。よって、ウが適する。

【漢文の内容】

郢《えい》の人で燕の相国に手紙をおくった者がいた。その人は夜に手紙を書いていて、（ろうそくの）火が明るくなかった。そこでろうそくを持っている者に、「ろうそくをあげよ。」と言った。そして間違えてろうそくをあげよと（手紙に）書いてしまった。ろうそくをあげよとは、手紙に書こうとした内容ではない。（しかし、）燕の相国は、手紙を受け取ってこれを説明して、「ろうそくをあげるとは、明をたかくすることであり、明をたかくせよとは、賢者を登用してふさわしい職に任命することである。」と言った。燕の相国は、（そのことを）王に申しあげた。（王は）とても喜び、国はよく治まった。

三 **問四** 「奥山に紅葉《もみぢ》ふみわけ鳴く鹿の」という百人一首の歌を思い出せるとわかりやすいエピソード。秀吉《ひでよし》が「鳴く蛍」と詠んだのは、和歌の先例から言っても、常識的に考えても明らかにおかしい。しかし、権力を持ち、「鳴かせて鳴かないものはない」とまで言って自分の間違いを認めない秀吉のような人には、証歌があるのかと指摘するよりも、証歌があると嘘をついて（新しく歌を詠んで）、その場を丸く収める方が良いということを、幽斎《ゆうさい》は紹《じょう》巴《は》に伝えた。よって、エが適する。

【古文の内容】

太閤《たいこう》秀吉の連歌の席で、(秀吉が)不意にその(前の歌の)付合《つけあい》であったのだろうが、「奥山に紅葉をふみわけ鳴く蛍」と詠まれたのを、紹巴が、「蛍が鳴くという証歌は、さあ存じません。」と申し上げたところ、(秀吉は)とても面白くない様子でいたが、「何を言うか、俺が鳴かせて鳴かないものは天の下にあるはずがない。」と口にまかせて大きなことを言われたのを、細川《ほそかわ》幽斎は、その席にいて、紹巴に向かって、「さあ、それがです、蛍が鳴くとよみ合わせた証歌があるのです、『武蔵野《むさしの》の篠竹《しのだけ》を束ねたように激しくふる雨に蛍以外は鳴く虫もない』。」と申し上げると、紹巴は大いに驚いて平伏し、太閤(秀吉)は上機嫌であった。翌日、紹巴はすぐに幽斎のところへ行って、「それにしても昨日は粗相をして、家の面目を失いました。何の歌集の歌なのですか。」と尋ねた。幽斎は、「あれほどの人(＝秀吉)に、なんの証歌があるものか、昨日の歌は、私の自作である」と申された次第である。

四 **問五** 真由《まゆ》とミチルは、収録の見学に来ていただけだったので、ステージに立った時は「緊張の面持ち」であったが、歌うなかで「周りの歓声が届くたび、緊張がほぐれて笑みがこぼれ出す」ようになった。歌い終わった後で、桐絵《きりえ》に感想を問われると、「『楽しかった！』」「『もう、最高！』」と答えているから、二人とも歌うことが楽しく、充実感を得られたことが読み取れる。よって、エが適する。自分を恥じている様子はないので、アとイは適さない。真由とミチルの仲が悪かったことはうかがえるが、そのことを二人がステージで意識している様子はないので、ウも適さない。

問六 高尾《たかお》が、真由とミチルの並び順を入れ替えたことで、真由とミチルは、ピンキーガールズと同じパート別の並び順で歌うことになった。傍線部⑥の直前に「この並び順でなければ、真由もミチルも、こうまで迷いもなく自分の声に合ったパートを歌うことはできなかったはずだ」とあるように、二人の歌唱レッスンをしている高尾は、二人がどちらのパートに向いた声なのかを熟知しており、それに合わせた並び順にさせたのである。よって、アが適する。

問七 振り付けもハーモニーも完璧にこなし、アイコンタクトをとりながら歌う二人に、桐絵は、傍線部⑧の前後の「信じがたい光景を、桐絵は息を呑《の》んで見つめていた～犬と猿とまで言われた真由とミチルが、ともに笑顔で歌って踊る場面がめぐってこようとは。こんな奇跡のような出来事はもう二度と起こらない。後にも先にもこれっきりだ」と感じている。ここから、仲が悪かった(＝犬猿の仲の)二人が息を合わせて素晴らしいパフォーマンスをしたことに感動していることがうかがえる。よってエが適する。「後にも先にもこれっきりだ」とあり、二人を、二人組歌手として活躍させることは考えていないので、アとイは適さない。また、「まるでこの日のために練習してきたかのようだ」とあるから、ウの「この日のために練習してきたことを察し」は適さない。

問八 傍線部⑫の直前の「満面の笑みのまま隣に立つ相手を見やったかと思うと、慌てたように～ぷいっと顔を背ける」を参照。二人は、歌った後も仲がいいわけではないが、ステージでは「何度も目と目を見交わす」「はっきりと視線を交わし合った～笑み崩れながら二番を歌い始めた」という様子だった。よって、イの「心から打ち解けることがなくても～必要なときには協力を惜しまない関係」が適する。

五 **問一A** 字義通り ア．地球儀 イ．審議 ウ．自己犠牲 エ．義理 **B** 念頭 ア．念仏 イ．天然 ウ．年俸制 エ．捻出 **C** 介して ア．会する イ．一介 ウ．解読 エ．限界

問三 傍線部①は、この段落の冒頭の「メディアと政治というテーマをかかげるとき」を指している。

問四 マクルーハンは、「メディアこそがメッセージである」という表現で、「重要なのはメッセージの中味であって、そのメッセージを伝えるメディアそのものが何であるかは～副次的な意味しかもたない」という「一般的なイメージ」を否定した。よって、マクルーハンの考えを(「メディアそのもの」ではなく、)「伝達される内容」こそ

が「副次的な役割を果たすにすぎない」と言いかえることができる。

問五　この段落の「思考の枠組みは～技術によって生み出されてきた」「『テレビ』というメディアは、それまでの書物世界の価値観や思考様式を根本的に塗り替え、それまでとは異なる社会を作り出すことになった」より、「異なる社会」を作りだす大元になるのは「技術の革新」である。そして、「書物」「テレビ」「コンピュータ」「インターネット」「スマートフォン」と次々と新たなメディアが出現し、それらによる「コミュニケーションは、さらに徹底的に世界の枠組みと人々の思考のあり方、生活のあり方を作りかえている」。よって、「新たなメディアの出現」が「コミュニケーションの変化」をもたらし、それによって「思考の枠組みの転換」が起こるとまとめられる。

問六　直後に「伝達の宛先となる人の数、速さ、イメージを喚起する力は、技術性がたかまるにつれて、圧倒的に増大する」とある。「訴える政策が同じ内容」、つまりメッセージの内容が同じであったら、「技術性の高いメディア」を用いたほうが、より多くの人に、より速く、より強くイメージを喚起することができて、「賛同を得る可能性」が高まるのである。よって、ウが適する。

問七　傍線部⑥の前に書かれている、「ウェブ上では～誰もが発信者となりうる構造が生まれている」「現代では、政治家たちに対して発言するのは～場合によっては、政治的な定見を必ずしももたない圧倒的多数のウェブ上の声のほうが、はるかに大きな影響力をもちうる」より、イが適する。「定見」は、しっかり定まった自分の意見、考えのこと。

問八　第４段落の「明日は晴れるという単純な情報を伝えてもらうとき～メディアのちがいなど、どうでもよいことかもしれない。しかし、メディアのちがいはもっと根本的な変化を人間のうちに生み出してゆく」や、第６段落の内容などから、ウが適する。　ア．技術性の高まったメディアで政治的なメッセージを伝えた方が、伝える人の数や、速さ、イメージを喚起する力などが増大するので、「それを伝える媒体が何であれ～同等の影響力を持つ」の部分が適さない。　イ．一方向的な伝達形式を特徴とするメディアとして、書物、新聞、テレビなどが考えられるが、筆者は、第４段落で新聞やテレビもふくめて、メディアの違いによって「それぞれまったく異なる人間の関係のあり方をもたらす」と述べているので、適さない。　エ．「同時かつ双方向的に情報をやりとりする高度な伝達に限れば」の部分が適さない。同時かつ双方向的ではない「書物」や、一方向の「テレビ」なども人々の考えの形成に影響してきた。

《2023　数学　解説》

1　(1)　与式$=-3+9=\mathbf{6}$

(2)　与式$=-\dfrac{20xy^2}{4xy}=\mathbf{-5y}$

(3)　与式$=4\sqrt{3}-2\sqrt{3}=\mathbf{2\sqrt{3}}$

(4)　かけると-8，足すと2になる2数を探すと，-2と4が見つかるから，与式$=\mathbf{(x-2)(x+4)}$

(5)　**【解き方】反比例の式は，$y=\dfrac{a}{x}$または$xy=a$と表せる（aは比例定数）。**

$xy=a$に$x=-6$，$y=2$を代入すると，$(-6)\times2=a$より，$a=-12$

$xy=-12$に$y=3$を代入すると，$3x=-12$　　$x=\mathbf{-4}$

(6)　**【解き方】円すいの展開図は右図のようになる。**

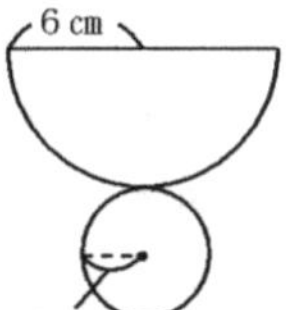

側面のおうぎ形の弧の長さは底面の円周に等しく，$2\pi\times3=6\pi$(cm)

おうぎ形の面積は$\dfrac{1}{2}\times$(弧の長さ)$\times$(半径)で求められるから，側面積は，$\dfrac{1}{2}\times6\pi\times6=\mathbf{18\pi}$(cm²)

なお，円すいの側面積は，(底面の半径)$\times$(母線の長さ)$\times\pi$で求めることができるので，

側面積は，$3\times6\times\pi=18\pi$(cm²)と求めることもできる。

(7) 右図のように記号をおく。$\angle ACB=180^\circ-130^\circ=50^\circ$

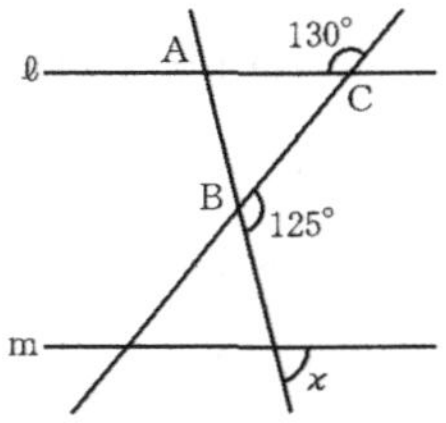

三角形の１つの外角は，これととなり合わない２つの内角の和に等しいから，

△ABCにおいて，$\angle BAC=125^\circ-50^\circ=75^\circ$

平行線の同位角は等しいから，$\angle x=\angle BAC=$ **75°**

(8) 無作為に抽出した50個のイチジクにおいて，糖度が10度以上14度未満のイチジクの相対度数は，$\dfrac{4+11}{50}=0.3$ である。よって，1000個のイチジクにおいても，糖度が10度以上14度未満のイチジクの相対度数は0.3と推定できるから，求める個数は，およそ $1000\times0.3=300$(個)なので，**ウ**が正しい。

2 (1) **【解き方】$0\leqq x\leqq2$ のときPはOA上にあるから，△OPQ∽△OABとなる。**

△OABにおいて，$OA:AB=2:4=1:2$ だから，△OPQにおいて $OP:PQ=1:2$ となるので，

１秒後のとき，$OP=1\times1=1$(cm)，$PQ=1\times2=$ **2**(cm)

(2) **【解き方】(1)より，$0\leqq x\leqq2$ のとき，$OP=x$cm，$PQ=2x$cmと表せる。**

$0\leqq x\leqq2$ のとき，$y=\dfrac{1}{2}\times x\times2x=x^2$ だから，グラフは放物線となる。よって，**ア**が正しい。

(3)① (2)より，$x=2$ のとき，$y=x^2$ に $x=2$ を代入して，$y=2^2=$ **4**

② **【解き方】Pは $x=2$ のときAに着き，Bに向かって進み始める。PがBに着くと $y=0$ となるので，グラフより，PがBに着くのは $x=10$ のときである。**

PはAからBまで進むのに $10-2=8$(秒)かかるから，このときのPの速さは，$4\div8=$ **$\dfrac{1}{2}$**(cm/秒)

③ **【解き方】$0\leqq x\leqq2$ のとき y は増加し，$2\leqq x\leqq10$ のとき y は減少するので，t秒後と(t＋4)秒後で y の値が等しくなるということは，$0<t\leqq2$，$2\leqq t+4<10$ ということである(右図参照)。**

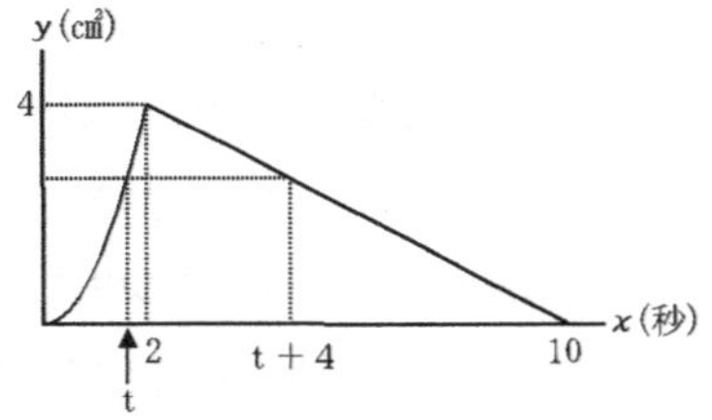

$x=t$ のとき，$y=x^2$ より，$y=t^2$…㋐

次に，$2\leqq x\leqq10$ のときのグラフの式を求める。グラフの式を

$y=ax+b$ とし，$x=2$，$y=4$ を代入すると $4=2a+b$，$x=10$，$y=0$ を代入すると $0=10a+b$ となる。

これらを連立方程式として解くと，$a=-\dfrac{1}{2}$，$b=5$ となるから，$2\leqq x\leqq10$ のとき，$y=-\dfrac{1}{2}x+5$

$x=t+4$ をこの式に代入すると，$y=-\dfrac{1}{2}(t+4)+5=-\dfrac{1}{2}t+3$…㋑

㋐，㋑で y の値が等しいので，$t^2=-\dfrac{1}{2}t+3$　　これを解くと，$t=-2$，$\dfrac{3}{2}$　　$0<t\leqq2$ より，$t=$ **$\dfrac{3}{2}$**

3 (1) 証明の穴埋め問題では，すでに書かれていることがヒントになるのでそれをよく読んで，論理的な説明になるように空欄を埋めていこう。答えがすぐにわからない場合は，仮定を図にかきこみ，問題の内容に応じて，図形の性質，平行線の同位角・錯角，円周角の定理などからわかることも図にかきこんで，答えを考えよう。

(2) (1)より△ADCは二等辺三角形だから，$AD=CD=18-8=$ **10**(cm)

(3) (1)より△ABC∽△DBAで相似比が $3:2$ だから，$AC=\dfrac{3}{2}DA=\dfrac{3}{2}\times10=$ **15**(cm)

(4) **【解き方】補助線を引いて相似な三角形を利用することを考える。(1)で右図の○印の角が等しいことがわかった。したがって，右図のDJを引けば，△AEI∽△ADJとなる。また，△ADJ≡△ADHである。ひし形AEGFの面積をSとし，△AEI→△ADB→△AFI→△ADC→△ABCの順に面積をSの式で表す。**

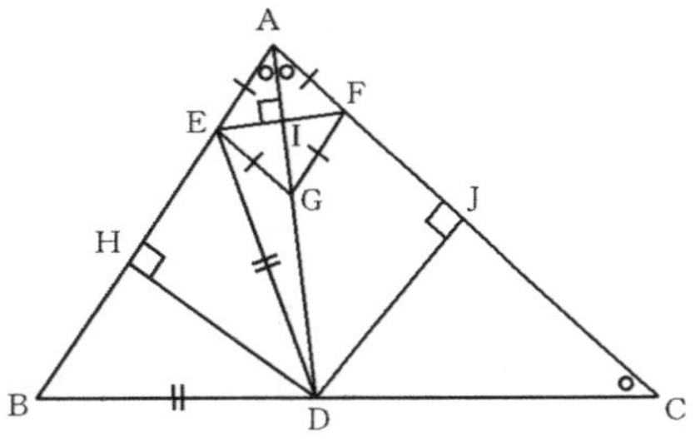

△ADCは二等辺三角形だから，$AJ=\dfrac{1}{2}AC=\dfrac{15}{2}$(cm)

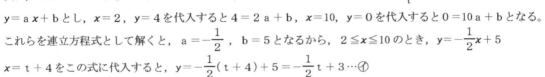

△ADJ≡△ADHより，$AH = AJ = \frac{15}{2}$cmだから，

$BH = 12 - \frac{15}{2} = \frac{9}{2}$(cm)　△EDBは二等辺三角形だから，$EH = BH = \frac{9}{2}$cm，$AE = 12 - \frac{9}{2} \times 2 = 3$(cm)

△AEI∽△ADJより，AI：AJ＝AE：AD　$AI : \frac{15}{2} = 3 : 10$　$AI = \frac{15 \times 3}{2 \times 10} = \frac{9}{4}$(cm)

$AI : AD = \frac{9}{4} : 10 = 9 : 40$　また，AE：AB＝3：12＝1：4，AF：AC＝3：15＝1：5

ひし形は2本の対角線によって面積が4等分されるから，$\triangle AEI = \frac{1}{4}S$

△AEIと△ABIは，底辺をそれぞれAE，ABとしたときの高さが等しいから，面積比はAE：AB＝1：4

となるので，$\triangle ABI = \triangle AEI \times \frac{AB}{AE} = \frac{1}{4}S \times \frac{4}{1} = S$　同様に，$\triangle ADB = \triangle ABI \times \frac{AD}{AI} = S \times \frac{40}{9} = \frac{40}{9}S$

$\triangle ADC = \triangle AFI \times \frac{AC}{AF} \times \frac{AD}{AI} = \frac{1}{4}S \times \frac{5}{1} \times \frac{40}{9} = \frac{50}{9}S$

よって，$\triangle ABC = \triangle ADB + \triangle ADC = \frac{40}{9}S + \frac{50}{9}S = 10S$だから，ひし形AEGFの面積は△ABCの面積の，

$S \div 10S = $ **$\frac{1}{10}$**(倍)である。

4 (1)　Aはy軸についてBと対称だから，AとBのx座標は絶対値が等しく符号が逆なので，Aのx座標は**－2**である。

(2)　$y = ax^2$のグラフはCを通るから，$y = ax^2$に$x = 2$，$y = -1$を代入すると，$-1 = a \times 2^2$より，$a =$ **$-\frac{1}{4}$**

(3)　**【解き方】直線ACの式を$y = mx + n$として，AとCの座標をそれぞれ代入することで連立方程式をたてる。**

$y = x^2$にBのx座標の$x = 2$を代入すると，$y = 2^2 = 4$となるから，B(2，4)であり，A(－2，4)である。

$y = mx + n$にAの座標を代入すると，$4 = -2m + n$，Cの座標を代入すると，$-1 = 2m + n$となる。

これらを連立方程式として解くと，$m = -\frac{5}{4}$，$n = \frac{3}{2}$となるから，直線ACの式は，**$y = -\frac{5}{4}x + \frac{3}{2}$**

(4)①　**【解き方】A，B，Cが円O′の円周上にあり，∠ABC＝90°だから，ACは円O′の直径である。**

三平方の定理より，$AC = \sqrt{(\text{AとCの}x\text{座標の差})^2 + (\text{AとCの}y\text{座標の差})^2} = \sqrt{\{2-(-2)\}^2 + (-1-4)^2} = $ **$\sqrt{41}$**(cm)

②　**【解き方】O′はACの中点であり，AとCはy軸からの距離が等しいから，O′は直線ACとy軸との交点である。このことからO′の座標を求め，三平方の定理を利用してODの長さを求める。**

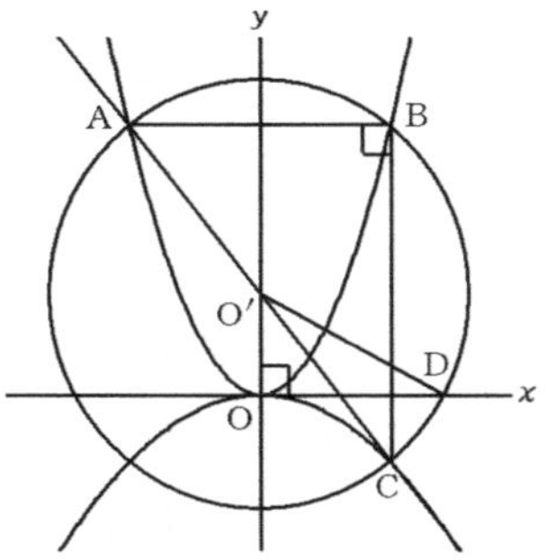

直線ACの切片が$\frac{3}{2}$だから，O′のy座標は$\frac{3}{2}$なので，$OO' = \frac{3}{2}$cm

三平方の定理より，

$OD = \sqrt{O'D^2 - OO'^2} = \sqrt{(\frac{\sqrt{41}}{2})^2 - (\frac{3}{2})^2} = \sqrt{8} = 2\sqrt{2}$(cm)

よって，Dのx座標は**$2\sqrt{2}$**である。

5 (1)　6の約数は1，2，3，6だから，6の目が出た場合，玉は**4**個入れる。

(2)　**【解き方】さいころの目によってどの玉を何個入れるかをまとめると，右表のようになる。**

さいころの目	約数	入れる玉の個数
1	1	1個
2	1，2	2個
3	1，3	2個
4	1，2，4	3個
5	1，5	2個
6	1，2，3，6	4個

[操作]を2回行って箱の中に4個の玉があるのは，2回のうち一方で1個，もう一方で3個入れたときか，2回とも2個入れた場合である。

2回のうち一方で1個，もう一方で3個入れる目の出方は，(1回目，2回目)＝(1，4)(4，1)の2通り。

2回とも2個入れる目の出方は，1回目も2回目も2，3，5の3通りの目があるから，$3 \times 3 = 9$(通り)

2回のさいころの目の出方は全部で$6 \times 6 = 36$(通り)だから，求める確率は，$\frac{2+9}{36} = $ **$\frac{11}{36}$**

(3)①　どの目が出ても1の玉を1個入れるから，nの値は1の玉の個数と等しく，**21**である。

② **【解き方】3が出た回数と5が出た回数が等しいのだから，これをx回とする。4の玉は4が出たときだけ，6の玉は6が出たときだけ入れるので，4の玉と6の玉の個数が等しいということは，4が出た回数と6が出た回数が等しいということであり，これをy回とする。xとyの連立方程式をたてる。**

[操作]の回数の合計について，$2+5+x+y+x+y=21$より，$2x+2y=14$　　$x+y=7$…(ⅰ)

(2)の表より，入れた玉の個数の合計について，$1\times2+2\times5+2x+3y+2x+4y=52$より，$4x+7y=40$…(ⅱ)

(ⅱ)−(ⅰ)×4でxを消去すると，$7y-4y=40-28$　　$3y=12$　　$y=4$

(ⅰ)に$y=4$を代入すると，$x+4=7$　　$x=3$　　よって，5の目が出た回数は**3**回である。

③ **【解き方】②より，それぞれの目が出た回数は右表のようになる。(2)の表と合わせて，1～6のそれぞれの玉が何個ずつあるのかを調べる。**

さいころの目	出た回数
1	2回
2	5回
3	3回
4	4回
5	3回
6	4回

1の玉は21個，2の玉の個数は2，4，6が出た回数の合計と等しく，

$5+4+4=13$(個)，3の玉の個数は3，6が出た回数の合計と等しく，

$3+4=7$(個)，4の玉の個数は4が出た回数と等しく4個，

5の玉の個数は5が出た回数と等しく3個，6の玉の個数は6が出た回数と等しく4個である。

5の玉を取り出すと合計$52-3=49$(個)となり，そのうち4以外は6の約数である。

よって，6の約数の玉は$49-4=45$(個)あるから，求める確率は$\boldsymbol{\frac{45}{49}}$である。

6 (1) 3つの箱のコインの枚数の変化は右表のようになるから，Aには**25**枚残る。

	A	B	C
	20	20	20
作業2	↓+16	↓−8	↓−8
	36	12	12
作業3	↓−12	↓+12	↓
	24	24	12
作業4	↓+1	↓−1	↓
	25	23	12

(2) 作業4の後にAの中にコインが25枚あるということは，作業3の後にAの中にコインが$25-1=$**24**(枚)ある。

作業1でA，B，Cにx枚ずつ入れたとすると，作業2の後のAの中のコインは，$x+8\times2=\boldsymbol{x+16}$(枚)，Cの中のコインは$\boldsymbol{(x-8)}$枚となる。

したがって，作業3の後のAの中のコインは，$(x+16)-(x-8)=24$(枚)となる。

(3)① **【解き方】作業1でA，B，Cにx枚ずつ入れ，作業2でBとCからy枚ずつ取り出したものとし，文字式で考える。**

作業2の後のコインの枚数は，Aが$(x+2y)$枚，Cが$(x-y)$枚となるから，作業3の後のAのコインの枚数は，$(x+2y)-(x-y)=3y$(枚)となる。$3y$は3の倍数だから，n＝**3**

② **【解き方】①より，作業4の後のAの中のコインの枚数は，3の倍数より1大きくなる。**

ア，イ，ウのうち3の倍数より1大きい数は，**ウ**だけである。

$3y+1=55$を解くと$y=18$となるから，作業2でB，Cから取り出したコインは，**18**枚ずつである。

《2023　英語　解説》

Ⅰ 1 **No.1** A「明日の天気はどう？」→B「ニュースでは雨だと言ってるよ」→A「何てことだ！明日はテニスをしたいのに」の流れより，b「残念だね」が適切。　**No.2** 「どれくらいの間借りていられますか？」への返答だから，a「5日間です」が適切。　**No.3** A「さあ，今日の部活のミーティングを始める時間だよ」→B「待って。トムがいないよ」→A「大丈夫。彼は遅れると言ってたよ」の流れより，c「それじゃあ，始めましょう」が適切。

2 **No.1** 質問「ルーシーは何を買いますか？」…Aの2回目の発言「駅前のスーパーで玉子を買ってくれる？」

より，a「玉子」が適切。なお，箸と皿は男性自身が買うと言っている。　**No. 2**　質問「キャシーは昼休み，マイクのためにどこに行きますか？」…体調が悪いBが２回目の発言で「ブラウン先生に理科のレポートを出さないと」と言ったのに対し，Aは３回目の発言で「昼休みに私がそれを彼の部屋に届けるよ」と言ったので，d「ブラウン先生の部屋」が適切。　**No. 3**　質問「コウジはなぜビジネスを勉強したいのですか？」…Aの２回目の発言「海外でレストランのオーナーになるためにビジネスを勉強したいよ」より，c「彼はレストランのオーナーになりたい」が適切。

3　【放送文の要約】参照。**1**　質問「来園者は今日の午後いくつのアクティビティをすることができますか？」…スケジュール参照。午後の３つのアクティビティのうち，Riding a horseはできないから，b「２つ」が適切。

2　質問「トラの赤ちゃんのアクティビティについて，ガイドは来園者に何と言いましたか？」…d「彼らは写真を撮ってはいけません」が適切。

【放送文の要約】

こんにちは，グリーン動物園へようこそ。私は当動物園のガイドのジョンです。スケジュールをご覧ください。今から今日のアクティビティについて，上から説明します。１つ目に，みなさんは世界各地から来たさまざまな種類のウサギに触ることができます。ウサギに触るときは大声で話したり，急に動いたりしないでください。ウサギたちが驚いて逃げてしまいます。次に，トラの赤ちゃんにミルクをあげることができます。2dトラの赤ちゃんはカメラの音を怖がるので，アクティビティの最中は写真を撮らないでください。次の２つのアクティビティは来園者に大人気です。しかし，1b今日の午後はウマの健康チェックをしなければならないので，ウマに乗ることができません。

Ⅱ　【本文の要約】参照。

1(1)「来訪者は午前中に音楽を楽しみたければ，□のイベントに参加すればよい」…ア「中国人のグループ」が適切。　(2)「来訪者は何か食べたければオーストラリア人のグループか□に参加すればよい」…ウ「リクのグループ」が適切。

2①　「入口の隣の小さい部屋」だから，アオイの最初の発言より，イ「生け花に挑戦しよう」である。

②　「入口の隣の大きい部屋」だから，スティーブの２回目の発言より，サクラのグループのウ「和紙作り」である。　③　「調理室の隣の部屋」だから，スティーブの最後の発言より，オーストラリア人のグループのア「スイーツを楽しもう」である。

3あ　be able to＋動詞の原形「～することができる」より，You will be able to enjoy many events!「みなさんはたくさんのイベントを楽しむことができます！」という文にする。

い　look forward to ~ing「～するのを楽しみにする」より，We are looking forward to seeing you!「わたしたちはみなさんに会うことを楽しみにしています！」という文にする。〈be動詞＋~ing〉の現在進行形「～している」にする。

【本文の要約】

スティーブ：フェスティバルには合計５つのグループが参加します。そのうち２つはこの市に住む外国人のグループです。1(1)ア中国人のグループは午前中に伝統的な楽器の演奏をします。オーストラリア人のグループは来訪者に伝統的なスイーツを配ります。みなさんのグループの計画と，使いたい場所を教えてください。

アオイ　：私のグループは入口に花を設置し，来訪者に配ります。また，2①イ入口の隣の小さい部屋で来訪者に生け花に挑戦してもらいたいです。

リク　　：僕たちは調理室を使いたいです。1(2)ウ僕のグループは午前中にそこで餅を作り，来訪者に配りたいです。

サクラ　：2②ウ私のグループは伝統的な和紙の作り方を紹介するつもりです。来訪者はポストカードを作ることがで

きます。水が必要なので，調理室の水を使ってもいいですか？

スティーブ：では，2②ウサクラさんは入口の隣の大きい部屋を使ってください。その部屋の水を使っていいですよ。

サクラ　　：わかりました。紙を乾かすのに十分なスペースがあるので助かります。

リク　　　：ところで，オーストラリア人のグループも調理室を使いますか？

スティーブ：いいえ，彼らは調理室は使いません。家からスイーツを持参するそうです。

リク　　　：そうですか。僕たちはどこかで和太鼓の演奏も行いたいです。

スティーブ：午後に音楽室を使ってください。1(1)ア中国人のグループには午前中にそこを使うよう伝えておきます。そして2③アオーストラリア人のグループには調理室の隣の部屋を使うように伝えます。ＯＫですね。がんばりましょう！

Ⅲ　【本文の要約】参照。１　①は，電車が定時に来ない状況だから，late「(時間に)遅れて」が適切。②は，電車が駅に近づいてきている状況だから，arrive「到着する」のing形のarrivingが適切。

２　ア「異なる考えを受け入れて尊重する」　イ「自分で情報をアナウンスして楽しむ」　ウ「何をすべきか判断する」　エ「情報を見たり聞いたりする」　オ「日本の他の駅にも広まる」

３　Ｄは，４段落３～４行目のletters of its sounds「その(動いている電車の)音の文字」を表している。

【本文の要約】

[１]私たちは駅で，電光掲示板の情報をチェックします。例えば，もし電車が時間通りに来ない場合は，電車がどこにいるのか，①アどれくらい遅れているのか(＝how late it is)をチェックするためにそれを見るでしょう。私たちはまた，スピーカー装置からも情報を得ています。例えば，電車が駅に近づいてくるときに「電車②アが到着します(＝is arriving)。安全のため黄色い線の後ろにお立ちください」というメッセージが聞こえてきます。このように，私たちは駅でその場の状況を知るために③エ情報を見たり聞いたりしており，その情報は私たちにとって役立つものです。

[２]ある日，ひとりの生徒がスピーカーからの情報を聞き逃したことがありました。彼にとって，音を聞き取るのが難しかったのです。彼は，こう言いました。「僕は駅で一度危険な経験をしたことがあります。ちょうど電車に乗ろうとした時，電車のドアが閉まったのです。僕は発車のベルが聞こえなかったので，それに気づかなかったのです。情報を得るには，僕はまわりの人を見て，それから自分が④ウ何をすべきか判断しなければいけないのです。音を文字や画像に変換して画面に映してくれる機械があればいいのに！」

[３]彼の願いは現実になりました。ある会社が彼の経験談を聞き，彼のために機械を作りました。それがプラットフォームに置かれたのです。3Aそこでは，スピーカーから「ご利用ありがとうございます」というアナウンスが流れた時，彼はその文字を画面で見ることができました。3Cまた，彼はスクリーンで，ドアが閉まる音を文字で見ました。この機械のおかげで，彼は初めてドアが閉まる音を知りました。彼は「これで僕は今まで気づかなかった音を楽しむことができます」と言いました。

[４]この機械を体験した人々は，「これは素晴らしいし，便利です。子どもたちはこの機械を楽しむことができると思います。3D例えば，電車が動いている時，スクリーンでその音を文字で見ることができます。3Bまた，注意を引くために英語で示されているので，外国人も簡単に情報を理解できます。この機械が⑤オ日本の他の駅にも広がっていくといいなと思います」と言いました。

[５]ひとりの生徒の考えが，他の人について考える機会を与えてくれました。その生徒は，こう言いました。「僕たちがその機械についての会議をした時，僕は多くの人とたくさん話し合いました。僕の考えを彼らと共有することによって，駅はより多くの人により親切になりました。このように，もし⑥ア異なる考えを受け入れて尊重するなら，僕たち

の社会をもっとよいものにできると思います」

Ⅳ 【本文の要約】参照。

1 あかりの次の発言の，there is nothing special to attract people in my small town...より，まだ見学計画のアイデアが見つかっていないことを読み取る。イが適切。　・have no ～「～が１つもない」

2 下線部直後にコーリーが，I think your town can attract many people.と言っているから，コーリーは，ウ「あかりの町には何か面白いものがある」と考えていることがわかる。

3 あかりはコーリーの農場での体験談を聞くまでは，「小さな町ですごいものを見つけられると思っていなかった」という流れ。イが適切。

4 あかりはコーリーと話すうちに，自分の町には「茶摘み」や「伝統的な家屋」といった魅力があることに気づいた。それらをコーリーは「日常生活の中の宝物」と表現したと判断する。エが適切。

5 **あ** あかりの町の伝統的な家屋で飲めるものだから，ふたりの９回目のやり取りより，green tea「緑茶」が適切。

い 着物を着て思い出のために撮るものだから，ふたりの８回目のやり取りより，pictures「写真」が適切。

う 「私たちの周りにあるものは，観光客にとって素晴らしいものになるでしょう。ですから，日常生活の中のものごとを［う］観察することが大切です」…コーリーの６回目の発言より，carefully「注意深く」が適切。

【本文の要約】

コーリー：やあ，あかり。何をしているの？

あかり　：あ，コーリー。来月のプレゼンテーションの準備をしているよ。

コーリー：プレゼンテーション？

あかり　：私のクラスでは自分たちの市について調べたの。私は自分の町の見学計画を作るんだけど，難しいよ。

コーリー：何か面白い計画があるの？

あかり　：［①イいいえ，１つもないよ］。

コーリー：僕はここに住んでたった２か月だけど，ここの生活を本当に楽しんでいるよ。

あかり　：京都や北海道の大都市は観光で有名だね。毎年多くの人がそこに行くもの。そこには面白いものがたくさんあるけど，この小さな町には人を惹きつける特別なものはないよ…。

コーリー：あかり，それは本当かな？僕は，この町は多くの人を惹きつけることができると思うよ。イギリスでは，小さな町に滞在して，そこで独特な体験を楽しむというのが人気になってきているよ。

あかり　：そうなの？

コーリー：僕は去年，夏休みにイギリスで農場に滞在してチーズ作りをしたんだ。とても楽しかったよ。5う<u>もし君がものごとを注意深く見たら，素晴らしいものが見つかるよ</u>。

あかり　：私は，［②イ小さな町ですごいものを見つけられる］と思っていなかったな。ああそうだ，自分の町で面白い体験ができることを思い出したよ。茶摘みはどうかな？ここには緑茶を栽培している農家がたくさんいるの。私は和菓子と一緒に緑茶を飲むのが大好きなの。

コーリー：かっこいいよ。以前茶摘みの写真を見たことがあるよ。その写真ではみんな着物を着ていたよ。

あかり　：私の町では，茶摘みのための伝統的な着物があるの。

コーリー：そうなんだ？5い<u>僕はそれを着て，茶摘みをしている自分の写真を撮りたいな</u>。

あかり　：5い<u>いい思い出になりそうだね</u>。

コーリー：うん。5あ伝統的な家屋で和菓子と一緒に緑茶を飲むことができたら，いいだろうな。

あかり　：5あそうだね，できるよ。最近は伝統的な家屋をレストランとして再利用していて，中にはとても有名なところもあるよ。私の町には伝統的な家屋がたくさんあるよ。

コーリー：いいね。僕は好きだよ。

あかり　：あなたが言ったように，私たちの周りにある特別なものを見つけることができたね。

コーリー：よかった。違った視点からものごとを見ることによって，君は③エ日常生活の中の宝物を発見したね。

あかり　：助言をありがとう。これで，プレゼンテーションで面白い見学計画を紹介することができるよ。

V　1【本文の要約】参照。①　「(人)に～するよう，頼む」＝ask＋人＋to ～　②　「しゃがむ／座る」＝sit down 過去形にすること。　③　助動詞の will があるから，原形の forget が適切。　「決して～ない」＝never ～

【本文の要約】

今からみなさんに私の体験についてお話しします。私は先週，初めて保育園へ行きました。午前中，1人の男の子がやってきて，私に一緒に①歌を歌うよう(＝to sing songs)頼みました。私たちはそれをとても楽しみました。そのあと，私が子どもたちと外で遊んでいると，一人の女の子が転んで泣き出してしまいました。私が②しゃがんで(＝sat down)ゆっくりとした口調で話しかけると，彼女は泣き止んで微笑んでくれました。私は保育園でとても充実した時間を過ごすことができました。この体験を③決して忘れることはないでしょう(＝will never forget)。

2　【本文の要約】参照。

【本文の要約】

フレッド：わあ，みずき，ひかる，君たちは絵を描くのが得意なんだね！

みずき　：ありがとう。

フレッド：みずき，日本語で書かれた君のメッセージは何？僕は読めないんだ。

みずき　：そのメッセージは「止めよう地球温暖化(＝global warming)」だよ。地球上からたくさんの熱帯雨林(＝rain forests)が姿を消しつつあるでしょ。これは，その原因のひとつだから，私はそれらを守りたいの。

フレッド：いいね。ひかる，君のは？君のポスターにはバナナ，チョコレート，コーヒーが描かれているね。

ひかる　：そうなんだ。多くの企業がこれらの商品を発展途上国(＝developing countries)から購入しているよ。でも，これらの商品は安い値段(＝price)で購入されているんだ。僕は，それは公平じゃないと思って，それでよりよい世界を表現するために握手(＝shaking hands)の絵を描き加えたよ。

フレッド：僕もそれらの問題に関するニュースは度々耳にするよ。それらを解決するのは困難だけど，僕たちならできると信じているよ。

《2023　理科　解説》

I　1(1)　種子植物とシダ植物は根・茎・葉の区別があるが，コケ植物は根・茎・葉の区別がない。ゼニゴケはコケ植物，イヌワラビはシダ植物，サクラは被子植物，イチョウは裸子植物である。　(2)　Aはゼニゴケの雄株だから，aで胞子は作られない。bはイヌワラビの葉の裏にある胞子のうで，ここで胞子が作られる。cはサクラのおしべのやく，dはイチョウの雄花の花粉のうで，これらで花粉が作られる。　(3)　花粉管の中を通って卵細胞に達するのは精細胞である。精細胞と卵細胞が受精するときに，精細胞の核と卵細胞の核が合体して受精卵になる。

(4)　被子植物のサクラの花は胚珠をおおう子房があり，裸子植物のイチョウの花は子房がなく胚珠がむき出しになっている。図4は子房が成長してできる果実があるので，サクランボの断面である。

2(1)　草食動物の個体数が増加すると，草食動物を食べる肉食動物の数は増加し，草食動物に食べられる植物の数は減少する。　(2)①　表より，加熱処理をするとヨウ素溶液の反応が寒天培地全体に見られたので，微生物が死滅してデンプンが残ったことがわかる。　②　透明な部分では，微生物によって脱脂粉乳とデンプンが分解されている。よって，円形ろ紙と透明な部分以外でデンプンが残っていて青紫色に変わる。　③　表より，分解された脱脂粉乳やデンプンの量は，ＡからＣにかけてしだいに減少すると考えられる。よって，微生物の数もＡからＣにかけてしだいに減少し，有機物もしだいに減少すると考えられる。

Ⅱ　1(1)　ア，ウはくもりである。また，風向は風が吹いてくる方角で，イの風向は東，エの風向は西だから，イが正答となる。　(2)　北半球では，高気圧の中心から風が時計回りに吹き出し，低気圧の中心に向かって風が反時計回りに吹きこむ。このように風が曲がるのは，地球の自転によって起こる現象である。　(3)　①９月ごろに日本付近で発達する，東西に長くのびた前線は停滞前線である。停滞前線は小笠原高気圧とオホーツク海高気圧の勢力がつり合う時期にできやすい。　②10月中旬になって小笠原高気圧の勢力が衰えて停滞前線が南下すると，中緯度地帯に吹く西風の偏西風の影響を受けて，日本付近を移動性高気圧と低気圧が交互に西から東へ通過する。　③11月中旬をすぎると，冬に発達するシベリア高気圧が少しずつ勢力を強める。　(4)　10月の天気図は図１の前日だから，日本付近に前線があり，北東に低気圧があるウである。12月の天気図は西高東低の気圧配置のエ，６月の天気図は日本付近に停滞前線のあるア，７月の天気図は日本の南海上の小笠原高気圧が発達しているイである。

2(1)　水の気体の状態である水蒸気は目に見えない。白く見えたもの(湯気)は，水蒸気をふくむ空気が冷えて小さな水滴になって，目に見えるようになったものである。　(2)　白く見えたものは水蒸気に変化して空気中にふくまれると消えるので，空気中にふくむことができる水蒸気量(飽和水蒸気量)が少なくなり，すでにふくんでいる水蒸気量が多くなると消えにくくなる。表１より，温度が低いほど飽和水蒸気量は少ない。また，同じ温度では湿度が高いほどすでにふくまれている水蒸気量が多いので，温度を低くし，湿度を高くすればよい。　(3)　表１より，温度21℃の飽和水蒸気量は18.4 g/m^3であり，湿度は48％だから，空気１m^3あたりにふくまれる水蒸気量は18.4×0.48＝8.832(g/m^3)となる。露点では飽和水蒸気量と空気１m^3あたりにふくまれる水蒸気量が等しくなるので，露点は９℃である。　(4)　表２より，９時の気温はどちらも１℃で等しく，神戸市の湿度は48％，豊岡市の湿度は72％である。表１より，１℃の飽和水蒸気量は 5.2 g/m^3だから，１m^3中にふくむことができる水蒸気量の差は 5.2×(0.72－0.48)＝1.248→1.2 gとなる。

Ⅲ　1(1)　この実験では，沸騰で生じた気体の温度を測る必要があるため，温度計の液だめの高さを枝つきフラスコの枝の部分と合わせる。　(2)　エタノールの沸点(約78℃)に達すると温度変化がゆるやかになるが，水の温度は上がり続けるので，温度が一定にならないまま水の沸点(100℃)になるエが正答となる。　(3)　Ａ～Ｃにたまった液体はすべて水とエタノールの混合物だから，無色である。最初に集まったＡにふくまれるエタノールの割合が最も高く，Ｂ，Ｃの順に割合が低くなる。また，塩化コバルト紙は水に反応して，青色から赤色に変化する。

(4)　エタノールの割合が２番目に高いのはＢである。〔密度(g/cm^3)＝$\frac{質量(g)}{体積(cm^3)}$〕より，Ｂの密度は$\frac{1.89}{2.1}$＝0.90(g/cm^3)だから，図３より，質量パーセント濃度はウの61％である。

2(1)　塩化ナトリウムはナトリウムイオン〔Na^+〕と塩化物イオン〔Cl^-〕に電離する。　(2)　水の粒子はろ紙の穴を通り抜ける大きさ，結晶の粒子はろ紙の穴を通り抜けない大きさになっているイが正答となる。　(3)　図４のように観察できるのは硝酸カリウムの結晶である。表２より，20℃の水 150 gに硝酸カリウムは 31.6×$\frac{150}{100}$＝47.4(g)とけるので，20℃まで冷やしたときに，硝酸カリウムは50－47.4＝2.6(g)の結晶が出てくる。

(4)　質量パーセント濃度が最も小さいのは，20℃で水 100 gにとける量が最も少ないミョウバンである。溶解度までとけた飽和水溶液の質量パーセント濃度は，水溶液の質量によらず一定だから，水 100 g にミョウバンが 11.4 g とけた水溶液の質量パーセント濃度を求める。〔質量パーセント濃度(%)＝$\frac{\text{溶質の質量(g)}}{\text{水溶液の質量(g)}}$×100〕より，$\frac{11.4}{100+11.4}$×100＝10.23…→10.2%となる。

Ⅳ　1(1)　ア×…電流計は測りたい区間に直列に，電圧計は並列に接続する。　イ×…最小目盛りの$\frac{1}{10}$まで目分量で読みとる。　ウ×…指針の振れが小さければ，より小さい－端子につなぎかえる。　エ○…このようにするのは，針が振りきって電圧計が壊れるのを防ぐためである。　(2)　②×…電流は電圧に比例する。　(3)　電流計は 500mA の－端子を利用したので，図４は 300mA→0.3Aを示している。AとBに流れる電流の和が 300mA だから，図２より，AとBに加わる電圧はそれぞれ 3.0V（Aに流れる電流は 200mA，Bに流れる電流は 100mA）とわかる。したがって，Cに加わる電圧は 6.0－3.0＝3.0(V)，流れる電流は 0.3Aだから，〔抵抗(Ω)＝$\frac{\text{電圧(V)}}{\text{電流(A)}}$〕より，抵抗は $\frac{3.0}{0.3}$＝10(Ω)である。　(4)　図３の回路全体の抵抗は$\frac{6.0}{0.3}$＝20(Ω)，図２より，Aの抵抗は$\frac{3.0}{0.2}$＝15(Ω)，Bの抵抗は$\frac{3.0}{0.1}$＝30(Ω)である。PをXからはずすとAとCが直列つなぎの回路になるので，回路全体の抵抗は 15＋10＝25(Ω)になる。次にPをZにつなげると，BとCが並列つなぎになる。この部分の合成抵抗をR，並列部分のそれぞれの抵抗をR_1，R_2とするとき，〔$\frac{1}{R}=\frac{1}{R_1}+\frac{1}{R_2}$〕が成り立つので，$\frac{1}{R}=\frac{1}{10}+\frac{1}{30}=\frac{1}{7.5}$より，R＝7.5(Ω)となる。したがって，回路全体の抵抗は 15＋7.5＝22.5(Ω)である。回路全体の抵抗が小さいほど電流計の値が大きくなるので，電流が流れる３回の区間のうち１回目の区間の電流が最も大きく，２回目の区間の電流が最も小さいオが正答となる。

2(1)　③ＬＥＤ豆電球の方が点灯する時間が長いので，電気エネルギーが光エネルギーだけに変わりやすく（熱エネルギーに変わりにくく），変換効率が高いと考えられる。　(2)　エ×…電流が磁界から受ける力がはたらくのは，電流の向きと磁界の向きが垂直になるＡＢの部分とＣＤの部分である。　(3)　モーターが消費した電力とモーターの仕事率を比べる。モーターが消費した電力は〔電力(W)＝電圧(V)×電流(A)〕より，0.70×1.0＝0.7(W)，モーターがした仕事率は〔仕事(J)＝力の大きさ(N)×力の向きに動かした距離(m)〕，〔仕事率(W)＝$\frac{\text{仕事(J)}}{\text{時間(s)}}$〕，80 cm→0.8 mより，0.12×0.8＝0.096(J)，$\frac{0.096}{2.0}$＝0.048(W)となる。よって，$\frac{0.048}{0.7}$×100＝6.85…→6.9%となる。

(4)　手回し発電機のハンドルを回す向きを実験２と逆にすると，回路を流れる電流の向きが逆になるので，豆電球は点灯するがＬＥＤ豆電球は点灯しない。よって，モーターは実験２と逆向きに回転し，おもりは持ち上がる。

《2023　社会　解説》

Ⅰ　1(1)　ア　Aはイギリスを通っているので，経度０度の本初子午線である，Xはアフリカ大陸のビクトリア湖を通っているので，緯度０度の赤道である。南アメリカ大陸では，赤道はアマゾン川河口付近を通る。

(2)　ア　緯線と経線が直角に交わる図法では，緯度が高くなるほど実際の距離（面積）より大きく表されるので，最も高緯度であるアを選ぶ。アは北緯 45 度付近，イは南緯 15 度付近，ウは南緯 30 度付近である。

(3)　イ　ａはリビアである。アフリカ大陸北部にはサハラ砂漠が広がっているので，砂漠をラクダで移動している様子を表しているイを選ぶ。

(4)　ウ　ｂはケニアである。X．誤り。ケニアは茶や野菜・果実などの輸出が多い。金とカカオ豆が主な輸出品となっているのはガーナやコートジボワール。Y．正しい。ケニアには多くの国立公園・国立保護区・動物保護区がある。

(5)　オ　ｕはイギリス，ｖはアルジェリア，ｗはアルゼンチンである。表１より，**あ**は農産物が多く，特に大豆由来のものが多いので，南アメリカの農業大国であるアルゼンチン，**い**は機械類が多く，医薬品も含まれているので，先進国で工業が発達しているイギリス，**う**は鉱産資源が多いのでアルジェリアである。表２より，イタリア・フランス・スペインなど，アルジェリアから比較的近い国々が含まれているⅱをアルジェリアの輸出相手国と判断する。ⅰはイギリス，ⅲはアルゼンチン。

⑹　ウ　Pはドイツ，Qは南アフリカ共和国，Rはメキシコ，Sはブラジルである。在留邦人数が多いアとウがドイツとブラジルのどちらかであり，第一次産業である，農業，林業，漁業の海外進出日系企業拠点数が多いウがブラジルと判断する。アはドイツ，イはメキシコ，エは南アフリカ共和国。

2⑴　カ　(あ)は鳥取県，(い)は香川県，(う)は高知県である。降水量が少なく，流域の大きな河川がない地域などで，農業用水を確保するために人工的につくられた池をため池という。香川県高松市は１年を通して降水量が少ない瀬戸内の気候であり，香川県のため池の数は全国３位である。鳥取県はａ・ｅ，高知県はｃ・ｄ。

⑵　イ　断面を[g]→[h]の順で見ていくと，四国山地→瀬戸内海→中国山地という地形になる。四国山地は中国山地に比べ，比較的高く，険しい山が多い。

⑶　ウ　[お]は島根県，[き]は岡山県，[く]は山口県，[け]は愛媛県である。X．誤り。石油化学コンビナートは原料の輸入に便利な太平洋側(瀬戸内海側)の沿岸部に立地しており，島根県には石油化学コンビナートはない。Y．正しい。今治タオルは愛媛県の特産品である。Aは山口県，Bは島根県，Cは岡山県，Dは愛媛県。

⑷　キ　[さ]は広島市，[し]は呉市，[す]は大崎上島町である。大崎上島町は離島にあり，最も高齢化が進んでいて，高齢者による１人世帯が多いと考えられる。

⑸①　カ　写真[た]に写っている案内では，左に徳島市役所があることがわかる。図４で市役所(◎)の地図記号を探そう。写真[ち]には川にかかる橋が写っている。また，橋の向こうに山(眉山)が見える。　②　エ　それぞれの避難先の近くに示されている，標高を表す数字に注目しよう。城山本丸跡の標高は 60.4mである。　③　ウ　ア．図５より，徳島市役所本館は内町小学校から 500mの円の外側にある。イ．図４の博物館(🏛)の場所を，図５で確認すると，博物館は津波避難ビルに指定されていない。エ．助任川にかかる前川橋や助任橋，新町川にかかる春日橋やあいせん橋には，[耐震]と示されていない。

Ⅱ　1⑴　ア　資料Aは十七条の憲法の一部である。冠位十二階と同じく，飛鳥時代の前期に聖徳太子によって定められた。イ・ウは飛鳥時代後半の律令制がとられていた頃の様子。エは平安時代後半の様子。

⑵①　ウ　資料Bは，「御家人を京都の警備にあたらせること」より，鎌倉幕府によって出された御成敗式目である。よって鎌倉時代に国ごとに置かれた役職である，ウの守護を選ぶ。エの地頭は荘園・公領ごとに置かれた。ア・イは律令制がとられていた頃に置かれた役職。　②　イ　北条時宗は鎌倉幕府の８代執権であり，元寇に対応したことで知られる。京都所司代は江戸幕府によって置かれた。　③　カ　元が高麗を服属→元が日本に服属を要求→北条時宗が拒否→元・高麗連合軍の襲来(元寇　文永の役・弘安の役)→恩賞を得られなかった御家人が困窮する→幕府による徳政令　この流れをおさえておこう。

⑶①　オ　朝倉氏は一乗谷を拠点とした。分国法は，その戦国大名が治める領国内でのみ適用された。

②　エ　ⅱ．参勤交代は江戸幕府が大名たちに義務付けさせたもの。

⑷①　イ　資料Dは江戸幕府８代将軍の徳川吉宗が定めた公事方御定書一部である。寛政の改革は松平定信が行い，天保の改革を行った水野忠邦は人返しの法で農民を村に返した。　②　エ　Q(1613 年)→R(1641 年)→P(1808 年)　年号がわからなくても，Pは，欧米諸国の船が日本沿岸にたびたび現れるようになった江戸時代後半の記述であること，Q・Rは，禁教令が出され，貿易が統制されていったことがわかれば判断できる。

2⑴　エ　アメリカの独立戦争は 1775 年から約８年間続いた。会津藩は現在の福島県あたりにあった。

⑵　ア　アメリカの南北戦争では，奴隷制を認めるかが南北の対立の要因の１つとなっていた。明治政府の政策に

より，それまでの百姓・町人が平民となった。

(3)　イ　X．正しい。岩倉使節団は 1871 年～1873 年にかけてアメリカ・ヨーロッパ諸国に派遣された。Y．誤り。アメリカではなく，日本の記述。

(4)　オ　　iii．Pは遼東半島，Qは山東半島。

(5)　原敬　「立憲政友会」「1918 年　内閣総理大臣になる」より判断できる。原敬内閣は，米騒動で退陣した寺内内閣にかわって誕生した。陸軍・海軍・外務以外の大臣すべてを衆議院の第一党である立憲政友会の党員から選んだ，初の本格的な政党内閣であった。

(6)　ウィルソン　「大統領」「民族自決」より判断できる。他にも，ウィルソンは国際連盟の設立を提案したことでも知られる。

Ⅲ　(2)　i．ユーロ　ii．イタリア　イギリスはＥＵ加盟時にもユーロは導入しておらず，2020 年にＥＵを離脱していることは覚えておこう。

(4)　ア　日本銀行が一般銀行から国債を買い取ることを，買いオペレーションといい，不況時に行われる公開市場操作である。逆に好況時に，日本銀行が一般銀行に国債を売ることを売りオペレーションという。

(5)　ウ　　たとえば，１ドル＝100 円から１ドル＝80 円になることを「円高ドル安」，１ドル＝100 円から１ドル＝120 円になることを「円安ドル高」という。ここで，10000 円の製品を輸出する場合を考えてみる。１ドル＝100 円のとき，海外では，10000÷100＝100(ドル)で販売される。これが１ドル＝80 円になると，海外では 10000÷80＝125(ドル)で，１ドル＝120 円になると，海外では 10000÷120＝83.33…(ドル)で販売される。基本的に現地での価格は安い方が有利なので，日本の輸出産業にとって円高は不利にはたらき，円安は有利にはたらく。

２(2)①　オ　国政においての被選挙権は衆議院議員が 25 歳以上，参議院議員が 30 歳以上なので，あわせて覚えておこう。　②　イ　ア．首長は拒否権を行使し，地方議会に再審議させることができる。ウ．首長の解職の請求もできる。エ．首長が地方議会に予算案を提出して地方議会が予算の議決を行い，決められた予算を首長が実行する。

(3)②　エ　X．誤り。2019 年は 1967 年と比べて無投票当選者数の割合が高くなっている。Y．正しい。Z．正しい。60 歳未満の議員の割合は 2011 年が，2.0＋5.9＋25.3＝33.2(％)，2021 年が，2.2＋7.4＋13.4＝23(％)である。

③　民主主義の学校　「民主主義の学校」は，イギリスの政治学者ブライスが著書『近代民主政治』で表現したものである。地方自治で決めていることは身近なことが多く，地方政治に参加することで主権者意識を育てることができるといわれている。

兵庫県公立高等学校

《2022 国語 解答例》

一 問一．イ　問二．イ　問三．水　問四．エ　問五．ア　問六．⑧共通性が貫徹していること　⑨用途に応じた工夫

二 問一．虎　問二．右漢文　問三．a．ア　b．ウ　問四．イ

三 問一．おおく　問二．ウ　問三．イ　問四．エ

四 問一．②ざしき　④とたん　⑤しぼ　問二．エ　問三．①エ　⑧ア　問四．ウ　問五．ア　問六．ア　問七．イ

五 問一．A．ウ　B．イ　C．ウ　問二．発想は(、)　問三．イ　問四．ア　問五．エ　問六．a．客観的な色彩世界　b．エ　問七．ウ　問八．ア

観ル者無シ㆑不ざルハ㆓辟易顚仆セ㆒。

《2022 数学 解答例》

1　(1)-4　(2)$3x+7y$　(3)$5\sqrt{3}$　(4)$(3x-2)^2$　(5)$\dfrac{1\pm\sqrt{17}}{2}$　(6)-6　(7)50　(8)イ，エ

2　(1)70　(2)$-70x+1400$　(3)700　(4)9，40

3　(1) i．ウ　ii．オ　(2)$2\sqrt{7}$　(3)$\dfrac{9\sqrt{7}}{5}$　(4)$\dfrac{4\sqrt{14}}{5}$

4　(1)2　(2)$\dfrac{1}{4}$　(3)①$(-2,\ -5)$　②$76\pi$

5　(1)3　(2)①6　②8　③$\dfrac{14}{45}$

6　(1)42　(2)①4　②$10n^2$　③810　(3)A，6，17

《2022 英語 解答例》

I　1．No. 1．b　No. 2．a　No. 3．c　2．No. 1．b　No. 2．d　No. 3．d　3．1．c　2．a

II　1．(1)ウ　(2)カ　2．①イ　②エ　③ア　3．あ．places I should visit　い．many hours do you

III　1．エ　2．ウ　3．A．エ　B．ア　C．イ　4．イ

IV　1．ア　2．ア　3．ウ　4．エ　5．あ．jam　い．events　う．information

V　1．①to practice　②finished　③listening　2．①river　②sun〔別解〕Sun　③clouds
3．①part／in　②are／interested　③on／stage

《2022 理科 解答例》

I　1．(1)エ　(2)イ　(3)ウ　(4)オ　2．(1)けん　(2)①ア　②250　(3)縮む筋肉…D，F　ゆるむ筋肉…G，I

II　1．(1)ア　(2)エ　(3)⑤・⑥ア　⑦ア　(4)ウ　2．(1)エ　(2)イ　(3)ウ　(4)エ

III　1．(1)ウ　(2)エ　(3)①・②イ　③ア　(4)ウ　2．(1)イ　(2)①イ　②エ　(3)ウ　(4)67

IV　1．(1)エ　(2)①ア　②5　③428　2．(1)ウ　(2)①ウ　②・③エ　(3)イ　(4)0.91

《2022　社会　解答例》

Ⅰ　１．⑴カ　⑵ウ　⑶イ　⑷ア　⑸オ　⑹エ　　２．⑴ア　⑵エ　⑶イ　⑷オ　⑸①ウ　②ア　③オ

Ⅱ　１．⑴①ウ　②イ　③エ　⑵①ア　②ウ　⑶①通信使　②ア　③化政　　２．⑴ウ　⑵①カ　②エ　⑶イ　⑷エ　⑸エ

Ⅲ　１．⑴累進課税　⑵イ　⑶①ウ　②ア　⑷カ　⑸エ　　２．⑴ア　⑵①エ　②オ　⑶①イ　②ウ　③希少

←解答例は前ページにありますので，そちらをご覧ください。

《2022　国語　解説》

一　**問三**　「注」の意味を表す「へん」は、「氵(さんずい)」である。よって、「水」。

問四　【課題】の文章の「人をそこで立ち止まらせます」の直後に、「しかし～何のためかと考えられるようになります」とある。このつながりから、ここでの「立ち止まる」は、考えないようになる、という意味だとわかる。よって、エの「人を思考停止に陥らせる」が適する。(　④　)の後の「『いろいろある』で片付けている」も同じ意味。

問五　⑤.「教室の椅子～ある程度の座り心地の良さがないとね～移動させて使うことも多いよ」と言っている。⑥.「実験室の椅子～実験台の下にすっかりおさまらないと～邪魔になる～必要がなくなればすぐに動かせるものでなくちゃね」と言っている。　⑦.「ソファー～座り心地の良さが大事なんだよ」と言っている。

問六　【課題】の文章では、「いろいろある」と何も考えずに使うのではなく、「いろいろの中にも共通性が貫徹していることを知れば～何のためかと考えられるようになります。それぞれの違いが、用途に応じた工夫だと考えられるようになります」と述べている。そうすることで「よりよい使い方ができる」ようになると言える。

二　**問一**　多くの人民が見物を許されたもの。「一語で」とあるので「虎」。

問二　「無不辟易顚仆」を「辟易顚仆《へきえきてんぷ》せざるは無し」と読むには、まず、「辟易顚仆ｾ」から「不《ざ》ﾙﾊ」に返るので、二字以上へだてて返る場合に使う、一・二点を付ける。次に、「不《ざ》ﾙﾊ」から「無ｼ」に一字返るので、レ点を付ける。

問三 a　「百姓」に見物することを「縦《ゆる》」した人物。　　**b**　「亦往看」(何度も行っては見物していた)人物。

問四　王戎《おうじゅう》の「しずかな様子で動じなかった。最後まで恐れる様子はなかった」という様子に、イが適する。

【漢文の内容】

魏《ぎ》の明帝《めいてい》は、練兵場のあたりで、虎の爪と牙を切断し、多くの人民がそれを見物することを許した。王戎は七歳であったが、何度も行っては見物していた。虎は隙《すき》をうかがい、檻《おり》によじのぼって吼《ほ》え、その声は地を震わせるほどであった。見物する者でたじろいで倒れ伏さない者はいなかった(＝見物者は皆たじろいで倒れ伏した)。王戎は、しずかな様子で動じなかった。最後まで恐れる様子はなかった。

三　**問一**　古文で言葉の先頭にない「はひふへほ」は、「わいうえお」に直す。

問三　【古文の内容】を参照。

問四　この出来事は、前半では、佐々木隠岐入道《ささきのおきのにゅうどう》の心づかいはすばらしかったという良い話になっていた。しかし後半で、吉田中納言《よしだのちゅうなごん》の指摘により、そもそも「故実(古くからのしきたり)」にそわない、用意の足りない出来事だったという話に変わる。王朝の「故実」を知らない人たちが、奇妙な対応をほめたという、恥ずかしい結果になったのである。よって、エが適する。

【古文の内容】

鎌倉中書王《かまくらのちゅうしょおう》の御所で蹴鞠の会があったときに、雨が降った後、まだ庭が乾かなかったので、どうしようかと相談することがあったが、佐々木隠岐入道が、おがくずを車に積んで、大量に差し上げたので、庭一面に敷かれて、泥《どろ》による支障がなくなった。「(こういう時のために、おがくずを)取り溜《た》めていた心づかいは、めったにないほどすばらしいことだ」と、人々は感心しあったという。

このことをある者が語り出したところ、吉田中納言が、「乾いた砂の用意はなかったのか」とおっしゃったので、恥ずかしい思いをした。すばらしいと思ったおがくずは、みすぼらしく、風変わりなものである。庭の整備を担当する人が、乾いた砂を用意するのは、古くからのしきたりであるということだ。

四　問二　ア、イ、ウは副詞。エは、形容動詞「ほのかだ」の連体形。

問四　師匠の「自分の仕事をしっかりやろうと思わなければ、いつまでたっても半人前のままだ」という言葉と、「師匠の目には人を黙らせるほどの強い光があった」という様子を考え合わせる。また、この後で篤《あつし》が物置で練習をしていること、「師匠も、わざわざ篤に話をしてくれた」（傍線部⑥の直前）と、師匠の話をありがたく思っていることなどから、ウのような心情が読みとれる。

問五　物置に向かうとき、篤は「念のため、まわりに誰もいないのを確認」しており、呼出《よびだし》の練習をするときに人目を気にしていることがうかがえる。また、傍線部⑥の直前に「進《すすむ》さんが助けてくれた。師匠も、わざわざ篤に話をしてくれた」とあることから、自分を助け支えてくれる人たちへの感謝が、前を向いて頑張る原動力になっているのだと読みとれる。よって、アが適する。

問六　傍線部⑦の後の真剣な内容を、篤に話し始めるときの様子である。「頭を掻《か》く」は、恥ずかしく思ったり照れたりしたときの動作。よって、アが適する。

問七　坂口《さかぐち》が「お前(篤)が～練習やめてたら、俺も～ゲームしてたかもしれない」「俺、一緒にトレーニングしたいって武藤《むとう》に言おうと思う」と言ったこと、それが「兄弟子としてのプライドをいったん捨て、弟弟子と一緒にトレーニングをしよう」という決意であることが、イの前半の内容に適する。そのような坂口の決意を知った後、篤は、坂口からもらったミルクティーを飲んで「ほのかな甘さが沁《し》みわたった」と感じ、さらに「三分の一ほどを飲むと、また～何度も繰り返した」とある。この様子から、坂口と同じような気持ちで自分も頑張ろうと思っていることがうかがえるので、「共感を覚えている」と言える。

五　問一A　指摘　ア．滴　イ．敵　ウ．摘　エ．適　　**B**　依然　ア．以　イ．依　ウ．偉　エ．委

C　性急　ア．制　イ．勢　ウ．性　エ．成

問二　「認知主体の内部と外部に世界を画然と分かつ」発想が、「こうした」発想。一文節なので「発想は」。

問三　「［　①　］『自動的』な機械」は、直後の一文にある「行為する動機をみずから生み出せるような『自律的』なシステム」ではないもの。「みずから生み出せる」と対する内容が入るので、イが適する。

問四　「自律性」だという理解は「決して自明ではない」、つまり「他律系」だと考える可能性も十分あったということ。同じ段落で「生命もまた～他律系だと感じられるかも知れない。実際、黎明《れいめい》期の認知科学は～他律的に作動するものだと仮定していたのだ」と述べていることから、アのような理由が読み取れる。

問五　ここでの「認知主体」はカエル。「カエルの視点に立ってみると、本当の世界などどこにもない～カエルが経験できるのは、どこまでもカエルの世界～入力も出力もないのだ」と述べていることから、エが適する。

問六a　傍線部⑤の直前の２段落で「マトゥラーナ～やるべき仕事は、外界の色に対応する神経細胞の活動パターンを見つけ出すことにあるはずだった。ところが～どこにもなかったのである」と述べている。下線部にあたる八字の表現は「客観的な色彩世界」。　　**b**　傍線部⑤のある段落と、その直後の段落で、変えた後の考えが説明されている。「みずからの活動のパターンに規制された、自律的なシステムとして理解されるべきなのではないか」とあることに、エが適する。

問七　「生命そのもののような自律性を持つシステムを、人工的に作り出すことは可能なのだろうか」という話をしているのに、人間が「みずからを機械に近づけようとしている」のでは、「本末転倒」（根本にかかわる大切なことと、些細な部分を取り違えること）だと言っている。よって、ウが適する。

問八　イの「どれほど発達したとしても～自律性を持たせることはできない」、ウの「認知主体から独立した視点を確立しなければならない」は適さない。エのような内容は、本文中で述べられていない。

《2022　数学　解説》

1　(1)　与式$=3-7=-4$

(2)　与式$=4x+2y-x+5y=3x+7y$

(3)　与式$=2\sqrt{3}+3\sqrt{3}=5\sqrt{3}$

(4)　与式$=(3x)^2-2\times 3x\times 2+2^2=(3x-2)^2$

(5)　２次方程式の解の公式より，$x=\dfrac{-(-1)\pm\sqrt{(-1)^2-4\times 1\times(-4)}}{2\times 1}=\dfrac{1\pm\sqrt{17}}{2}$

(6)　**【解き方】反比例の式は$y=\dfrac{a}{x}$（aは比例定数）で表せる。**

$x=-9$のとき$y=2$だから，$2=\dfrac{a}{-9}$　　$a=-18$

$y=-\dfrac{18}{x}$について，$x=3$のとき，$y=-\dfrac{18}{3}=-6$

(7)　**【解き方】多角形の外角の和は360°であることを利用する。**

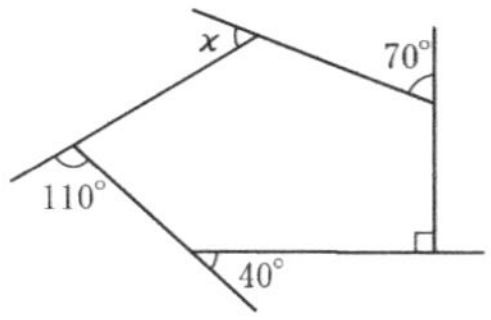

$\angle x=360°-110°-40°-90°-70°=50°$

(8)　**【解き方】箱ひげ図からは，右図のようなことがわかる。**

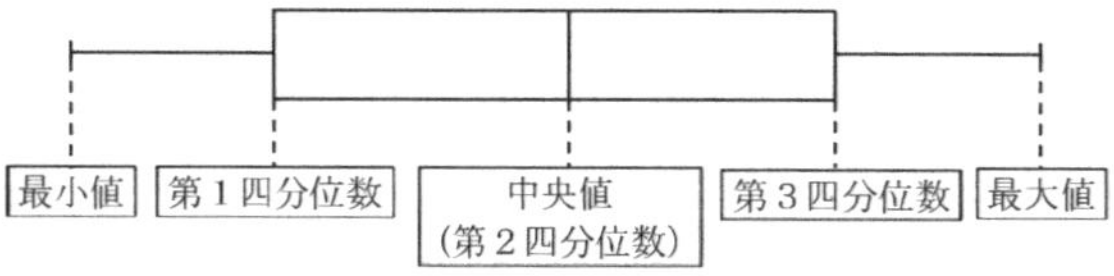

ア．箱ひげ図から平均値は分からないので，正しいとはいえない。

イ．(四分位範囲)＝(第３四分位数)－(第１四分位数)なので，数学が80－50＝30(点)，英語が70－45＝25(点)となるから，正しい。

ウ．数学で最大値90を記録した生徒と，英語で最大値80を記録した生徒が同じ生徒とは限らないので，正しくない。

エ．数学の第３四分位数は80点である。データ(記録)が奇数の場合，中央値を除いて半分にしたデータのうち，大きい方のデータの中央値が第３四分位数となる。よって，大きい順で$(35-1)\div 2=17$(人)の生徒のデータの中央値が第３四分位数になるのだから，$17\div 2=8$余り１より，第３四分位数は大きい順で９番目のデータとなる。よって，80点の生徒はいる(大きい順で９番目の生徒)から，正しい。

2　(1)　Aさんは９時14分－９時＝14分で980m歩いたから，求める速さは，980÷14＝70(m/分)

(2)　**【解き方】式を求めるグラフは直線なので，$y=mx+n$とおける。通る２点の座標を代入することで，連立方程式をたてる。**

直線$y=mx+n$は，点(6，980)を通るので，$980=6m+n$，点(20，0)を通るので，$0=20m+n$が成り立つ。これらを連立方程式として解くと，$m=-70$，$n=1400$となるので，求める式は，$y=-70x+1400$である。

(3)　**【解き方】２人がすれちがったのは，グラフの交点の位置である。交点の座標は，連立方程式で求められる。**

Aさんの９時から９時14分までのグラフの式は，原点を通り傾きが70(速さに等しい)であることから，$y=70x$だとわかる。直線$y=70x$と直線$y=-70x+1400$の式を連立方程式として解くと，$x=10$，$y=700$となるから，交点の座標は点(10，700)である。よって，P地点から700mの地点である。

(4)　**【解き方】AさんとBさんの速さは等しいから，９時６分～９時14分において２人の間の中間地点は，２人が出会う地点(P地点から700m)である。**

Cさんは９時12分にPから700mの地点にいるから，Pから図書館までと図書館から９時12分にいる地点までの道のりの合計は700mである。Cさんはこの道のりを$700\div300=\frac{7}{3}$(分)で進むので，求める時間は，$12-\frac{7}{3}=\frac{29}{3}=9\frac{2}{3}$(分)，つまり，9分($\frac{2}{3}\times60$)秒＝9分40秒である。

3 ⑴ 証明の穴埋め問題では，すでに書かれていることがヒントになるのでそれをよく読んで，論理的な説明になるように空欄を埋めていこう。答えがすぐにわからない場合は，仮定を図にかきこみ，問題の内容に応じて，図形の性質，平行線の同位角・錯角，円周角の定理などからわかることも図にかきこんで，答えを考えよう。

⑵ ABは直径だから，$\angle ACB=90^\circ$

△ABCについて，三平方の定理より，$BC=\sqrt{AB^2-AC^2}=\sqrt{8^2-6^2}=\sqrt{28}=2\sqrt{7}$ (cm)

⑶ **【解き方】高さの等しい三角形の面積比は底辺の長さの比に等しいことを利用して，△ABC→△ACE，の順で面積を求める。**

$\triangle ABC=\frac{1}{2}\times AC\times BC=\frac{1}{2}\times6\times2\sqrt{7}=6\sqrt{7}$ (cm²)

円Oの半径は，$\frac{1}{2}AB=4$ (cm)なので，△ACE∽△ODEより，$AE:OE=AC:OD=6:4=3:2$

よって，$OA:AE=(3+2):3=5:3$より，$AE=\frac{3}{5}OA=\frac{3}{5}\times4=\frac{12}{5}$(cm)

$\triangle ABC:\triangle ACE=AB:AE=8:\frac{12}{5}=10:3$だから，$\triangle ACE=\frac{3}{10}\triangle ABC=\frac{3}{10}\times6\sqrt{7}=\frac{9\sqrt{7}}{5}$(cm²)

⑷ **【解き方】ADをひく。DE＝$x$cmとして，相似比からxについての方程式をたてる。**

△ACE∽△ODEで，$CE:DE=AC:OD=3:2$だから，$CE=\frac{3}{2}DE=\frac{3}{2}x$ (cm)

円周角の定理より，∠ADE＝∠CBE，∠DAE＝∠BCEだから，△ADE∽△CBE

よって，$AE:CE=DE:BE$ $\frac{12}{5}:\frac{3}{2}x=x:(8-\frac{12}{5})$ $\frac{3}{2}x^2=\frac{12}{5}\times\frac{28}{5}$

$x^2=\frac{12}{5}\times\frac{28}{5}\times\frac{2}{3}=\frac{4^2\times14}{5^2}$ $x=\pm\sqrt{\frac{4^2\times14}{5^2}}=\pm\frac{4\sqrt{14}}{5}$

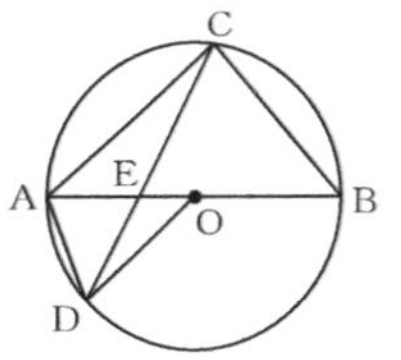

$x>0$より，$x=\frac{4\sqrt{14}}{5}$だから，$DE=\frac{4\sqrt{14}}{5}$cmである。

4 ⑴ Cは放物線$y=\frac{1}{2}x^2$上の点で，x座標が$x=2$だから，y座標は，$y=\frac{1}{2}\times2^2=2$

⑵ **【解き方】(変化の割合)＝$\frac{(y\text{の増加量})}{(x\text{の増加量})}$であることから，aについての方程式をたてる。**

$y=ax^2$について，$x=2$のとき$y=a\times2^2=4a$，$x=4$のとき$y=a\times4^2=16a$で，xの値が2から4まで増加するときの変化の割合が$\frac{3}{2}$だから，$\frac{16a-4a}{4-2}=\frac{3}{2}$ $12a=3$ $a=\frac{1}{4}$

⑶① **【解き方】直線ABの式を$y=mx+n$として，A，Bの座標を代入することで連立方程式をたてる。直線ABの式にEのx座標を代入して，Eのy座標を求める。**

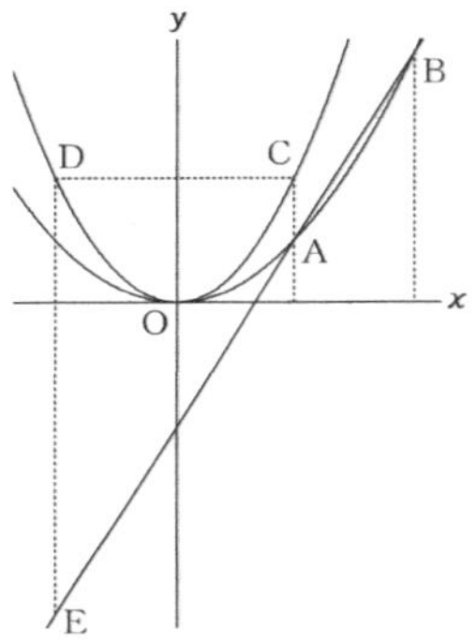

A，Bはともに放物線$y=\frac{1}{4}x^2$上の点で，x座標がそれぞれ$x=2$，$x=4$だから，

Aのy座標は$y=\frac{1}{4}\times2^2=1$，Bのy座標は$y=\frac{1}{4}\times4^2=4$である。

直線$y=mx+n$は，A(2，1)を通るので，$1=2m+n$，B(4，4)を通るので，$4=4m+n$が成り立つ。これらを連立方程式として解くと，$m=\frac{3}{2}$，$n=-2$となるので，直線ABの式は，$y=\frac{3}{2}x-2$

C(2，2)とDはy軸について対称なので，D(－2，2)である。よって，(Eのx座標)＝(Dのx座標)＝－2

$y=\frac{3}{2}x-2$に$x=-2$を代入すると，$y=\frac{3}{2}\times(-2)-2=-5$となるので，E(－2，－5)

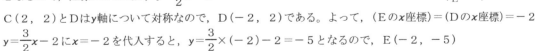

②　【解き方】直線ＡＢと直線ＣＤとの交点をＦとすると，１回転させてできる立体は，右図のようになる。

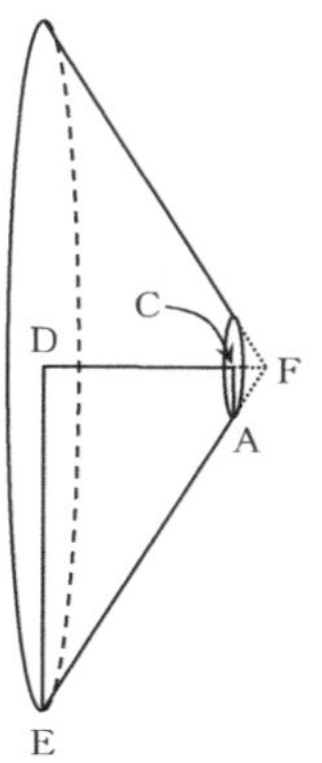

$y=\frac{3}{2}x-2$ に $y=2$ を代入すると，$2=\frac{3}{2}x-2$ より，$x=\frac{8}{3}$ となるので，Ｆ$(\frac{8}{3}，2)$

できる立体は，㋐底面の半径がＤＥ，高さがＦＤの円すいから，㋑底面の半径がＣＡ，高さがＦＣの円すいを取り除いた立体である。㋐と㋑は相似であり，相似比はＦＤ：ＦＣ＝（ＦとＤのx座標の差）：（ＦとＣのx座標の差）＝$\{\frac{8}{3}-(-2)\}:(\frac{8}{3}-2)=\frac{14}{3}:\frac{2}{3}=7:1$

なので，体積比は $7^3:1^3=343:1$ である。

よって，求める体積は㋑の体積の 343－１＝342(倍)であり，ＣＡ＝(ＣとＡのy座標の差)＝２－１＝１(㎝)だから，$(\frac{1}{3}\times1^2\pi\times\frac{2}{3})\times342=76\pi$(㎤)

5　⑴　３枚ともＢが出る場合，３枚ともＣが出る場合，３枚ともＤが出る場合の３通りある。

⑵①　Ａ，Ｂ，Ｃ，Ｄ，Ｅのカードが入っている袋をＰ，残り２つの袋をそれぞれＱ，Ｒとする。

図形Ｘが線分ＢＣとなるのは，（Ｐ，Ｑ，Ｒ）から取り出したカードが，（Ｂ，Ｂ，Ｃ）（Ｂ，Ｃ，Ｂ）（Ｂ，Ｃ，Ｃ）（Ｃ，Ｂ，Ｂ）（Ｃ，Ｂ，Ｃ）（Ｃ，Ｃ，Ｂ）の６通りある。

②　【解き方】２点に印がついた場合に線分となるので，線分ＢＤ，ＣＥとなることも考えられる。辺ＡＢとねじれの位置にある辺は，辺ＡＢと平行でなく交わらない辺(同一直線上にない辺)なので，条件に合うのは，線分ＣＤ，線分ＤＥ，線分ＣＥになるときである。

線分ＣＤとなるカードの取り出し方は，⑵①と同様に，６通りあるとわかる。

線分ＤＥ，線分ＣＥとなる（Ｐ，Ｑ，Ｒ）のカードの取り出し方はそれぞれ，（Ｅ，Ｄ，Ｄ）の１通り，（Ｅ，Ｃ，Ｃ）の１通りある。したがって，条件に合うカードの取り出し方は全部で，６＋１＋１＝８(通り)ある。

③　【解き方】$\frac{1}{2}\times2\times2=2$ より，△ＢＣＤ，△ＢＣＥ，△ＢＤＥ，△ＣＤＥの面積は２㎠である。また，△ＡＣＥ≡△ＢＣＥより，△ＡＣＥと△ＡＢＤの面積も２㎠である。

Ｐ，Ｑ，Ｒから１枚ずつカードを取り出すとき，取り出し方は全部で，５×３×３＝45(通り)ある。

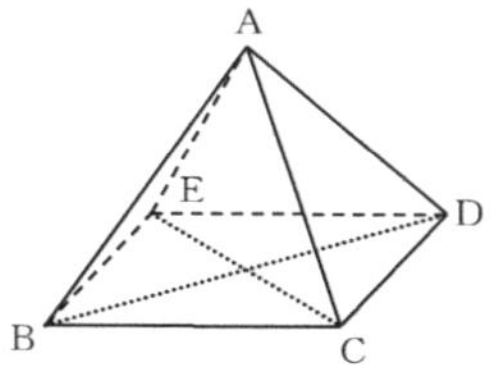

△ＢＣＤとなる（Ｐ，Ｑ，Ｒ）のカードの取り出し方は，（Ｂ，Ｃ，Ｄ）（Ｂ，Ｄ，Ｃ）（Ｃ，Ｂ，Ｄ）（Ｃ，Ｄ，Ｂ）（Ｄ，Ｂ，Ｃ）（Ｄ，Ｃ，Ｂ）の６通りある。

△ＢＣＥとなる（Ｐ，Ｑ，Ｒ）のカードの取り出し方は，（Ｅ，Ｂ，Ｃ）（Ｅ，Ｃ，Ｂ）の２通りある。△ＢＤＥ，△ＣＤＥ，△ＡＢＤとなるカードの取り出し方も，同様に２通りずつある。また，△ＡＣＥとなるようなカードの取り出し方はない。

よって，条件に合う取り出し方は全部で６＋２×４＝14(通り)あるから，求める確率は，$\frac{14}{45}$である。

6　⑴　マウェム選手のポイントは，３×２×７＝42(ポイント)

⑵　(平均値)＝(合計点)÷(種目数)だから，平均値で比べる場合，合計点が最も小さい人が１位になる。

東京オリンピック男子決勝での総合順位と合計点をまとめると右表のようになるから，平均値を用いる方法では，東京オリンピック男子決勝での総合順位①４位の人が総合順位１位となる。

総合順位(位)	1	2	3	4	5	6	7
合計点(ポイント)	12	12	13	11	12	12	12

かけ算して算出したポイントは，３種目とも 10 位だった場合は，10×10×10＝1000(ポイント)となる。

３種目の順位がそれぞれ(10－ｎ)位，10 位，(10＋ｎ)位だった場合は，(10－ｎ)×10×(10＋ｎ)＝10(100－n^2)＝1000－10n^2(ポイント)となるので，ポイントの差は，1000－(1000－10n^2)＝②10n^2(ポイント)と表せる。

選手が 20 人いるので，最高順位は１位，最低順位は 20 位だから，10－９＝１より，ｎは１～９の自然数となる。

よって，ポイントの差($10n^2$)の最大値は，$n=9$のときの，$10\times 9^2=$ ③810(ポイント)である。

⑶　**【解き方】ポイントの範囲から，A選手，B選手の残りの2種目の順位の積を考える。**

A選手は1種目で4位をとっているので，401÷4＝100余り1，410÷4＝102余り2より，残り2種目の順位の積は，101か102である。このうち101は素数なので，残り2種目の順位の積は102だとわかる。

B選手は1種目で15位をとっているので，401÷15＝26余り11，410÷15＝27余り5より，残り2種目の順位の積は，27である。よって，A選手のポイントは4×102＝408(ポイント)，B選手のポイントは15×27＝405(ポイント)だから，A選手の方が下位である。

102の約数は1と102，2と51，3と34，6と17であり，順位は1位～20位までなので，A選手の残り2種目の順位は，6位と17位である。

《2022　英語　解説》

Ⅰ　1　**No.1**「それはいくらですか？」への返答だから，b「50ドルです」が適切。

No.2「それ(かばん)はどんな見た目ですか？」への返答だから，a「黒でポケットが2つついています」が適切。

No.3　A「私の夢は警察官になることよ」→B「君は夢をかなえるために何をしているの？」→A「夜，外に走りに行っているわ」への返答だから，c「すごい，体を鍛えようとしているんだね」が適切。

2　**No.1**　質問「彼のアドバイスは何ですか？」…Bの2回目の発言「水曜日に食堂に来て。昼食後に英語を話したい生徒たちと話すよ」より，b「昼食後に彼と話すこと」が適切。　**No.2**　質問「誰がオーストラリアに住んでいましたか？」…Bの2回目の発言「カイトがそこに住んでいたよ」より，d「カイトです」が適切。

No.3　質問「彼らはどのグラフを見ていますか？」…A「グラフを見て。さまざまな学年の子どもたちが質問を受けたよ」→B「なるほど。結果はどう？」→A「高校生が一番親切だよ」→B「じゃあ，年上の子どもは年下の子どもより親切ってこと？」→A「うん，子どもたちは成長するにつれて，他の人のことをもっと考えることができるようになると思うな」→B「まあ，なんて興味深いの！」より，dが適切。

3　【放送文の要約】参照。

1　質問「先生は何について話していますか？」…c「上手にノートを取るための重要なポイント」が適切。

2　質問「なぜ先生は生徒たちに話しているのですか？」…a「ノートの取り方を自分で考えさせるため」が適切。

【放送文の要約】

1c上手にノートを取る方法を知っていますか？黒板を写すだけでは十分ではありません。授業中に気づいたことはすべて書くべきです。ノートから内容を説明できるなら，ノートが上手く取れているということですね。しかし，2a上手にノートを取る方法はこれだけではないので，自分だけのスタイルを見つけてみてください。

Ⅱ　【本文の要約】参照。

1⑴「[　　]学校生活について話している」…学校生活について話しているのはアイシャだけだから，ウが適切。

⑵「[　　]言語について話している」…言語について話しているのはクマーとアイシャだから，カが適切。

3あ　文意：「タン，僕たちは来年，修学旅行でシンガポールを訪れるよ。他に訪れるべき場所(＝places I should visit)を紹介してくれない？」…省略できる目的格の関係代名詞(＝which/that)と語句(＝I should visit)がうしろから名詞(＝places)を修飾する形にする。

い　文意：「アイシャ，君はとても一生懸命勉強していると思うよ！君は家で1日にどれくらいの時間(＝How many hours do you)勉強するの？」　「どれくらいの時間～？」＝How many hours ～?

【本文の要約】

タン　：多くの外国人が観光でシンガポールを訪れるわ。私のお気に入りの場所は，屋上に大きなプールがあるホテルよ。有名なホテルでたくさんの映画に出てくるわ。シンガポールは美しい国よ。公共の場所でごみを見つけるのは難しいわ。ごみを路上に捨てた人は罰金を払わなければならないの。私はこの法律を尊重するわ。あなたにもここに来て，私たちのきれいな街を楽しんでほしいな。

あなた：ありがとう，タン。僕たちも①イ自分の街をきれいにするためにがんばっているよ。でも，そんな法律があるのには驚いたよ。

クマー：シンガポールは多様性のある国だよ。多くの人が共に暮らし，豊かな文化を創造しているんだ。例えば，1(2)カここでは多くの言語が話されているよ。僕は普段は英語を話すけど，家族と話すときはタミル語を話すんだ。また，僕たちの料理は外国のレシピの影響を受けているよ。インド由来の有名なカレーがあるんだ。カレーの中に大きな魚の頭が入っているよ！君も一度食べてみるべきだね！

あなた　：ありがとう，クマー。僕らも②エ多種多様な料理があるよ。でもそんなカレーは見たことがないな。

アイシャ：シンガポールでは，新学年は１月から始まるわ。私たちは６月に夏休みがあるの。私の学校は朝７時半に始まって，授業では，1(2)カさまざまな国の生徒たちが一緒に勉強し，私たちはいくつかの言語を学ぶわ。放課後，私たちは部活をするわ。私は宿題部に所属しているの。この部では宿題をしたり，難しい問題を解くためによく友達と勉強をするわ。

あなた　：ありがとう，アイシャ。僕らも③ア宿題をしなければならないけど，部活ではやったことがないよ。

Ⅲ　【本文の要約】参照。１　「新しい魚群探知機はイルカのように魚を捕まえるために［①］を利用している」…第３段落２～３行目より，エ「音波」が適切。

２　②古い魚群探知機については，第１段落３行目よりplace「場所」が入る。　③新しい魚群探知機については，第４段落２行目よりsize「大きさ」が入る。

３Ａ　第２段落３行目より，魚の数が減って，漁師はエ「少しの魚しか捕まえられなくなった」が適切。

Ｂ　第４段落３行目より，魚の大きさがわかるようになって，漁師はア「捕まえたい魚を選ぶ」ことができるようになった。　Ｃ　第４段落４行目より，稚魚を捕まえるのをやめることによって，漁師はイ「長年にわたって魚を捕り続ける」ことができるようになった。

４　「日本人の男性は，［④］てから新しい機械のアイデアを得た」…第３段落より，イ「イルカの魚を捕る技術に着目し」が適切。

【本文の要約】

魚群探知機はどのような物か知っていますか？それは，海で魚の群れを見つけるために漁師が使う機械です。最初の魚群探知機は約70年前に発明されました。この機械を使えば，2②画面上で魚の群れがどこにいるかを見ることができるので，以前よりも多くの魚を捕まえることができました。

しかし，古い魚群探知機は問題を起こしました。それぞれの魚の大きさはわからなかったので，漁師たちは時々稚魚を取りすぎてしまいました。その結果，一部の地域では魚の数が少なくなり，3Aエ漁師たちは十分な量の魚を捕まえることができなくなりました。

イルカを研究していた日本人の男性が，この問題を解決するアイデアを思いつきました。彼はイルカがどのようにして速く泳ぐことができ，上手く魚を捕まえることができるかを知っていました。1エ彼らは音波を利用して獲物を捕らえる特別な技術を持っています。イルカは非常に速く何度も音波を出します。これらの音波は魚に到達し，（反射して）

戻ってきます。そのため，イルカは魚のいる場所を簡単に見つけることができます。魚の形や大きさ，速度もわかります。

4イ彼はイルカの技術を魚群探知機に応用しました。それは大成功を収めました。今日，彼の作った新型の魚群探知機は以前のものよりもはっきりと画像を見ることができます。それで，2③漁師はそれぞれの魚がどれくらいの大きさか見ることができます。3Bア彼らは魚が小さすぎることがわかると，漁を中止して他の場所に行くことができます。これは，その地域の稚魚を救うのに役立ちます。3Cイ漁師はそこで長年にわたって魚を捕り続けることができます。

彼は「海は長年にわたって私たちにたくさんの恵みを与えてくれています。私はそれに対して何かお返しがしたいのです。私たちは周囲の自然から学ばなければならないと思います。イルカの技術もその一例です。私はイルカからアイデアを得て，新しい魚群探知機を発明しました。私は日常生活で役立つ機械の開発を続けていきたいです。私の仕事によってより多くの子どもたちが海を好きになってくれたら，うれしいです」

Ⅳ 【本文の要約】参照。

1 イ「合計で」，ウ「例えば」，エ「もちろん」は不適切。

2 直前のかおるの発言の，生産者の名前が書かれているという内容から，ア「誰がそれらを作ったか」が適切。

3 かおるの3回目の発言より，ウ「自分たちで価格を決めて，商品を売ることができる」が適切。

4 観光客が道の駅に与える良い影響が入る。エ「地域社会を活性化してくれる」が適切。

・make＋もの＋状態「(もの)を(状態)にする」

5【メールの要約】参照。

あ かおるの6回目の発言にある，jam が適切。 い かおるの8回目の発言にある，events が適切。

う かおるの10回目の発言にある，information が適切。

【本文の要約】

かおる：ここで休憩しましょう。

トム ：いいよ。ここは何ていうところ？

かおる：ここは道の駅よ。車の駅ね。トイレに行ったり，休憩したりできるわ。

トム ：見て！ここではたくさんの野菜や果物が売られているね。とても新鮮で，それほど高くないよ。

かおる：ええ，農家がこの近くの畑から持ってきてくれるわ。3ウ彼らは自分たちの商品の価格を決めることができるの。

トム ：いいね！①アところで(＝By the way)，トマトの箱には何が印刷されているんだろう？

かおる：田中さんという農家の名前よ。また，彼が農薬を使わずにトマトを栽培したことも伝えているわ。

トム ：なるほど。②ア誰がそれらを作り，それらがどのように育てられたかわかれば安心だね。

かおる：私もそう思うわ。

トム ：あれ，農家は他にも何か売っているの？

かおる：ええ，手作りの商品も売っているわ。例えば，祖母は四季折々のジャムを売っているの。彼女は自分の畑で育てたブルーベリーからジャムを作っているわ。それは人気があって，すぐに売れてしまうの。

トム ：いいね。

かおる：道の駅は地元の農家にとって良いところよ。なぜなら農家の人たちは③ウ自分たちで価格を決めて，商品を売ることができるわ。

トム ：その通りだね。この道の駅でしか売っていないオリジナル商品を買うことができるね。

かおる：それに，道の駅では多くの人に魅力を感じてもらうために企画されたオリジナルイベントを楽しむことができるわ。

トム　：本当に？どんなイベントがあるの？

かおる：例えば，この道の駅では毎月刃物研ぎイベントが開催されているわ。この町には江戸時代からすばらしい刃物を作っている会社があるの。この建物の隣に彼らの商品の博物館があるわ。

トム　：へえ，歴史を知ることもできるんだね。

かおる：それから，旅に便利な情報もたくさん得られるわ。道の駅は町の情報を広めているの。他の都市からたくさんの人が訪れ，週末はいつも混んでいるわ。地元の人たちはもっと活気が出るわ。

トム　：そうだね。道の駅は多くの観光客にとって魅力的だね。観光客が④エ地域社会を活性化してくれているんだね。僕はいろいろな道の駅を訪れたいな。

かおる：来週，別の道の駅に行ってみない？

トム　：それはいいね。

【メールの要約】

お母さんへ　今日僕は素晴らしい場所を訪れたよ。それは道の駅って言うんだ。地方の農家はそこで新鮮な野菜や果物を売ることができるよ。彼らはあジャム（＝jam）のような四季折々の手作りの商品も売っているんだ。多くの人々に魅力を感じてもらうために，たくさんの興味深いいイベント（＝events）が計画されているそうだよ。それに，観光客は観光に役立つう情報（＝information）を集められるんだ。僕は来週，別の道の駅を訪れるのを楽しみにしているよ！

体に気をつけて　トムより

V　1①「そのためにとても一生懸命練習する必要がありました」という文にする。「～する必要がある」＝need to ～

②「コンテストでは，私はスピーチを終えたとき，ほっとしました」という文にする。直後に動名詞の making があるので，finish ~ing「～し終える」の形だと判断する。過去の文だから，過去形の finished が適切。

③「クラスメートのスピーチを聴くことによって，私は次回，より良いスピーチをする方法を学びました」という文にする。前置詞のうしろに動詞が続く場合は動名詞にする。listening が適切。

2　【本文の要約】参照。

【本文の要約】

この絵は水がどのように循環するかを示しています。山に雨が降ると，水が①川（＝river）に流れ込み，その後海に流れ込みます。②太陽（＝sun）が水をあたためると，水は空気中に蒸発します。やがて，その水蒸気は③雲（＝clouds）になります。それらから，再び雨が降ります。

3　①「参加者募集！」より，take part in ～「～に参加する」が適切。

②「ファッションに興味のある高校生ならだれでもＯＫ」より，are interested in ～「～に興味がある」が適切。

③「ステージ上を歩くのはあなた！」より，walk on the stage「ステージ上を歩く」が適切。

《2022　理科　解説》

I　1(1)　エ○…判断や命令などを行う脳や脊髄を中枢神経というのに対し，刺激や命令の信号を伝える感覚神経や運動神経を末しょう神経という。　(2)　図２において，腹側が手前だから，左にある手が右手である。感覚器官→ａ→脊髄→ｄ→脳→ｊ→脊髄→ｈ→筋肉の順に伝わる。ａを感覚神経，ｈを運動神経という。　(3)　この実験は 10 人で行っているが，ＡさんとＪさんの反応にかかる時間は入っていないので，８人の反応にかかる時間である。表より，３回の平均値は$\frac{2.59+2.40+2.33}{3}$＝2.44(秒)だから，１人あたりにかかる時間の平均は$\frac{2.44-0.20}{8}$＝0.28(秒)となる。

(4)　このように無意識に起こる反応を反射という。エ×…梅干がすっぱいということが経験上分かっているから起こる反応で，生まれつきもっている反応ではない。　オ○…生まれつきもっている反応だから反射である。

２(2)①　Ａ(Ｘ)が作用点，Ｂ(Ｙ)が力点，Ｃ(Ｚ)が支点である。　②　①の式に数値を入れる。Ｙに加える力の大きさをｙＮとすると，３kg→3000ｇ→30Ｎより，30×(22＋３)＝ｙ×３，ｙ＝250(Ｎ)となる。　(3)　うでを伸ばすとき，Ｆが縮み，Ｉがゆるむ。また，指を伸ばすとき，Ｄが縮み，Ｇがゆるむ。

Ⅱ　１(1)　比較的大きい鉱物の結晶(斑晶)が細かい粒やガラス質(石基)の間にちらばるつくりを斑状組織という。

(2)　エ○…特徴から，Ａは無色鉱物の割合が多く斑状組織をもつ流紋岩である。　(3)　⑤⑥ア○…火成岩の無色鉱物の割合が多いほど，火成岩をつくったマグマのねばりけは大きく，噴火は激しく爆発的である。特徴から，Ｂは無色鉱物の割合が多いので，マグマのねばりけは大きく，噴火は激しく爆発的である。　⑦ア○…噴火が激しく爆発的な火山はおわんをふせたような形になる。　(4)　ア×…セキエイは 10％の割合に満たないこともある。イ×…有色の鉱物であるカンラン石の割合が 40％以上のことがある。　エ×…無色鉱物のチョウ石の割合は常に20％以上である。

２(1)　①×…震源ではＰ波とＳ波が同時に発生する。　③×…震源からの距離が遠くなるほど初期微動継続時間が大きくなる。　(2)　イ○…表より，Ｐ波はＡとＢの震源からの距離の差の72－60＝12(km)を24－21＝３(秒)で伝わるので，速さは$\frac{12}{3}$＝４(km/ｓ)である。よって，Ｂまでの 60 kmを$\frac{60}{4}$＝15(秒)で伝わるので，地震発生時刻は８時49 分 21 秒－15 秒＝８時 49 分６秒となる。　(3)　緊急地震速報は地震発生から 15＋４＝19(秒後)に届く。Ｓ波は 12 kmを 30－26＝４(秒)で伝わるので，速さは$\frac{12}{4}$＝３(km/ｓ)である。よって，震源から 105 kmの地点にはＳ波が地震発生から$\frac{105}{3}$＝35(秒)で伝わるので，緊急地震速報が届いてか 35－19＝16(秒後)に主要動が始まる。

(4)　海洋プレートが大陸プレートの下に沈みこんでいき，その境界面付近で大地震が起こりやすい。Ｗの向きに見るとエ，Ｘの向きに見るとア，Ｙの向きに見るとイ，Ｚの向きに見るとウとなる。Ｗの向きに見るとき，右側(太平洋側)には深い震源があるが，日本海側には深い震源がないので，エのようになると考えることができる。

Ⅲ　１(1)　ア×…水酸化ナトリウム水溶液はアルカリ性で，青色リトマス紙の色を変えない。　イ×…水酸化ナトリウム水溶液にマグネシウムリボンを入れても，気体は発生しない。　エ×…pHの値は７より大きい。　(2)　電子オルゴールでは，＋極から－極に電流が流れるときに音が鳴るので，電流はＸからＹへ流れ，電子はＹからＸへ移動する。よって，－極はＹで，水素が反応している。　(3)　燃料電池は，水の電気分解の逆の反応を利用して化学エネルギーから電気エネルギーを取り出す装置である。　(4)　ウ○…電子オルゴールが鳴っていた時間が長いほど，生じる水の質量が多い。

２(1)　バリウムイオン〔Ba^{2+}〕はバリウム原子が電子を２個失ってできた２価の陽イオンである。　(2)　①ＢＴＢ溶液は酸性で黄色，中性で緑色，アルカリ性で青色を示す。うすい水酸化バリウム水溶液はアルカリ性だから，ＢＴＢ溶液を加えると青色になる。　②表２より，加えたうすい硫酸の体積とできた白い沈殿の質量が比例しているのは，うすい硫酸の体積が 30 cm³のときまでだから，うすい硫酸を 50 cm³加えると，うすい水酸化バリウム水溶液がすべて反応してうすい硫酸が残る。よってＢＴＢ溶液を加えると黄色になる。　(3)　ウ○…表２より，うすい水酸化バリウム水溶液 20 cm³とうすい硫酸がちょうど反応したのは，加えたうすい硫酸の体積が 10×$\frac{0.82}{0.24}$＝$\frac{410}{12}$＝34.1…(cm³)のときである。　(4)　ろ過した後の液を混ぜ合わせても，ろ過する前の液を混ぜ合わせても，残るイオンの数は同じになる。うすい水酸化バリウム水溶液20×２＝40(cm³)とうすい硫酸 10＋50＝60(cm³)を全て混ぜ合わせると，うすい硫酸がすべて反応し，うすい水酸化バリウム水溶液が残る。水酸化バリウム水溶液は水溶液中でバリウムイオン〔Ba^{2+}〕と水酸化物イオン〔OH^-〕が１：２の割合で存在するので，陰イオンの割合は$\frac{2}{1+2}\times 100$＝66.6…→67％である。

Ⅳ　1⑴　コイルのまわりの磁界を変化させることで，コイルに電流が流れる現象を電磁誘導，そのとき流れる電流を誘導電流という。交流は電流の向きと強さが周期的に変化するので，コイルに交流が流れるとコイルのまわりの磁界が変化する。　⑵①　ア○…家庭用の電気器具は互いに並列につながっている。　②　15Aまで電流を流すことができる。〔電力(W)＝電圧(V)×電流(A)〕より，電気カーペットは$\frac{400}{100}$＝４(A)，そうじ機は$\frac{600}{100}$＝６(A)，ノートパソコンは$\frac{80}{100}$＝0.8(A)，ヘアドライヤーは$\frac{1200}{100}$＝12(A)の電流が流れる。並列つなぎの回路では，回路全体の電流はそれぞれの電流の和になるので，電流の和が15A以内の組み合わせを選べばよい。ヘアドライヤーとの組み合わせはノートパソコンのみで，電気カーペット，そうじ機，ノートパソコンのうちどの２つを組み合わせてもよく，３つ全部を組み合わせてもよい。よって，５通りである。　③　〔電力量(Wh)＝電力(W)×時間(h)〕より，電気器具が古いもののときの電力量は，電気カーペットが400×４＝1600(Wh)，そうじ機が600×0.5＝300(Wh)，ノートパソコンが80×２＝160(Wh)，ヘアドライヤーが1200×$\frac{20}{60}$＝400(Wh)で，合計で2460(Wh)である。この電力量の10％は246(Wh)で，電気カーペットの電力を400－360＝40(W)下げることで，40×４＝160(Wh)の節約ができるので，あと246－160＝86(Wh)節約すればよい。よって，そうじ機の電力を86÷0.5＝172(W)以上小さくすればよいので，取り換えることができるそうじ機の最大の消費電力は600－172＝428(W)である。

2⑴　ア×…斜面ABでは，垂直抗力は重力の斜面に垂直な分力と等しいので，垂直抗力は重力よりも小さい。イ×…斜面ABでは，小球の運動の向きに，小球の重力の斜面に平行な分力がはたらき，その力の大きさは斜面のどの位置でも変わらない。　エ×…水平面では，小球には，運動の向きに力がはたらかない。　⑵　表２より，小球の移動距離は３番と４番の間が25.1－11.9＝13.2(cm)，４番と５番の間が43.2－25.1＝18.1(cm)，５番と６番の間が66.0－43.2＝22.8(cm)，６番と７番の間が90.3－66.0＝24.3(cm)，７番と８番の間が114.6－90.3＝24.3(cm)だから，点Bを通過して等速直線運動を始めるのは５番と６番の間である。　②表３より，実験２の水平面での小球の速さは６番と７番の間が90.7－70.9＝19.8(cm)，７番と８番の間が110.5－90.7＝19.8(cm)だから，水平面での小球の速さは実験２のほうが小さい。　③摩擦や空気の抵抗を考えなければ，物体がもつ力学的エネルギー(位置エネルギーと運動エネルギーの和)は一定になるので，高いところにあるほど位置エネルギーが大きく，水平面での運動エネルギーも大きくなって小球の速さも速くなる。よって，実験１の小球のはじめの位置の水平面からの高さは20cmよりも高い。　⑶　イ○…実験２と実験３で斜面上での小球の高さは等しいから，水平面での小球の速さは等しくなる。また，実験２の斜面の角度は実験３よりも大きいので，実験２の方が早く水平面に達する。　⑷　実験３で小球が水平面に達したときの速さは実験２と同じ$\frac{19.8}{0.1}$＝198(cm/s)であり，BC間を移動するのにかかる時間は$\frac{60}{198}=\frac{10}{33}$(秒)である。また，斜面上の60cmを移動するときの平均の速さは，水平面を移動するときの速さの半分になるので，水平面の２倍の時間がかかる。よって$\frac{10}{33}+\frac{20}{33}=\frac{30}{33}=\frac{10}{11}$＝0.909…→0.91秒かかる。

《2022　社会　解説》

Ⅰ　1⑴　カ　　赤道上の🅁は熱帯だから１年を通して気温が高いBである。アメリカ西海岸の🄿は夏に乾燥し冬にまとまった雨が降る地中海性気候だからCである。　⑵　X．誤り。赤道直下で発生するのは温帯低気圧ではなく熱帯低気圧で，ハリケーンと呼ばれる。Y．正しい。海水温が高くなるエルニーニョ現象，海水温が低くなるラニーニャ現象がある。　⑶　イ　　写真は地熱発電だから，活火山の地下にあるマグマだまりを熱源とする蒸気を利用する。　⑷　ア　　経度差15度で１時間の時差が生じるので，シカゴと東京の経度差が135＋90＝225(度)，時差は 225÷15＝15(時間)になる。西経に位置するシカゴは，東経に位置する東京より時刻は遅れているから，東京を出発したときのシカゴの現地時間は，１月 28 日午後７時 40 分になる。フライト所要時間が 11 時間 55 分だから，シカゴへの到着時刻は，１月 28 日午後７時 40 分＋11 時間 55 分＝１月 29 日午前７時 35 分になる。また，シカゴが１月 31 日午前 10 時 30 分のときの東京の時刻は，２月１日午前１時 30 分だから，東京への到着時間は，２月１日午前１時 30 分＋13 時間 25 分＝２月１日午後２時 55 分になる。地球の中緯度帯には偏西風が吹いているため，西から東へ進む飛行機より，東から西に進む飛行機の所要時間は多くなる。 (5) オ　オーストラリアは，1970 年代まで白人の移民を優先する白豪主義を進めてきたが，多文化共生主義に変わったことで，アジアからの移民が増え，それとともにアジアとの貿易も増えてきた。1996 年も 2016 年も１位がメキシコであることから，メキシコと国境を接するアメリカ合衆国がＴと判断する。メキシコとの国境から，ヒスパニックがアメリカ合衆国に流入している。 (6) オ　小麦はアメリカ合衆国(46.9%)＞カナダ(36.5%)＞オーストラリア(16.2%)。銅鉱はチリ(38.0%)＞オーストラリア(19.5%)＞ペルー(11.8%)。[U]の肉類は，アメリカ合衆国(28.6%)＞タイ(14.6%)＞オーストラリア(13.6%)。

２(1) ア　雪解け水によって春先の水量が増えるＡが信濃川，台風の多い夏から秋にかけて水量が増えるＢが利根川と判断する。 (2) エ　まず，山梨県の産出額が多い[い]が果実とわかるから，[あ]は畜産である。次に，群馬県・千葉県・長野県の農業の特徴を考えると，キャベツの生産量が多いＲは群馬県，畜産・野菜の生産量が多いＰは近郊農業がさかんな千葉県，果実の生産量が多いＱはリンゴ・ブドウの生産がさかんな長野県と判断できる。

(3) イ　ⅱの県の資料を読み取ると，1969 年から 2019 年にかけて輸送用機械器具の生産量の伸びが４県の中で最も高いことがわかる。関東内陸工業地域には，高速道路のインターチェンジ付近に工業団地が形成され，自動車を中心とした機械工業が発達してきたことから，ⅱの県は栃木県と判断する。化学の製造品出荷額等が多いⅰの県は千葉県，明らかに以前から全体の製造品出荷額等が多いⅲの県は，京浜工業地帯のある神奈川県である。内陸では鉄鋼業は発達しにくいことから，栃木県で製造品出荷額等が少ないＹが鉄鋼，Ｘが電気機械器具と判断する。

(4) オ　昼夜間人口比率が 200%を超えている①は，東京都内の新宿区である。東京 23 区内には，多くの企業と学校があるため，他県から通勤通学する人が多いため，昼夜間人口比率は大きく 100%を超える。さいたま市と宇都宮市を比べた場合，東京都から遠く県庁所在地でもある宇都宮市は，他地区へ働きに出る人の割合は，さいたま市より低いと判断できるので，宇都宮市は③と判断する。 (5)① ウ　片品川の流れる方向は正しいが，川沿いにあるのは，市役所(◎)ではなく町役場(○)である。② ア　等高線が河川に平行に引かれているから，[A]付近の標高は，右上にある三角点(◬)の 377mに近いとわかる。また，[B]の左上に 444mの標高が記録され，そこから[B]に向かって何本かの等高線が見られることから，斜面があるとわかるので，アの断面図と合致する。

③ オ　等高線が何本か引かれていることから，急斜面になっているとわかる。また，この地域に見られる地図記号(Λ)は針葉樹林である。急斜面で発生しやすい災害は，豪雨の際のがけ崩れや土石流だからオが適当である。

Ⅱ　１(1)① ウ　Ｘ．誤り。都の東西は平城宮から見た方角なので，朱雀大路より東が左京，右が右京になる。Ｙ．正しい。② イ　鑑真は，聖武天皇からの要請を受けて，日本に正しい仏教の戒律を教えるために来日し，奈良の都に唐招提寺を建てた。行基は，東大寺の大仏造立に力を貸した僧。最澄は，平安時代初頭に唐から帰国し，比叡山延暦寺を建て天台宗を開いた僧。法然は，鎌倉時代に浄土宗を開いた僧。③ エ　金剛力士像は，東大寺南大門に納められている。 (2)① ア　Ｘ．正しい。Ｙ．正しい。② ウ　室町幕府を滅ぼしたのは織田信長である。アは正長の土一揆，イは朝倉孝景，エは豊臣秀吉についての内容である。 (3)① 通信使　豊臣秀吉による朝鮮出兵で途絶えていた朝鮮との国交は，対馬藩の尚氏が仲立ちとなって江戸時代に実現した。岡山県で行われている唐子踊は，江戸に向かう通信使を踊りにしたものである。② ア　資料２には江戸城の天守が描かれていることから，1657 年の明暦の大火より以前に描かれたものとわかる。したがって，資料２は 1657 年以前の将軍である第３代徳川家光と判断する。徳川綱吉は17 世紀後半の第５代将軍である。明暦の大火で大部分を焼失した江戸城を再建する際，町の復興を優先すること・天守は平和な江戸の町に必要ないこと・経済的な負担が大きいことなどを理由として，天守は再建されなかった。　③ 化政　文化文政期に江戸を中心として広まった町人文化を化政文化という。元禄期に上方(京都大阪)を中心として広まった元禄文化と合わせて覚えておきたい。

2(1) ウ　朝廷の許可を得ずに日米修好通商条約を結んだ井伊直弼は，幕府を批判した大名や公家を処罰し，吉田松陰らを処刑すると(安政の大獄)，水戸藩の元藩士らによって，江戸城の桜田門外で暗殺された。当時の金銀の交換比率は，日本では１：５，海外では１：15 だったため，外国の商人は銀５枚を日本に持ち込み，日本で金１枚と交換し，海外に持ち出して金１枚を銀15枚と交換した。２回両替しただけで，銀５枚が３倍になったことから，多くの商人が金を持ち出したため，国内の金が不足し幕府は金の含有量が少ない小判を発行して対応した。

(2)① カ　生糸は，蚕がつくるまゆから生産される。綿糸は，綿の種子からとれる繊維を糸状にしたものである。② エ　八幡製鉄所は，日清戦争の講和条約である下関条約で獲得した賠償金の一部を使って，筑豊炭田からの石炭輸送と中国からの鉄鉱石の船での輸入に便利な北九州に建設された。　(3) イ　X．正しい。Y．誤り。三井・三菱・住友などが官営工場の払い下げを受けて経済界を支配するようになったのは，第一次世界大戦より前の明治時代である。　(4) エ　国会期成同盟は自由民権運動が活発だった1880 年代(明治時代)に結成された結社。立憲政友会は1900 年に伊藤博文が中心となって結成した政党。青鞜社は平塚らいてうが設立した女流文学社。

(5) エ　どちらの資料にも室内にガス灯が設置されることは書かれていない。ガス灯は，明治時代に屋外の街灯として設置された。

Ⅲ　1(1) 累進課税　所得税の累進性に対して，消費税には，所得の低い人ほど負担率が高くなるという逆進性の問題がある。　(2) イ　日本国憲法第 25 条の健康で文化的な最低限度の生活を営む権利を生存権という。

(3)① ウ　社会保障の４つの柱については右表を参照。② ア　介護保険は，40 歳以上の日本国民に加入の義務がある。地方公共団体や政府が保障するしくみが公助，地域コミュニティーが助け合うしくみを共助という。　(4) カ　現在の 15～64 歳の人々と 65 歳以上の高齢者の人々の人数の比は，59：29＝2.03…：１だから，現在は 15～64 歳の人々２人で 65 歳以上の高齢者１人を支えることになる。また，69：７＝9.85…：１だから，50 年前は 15～64 歳の人々10 人で 65 歳以上の高齢者１人を支えていた。総人口は 100 万人だから，現在の 15 歳未満の人口は 100－59－29＝12(万人)，50 年前は 100－69－７＝24(万人)だから，現在は 50 年前の約半分になっている。よって，「え」と「お」が正しい。

社会保険	社会福祉	公衆衛生	公的扶助
医療保険 年金保険 雇用保険 労災保険 介護保険など	児童福祉 母子福祉 身体障がい者福祉 高齢者福祉など	感染症予防 予防接種 廃棄物処理 下水道 公害対策など	生活保護 （生活・住宅・ 教育・医療 などの扶助）
加入者や国・事業主が社会保険料を積み立て，必要なときに給付を受ける	働くことが困難で社会的に弱い立場の人々に対して生活の保障や支援のサービスをする	国民の健康増進をはかり，感染症などの予防をめざす	収入が少なく，最低限度の生活を営めない人に，生活費などを給付する

(5) エ　高福祉・高負担が大きな政府，低福祉・低負担が小さな政府である。政府の税収を増やすことは高負担になるから大きな政府，国民の税の負担を軽くすることは低負担だから小さな政府，政府が充実した社会保障や公共サービスを提供することは高福祉にあたるから大きな政府にあたる。

2(1) ア　マイクロクレジット…途上国の人々の自立支援のため，事業を始めたい人に無担保で少額の融資をする制度。バリアフリー…人々が生活をする中での物理的・精神的な障害を取り除く取り組み。クラウドファンディング…インターネットなどを通じて人々から資金を募集すること。　(2)① エ　著作権・意匠権・特許権・実用新案権などを知的財産権という。　② 技術革新はイノベーションともいう。特許権が認められた場合，その技術を使いたい企業は，特許権を所有するものに対して使用料を支払わなければ，その技術を使えない。

(3)① イ．X．正しい。Y．誤り。日本の半導体のシェアは低くなっている。　② ウ　3つの資料を見ると，ノート型とデスクトップ型の両方が 20%近く落ち込んでいるのは資料2の国内生産台数である。資料4から，2019年から 2020 年にかけて消費者物価指数が下がっているのはノート型であることが読み取れる。資料3の 2019 年から2020にかけてのノート型の国内販売台数はあまり減少していないことがわかるので，需要量は変わっていない。需要量が変わっていないのに消費者物価指数が下がったということは，海外からの商品が大量に流入したことで，供給過多になったと考えられる。　③ 希少　欲する量に比べて利用できる量が少ないことを希少性という。レア○○とよばれるようなものが希少性を表す言葉である。

■ ご使用にあたってのお願い・ご注意

（1）問題文等の非掲載

著作権上の都合により，問題文や図表などの一部を掲載できない場合があります。

誠に申し訳ございませんが，ご了承くださいますようお願いいたします。

（2）過去問における時事性

過去問題集は，学習指導要領の改訂や社会状況の変化，新たな発見などにより，現在とは異なる表記や解説になっている場合があります。過去問の特性上，出題当時のままで出版していますので，あらかじめご了承ください。

（3）配点

学校等から配点が公表されている場合は，記載しています。公表されていない場合は，記載していません。

独自の予想配点は，出題者の意図と異なる場合があり，お客様が学習するうえで誤った判断をしてしまう恐れがあるため記載していません。

（4）無断複製等の禁止

購入された個人のお客様が，ご家庭でご自身またはご家族の学習のためにコピーをすることは可能ですが，それ以外の目的でコピー，スキャン，転載（ブログ，ＳＮＳなどでの公開を含みます）などをすることは法律により禁止されています。学校や学習塾などで，児童生徒のためにコピーをして使用することも法律により禁止されています。

ご不明な点や，違法な疑いのある行為を確認された場合は，弊社までご連絡ください。

（5）けがに注意

この問題集は針を外して使用します。針を外すときは，けがをしないように注意してください。また，表紙カバーや問題用紙の端で手指を傷つけないように十分注意してください。

（6）正誤

制作には万全を期しておりますが，万が一誤りなどがございましたら，弊社までご連絡ください。

なお，誤りが判明した場合は，弊社ウェブサイトの「ご購入者様のページ」に掲載しておりますので，そちらもご確認ください。

■ お問い合わせ

解答例，解説，印刷，製本など，問題集発行におけるすべての責任は弊社にあります。

ご不明な点がございましたら，弊社ウェブサイトの「お問い合わせ」フォームよりご連絡ください。迅速に対応いたしますが，営業日の都合で回答に数日を要する場合があります。

ご入力いただいたメールアドレス宛に自動返信メールをお送りしています。自動返信メールが届かない場合は，「よくある質問」の「メールの問い合わせに対し返信がありません。」の項目をご確認ください。

また弊社営業日（平日）は，午前９時から午後５時まで，電話でのお問い合わせも受け付けています。

2025 春

株式会社教英出版
〒422-8054　静岡県静岡市駿河区南安倍３丁目 12-28
TEL　054-288-2131　　FAX　054-288-2133
URL　https://kyoei-syuppan.net/
MAIL siteform@kyoei-syuppan.net

学校別問題集

北海道

①札幌北斗高等学校
②北星学園大学附属高等学校
③東海大学付属札幌高等学校
④立命館慶祥高等学校
⑤北海高等学校
⑥北見藤高等学校
⑦札幌光星高等学校
⑧函館ラ・サール高等学校
⑨札幌大谷高等学校
⑩北海道科学大学高等学校
⑪遺愛女子高等学校
⑫札幌龍谷学園高等学校
⑬札幌日本大学高等学校
⑭札幌第一高等学校
⑮旭川実業高等学校
⑯北海学園札幌高等学校

青森県

①八戸工業大学第二高等学校

宮城県

①聖和学園高等学校(A日程)
②聖和学園高等学校(B日程)
③東北学院高等学校(A日程)
④東北学院高等学校(B日程)
⑤仙台大学附属明成高等学校
⑥仙台城南高等学校
⑦東北学院榴ケ岡高等学校
⑧古川学園高等学校
⑨仙台育英学園高等学校(A日程)
⑩仙台育英学園高等学校(B日程)
⑪聖ウルスラ学院英智高等学校
⑫宮城学院高等学校
⑬東北生活文化大学高等学校
⑭東北高等学校
⑮常盤木学園高等学校
⑯仙台白百合学園高等学校
⑰尚絅学院高等学校(A日程)
⑱尚絅学院高等学校(B日程)

山形県

①日本大学山形高等学校
②惺山高等学校
③東北文教大学山形城北高等学校
④東海大学山形高等学校
⑤山形学院高等学校

福島県

①日本大学東北高等学校

新潟県

①中越高等学校
②新潟第一高等学校
③東京学館新潟高等学校
④日本文理高等学校
⑤新潟青陵高等学校
⑥帝京長岡高等学校
⑦北越高等学校
⑧新潟明訓高等学校

富山県

①高岡第一高等学校
②富山第一高等学校

石川県

①金沢高等学校
②金沢学院大学附属高等学校
③遊学館高等学校
④星稜高等学校
⑤鵬学園高等学校

山梨県

①駿台甲府高等学校
②山梨学院高等学校(特進)
③山梨学院高等学校(進学)
④山梨英和高等学校

岐阜県

①鶯谷高等学校
②富田高等学校
③岐阜東高等学校
④岐阜聖徳学園高等学校
⑤大垣日本大学高等学校
⑥美濃加茂高等学校
⑦済美高等学校

静岡県

①御殿場西高等学校
②知徳高等学校
③日本大学三島高等学校
④沼津中央高等学校
⑤飛龍高等学校
⑥桐陽高等学校
⑦加藤学園高等学校
⑧加藤学園暁秀高等学校
⑨誠恵高等学校
⑩星陵高等学校
⑪静岡県富士見高等学校
⑫清水国際高等学校
⑬静岡サレジオ高等学校
⑭東海大学付属静岡翔洋高等学校
⑮静岡大成高等学校
⑯静岡英和女学院高等学校
⑰城南静岡高等学校
⑱静岡女子高等学校
⑲常葉大学附属常葉高等学校
　常葉大学附属橘高等学校
　常葉大学附属菊川高等学校
⑳静岡北高等学校
㉑静岡学園高等学校
㉒焼津高等学校
㉓藤枝明誠高等学校
㉔静清高等学校
㉕磐田東高等学校
㉖浜松学院高等学校
㉗浜松修学舎高等学校
㉘浜松開誠館高等学校
㉙浜松学芸高等学校
㉚浜松聖星高等学校
㉛浜松日体高等学校
㉜聖隷クリストファー高等学校
㉝浜松啓陽高等学校
㉞オイスカ浜松国際高等学校

愛知県

①[国立]愛知教育大学附属高等学校
②愛知高等学校
③名古屋経済大学市邨高等学校
④名古屋経済大学高蔵高等学校
⑤名古屋大谷高等学校
⑥享栄高等学校
⑦椙山女学園高等学校
⑧大同大学大同高等学校
⑨日本福祉大学付属高等学校
⑩中京大学附属中京高等学校
⑪至学館高等学校
⑫東海高等学校
⑬名古屋たちばな高等学校
⑭東邦高等学校
⑮名古屋高等学校
⑯名古屋工業高等学校
⑰名古屋葵大学高等学校
(名古屋女子大学高等学校)
⑱中部大学第一高等学校
⑲桜花学園高等学校
⑳愛知工業大学名電高等学校
㉑愛知みずほ大学瑞穂高等学校
㉒名城大学附属高等学校
㉓修文学院高等学校
㉔愛知啓成高等学校
㉕聖カピタニオ女子高等学校
㉖滝高等学校
㉗中部大学春日丘高等学校
㉘清林館高等学校
㉙愛知黎明高等学校
㉚岡崎城西高等学校
㉛人間環境大学附属岡崎高等学校
㉜桜丘高等学校

㉝光ヶ丘女子高等学校
㉞藤ノ花女子高等学校
㉟栄徳高等学校
㊱同朋高等学校
㊲星城高等学校
㊳安城学園高等学校
㊴愛知産業大学三河高等学校
㊵大成高等学校
㊶豊田大谷高等学校
㊷東海学園高等学校
㊸名古屋国際高等学校
㊹啓明学館高等学校
㊺聖霊高等学校
㊻誠信高等学校
㊼誉高等学校
㊽杜若高等学校
㊾菊華高等学校
㊿豊川高等学校

三重県

①暁高等学校(3年制)
②暁高等学校(6年制)
③海星高等学校
④四日市メリノール学院高等学校
⑤鈴鹿高等学校
⑥高田高等学校
⑦三重高等学校
⑧皇學館高等学校
⑨伊勢学園高等学校
⑩津田学園高等学校

滋賀県

①近江高等学校

大阪府

①上宮高等学校
②大阪高等学校
③興國高等学校
④清風高等学校
⑤早稲田大阪高等学校
(早稲田摂陵高等学校)
⑥大商学園高等学校
⑦浪速高等学校
⑧大阪夕陽丘学園高等学校
⑨大阪成蹊女子高等学校
⑩四天王寺高等学校
⑪梅花高等学校
⑫追手門学院高等学校
⑬大阪学院大学高等学校
⑭大阪学芸高等学校
⑮常翔学園高等学校
⑯大阪桐蔭高等学校
⑰関西大倉高等学校
⑱近畿大学附属高等学校
⑲金光大阪高等学校
⑳星翔高等学校
㉑阪南大学高等学校
㉒箕面自由学園高等学校
㉓桃山学院高等学校
㉔関西大学北陽高等学校

兵庫県

①雲雀丘学園高等学校
②園田学園高等学校
③関西学院高等部
④灘高等学校
⑤神戸龍谷高等学校
⑥神戸第一高等学校
⑦神港学園高等学校
⑧神戸学院大学附属高等学校
⑨神戸弘陵学園高等学校
⑩彩星工科高等学校
⑪神戸野田高等学校
⑫滝川高等学校
⑬須磨学園高等学校
⑭神戸星城高等学校
⑮啓明学院高等学校
⑯神戸国際大学附属高等学校
⑰滝川第二高等学校
⑱三田松聖高等学校
⑲姫路女学院高等学校
⑳東洋大学附属姫路高等学校
㉑日ノ本学園高等学校
㉒市川高等学校
㉓近畿大学附属豊岡高等学校
㉔夙川高等学校
㉕仁川学院高等学校
㉖育英高等学校

奈良県

①西大和学園高等学校

岡山県

①[県立]岡山朝日高等学校
②清心女子高等学校
③就実高等学校
(特別進学コース〈ハイグレード・アドバンス〉)
④就実高等学校
(特別進学チャレンジコース・総合進学コース)
⑤岡山白陵高等学校
⑥山陽学園高等学校
⑦関西高等学校
⑧おかやま山陽高等学校
⑨岡山商科大学附属高等学校
⑩倉敷高等学校
⑪岡山学芸館高等学校(1期1日目)
⑫岡山学芸館高等学校(1期2日目)
⑬倉敷翠松高等学校
⑭岡山理科大学附属高等学校
⑮創志学園高等学校
⑯明誠学院高等学校
⑰岡山龍谷高等学校

広島県

①[国立]広島大学附属高等学校
②[国立]広島大学附属福山高等学校
③修道高等学校
④崇徳高等学校
⑤広島修道大学ひろしま協創高等学校
⑥比治山女子高等学校
⑦呉港高等学校
⑧清水ヶ丘高等学校
⑨盈進高等学校
⑩尾道高等学校
⑪如水館高等学校
⑫広島新庄高等学校
⑬広島文教大学附属高等学校
⑭銀河学院高等学校
⑮安田女子高等学校
⑯山陽高等学校
⑰広島工業大学高等学校
⑱広陵高等学校
⑲近畿大学附属広島高等学校福山校
⑳武田高等学校
㉑広島県瀬戸内高等学校(特別進学)
㉒広島県瀬戸内高等学校(一般)
㉓広島国際学院高等学校
㉔近畿大学附属広島高等学校東広島校
㉕広島桜が丘高等学校

山口県

①高水高等学校
②野田学園高等学校
③宇部フロンティア大学付属香川高等学校
(普通科〈特進・進学コース〉)
④宇部フロンティア大学付属香川高等学校
(生活デザイン・食物調理・保育科)
⑤宇部鴻城高等学校

徳島県

①徳島文理高等学校

香川県

①香川誠陵高等学校
②大手前高松高等学校

愛媛県

①愛光高等学校
②済美高等学校
③FC今治高等学校
④新田高等学校
⑤聖カタリナ学園高等学校

福岡県

①福岡大学附属若葉高等学校
②精華女子高等学校(専願試験)
③精華女子高等学校(前期試験)
④西南学院高等学校
⑤筑紫女学園高等学校
⑥中村学園女子高等学校(専願入試)
⑦中村学園女子高等学校(前期入試)
⑧博多女子高等学校
⑨博多高等学校
⑩東福岡高等学校
⑪福岡大学附属大濠高等学校
⑫自由ケ丘高等学校
⑬常磐高等学校
⑭東筑紫学園高等学校
⑮敬愛高等学校
⑯久留米大学附設高等学校
⑰久留米信愛高等学校
⑱福岡海星女子学院高等学校
⑲誠修高等学校
⑳筑陽学園高等学校(専願入試)
㉑筑陽学園高等学校(前期入試)
㉒真颯館高等学校
㉓筑紫台高等学校
㉔純真高等学校
㉕福岡舞鶴高等学校
㉖折尾愛真高等学校
㉗九州国際大学付属高等学校
㉘祐誠高等学校
㉙西日本短期大学附属高等学校
㉚東海大学付属福岡高等学校
㉛慶成高等学校
㉜高稜高等学校
㉝中村学園三陽高等学校
㉞柳川高等学校
㉟沖学園高等学校
㊱福岡常葉高等学校
㊲九州産業大学付属九州高等学校
㊳近畿大学附属福岡高等学校
㊴大牟田高等学校
㊵久留米学園高等学校
㊶福岡工業大学附属城東高等学校(専願入試)
㊷福岡工業大学附属城東高等学校(前期入試)
㊸八女学院高等学校
㊹星琳高等学校
㊺九州産業大学付属九州産業高等学校
㊻福岡雙葉高等学校

佐賀県

①龍谷高等学校
②佐賀学園高等学校
③佐賀女子短期大学付属佐賀女子高等学校
④弘学館高等学校
⑤東明館高等学校
⑥佐賀清和高等学校
⑦早稲田佐賀高等学校

長崎県

①海星高等学校(奨学生試験)
②海星高等学校(一般入試)
③活水高等学校
④純心女子高等学校
⑤長崎南山高等学校
⑥長崎日本大学高等学校(特別入試)
⑦長崎日本大学高等学校(一次入試)
⑧青雲高等学校
⑨向陽高等学校
⑩創成館高等学校
⑪鎮西学院高等学校

熊本県

①真和高等学校
②九州学院高等学校(奨学生・専願生)
③九州学院高等学校(一般生)
④ルーテル学院高等学校(専願入試・奨学入試)
⑤ルーテル学院高等学校(一般入試)
⑥熊本信愛女学院高等学校
⑦熊本学園大学付属高等学校(奨学生試験・専願生試験)
⑧熊本学園大学付属高等学校(一般生試験)
⑨熊本中央高等学校
⑩尚絅高等学校
⑪文徳高等学校
⑫熊本マリスト学園高等学校
⑬慶誠高等学校

大分県

①大分高等学校

宮崎県

①鵬翔高等学校
②宮崎日本大学高等学校
③宮崎学園高等学校
④日向学院高等学校
⑤宮崎第一高等学校(文理科)
⑥宮崎第一高等学校(普通科・国際マルチメディア科・電気科)

鹿児島県

①鹿児島高等学校
②鹿児島実業高等学校
③樟南高等学校
④れいめい高等学校
⑤ラ・サール高等学校

新刊
もっと過去問シリーズ

愛知県

愛知高等学校
7年分(数学・英語)

中京大学附属中京高等学校
7年分(数学・英語)

東海高等学校
7年分(数学・英語)

名古屋高等学校
7年分(数学・英語)

愛知工業大学名電高等学校
7年分(数学・英語)

名城大学附属高等学校
7年分(数学・英語)

滝高等学校
7年分(数学・英語)

※もっと過去問シリーズは入学試験の実施教科に関わらず、数学と英語のみの収録となります。

教英出版
〒422-8054
静岡県静岡市駿河区南安倍3丁目12−28
TEL 054-288-2131
FAX 054-288-2133
詳しくは教英出版で検索
教英出版 検索
URL https://kyoei-syuppan.net/

令和６年度

兵庫県公立高等学校学力検査問題

国語

（50分）

注意

1 「開始」の合図があるまで開いてはいけません。

2 「開始」の合図で、1ページから10ページまで問題が印刷されていることを確かめなさい。

3 **解答用紙の右上の欄に受検番号**を書きなさい。

4 解答用紙の□の得点欄には、何も書いてはいけません。

5 答えは、全て**解答用紙の指定された解答欄**に書きなさい。

6 問題は五題で、10ページまであります。

7 「終了」の合図で、すぐ鉛筆を置きなさい。

8 解答用紙は、机の上に置いて、退室しなさい。

受検番号　　番

令和六年度兵庫県公立高等学校学力検査

国語解答用紙

※100点満点

得点

一

点

問一 点	問二 点	問三 点	問四 点	問五 点		問六 点
				(1)	(2)	

問一．３点
問二．３点
問三．３点
問四．３点
問五．完答４点
問六．４点

四

点

問一 点			問二 点	問三 点		問四 点	問五 点	問六 点	問七 点	問八 点
③	⑤	⑧		④	⑥					
（け）	（い）	（し）								

問一．２点×３
問二．２点
問三．２点×２
問四．３点
問五．３点
問六．３点
問七．３点
問八．３点

問題は、次のページから始まります。

一　Aさんの学級では国語の授業で行う句会に向けて、グループで話し合いをすることになった。Ⅰ〜ⅢはAさんたちが参考にした句、【会話文】はグループ活動の場面である。Ⅰ〜Ⅲの句と【会話文】を読んで、あとの問いに答えなさい。

Ⅰ

夏草や [①] どもが夢の跡　松尾芭蕉《まつおばしょう》

Ⅱ

春雨《はるさめ》や降るとも知らず牛の目に　小西来山《こにしらいざん》

Ⅲ

永き日や欠伸《あくび》うつして別れゆく　夏目漱石《なつめそうせき》

【会話文】

生徒A　Ⅰの句は、授業で鑑賞した句だね。俳人の松尾芭蕉が平泉を訪れ、草が生いしげっている高館《たかだち》で詠《よ》んだんだ。

生徒B　眼前に広がる夏草を眺めながら、昔その地で戦った武士の姿に思いをはせているんだよね。この句では、[②]の「や」によって、句に「間」が生まれ、鑑賞者の想像を膨らませていると私は思うよ。また、この「間」が、眼前の景色と想像の世界を違和感なく結びつけているのも素晴らしいね。

生徒C　Ⅱの句でも「や」があることによって、情景を鮮明に思い描くことができるね。でも、この句の見事なところは、季語である「春雨」の様子を「降るとも知らず」と表しているところだよ。句作においては、③表現の工夫によって、季語がきわ立つこともあるんだよ。

生徒D　そうか。直接的な表現を避けることで、味わいのある句になるんだ。原則として一句に一つ入れる季語をうまく生かすことも大切なんだね。

生徒B　私も「雨」で句を詠んだことがあるんだ。「冬の雨街を彩《いろど》る傘の花」という句で、「冬の雨」という季語を使って、一雨ごとに春が近づいてくるうれしさを詠んだつもりなんだけど、どうかな。

生徒C　うーん。「雨」が降って「傘」が開くという景色は、月並みなものだから、句に深みを生む表現とは言えないな。「冬の雨」を「春近し」にするのはどうかな。

生徒A　それはいいね。春がやってくるわくわく感と、色とりどりの傘が開く華やかな街の様子が「花」でつながり、句に深みが生まれるね。

生徒B　うん、「春近し街を彩る傘の花」の方が良い句になった気がするよ。ありがとう。

生徒D　一言変えるだけで、良い句になるのは驚きだよ。句を詠むときのことば選びって、本当に難しいなあ。

生徒A　私は、句を詠むとき、意味の重なりにも気をつけているよ。例えば、「山に多くの登山客」は、無駄な表現の典型だね。詠み込む内容をしっかり選別して、限られた十七音を有効に使うことが句作には必要なんだ。

生徒C　それなら、参考になる句があるよ。Ⅲの句を見てごらん。季語が「永き日」で春の句だね。ある春の日に友人と長く語り合い、別れぎわに友人があくびをし、それがうつったように自分もあくびをして友人と別れたという句なんだ。こう考えると、この句では、「欠伸うつして別れゆく」という[④]だけが詠まれ、[⑤]が省略されているから、それを鑑賞者が想像する余裕が生まれ、余情のある句になるんだよ。事の経緯を全部書いてしまうと、報告文のようになるからね。

生徒B　なるほど、伝えたいことはたくさんあっても、その内容を厳選しなければならないんだね。句会に出す句を詠むときの参考にするよ。

生徒D　今日は、とっても勉強になったね。実は、私も句会用に⑥「春風にたんぽぽゆれる帰り道」という句を詠んでいるんだけど、今日の話し合いの内容を踏まえて改善してみるよ。

生徒C　良い句になったら、みんなで鑑賞しようよ。私も一句詠んでくるよ。

生徒A　それはいいね。今日の話し合いを踏まえて詠んだ句について、みんなで推敲《すいこう》し合うことにしよう。次は、一人一句詠んで集まろう。

問一　空欄①に入ることばとして適切なものを、現代仮名遣いの平仮名で書きなさい。

問二　空欄②に入ることばとして適切なものを、次のア〜エから一つ選んで、その符号を書きなさい。

ア　切れ字　　イ　置き字　　ウ　接尾語　　エ　接続語

問三　傍線部③の説明として最も適切なものを、次のア〜エから一つ選んで、その符号を書きなさい。

ア　「春雨はどこに降るかわからない」という表現で、「春雨」が「牛の目」にも降ることを表した。

イ　「春雨が降ったかもしれない」という表現で、「牛の目」が常にぬれている状態であることを表した。

ウ　「春雨が降っているのかわからない」という表現で、「春雨」の細かく静かに降る様子を表した。

エ　「春雨が知らないうちに降っていた」という表現で、「春雨」に動じない「牛」の姿を表した。

問四　空欄④・⑤に入ることばの組み合わせとして最も適切なものを、次のア〜エから一つ選んで、その符号を書きなさい。

ア　④過程　⑤情景　　イ　④結果　⑤過程　　ウ　④感想　⑤情景　　エ　④結果　⑤感想

問五　傍線部⑥について、次の問いに答えなさい。

(1)　【会話文】の内容を踏まえた句の改善点として最も適切なものを、次のア〜エから一つ選んで、その符号を書きなさい。

ア　「春風」に「や」が付いておらず、季語には「や」を付けるという俳句の原則を無視した句となっている。

イ　「春風」と「たんぽぽ」は春の風物であり、「春風にたんぽぽゆれる」がありきたりの情景となっている。

ウ　「春風」と「ゆれる」は意味が重なっており、両者を一緒に詠むことで無駄がある表現となっている。

エ　「春風」に「たんぽぽゆれる」と詠んだことで、事の経緯を全部書いた報告文のような句となっている。

(2)　(1)を踏まえて改善した句として最も適切なものを、次のア〜エから一つ選んで、その符号を書きなさい。

ア　春風に桜がゆれる通学路　　イ　春風がたんぽぽゆらす帰り道

ウ　春風や蝶《ちょう》の舞いたる通学路　　エ　春風やはずむ歌声帰り道

問六　【会話文】の内容として最も適切なものを、次のア〜エから一つ選んで、その符号を書きなさい。

ア　Ⅰの句が詠まれた背景についての生徒Aの説明が、生徒Bの俳句における「間」についての解説の根拠となった。

イ　Ⅱの句の説明を聞いた生徒Dの気づきによって、生徒Cの俳句についての知識の深さが賞賛されることになった。

ウ　生徒Cが具体的なことばを用いた改善案を助言したことで、生徒Bの詠んだ句はグループ全員が納得する良い句となった。

エ　生徒Bが句会用の自作の句に対して助言を求めたことによって、生徒Aは次回全員で句を推敲し合うことを提案した。

二 次の書き下し文と漢文を読んで、あとの問いに答えなさい。

〔書き下し文〕

某甲《ぼうこう》夜暴《には》かに疾《や》み、門人に命じて火を鑽《さん》せしむ。其《そ》の夜陰瞑《いんめい》にして、未《いま》だ火を得ず。之《これ》を催すこと急なり。門人憤然として曰《い》はく、「君人を責むること亦《ま》た大いに道理無し。今暗きこと漆《うるし》のごとし。何ぞ以て火を把《と》りて我を照らさざる。我当《まさ》に火を鑽するの具を求め得べし。然《しか》る後に得易《やす》きのみ。」と。孔文挙《こうぶんきょ》之を聞きて曰はく、「人を責むるには当に其の方を以てすべきなり。」と。

〔漢文〕

某甲夜①暴カニ疾ミ、②命ジテ門人ニ鑽セシム火ヲ。其ノ夜陰瞑ニシテ、未ダ㆑得㆑火ヲ。催[a]スコト㆑之ヲ急ナリ。門人憤然トシテ曰ハク、「君責ムルコト㆑人ヲ亦タ大イニ無シ㆓道理㆒。今暗キコト如シ㆑漆ノ。何ゾ以テ不ル㆓把リテ㆑火ヲ照ラサ㆑我ヲ。我当ニ㆑シ得㆑求[b]メ㆓鑽スルノ㆑火ヲ具ヲ㆒。然ル後ニ易キ㆑得耳ト。」孔文挙聞キテ㆑之ヲ曰ハク、「責ムルニハ㆑人ヲ当ニ㆑キ以テス㆓其ノ方ヲ㆒也ト。」

（邯鄲淳《かんたんじゅん》『笑林《しょうりん》』）

（注）某甲――ある人。　門人――召し使い。　孔文挙――孔子の子孫。

問一 傍線部①の「暴」と同じ意味の「暴」を用いた熟語を、次の**ア**～**エ**から一つ選んで、その符号を書きなさい。

ア 暴風　**イ** 暴食　**ウ** 暴露　**エ** 暴落

問二 書き下し文の読み方になるように、傍線部②に返り点をつけなさい。

問三 二重傍線部**a**・**b**の主語として適切なものを、次の**ア**～**エ**からそれぞれ一つ選んで、その符号を書きなさい。

ア 某甲　**イ** 門人　**ウ** 孔文挙　**エ** 作者

問四 次の【資料】の内容を踏まえた本文の説明として最も適切なものを、次の**ア**～**エ**から一つ選んで、その符号を書きなさい。

【資料】

文章に通じ、文字学にすぐれた学者として知られる人物であった邯鄲淳が、後漢末期にまとめた笑い話集が『笑林』である。どの話にも笑いがあり、なかには教訓的な意義が読み取れるものもある。

（参考　中国古典小説選12『笑林・笑賛・笑府』）

ア 主人の命令に素直に従わない召し使いと、召し使いの言い分を理解しようとしない主人とのすれ違いに面白さがあり、人を責めるには、相手の考えを理解すべきであるという教訓が述べられている。

イ 自分の主張が状況と矛盾しているにもかかわらず、怒って主人に意見する召し使いの様子に面白さがあり、人を責めるには、理屈の通った主張をしなければならないという教訓が述べられている。

ウ 主人が意図的に無理な要求をしたことに対し、召し使いが無理な要求を仕返すやり取りに面白さがあり、人を責めるには、要望の実現の可否を見極めなければならないという教訓が述べられている。

エ 自分の立場をわきまえず、主人の命令に対して当然のごとく反論する召し使いの様子に面白さがあり、人を責めるには、自分の立場を考慮に入れなければならないという教訓が述べられている。

三　次の文章を読んで、あとの問いに答えなさい。

今は昔、世のいたくわろかりける年（大ききんで世の中がひどくすさんでいた年）、五月長雨の頃、鏡の箱を、女、持て歩きて売りけるを、三河《みかは》の入道のもとに、持て来たりければ、沃懸地《いかけち》に蒔《ま》きたる箱なり。内に薄様《うすやう》を引き破《や》りて、①をかしげなる手にて書きたり。

今日までと見るに②涙のます鏡馴《な》れにし影を人に語るな

とあるを見て、道心発《をこ》りける頃なりければ、いみじくあはれに覚えて、うち泣きて、物十石車に入れて、③鏡は返しとらせてやりてけり。雑色男《ざうしきおとこ》帰りて、「五条町の辺に、荒れたりける所に、やがて下《をろ》しつ」となむ語りける。誰といふとも知らず。

（『古本説話集《こほんせつわしゅう》』）

（注）三河の入道 ―― 大江定基《おおえのさだもと》（寂照《じゃくしょう》）。
沃懸地に蒔きたる ―― 金や銀の粉を散らして装飾した。
薄様 ―― 薄くすいた和紙。
道心 ―― 仏道を修めようと思う心。
物 ―― 食物、米。
雑色男 ―― 召し使いの男。

問一　「女」が「鏡の箱」を持ち歩いて売っていた季節として最も適切なものを、次のア～エから一つ選んで、その符号を書きなさい。

ア　春　　イ　夏　　ウ　秋　　エ　冬

問二　傍線部①の意味として最も適切なものを、次のア～エから一つ選んで、その符号を書きなさい。

ア　珍しい模様　　イ　幼い筆跡
ウ　しなやかな手　　エ　美しい字

問三　傍線部②の表現について説明した次の文章の空欄に入る適切なことばを、漢字と送り仮名の二字で書きなさい。

「涙のます鏡」という表現に、歌の作者は「涙が［　　］」という意味と、「澄んではっきり映る鏡」である「真澄《ます》鏡」の二通りの意味を込めている。

問四　傍線部③の理由として最も適切なものを、次のア～エから一つ選んで、その符号を書きなさい。

ア　今日限りの命である自分が鏡の中で生き続けることは口外してはならないという持ち主の忠告が書かれた和歌を見て、三河の入道は恐ろしく感じたから。

イ　生活のために鏡を手放したことを人には言わないで欲しいという持ち主の強い自尊心を感じる和歌を見て、三河の入道はその心の持ちように感服したから。

ウ　鏡に映してきた今までの自分の姿を他の人には伝えないで欲しいという持ち主の切実な願いがこもった和歌を見て、三河の入道は強く心を動かされたから。

エ　昔から慣れ親しんだ鏡と別れる気持ちは言葉にできないという持ち主の深い悲しみが表された和歌を見て、三河の入道にはあわれみの心が芽生えたから。

四　次の文章を読んで、あとの問いに答えなさい。

青森県に住む高校二年生の武田綾《たけだあや》は、やりたいことが見つからず、進路調査票を提出できずにいた。そんなある日、公民館職員の田向井《たむかい》さんに誘われて、(注)菱刺《ひしざ》しの工房を訪れ、より子さんから手ほどきを受けることになった。

間違えたところの糸を引き抜いていると、

「綾ちゃんば見てると、初心ば思い出すねえ」

と、より子さんが言った。あたしの手元を見つめてほほえんでいる。

「より子さんは何がきっかけで始めたんですか?」

「服のおつくろいだな。おはじきだのあやとりだのと同じく、遊びの延長でやったもんだ。友だち集めてさ。我も最初は裏から刺すのが苦手での。布っこば持ち上げて覗《のぞ》き込んで刺したもんだ。別なこと考えながら刺してると妙な形さなるのはしょっちゅうだった。だども、何べんもやり直しできる。気楽に失敗できたんだ。家族の着物っこさ刺してせ、喜んでもらえるのは嬉《うれ》しかったねえ」

「へえ。着てくれましたか?」

「ん。上手でねかったどもな。我だって、子どもや孫が、我のために菱刺ししてければ、どんな物でも嬉しいもんだよ」

より子さんは、①好物を食べたみたいな顔をして目を閉じた。

「アッパは擦《す》り切れるまで着てけだもんで、我は大満足だったし、友だちともおしゃべりしながら刺すのは本当に楽しかったねえ」

アッパとは、母親のことらしい。父親のことはダダと呼んだそうだ。菱刺しは貧しく苦しい生活のせいで、やむなく刺したというような仄暗《ほのぐら》い印象があったけど、こうして実際刺したり、より子さんの表情を目の当《ま》たりにしていると、そればかりじゃなかったのかもしれないと思えてくる。

確か、田向井さんは「おいしい物をずーっと食べていたいような感じ」とたとえていた。それはある。加えて、菱刺しは単なる針仕事ってわけじゃない。家族や大切な人に温かな着物を着せたい。どうせなら色や柄を楽しみたい。そういう想《おも》いがある。

②だからか。だから菱刺しをやっている間じゅう、満たされているのか。

それなのに。

お父さん、パワハラ――。

ガッチガチの頭してると――。

あの時の父の顔が目に浮かぶ。

いつも通り表情はほぼ動かなかった。だからこそ、うろたえているのが③透けて見えてしまった。

父と似ている指先を見る。針で突いた時の痛みを覚えている。

何も知らない癖に、あたしは頭に浮かんだ言葉をそのまま吐いたのだ。スマホの予測変換で出てきた言葉を④ろくに意味も分からずにそれらしいからと反射的に使うみたいに。あたしはスマホじゃなく、人間のはずなのに。父がどう思うかなんて考えちゃいなかった。

とはいえ、改めて謝るのもなあ。他人相手ならできることが、親だとなぜか難しくなる。

視線をさまよわせたあたしの目を引き寄せたのは――。

「より子さん、そこに飾ってあるような財布とかバッグのような目の細かい布に刺す方法を教えてください」

(注)コングレスを、本来刺したい生地にあてがってその上から一緒に刺す方法を教わった。

要するに目の⑤粗い布を目印にするのだ。

刺し終わったらコングレスの糸を切って一本一本引き抜くと、生地に菱刺しが残るという⑥寸法だ。

ワンポイントの模様はその夜のうちにできあがった。

ハサミを置くと、ゴツッと大きな音が出た。静かで慎み深い菱刺しの時間がぶつりとたち切られる。

改めて持ち上げて、ハサミが机の上にのってから手を放してみる。音はせず、時間はつながり、余韻が残った。

あたしは通学用のリュックを引き寄せ、進路調査票を取り出した。テーブルの上の菱刺しの道具を脇に寄せ、⑦調査票の折り目を丁寧に伸ばす。

翌朝。

「お父さん、これ」

洗面所で出勤準備をしている父に、昨夜完成させた菱刺しを⑧施したネクタイを渡す。

父は鉄製であるかのような堅牢《けんろう》な眼鏡を押し上げて、まじまじとネクタイを見た。相変わらず鉄壁の無表情だ。

「気に入らなかったら、無理にしてかなくていいから。それから、あたし、八戸《はちのへ》の工業大学で伝統デザイン勉強しようと思う。進路調査票にはそう書くつもり」

宣言すると、洗面所を出た。

父は締めてくれるような気がした。残念なことに、⑨あたしと父は似ているから、あたしの前では一生締めないだろうけど。

藍《あい》色のネクタイに刺した模様は、(注)海のべこだ。ネクタイの剣先に刺した。淡い水色の(注)亀甲《きっこう》模様とくすんだピンク色の(注)べこの鞍《くら》。かわいい。(注)マーサさんの見本ではシックに見えたが、色遣いによってポップにもなるらしい。新発見だ。模様と色の組み合わせは無限だから、この菱刺しという物、一生飽きずに続けられそう。

厄介な上司はきっとネクタイに気づくだろう。揚げ足を取るような人なら見逃すはずがない。父とのギャップに驚き、話を振るだろう。笑うかもしれない。

⑩娘はできることはしました。あとはお父さん次第です。

結果を言えば、帰宅した父はスーツのまま、背筋を伸ばし無表情であたしと母の前を無意味に往復した。

（髙森《たかもり》美由紀《みゆき》『藍色ちくちく』）

（注）菱刺し —— 青森県に伝わる刺しゅうの技法。

【菱刺しの例】

コングレス —— 目がはっきりわかる綿素材の布。

海のべこ・亀甲模様・べこの鞍 —— 菱刺しの模様の種類。

マーサさん —— 菱刺しを扱ったブログの管理人。

問一 傍線部③・⑤・⑧の漢字の読み方を平仮名で書きなさい。

問二 二重傍線部にある付属語の数を、数字で書きなさい。

問三 傍線部④・⑥の本文中の意味として最も適切なものを、次の各群の**ア**～**エ**から一つ選んで、その符号を書きなさい。

④ **ア** 十分に　**イ** すぐに　**ウ** 特に　**エ** かりに

⑥ **ア** 尺度　**イ** 結果　**ウ** 手順　**エ** 技巧

問四 傍線部①のより子の心情の説明として最も適切なものを、次の**ア**～**エ**から一つ選んで、その符号を書きなさい。

ア 今の綾の姿と菱刺しを始めた当初の未熟な自分の姿とを重ね合わせて、綾にはぜひ自分と同じ道を歩んで欲しいと思っている。

イ 家族を思って刺したり仲の良い友だちと一緒に刺したりする楽しさを思い出し、菱刺しを始めた頃の新鮮な喜びに浸っている。

ウ 年齢を重ねた今だからこそ自分の下手な菱刺しの着物を着てくれた親の気持ちが分かり、その寛大さに頭が下がる思いでいる。

エ 長年続けてきた菱刺しが多くの人の人生を支えていたことに気付き、厳しい練習に励んだ日々が報われたことに満足している。

問五　傍線部②の綾の説明として最も適切なものを、次の**ア**～**エ**から一つ選んで、その符号を書きなさい。

ア　菱刺しを通して出会った人たちのことばを思い出し、自分が多くの人に助けられていたことに気づいた綾は、今まで見守ってくれた父親に対して身勝手な態度をとった自分を恥じている。

イ　自分を満たしてくれる菱刺しの魅力について考えることで、それが人と人との絆を深めるものだと気づいた綾は、菱刺しを続けることでいつか自分も家族に優しくなれると期待している。

ウ　菱刺しは単なる針仕事ではなく、家族への愛を表現するためのものだと気づいた綾は、深く考えずに人を傷つける言葉を吐いてしまう自分には菱刺しを続ける資格がないと反省している。

エ　自分が菱刺しに夢中になる理由を考えることで、自分の心の奥底にあった家族を大切に思う気持ちに気づいた綾は、父親に対して感情的になりひどい言葉をぶつけたことを後悔している。

問六　傍線部⑦の綾の様子として最も適切なものを、次の**ア**～**エ**から一つ選んで、その符号を書きなさい。

ア　自分の作品を完成させたことで湧き上がる心地よい興奮が覚めやらぬままに、自らの将来に真っすぐ向き合おうとしている。

イ　短時間で高度な技法を習得したことで生まれた自信を胸に、今まで考えもしなかった新しい道に挑戦する意欲を高めている。

ウ　父親を喜ばせる方法を思いついたことで気持ちが明るくなり、翌朝自分の進路希望を父親に伝えることを楽しみにしている。

エ　菱刺しに一生懸命取り組むことで新しい境地に到達し、その余韻の中で菱刺しを一生の仕事にできる幸せをかみ締めている。

問七　次の【図】は傍線部⑨の内容を整理した生徒のノートの一部である。【図】の空欄に入ることばを、本文中より一文で抜き出し、最初の三字を書きなさい。

【図】

綾＝素直に自分の気持ちを言えない。

※象徴的な発言

「　　　　」

似ている

父＝素直に気持ちを行動に表せないから、娘の前ではネクタイを絶対に締めないだろう。（綾の推測）

問八　傍線部⑩の綾の心情の説明として最も適切なものを、次の**ア**～**エ**から一つ選んで、その符号を書きなさい。

ア　父親の過去の言動を許す気持ちを伝えられたことで、菱刺しを通して自分が大人になったと実感すると同時に、これからも頑固な父親のことを受け入れていこうと思っている。

イ　自分の気持ちを堂々と伝えることで、成長した自分の姿を父親に見せることができたという充実感を感じると同時に、意地っ張りな父親を心から応援していきたいと思っている。

ウ　父親にネクタイを贈ることで、日頃の苦労をねぎらう気持ちを伝えられたという達成感を味わうと同時に、これで自分が決めた進路を父親は認めてくれるだろうと思っている。

エ　自分の宣言に対して父親が何も言わなかったことで、夢の実現に向かって歩み出せる喜びを抱くと同時に、会社で苦労をしている父親には困難を乗り越えてほしいと思っている。

五　次の文章を読んで、あとの問いに答えなさい。

　長きにわたって他の民族や部族との争いを繰り返してきた人類は、その「戦利品」として生活の豊かさと秩序の安定を獲得してきた。特に十九世紀後半以降の近代化は、国家を強大にし、人々に豊かさをもたらすものとされたら、多くの国が、そのための産業化と生活の合理化に努めてきた。近代化は富だけでなく、社会における個人の役割を大きくする一方、近隣住民の助け合いを基盤にした、社会の中の共同的な要素を抑制する傾向をもつ。それは、とりわけ農村における伝統社会の息苦しさを打破しようとする内側からの動きと、国家と国民とを一対一でつなげようとする近代国家による外側からの働きかけの合成物であった。諸個人が①この流れの中で自らの置かれている共同体から切り離されていったのは半ば当然だったのである。

　日本の場合、江戸時代までの社会は「〜家の〜助」や「〜村の〜太郎」などという形で、②所属する集団との関係の中で個人を同定していた。明治時代、そうした所属関係から離れてすべての人間を「国民」として一元的な戸籍に登録することが目指されたことは、個人の時代の到来を意味した。

　夏目漱石が一九一四年（大正三年）に学習院大学で行った講演「私の個人主義」は、当時の日本で「個人主義」という発想がまだ新鮮な響きをもっていたことを象徴的に示している。その後の近代化は個人の豊かさを象徴する所有財を多様化し、車や家、学歴や会社名など他者との差を示す標識の種類を増やすことを通じて、社会の個人化を促進した。

　ところで、日本で③個人の存在が急激に前景化した時代は、国家権力が強化された時代でもあった。明治政府は、それまで全国各地の藩に任されていた統治を一元的に行う各種のシステムを導入した。先に述べた、国民一人ひとりを出生関係により登録する戸籍制度の充実は、その典型である。

　個人を前面に出す傾向は国が一方的におしつけたものではない。発足したばかりの明治政府が新しい修身の教科書としてAサイ用したサミュエル(注)・スマイルズの『自助論Self-Help』の訳書『西国立志編』がたどった道のりは、まさに国と個の緊張関係を物語っている。「天は自ら助くる者を助く」の有名な書き出しから始まるこの本は、個人の成功を、外部に頼らずに、内なる努力と工夫による独立した精神で成し遂げる重要性を訴えた作品である。家や村を生きる基盤にしてきた日本人にとって、④個人を真ん中におく発想はさぞかし新鮮であったに違いない。

　スマイルズは個人の成功を「個人の努力」に還元し、国家の成功はそうした個人的な努力の積み重ねに過ぎないと考えていた。現在の日本人の視点からはイメージしにくいかもしれないが、彼の問題意識は、国家の制度に頼りきって個人の意思がもつ可能性を矮小化《わいしょうか》(注)してきた欧米社会への疑問から出発する。そこからスマイルズは、個々人の意思が国家の性質を決定するのだという結論に至る。「個人の尊重」は、⑤やがて人権という概念に成熟し、長い時間を経て、近年ではＳＤＧｓ（持続可能な開発目標）の掲げる「誰ひとり取り残さない」という理念へと展開してきた。個々人の自由こそ重要であるという理念は、とりわけ自由主義の社会においては⑥市民権を得たといってよい。

　だが、一人ひとりの自由や権利を保障すれば、個々人が集まってつくられる社会の自由や権利も保障されるものだろうか。合理的な個人の集まりが集団の合理性を導くとは限らないという逆説は、長く社会科学者を魅了してきた。そして特に現代の経済学では、合理的な個人は自身の属する集団の効用よりも自分自身の効用を最大化すべく行動するという考え方が半ば常識になっている。個人化は、能力や富を他人と比較させて、競争意識に火をつける。そうであれば合理的な個人は、なぜ自分の利益を犠牲にしてまで互いに協力することがあるのだろうか。

　⑦この疑問に対する答えは、人間が単なる「個々人の群れ」ではなく、Bキ的なまとまりをもった集団に所属しながら生きていることを考えてみることで得られそうだ。人は複数の集団に同時に所属できるので、競争や合理性の意味もその都度変わってくる。たとえば会社の部署の中を覗《のぞ》いてみ

ると、社員一人ひとりは互いに出世や給料をめぐって競争しているが、部署間の競争となれば、社員同士は競争相手から協力する仲間へと変化する。そして、これが会社間の競争となれば、部署同士はライバルではなく、協力相手となる。さらに、業界間の競争という視点でみると、「同業者」として会社間の協力が見られる。このように重層的な競争では、より上位レベルの競争に勝つことを目的に、下位組織のレベルで「協力」が促されることがある。

競争の相手が自分の属する共同体の外に見出されるときには、普ダン(C)は競争している所属組織内部が一体性を意識するため、協力が強く促進されることがある。国内政治が不安定になった国が、対外的な脅威をことさらに強調するのは、このメカニズムを利用して国民の団結を促そうとする例である。

このように対外的な競争と対内的な協力が重層的に織り込まれているのが⑧現代社会の諸集団の特徴である。

（佐《さ》藤《とう》仁《じん》『争わない社会』）

（注）サミュエル・スマイルズ――英国の作家、医師。

矮小化――規模が小さくなること。

問一　二重傍線部A～Cの漢字と同じ漢字を含むものを、次の各群の**ア**～**エ**からそれぞれ一つ選んで、その符号を書きなさい。

A　**ア**　祝サイの準備をする。　**イ**　彼は医学界の俊サイだ。
　　ウ　森林を伐サイする。　**エ**　料理に根サイを使う。

B　**ア**　注意を喚キする。　**イ**　公共の交通キ関を利用する。
　　ウ　実力を発キする。　**エ**　キ急の事態に備える。

C　**ア**　らせん階ダンを上る。　**イ**　果ダンに富んだ性格。
　　ウ　友達とダン笑する。　**エ**　ダン房の適切な使用。

問二　傍線部⑤はどの文節に係るか。一文節で抜き出して書きなさい。

問三　傍線部⑥の本文中の意味として最も適切なものを、次の**ア**～**エ**から一つ選んで、その符号を書きなさい。

ア　広く認められて一般化した　**イ**　民衆の間で評判になった
ウ　誤って政治的に利用された　**エ**　特定の集団内で広まった

問四　傍線部①の説明として最も適切なものを、次の**ア**～**エ**から一つ選んで、その符号を書きなさい。

ア　産業化によって人々が豊かになったことで、社会の中の共同的な要素が必要ではなくなっていった。

イ　近代化に際し共同体解体を進めた国家のもとで、共同体からの自立を求める個人が増加していった。

ウ　社会秩序の安定により人々に富がもたらされると、社会における個人の役割も大きくなっていった。

エ　国家が強大になっていくと同時に、社会においては個人の自立に重きを置く風潮が強まっていった。

問五　傍線部②の理由を説明した次の文の空欄に入る適切なことばを、本文中から十四字で抜き出し最初の三字を書きなさい。

日本人は［　　　］から。

問六　傍線部③の説明として最も適切なものを、次の**ア**～**エ**から一つ選んで、その符号を書きなさい。

ア　個々人の意思にかかわらず個人の存在が国家の中心に据えられたことにより、あらゆる事が個人の裁量に委ねられるようになり、「個人主義」が急に拡大され始めた。

イ　所属関係から解放された個人を国家が「国民」として一元的に統治しようとしたため、国と個人との間に緊張関係が生まれ、個人の独立心が突如として高まった。

ウ　近代化により所有財が人間の豊かさを象徴的に表す標識として認識されたことで、個々人が利己的に財産の所有を求めるようになり、社会の個人化が一気に進んだ。

エ　国民を一元的に管理する仕組みの導入に加え、個人が努力をすれば目的は達成できるという考え方が広まり、国民一人ひとりの役割や価値が突然強調され始めた。

問七　傍線部④の説明として最も適切なものを、次の**ア**～**エ**から一つ選んで、その符号を書きなさい。

ア　国家の成功は個人の成功の積み重ねであり、その利益は国家により個人に還元されるべきであるという考え方。

イ　国家の制度は個人の意思で決定されるものであり、それは個々人を尊重する制度でなければならないという考え方。

ウ　国家や社会は個人の集合であり、社会において個人の存在が何よりも優先されなければならないという考え方。

エ　国家と社会の担い手は個人であり、個人の努力によって社会の自由と権利は保障されるべきであるという考え方。

問八　傍線部⑦の内容を説明した次の文の空欄に入る最も適切なことばを、本文中から五字で抜き出して書きなさい。

合理的な個人が［　　］を優先させることへの疑問。

問九　傍線部⑧の説明として最も適切なものを、次の**ア**～**エ**から一つ選んで、その符号を書きなさい。

ア　対外的な競争を繰り返すことで、集団の一体性は強固になっていくことから、一般的に競争と協力は相反する関係にあると考えられているが、集団内部では互いに補完し合う関係にあること。

イ　協力的な環境の中には競争の要素があり、競争の一部は協力関係が成していることから、競争と協力は単純に二つに分けて整理できるものではなく、集団においては両方を内包していること。

ウ　現代社会では競争が成長や革新につながるものだと考えられていることから、対内的な小集団に協力を織り込むことで集団内に競争を生み出し、集団が常に活性化する構造になっていること。

エ　集団に所属する個人が互いに競争と協力を交互に繰り返すことが集団内の秩序の安定をもたらすことから、個人が多数所属する集団においては、協力と競争が重層的に折り重なっていること。

二　（　　点）

問一（　　点）	問二（　　点）	問三（　　点）		問四（　　点）
		a	b	
	命ジテ門人ニ鑽セシム火ヲ。			

問一．３点
問二．完答３点
問三．２点×２
問四．３点

三　（　　点）

問一（　　点）	問二（　　点）	問三（　　点）	問四（　　点）

３点×４

五　（　　点）

問一（　　点）			問二（　　点）	問三（　　点）	問四（　　点）	問五（　　点）	問六（　　点）	問七（　　点）	問八（　　点）	問九（　　点）
A	B	C								

問一．２点×３
問二．２点
問三．２点
問四．３点
問五．３点
問六．３点
問七．３点
問八．３点
問九．３点

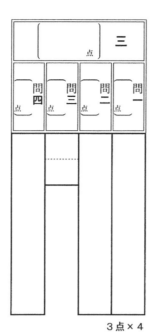

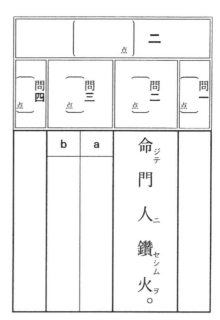

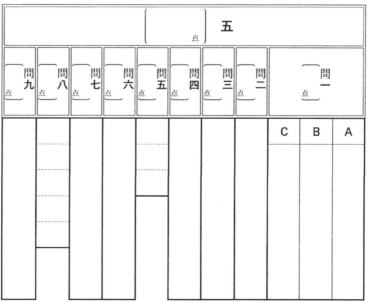

Ⅲ (点)	1 (点)	(1)		
		(2)		
		(3)		
		(4)		
	2 (点)	(1)		
		(2)	①	
			②	
			③	g

１．(1)３点
(2)３点
(3)３点
(4)完答３点
２．(1)３点
(2)①３点
②３点
③４点

Ⅳ (点)	1 (点)	(1)						
		(2)	①		②		③	
		(3)						
		(4)						
	2 (点)	(1)						
		(2)						N
		(3)						
		(4)						cm

１．(1)３点
(2)完答３点
(3)３点
(4)３点
２．(1)３点
(2)３点
(3)３点
(4)４点

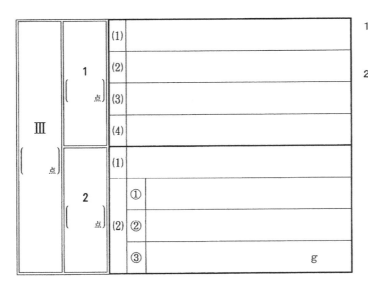

これから聞き取りテストを行います。問題用紙の1《いち》ページを見てください。問題は聞き取りテズト1《いち》，2《に》，3《さん》の3つがあります。答えは，全て解答用紙の指定された解答欄の符号を○で囲みなさい。聞きながらメモを取ってもかまいません。

（聞き取りテスト1《いち》）

聞き取りテスト1《いち》は，会話を聞いて，その会話に続く応答として適切なものを選ぶ問題です。

それぞれの会話の場面が問題用紙に書かれています。会話のあとに放送される選択肢 a～c の中から応答として適切なものを，それぞれ1つ選びなさい。会話と選択肢は1回だけ読みます。では，始めます。

※教英出版注
音声は，解答集の書籍ＩＤ番号を教英出版ウェブサイトで入力して聴くことができます。

No. 1
〔A：男性，B：女性〕
A: Excuse me. Does the next bus go to the station?
B: Yes. It'll arrive here soon.
A: Thanks. How long will it take to get to the station?

(a) About ten kilometers.
(b) About ten dollars.
(c) About ten minutes.

No. 2
〔A：女性，B：男性〕
A: I'm not confident about tomorrow's concert.
B: Don't worry. We have practiced a lot.
A: Can you listen to my part again?

(a) See you.
(b) Of course.
(c) Good advice.

No. 3
〔A：男性，B：女性〕
A: Hello, this is Nojigiku company. May I help you?
B: Hello, my name is Maeda. Can I speak to Mr. Thompson?
A: I'm sorry. He is not in the office now.

(a) OK. I'll call back.
(b) Sure. I agree with you.
(c) Good. I'll ask him.

（聞き取りテスト2《に》）

聞き取りテスト2《に》は，会話を聞いて，その内容についての質問に答える問題です。

それぞれ会話のあとに質問が続きます。その質問に対する答えとして適切なものを，問題用紙の a～d の中からそれぞれ1つ選びなさい。会話と質問は2回読みます。では，始めます。

No. 1
〔A：女性，B：男性〕
A: Bob, have you finished your homework for next Tuesday?
B: No, I haven't. How about you, Linda?
A: I did it after school on Wednesday. Have you been busy recently?
B: Yes. I practiced a lot for my club activity this week.
A: Then do you have free time this weekend?
B: No, I need to help my father.

(Question) When did Linda do her homework?
もう一度繰り返します。

No. 2

〔A：男性，B：女性〕

A: Mika, have you finished cutting the vegetables?

B: Yes, I have. Anything else?

A: Please pass me the salt and spices. I'll mix them with the vegetables.

B: I hope my mom will like this salad.

A: Yes. We need to hurry.

B: You're right. Dinner will start at 7:00.

(Question) What are they doing now?

もう一度繰り返します。

No. 3

〔A：女性，B：男性〕

A: Shall we send Emily a birthday card?

B: Sure. We can draw a sunflower on the card.

A: Nice. But I think that her favorite flower is a rose.

B: Really? I didn't know that. Then, how about drawing both flowers?

A: That's a good idea. I think we should write our message below the pictures.

B: I agree. Let's make the card.

(Question) Which birthday card will they make?

もう一度繰り返します。

(聞き取りテスト3《さん》)

聞き取りテスト3《さん》は，英語による説明を聞いて，その内容についての２つの質問に答える問題です。

問題用紙に書かれている，場面，Question 1《クウェスチョンワン》と２《ツー》を見てください。〔10秒あける。〕これから英文と選択肢が放送されます。英文のあとに放送される選択肢 a～d の中から質問に対する答えとして適切なものを，それぞれ１つ選びなさい。英文と選択肢は２回読みます。では，始めます。

〔男性〕

Here is your room key and a ticket for your breakfast. There are two restaurants in this hotel. You can choose a Japanese or Western style breakfast. These restaurants are on the 1st and 3rd floor. If you want to have a Japanese breakfast, you need to go to the 1st floor. You can see a beautiful garden from there. The Western restaurant is on the 3rd floor. It serves special pancakes for breakfast. Then, your room is on the 4th floor. The emergency exit is at the end of the hallway. Please check it before you enter the room for your safety. Please enjoy your stay.

〔女性〕

(Question 1 Answer)

(a) 1st floor
(b) 2nd floor
(c) 3rd floor
(d) 4th floor

(Question 2 Answer)

(a) To go to the garden.
(b) To choose the restaurant.
(c) To receive your room key.
(d) To check the emergency exit.

もう一度繰り返します。

これで聞き取りテストを終わります。次の問題に移りなさい。

令　和　6　年　度

兵庫県公立高等学校学力検査問題

数　　　学

（50分）

注　　　意

1　「開始」の合図があるまで開いてはいけません。

2　「開始」の合図で，１ページから７ページまで問題が印刷されていることを確かめなさい。

3　**解答用紙の左上の欄に受検番号**を書きなさい。

4　解答用紙の □ の得点欄には，何も書いてはいけません。

5　答えは，全て**解答用紙の指定された解答欄**に書きなさい。

6　問題は６題で，７ページまであります。

7　「終了」の合図で，すぐ鉛筆を置きなさい。

8　解答用紙は，机の上に置いて，退室しなさい。

受検番号　　　番

※100点満点

得点	

令和６年度兵庫県公立高等学校学力検査

数　学　解　答　用　紙

３点×８

1 （　　点）	(1)	
	(2)	
	(3)	
	(4)	$x=$
	(5)	$y=$
	(6)	
	(7)	cm^3
	(8)	度

(1)３点　(2)３点　(3)４点　(4)４点

2 （　　点）	(1)	円
	(2)	
	(3)	
	(4)	分

(1)２点×３　(2)３点×３

3 （　　点）	(1)	i	
		ii	
		iii・iv・v	
	(2)	①	
		②	
		③	

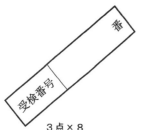

注意　全ての問いについて，答えに $\sqrt{}$ がふくまれる場合は，$\sqrt{}$ を用いたままで答えなさい。

1　次の問いに答えなさい。

(1)　$6 \div (-2)$　を計算しなさい。

(2)　$3(2x+y)-(x-4y)$　を計算しなさい。

(3)　$3\sqrt{5}+\sqrt{20}$　を計算しなさい。

(4)　2次方程式 $x^2+5x+3=0$　を解きなさい。

(5)　y は x に反比例し，$x=-6$ のとき $y=3$ である。$x=2$ のときの y の値を求めなさい。

(6)　絶対値が2以下である整数すべての和を求めなさい。

(7)　図1のように，底面の半径が4 cm，高さが6 cm の円すいがある。この円すいの体積は何 cm^3 か，求めなさい。ただし，円周率は π とする。

図1

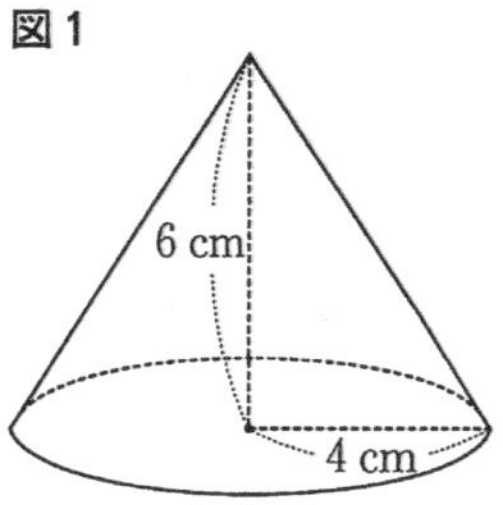

(8)　図2で，$\ell \mathbin{/\!/} m$ のとき，$\angle x$ の大きさは何度か，求めなさい。

図2

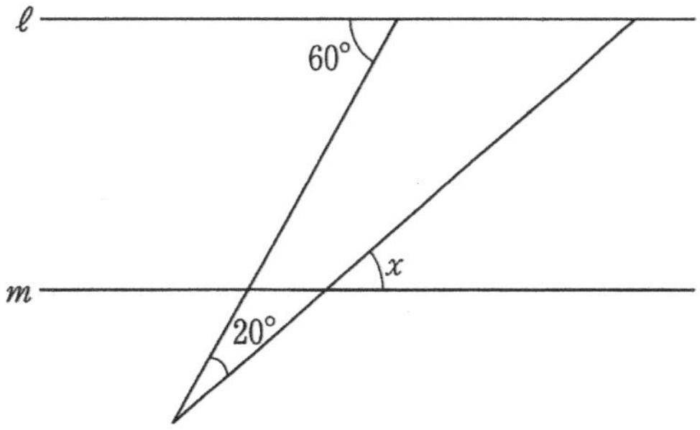

2　2つの駐輪場A，Bがあり，表1は自転車1台を駐輪場Aに駐輪する場合の料金の設定の一部を，表2は自転車1台を駐輪場Bに駐輪する場合の料金の設定を表したものである。図は自転車1台を駐輪場Aに駐輪する場合について，駐輪時間x分と料金y円の関係をグラフに表したものである。ただし，駐輪時間は連続する時間とする。

あとの問いに答えなさい。

表1

駐輪場A

駐輪時間	料金
60分まで	130円
180分まで	240円
300分まで	330円

表2

駐輪場B

基本料金を100円とする。
駐輪時間が20分を超えるごとに，20円ずつ基本料金に加算する。
例：駐輪時間をx分とすると，料金は，
$0 < x \leqq 20$　のとき　100円
$20 < x \leqq 40$　のとき　120円
$40 < x \leqq 60$　のとき　140円

図

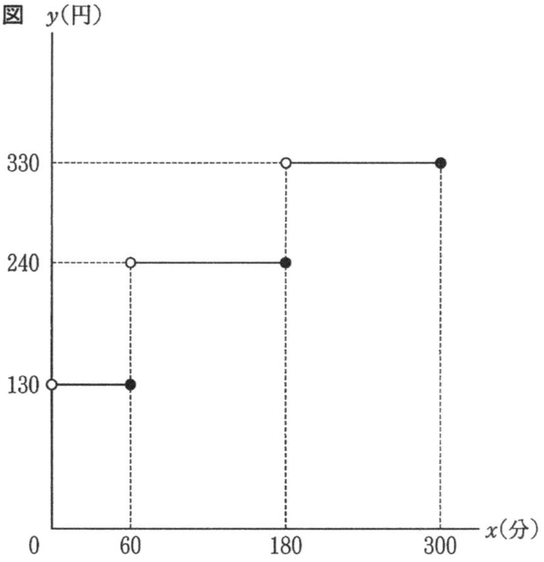

(1)　自転車1台を駐輪場Aに100分駐輪するときの料金は何円か，求めなさい。

(2)　自転車1台を駐輪場Bに駐輪する場合について，駐輪時間x分と料金y円の関係をグラフに表すと，そのグラフ上に2点P(20，100)，Q(40，120)がある。直線PQの式を求めなさい。

(3)　自転車1台を180分までの時間で駐輪する。このとき，駐輪場Aに駐輪する場合の料金と，駐輪場Bに駐輪する場合の料金が等しくなるのは駐輪時間が何分のときか，適切なものを次の**ア**～**エ**から1つ選んで，その符号を書きなさい。

ア　120分を超えて140分まで　　**イ**　140分を超えて160分まで

ウ　160分を超えて180分まで　　**エ**　料金が等しくなる時間はない

(4)　自転車1台を180分を超えて300分までの時間で駐輪する。このとき，駐輪場Aに駐輪する場合の料金よりも，駐輪場Bに駐輪する場合の料金のほうが安くなる駐輪時間は最大で何分か，求めなさい。

3 次の問いに答えなさい。

(1) 数学の授業で，先生がAさんたち生徒に次の［問題］を出した。

> ［問題］
>
> 2つの奇数の積は，偶数になるか，奇数になるか考えなさい。
>
> また，2つの偶数の積，偶数と奇数の積についても考えなさい。

Aさんは，［問題］について，次のように考えた。$\boxed{\text{i}}$ にあてはまる1以外の自然数，$\boxed{\text{ii}}$ にあてはまる式をそれぞれ求めなさい。また，$\boxed{\text{iii}}$，$\boxed{\text{iv}}$，$\boxed{\text{v}}$ にあてはまる語句の組み合わせとして適切なものを，あとの**ア〜ク**から1つ選んで，その符号を書きなさい。

> まず，2つの奇数の積について考える。
>
> m，n を整数とすると，2つの奇数は $2m+1$，$2n+1$ と表される。
>
> この2つの奇数の積は，$(2m+1)(2n+1)$ と表すことができ，変形すると，
>
> $$\begin{aligned}(2m+1)(2n+1) &= 4mn+2m+2n+1\\ &= \boxed{\text{i}}\left(\boxed{\text{ii}}\right)+1\end{aligned}$$
>
> $\boxed{\text{ii}}$ は整数だから，$\boxed{\text{i}}\left(\boxed{\text{ii}}\right)$ は $\boxed{\text{iii}}$ である。
>
> したがって，2つの奇数の積は $\boxed{\text{iv}}$ である。
>
> 同じようにして考えると，2つの偶数の積，偶数と奇数の積はどちらも $\boxed{\text{v}}$ である。

ア	iii	偶数	iv	偶数	v	偶数	**イ**	iii	偶数	iv	偶数	v	奇数
ウ	iii	偶数	iv	奇数	v	偶数	**エ**	iii	偶数	iv	奇数	v	奇数
オ	iii	奇数	iv	偶数	v	偶数	**カ**	iii	奇数	iv	偶数	v	奇数
キ	iii	奇数	iv	奇数	v	偶数	**ク**	iii	奇数	iv	奇数	v	奇数

(2) 大小2つのさいころを同時に1回投げ，大きいさいころの出た目の数を a，小さいさいころの出た目の数を b とする。次の確率を求めなさい。

ただし，さいころの1から6までのどの目が出ることも同様に確からしいとする。

① ab の値が奇数となる確率を求めなさい。

② $ab+3b$ の値が偶数となる確率を求めなさい。

③ $a^2-5ab+6b^2$ の値が3以上の奇数となる確率を求めなさい。

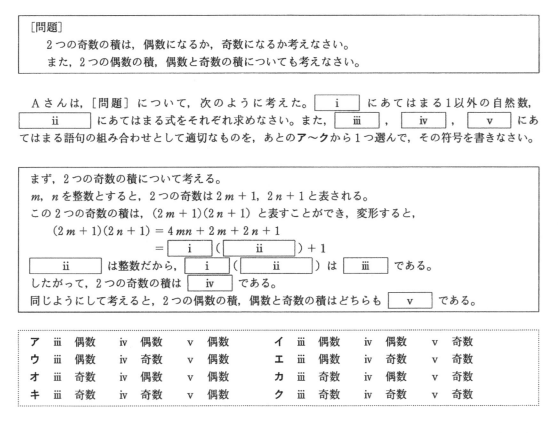

4　図のように，関数 $y = ax^2$ のグラフ上に２点Ａ，Ｂがあり，点Ａの座標は $(-2,\ 1)$，点Ｂの x 座標は４である。また，y 軸上に y 座標が１より大きい点Ｃをとる。

次の問いに答えなさい。

(1)　a の値を求めなさい。

(2)　次の [ア]，[イ] にあてはまる数をそれぞれ求めなさい。

> 関数 $y = ax^2$ について，x の変域が $-2 \leqq x \leqq 4$ のとき，y の変域は，[ア] $\leqq y \leqq$ [イ] である。

(3)　直線ABの式を求めなさい。

(4)　線分AB，ACをとなり合う辺とする平行四辺形ABDCをつくると，点Ｄは関数 $y = ax^2$ のグラフ上の点となる。

①　点Ｄの座標を求めなさい。

②　直線 $y = 2x + 8$ 上に点Ｅをとる。△ABEの面積が平行四辺形ABDCの面積と等しくなるとき，点Ｅの座標を求めなさい。ただし，点Ｅの x 座標は正の数とする。

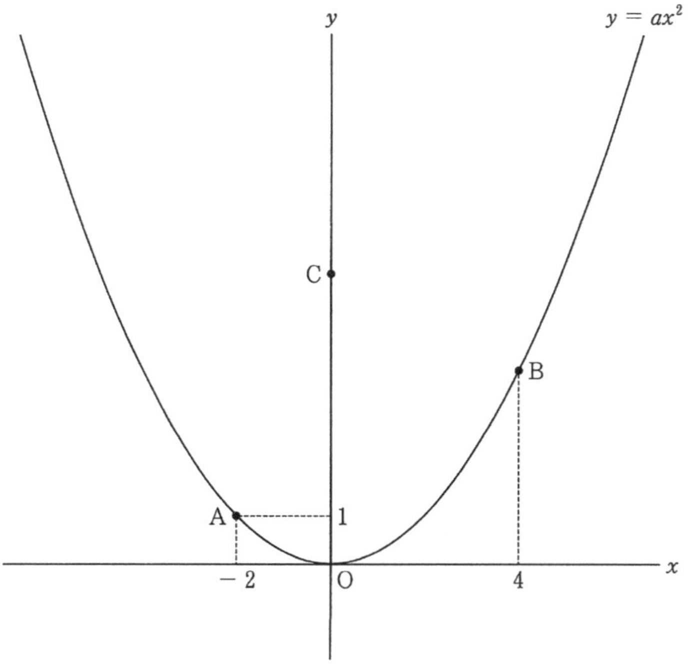

5 図1のように，∠ACB = 90°，AB = 4 cm，AC = 3 cm の直角三角形 ABC があり，辺 AB 上に BD = 1 cm となる点Dをとる。2点A，Dを通り，辺 BC に点Eで接する円Oがある。

次の問いに答えなさい。

(1) 線分 BE の長さを次のように求めた。［ i ］，［ ii ］，［ iii ］にあてはまる最も適切なものを，あとの**ア～キ**からそれぞれ1つ選んで，その符号を書きなさい。また，［ iv ］にあてはまる数を求めなさい。

図1

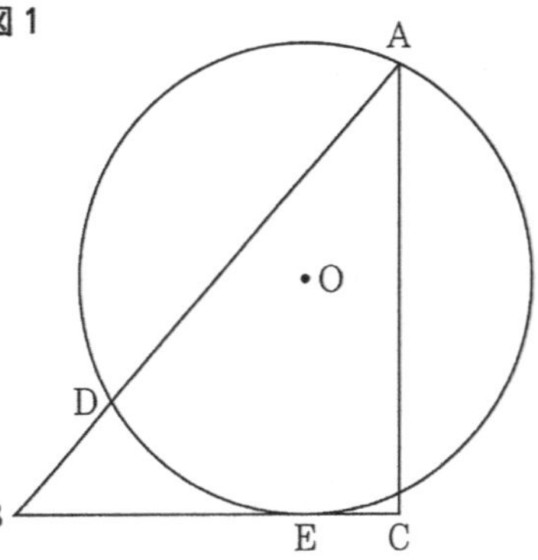

図2のように， 直線 EO と円Oとの交点のうち，点Eと異なる点をFとし， まず，△ABE ∽ △EBD であることを証明する。 △ABE と △EBD において， 共通な角だから， ∠ABE = ∠EBD　　……① 弧 DE に対する円周角は等しいから， ∠DAE = ∠［ i ］　……② △DEF は，辺 EF を斜辺とする直角三角形であるから， ∠［ i ］ + ∠DEF = 90°　……③ また，OE ⊥ BC であるから， ∠DEF + ∠［ ii ］ = 90°　……④ ③，④より， ∠［ i ］ = ∠［ ii ］　……⑤ ②，⑤より， ∠BAE　= ∠［ ii ］　……⑥ ①，⑥より，2組の角がそれぞれ等しいから， △ABE ∽ △EBD したがって，AB : EB = ［ iii ］ このことから，　BE = ［ iv ］cm

図2

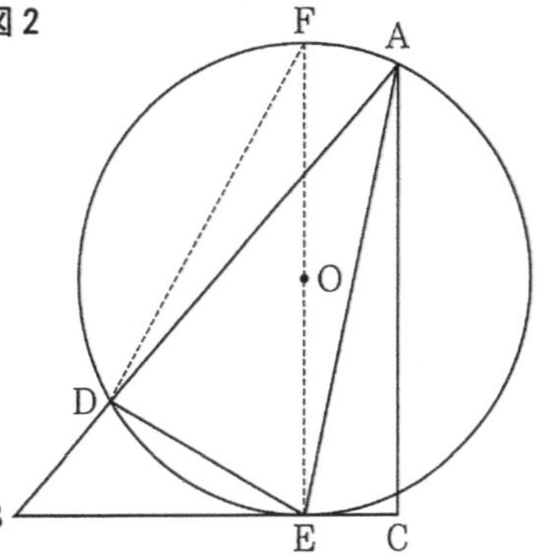

ア ADE	**イ** AEF	**ウ** BED	**エ** DFE
オ BD : BE	**カ** BE : BD	**キ** BE : DE	

(2) 線分 CE の長さは何 cm か，求めなさい。

(3) 円Oの半径の長さは何 cm か，求めなさい。

6 ゆうきさん，りょうさん，まことさんの３人は，兵庫県内のいくつかの市町における 2022 年１月から 2022 年 12 月までの，月ごとの降水日数（雨が降った日数）を調べた。

次の問いに答えなさい。ただし，１日の降水量が１mm 以上であった日を雨が降った日，１mm 未満であった日を雨が降らなかった日とする。

(1) 表１は西宮市の月ごとの降水日数のデータである。このデータの中央値（メジアン）は何日か，求めなさい。

表１

	1月	2月	3月	4月	5月	6月	7月	8月	9月	10月	11月	12月
降水日数(日)	2	2	9	8	10	7	14	10	11	4	7	5

（気象庁 Web ページより作成）

(2) 図は，豊岡市，三田市，洲本市について，それぞれの市の月ごとの降水日数のデータを，ゆうきさんが箱ひげ図に表したものである。

図

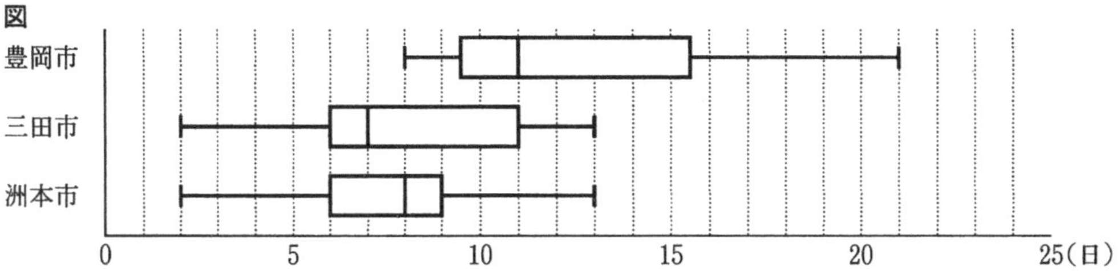

（気象庁 Web ページより作成）

① りょうさんは，図から次のように考えた。りょうさんの考えの下線部ａ，ｂは，それぞれ図から読みとれることとして正しいといえるか，最も適切なものを，あとの**ア～ウ**からそれぞれ１つ選んで，その符号を書きなさい。

> りょうさんの考え
> ａ<u>三田市の範囲と洲本市の範囲は等しいが，</u>ｂ<u>平均値は三田市より洲本市のほうが大きい。</u>

ア 正しい　　**イ** 正しくない　　**ウ** 図からはわからない

② まことさんは，調べた市町について，それぞれの市町の月ごとの降水日数のデータを度数分布表にまとめることにした。表２はその一部，豊岡市についての度数分布表である。表２の［ i ］にあてはまる数を，図から読みとり求めなさい。ただし，小数第２位までの小数で表すこと。

表２

階級(日)	豊岡市 度数(月)	豊岡市 累積相対度数
以上 0 ～ 4 未満	0	0.00
4 ～ 8		
8 ～ 12		
12 ～ 16		［ i ］
16 ～ 20		
20 ～ 24		
計	12	

(3)　3人は降水確率について興味をもち，さらに調べると「ブライアスコア」という値について知った。

＜ブライアスコア＞

降水確率の精度を評価する値の1つであり，表3のような表を用いて，あとの(i)～(iv)の手順で求める。

表3

	1月1日	1月2日	1月3日	1月4日	1月5日
予報（降水確率）	0.2	0.6	0	0.1	1
降水の有無	0	1	0	1	1

(i)　それぞれの日の「予報（降水確率）」の欄には，降水確率を記入する。

(ii)　それぞれの日の「降水の有無」の欄には，実際にその日に雨が降った場合は1，雨が降らなかった場合は0を記入する。

(iii)　それぞれの日について，(i)，(ii)で記入した数の差の2乗の値を求める。

(iv)　(iii)で求めた値の n 日間分の平均値が n 日間のブライアスコアとなる。

例1：表3の1月1日と1月2日の2日間のブライアスコアは，

$\{(0.2-0)^2+(0.6-1)^2\}\div 2=0.1$

例2：表3の5日間のブライアスコアは，

$\{(0.2-0)^2+(0.6-1)^2+(0-0)^2+(0.1-1)^2+(1-1)^2\}\div 5=0.202$

ある年の2月1日から9日の降水について調べると，表4のようであり，2月7日から9日の「降水の有無」はわからなかった。また，2月1日から3日までの3日間のブライアスコアと，2月4日から6日までの3日間のブライアスコアは等しかった。ただし，$0\leqq x<0.5$，$0\leqq y\leqq 1$ とする。

表4

	1日	2日	3日	4日	5日	6日	7日	8日	9日
予報（降水確率）	x	y	0.5	x	y	0.5	x	y	0.5
降水の有無	0	0	0	1	1	1			

①　y を x の式で表しなさい。

②　2月1日から9日の降水について，さらに次のことがわかった。

- 2月7日から9日の3日のうち，2日は雨が降り，1日は雨が降らなかった。
- 2月7日から9日までの3日間のブライアスコアは，2月1日から6日までの6日間のブライアスコアより，$\frac{2}{15}$ だけ小さかった。

このとき，x の値を求めなさい。また，2月7日から9日の3日のうち，雨が降った日の組み合わせとして適切なものを，次の**ア**～**ウ**から1つ選んで，その符号を書きなさい。

ア　2月7日と8日　　**イ**　2月7日と9日　　**ウ**　2月8日と9日

3点×5（(2)は完答）

4 〔　　点〕	(1)	$a=$			
	(2)	ア		イ	
	(3)				
	(4)	①	(　　　,　　　)		
		②	(　　　,　　　)		

(1) i．2点　ii．2点　iii．2点　iv．3点　(2)3点　(3)4点

5 〔　　点〕	(1)	i	
		ii	
		iii	
		iv	
	(2)		cm
	(3)		cm

(1)3点　(2)①完答3点　②3点　(3)①3点　②完答4点

6 〔　　点〕	(1)					日
	(2)	①	a		b	
		②				
	(3)	①	$y=$			
		②	$x=$		符号	

令　和　6　年　度

兵庫県公立高等学校学力検査問題

英　　　語

（50分）

注　　　意

1　「開始」の合図があるまで開いてはいけません。

2　「開始」の合図で，1ページから8ページまで問題が印刷されていることを確かめなさい。

3　**解答用紙の左上の欄に受検番号**を書きなさい。

4　解答用紙の □ の得点欄には，何も書いてはいけません。

5　答えは，全て**解答用紙の指定された解答欄**に書きなさい。

6　問題は5題で，8ページまであります。
Ⅰは，**聞き取りテスト**です。問題は，**聞き取りテスト1，2，3**の3つがあります。
聞き取りテストの放送は，検査開始直後にあります。
英文は聞き取りテスト1では1回だけ，聞き取りテスト2と3では2回読みます。

7　「終了」の合図で，すぐ鉛筆を置きなさい。

8　解答用紙は，机の上に置いて，退室しなさい。

受検番号　　　番

※100点満点

得点	

令和６年度兵庫県公立高等学校学力検査

英　語　解　答　用　紙

聞き取りテスト

Ⅰ（　　点）	1（　　点）	No. 1	a	b	c	
		No. 2	a	b	c	
		No. 3	a	b	c	
	2（　　点）	No. 1	a	b	c	d
		No. 2	a	b	c	d
		No. 3	a	b	c	d
	3（　　点）	1	a	b	c	d
		2	a	b	c	d

1．３点×３
2．３点×３
3．３点×２

Ⅱ（　　点）	1（　　点）		
	2（　　点）	A	
		B	
	3（　　点）		
	4（　　点）		
	5（　　点）	あ	(　　)(　　)(　　)(　　)
		い	(　　)(　　)(　　)(　　)

1．２点
2．２点×２
3．２点
4．２点
5．完答３点×２

Ⅲ（　　点）	1（　　点）	①	
		②	
		③	
	2（　　点）	A	
		B	
	3（　　点）		

1．３点×３
2．３点×２
3．３点

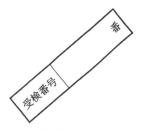

I　放送を聞いて，**聞き取りテスト１，２，３**の問題に答えなさい。答えは，全て解答用紙の指定された解答欄の符号を○で囲みなさい。

聞き取りテスト１　会話を聞いて，その会話に続く応答として適切なものを選びなさい。会話のあとに放送される選択肢 **a** ～ **c** から応答として適切なものを，それぞれ１つ選びなさい。（会話と選択肢は１回だけ読みます。）

※教英出版注
音声は，解答集の書籍ＩＤ番号を教英出版ウェブサイトで入力して聴くことができます。

No. 1　（場面）バス停で会話している

No. 2　（場面）自分たちのコンサートについて会話している

No. 3　（場面）電話で会話している

聞き取りテスト２　会話を聞いて，その内容についての質問に答えなさい。それぞれ会話のあとに質問が続きます。その質問に対する答えとして適切なものを，次の **a** ～ **d** からそれぞれ１つ選びなさい。（会話と質問は２回読みます。）

No. 1
a　On Tuesday.
b　On Wednesday.
c　On Saturday.
d　On Sunday.

No. 2
a　They are cooking dinner.
b　They are eating breakfast.
c　They are growing vegetables.
d　They are talking to their mother.

No. 3
a
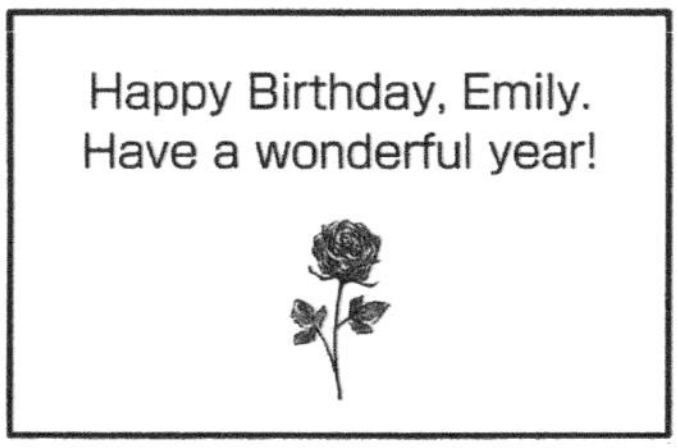
Happy Birthday, Emily.
Have a wonderful year!

b

Happy Birthday, Emily.
Have a wonderful year!

c

Happy Birthday, Emily.
Have a wonderful year!

d

Happy Birthday, Emily.
Have a wonderful year!

聞き取りテスト３　英語による説明を聞いて，その内容についての２つの質問 Question 1，Question 2 に答えなさい。英文と選択肢が放送されます。英文のあとに放送される選択肢 **a** ～ **d** から質問に対する答えとして適切なものを，それぞれ１つ選びなさい。（英文と選択肢は２回読みます。）

（場面）ホテルのフロントで従業員が宿泊客であるあなたにホテルの説明をしている

Question 1　What floor do you need to go to eat special pancakes?

Question 2　What do you need to do for your safety before you enter your room?

Ⅱ　高校１年生のひなこさんとアメリカからの留学生のレオさんが，海外派遣留学生募集のポスターを見ながら，会話をしています。次の英文を読んで，あとの問いに答えなさい。

Leo：　Hi, Hinako. What are you doing?

Hinako：　I'm looking at this poster, Leo. According to the poster, we have a chance to study abroad next year. We can choose a country and plan some activities that we want to try there.

Leo：　Oh, that's nice! Are you interested in this program?

Hinako：　Yes. I visited a local hospital and had a career experience there this summer. I met a staff member from the Philippines. He told me that the medical care* was not enough in some Asian countries. After I heard his story, I wanted to become a nurse in the future and help patients in those countries. I think this program will help ①my future dream come true.

Leo：　I see. Do you have any plans for your activities?

Hinako：　I want to visit hospitals in those countries as a volunteer to see the real situation. Also, I'll make my English skills better by talking with local people and volunteers from other countries.

Leo：　That means ②you can do two things on the program.

Hinako：　That's right. By the way, I want to ask you a question about your experience as an exchange student*. Are there any interesting things that you've learned since you came to Japan?

Leo：　Yes, let me tell you a story. I was confused when my teacher told me to clean our classroom with my classmates. In America, students don't usually clean their classrooms by themselves. After a few months, I thought that students learned an important thing from this activity. While we cleaned our classroom, we shared the same goal and supported each other. Thanks to this experience, I found that cleaning together at school helped the students learn the importance of cooperation. I didn't realize ③that until I cleaned our classroom in Japan.

Hinako：　You've actually done things in real life. That's very important.

Leo：　Exactly. In English, we say "[④]." I hope you can learn many things on the program next year.

Hinako：　Thank you, Leo.

（注）medical care　医療　　exchange student　交換留学生

1　下線部①の内容として適切なものを，次のア～エから１つ選んで，その符号を書きなさい。

ア　to teach Japanese to many children in the Philippines
イ　to work at a hospital which offers the latest medical technology
ウ　to support patients in some Asian countries as a nurse
エ　to make a program which gives students a chance to study abroad

2　下線部②の内容に合うように，次の［ A ］，［ B ］に入る適切なものを，あとのア～エからそれぞれ１つ選んで，その符号を書きなさい。

Hinako can see the［ A ］of the hospitals in some Asian countries. At the same time, she can［ B ］her English skills through communicating in English.

［ A ］　ア　future　　イ　reality　　ウ　audience　　エ　origin
［ B ］　ア　teach　　イ　accept　　ウ　lose　　エ　improve

3　下線部③の内容に合うように，次の［　　］に入る適切なものを，あとのア～エから１つ選んで，その符号を書きなさい。

Cleaning classrooms with classmates helped students［　　］.

ア　realize the importance of helping each other
イ　understand the effects of having career experiences
ウ　explain the difficulties of learning different languages
エ　accept their teacher's advice about future dreams

4　文中の［ ④ ］に入る適切なものを，次のア～エから１つ選んで，その符号を書きなさい。

ア　Time is money
イ　Mistakes make people
ウ　Tomorrow is another day
エ　Experience is the best teacher

5　ひなこさんは，以下のような海外派遣に向けた応募書類を作成しました。本文の内容に合うように，次の［ あ ］，［ い ］に，あとのそれぞれの［　　］内の語から４語を選んで並べかえ，英文を完成させなさい。

1　Place: Hospitals in Asian Countries
2　Date: July 26, 2024 – August 8, 2024
3　My Reason for Studying Abroad:
　I want to become a［ あ ］overseas in the future.
　So, it is［ い ］study abroad on this program to make my dream come true.
4　My Activity Plan:
　1) To visit hospitals to work as a volunteer
　2) To talk with many people in English

［ あ ］　work　　can　　who　　teacher　　nurse

［ い ］　for　　to　　me　　helpful　　impossible

Ⅲ 次の英文を読んで，あとの問いに答えなさい。

A man who worked at a bakery sent fresh bread to people who suffered from the Great Hanshin-Awaji Earthquake.* A lady said, "I'm glad I can eat your soft and delicious bread. It is hard for me to eat hardtack.* Unfortunately, because of the expiration date,* we can only enjoy your bread for a short time." He thought, "What should I do to [①]?" It was a very difficult question. However, he thought that helping many people in need with his bread was an important job for him. He did more than 100 experiments and finally he made soft and delicious canned bread.*

The special canned bread was created from his many efforts, but it was difficult to sell it at the beginning. At that time, many people didn't know about canned bread. "What should I do to [②]?", he thought. So, he gave 500 cans of bread to the local government. A TV program introduced his special bread and many schools, companies, and local organizations ordered it.

One day, a city hall that bought many cans of bread before called him. The staff in the city hall said, "We'll buy new cans of bread, so could you throw away the old ones?" He was sad to hear these words. The expiration date of the canned bread was three years. If customers didn't eat it before the date, they needed to throw it away. He thought, "What should I do to [③]?" He faced another problem, but he never gave up. At that time, there was a big earthquake overseas, and he was asked to send the canned bread which he couldn't sell. Then, he got an idea. He thought, "In the world, there are many people who suffer from disasters and food shortages.* If I collect canned bread from customers before the expiration date and send it to people in need, the bread will help them."

He started ④a new service. In this service, people who buy the canned bread receive an email from the bakery before the bread's expiration date. They can ask the bakery to collect the old bread or they can keep it for an emergency. If they ask the bakery to collect the old bread, they can buy new bread with a discount. After the bakery checks the collected bread's safety, it is sent to people who suffer from disasters or food shortages. With this service, more than 200,000 cans of bread were sent around the world.

At the beginning of his challenge, his goal was to keep bread soft and delicious for a long time. After he achieved his goal, he still faced other problems. However, he kept trying different ways to solve these problems. As a result, he could make a system which helped many people. "I always kept ⑤my mission in my mind. That was the most important thing for the success of my mission.", he said.

（注）the Great Hanshin-Awaji Earthquake 阪神淡路大震災　hardtack 乾パン
expiration date 賞味期限　canned bread パンの缶詰　food shortages 食糧不足

1　文中の ① ～ ③ に入る適切なものを，次の**ア**～**エ**からそれぞれ１つ選んで，その符号を書きなさい。

ア　buy the special bread from the customers
イ　keep bread soft and delicious for a long time
ウ　tell many people about the special bread
エ　reduce the waste of old bread

2　下線部④の内容について，以下のようにまとめました。次の A ， B に入る適切なものを，あとの**ア**～**エ**からそれぞれ１つ選んで，その符号を書きなさい。

Customers receive an email before the canned bread’s expiration date.

↓

The bakery A if customers want the bakery to send it to people in need.

↓

The bakery checks the safety of the collected bread.

↓

The bakery B people who need food around the world.

A
ア　wastes the old bread　　**イ**　collects the old bread
ウ　keeps the old bread　　**エ**　buys the old bread

B
ア　sends the collected bread to　　**イ**　eats the collected bread with
ウ　buys the collected bread from　　**エ**　orders the collected bread for

3　下線部⑤の内容として適切なものを，次の**ア**～**エ**から１つ選んで，その符号を書きなさい。

ア　to make a new type of bread with big companies
イ　to teach many people how to bake delicious bread
ウ　to become an owner of a famous bakery
エ　to help people who need support with my bread

Ⅳ　授業で地域の活性化に向けてグループで話し合ったことを，地元の企業に勤める外国人を招いて英語で発表することになりました。次の英文は，さとしさんとすずさんがそれぞれ発表した内容です。次の英文を読んで，あとの問いに答えなさい。

Satoshi

Today we'll talk about ways to make our town active. In our town, we had many visitors in the past. However, the number of visitors is now decreasing. We think that is a serious problem. The shopping area was once so crowded, but now [①]. According to our research, visitors were interested in original things like traditional cloths in our town. Some people came to our shopping area to get such things though it was far from their houses. We think we'll get more visitors if they can get information about the unique things in our town more easily. So, we suggest ②two things. One idea is to create a website about the shopping area. This will introduce a variety of original things sold there. Also, we should make the website in English for foreigners living in our town and people from foreign countries. The other idea is that we should plan activities which visitors can enjoy in the shopping area. For example, visitors can enjoy making original bags from our traditional cloths. They'll be interested in the unique things in our local area. We hope more visitors will come to our town and make good memories through such experiences.

Suzu

In our presentation, we'll suggest how to [③]. In our local area, the number of farmers is decreasing because farming is hard work. We also hear that fewer people are interested in agriculture. We discussed these problems and thought of ④two ideas. One idea is to plan an event which gives people farming experiences. In our town, some companies develop machines with the latest technology for agriculture. We can borrow these machines for the event. If people try these machines, they'll realize that the machines can reduce the hard work of farming. Thanks to such machines, farmers can grow their vegetables without chemicals. At the event, we'll cook these vegetables and serve them to the visitors. The other idea is that we make posters with information about our local vegetables and the farmers who grow them. Visitors to our local area don't know much about our local vegetables. We'll also put some recipes on the poster. These recipes will give some ideas of dishes that use our local vegetables to people visiting our local area. They'll notice that eating more local vegetables will support local farmers. Because of these ideas, the visitors will be more interested in our local agriculture. We expect that more people will support our local farming.

1　文中の [①] に入る適切なものを，次の**ア**～**エ**から１つ選んで，その符号を書きなさい。

ア　it is very noisy
イ　it is very quiet
ウ　it becomes familiar
エ　it becomes popular

2　下線部②に共通する目的として適切なものを，次の**ア**～**エ**から１つ選んで，その符号を書きなさい。

ア　to introduce attractive things to the store
イ　to hold active races among the local stores
ウ　to remove useful information from the website
エ　to attract more visitors to the local area

3　文中の ③ に入る適切なものを，次のア～エから１つ選んで，その符号を書きなさい。

ア　improve technology for growing vegetables
イ　remind people of hard work in agriculture
ウ　get people's interest in local farming
エ　spread information about the safety of chemicals

4　下線部④によって期待される効果として適切でないものを，次のア～エから１つ選んで，その符号を書きなさい。

ア　People notice that the local farmers cannot grow vegetables without chemicals.
イ　People realize that the latest technology in agriculture makes farming easier.
ウ　People find that they can do something to help agriculture in the local area.
エ　People learn the ways of cooking our local vegetables by the poster.

5　以下は，発表を聞いた外国人から集めたコメントシートです。さとしさんとすずさんのそれぞれに対するコメントとして適切なものを，次のア～エからそれぞれ１つ選んで，その符号を書きなさい。

ア

Comment Sheet

★ **Good points**

I think it is important to change people's image about the hard work of farming.

★ **Any other comments**

Why don't you hold a recipe contest? You can collect many recipes from people and put them on the poster.

イ

Comment Sheet

★ **Good points**

It is great to make guidebooks about the local shopping area and publish them in many foreign languages.

★ **Any other comments**

I want to eat a variety of dishes made by chefs from different countries.

ウ

Comment Sheet

★ **Good points**

It is nice to attract people to the shopping area through activities such as making original goods from local unique things.

★ **Any other comments**

How about asking customers which products they want to buy on the website?

エ

Comment Sheet

★ **Good points**

It is excellent to invite farmers from different countries and support local agriculture.

★ **Any other comments**

I'm sure an English website about local farming will become very popular among foreigners.

6　本文の内容に合うように，次の [　　] に入る適切なものを，あとのア～エから１つ選んで，その符号を書きなさい。

Both Satoshi and Suzu think that [　　].

ア　the information on the website is necessary to improve the local area
イ　the solution to the problem and the interests of visitors are related
ウ　it is difficult for people to know the fact of farmers' hard work in local area
エ　the products made by local people are famous among visitors

V　次の各問いに答えなさい。

1　次の英文は，高校生のけんじさんが，冬休みに経験したことを英語でレポートに書いた内容です。 ① ～ ③ に入る英語を，あとの語群からそれぞれ選び，必要に応じて適切な形に変えたり，不足している語を補ったりして，英文を完成させなさい。ただし，2語以内で答えること。

One day in winter vacation, while I was taking a walk along the beach, there was a lot of garbage ① away on the beach. I told my friends about it, and then we ② to clean the beach together. After that, we often went to the beach to pick up garbage. We spoke to many people at the beach and asked them to help us. They were pleased ③ us. I was glad that the number of people cleaning the beach increased. I want to continue this activity to keep our beach clean.

decide	decrease	join	refuse	throw

2　高校生のえみさんが留学生のニックさんに，マラソンイベントについて下のポスターを見せながら会話をしています。次の会話について，英文やポスターの内容に合うように，（ ① ）～（ ⑤ ）にそれぞれ適切な英語1語を入れて，会話文を完成させなさい。

Emi：Hi, Nick. Are you interested in a marathon event?

Nick：Yes, I'm thinking about doing some exercise to keep my physical condition good.

Emi：Nice. Look at this poster. It says this is an event for people who want to run a marathon for their（ ① ）. The event welcomes people who will join it for the（ ② ）time.

Nick：Really? When will it be held?

Emi：It'll be held on October 14. It's Sports Day and it's also a national（ ③ ）in Japan.

Nick：Oh, we don't have any classes on that day. Let's run together.

Emi：Sure. Then, please send your name,（ ④ ）, and phone number by email.

Nick：OK, I will. By the way, what do the words in the circle mean?

Emi：It means that this is a（ ⑤ ）event. You don't have to pay any money. Let's enjoy running together!

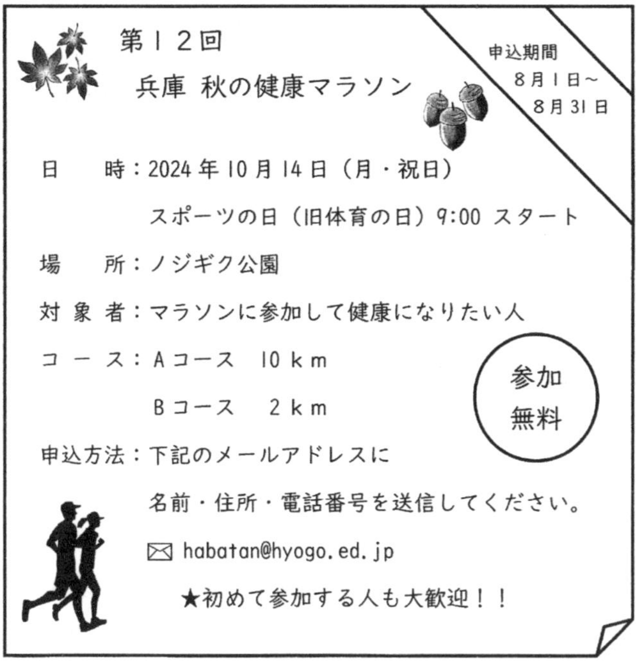

Ⅳ （　　点）	1 （　　点）		
	2 （　　点）		
	3 （　　点）		
	4 （　　点）		
	5 （　　点）	さとしさん	
		すずさん	
	6 （　　点）		

1．３点
2．３点
3．３点
4．３点
5．３点×２
6．３点

Ⅴ （　　点）	1 （　　点）	①	
		②	
		③	
	2 （　　点）	①	
		②	
		③	
		④	
		⑤	

1．２点×３
2．３点×５

令　和　6　年　度

兵庫県公立高等学校学力検査問題

理　　　　科

(50分)

注　　　意

1　「開始」の合図があるまで開いてはいけません。

2　「開始」の合図で，1ページから12ページまで問題が印刷されていることを確かめなさい。

3　**解答用紙の左上の欄に受検番号**を書きなさい。

4　解答用紙の □ の得点欄には，何も書いてはいけません。

5　答えは，全て**解答用紙の指定された解答欄**に書きなさい。

6　問題は4題で，12ページまであります。

7　「終了」の合図で，すぐ鉛筆を置きなさい。

8　解答用紙は，机の上に置いて，退室しなさい。

受検番号　　　　番

令和６年度兵庫県公立高等学校学力検査

理　科　解　答　用　紙

※100点満点

得点	

Ⅰ（　　点）	1（　　点）	(1)		
		(2)		
		(3)		
		(4)		
	2（　　点）	(1)		
		(2)	①	
			②	
			③	

1． ３点×４
2．⑴３点
　⑵①３点
　　②３点
　　③完答４点

Ⅱ（　　点）	1（　　点）	(1)				
		(2)				
		(3)				
		(4)	あ		い	
	2（　　点）	(1)	①		②	
		(2)	①			
			②			
			③			

1．⑴３点
　⑵３点
　⑶３点
　⑷完答４点
2．⑴完答３点
　⑵３点
　⑶３点
　⑷３点

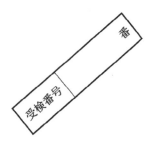

Ⅰ　生物のふえ方と動物の体のつくりとはたらきに関する次の問いに答えなさい。

1　図1のA～Dはそれぞれの生物の親と子（新しい個体）にあたるものを表している。

図1

A　メダカ　　B　酵母　　C　イソギンチャク　　D　ペンギン

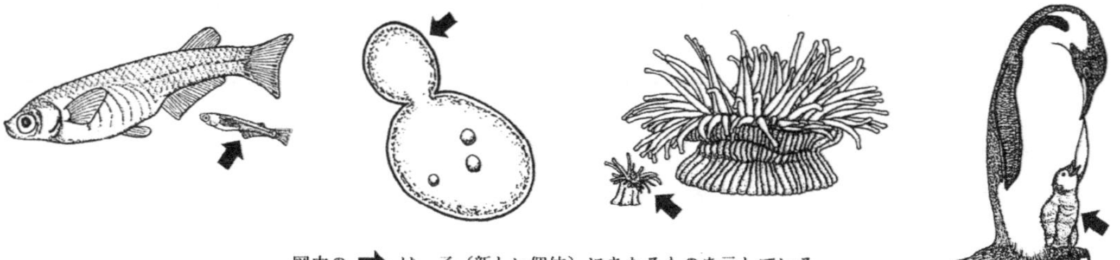

図中の ➡ は，子（新しい個体）にあたるものを示している。

(1)　次に示すふえ方の特徴を3つすべてもつ生物として適切なものを，図1のA～Dから1つ選んで，その符号を書きなさい。

○子（新しい個体）のもつ特徴のすべてが親と同じになるとは限らない。

○子（新しい個体）は2種類の生殖細胞が結びついてつくられる。

○かたい殻をもち，乾燥にたえられる卵を産む。

(2)　図2は，生殖や発生などに関する特徴をもとに脊椎動物を分類したものである。図中の ③ に入る動物として適切なものを，次のア～エから1つ選んで，その符号を書きなさい。

図2

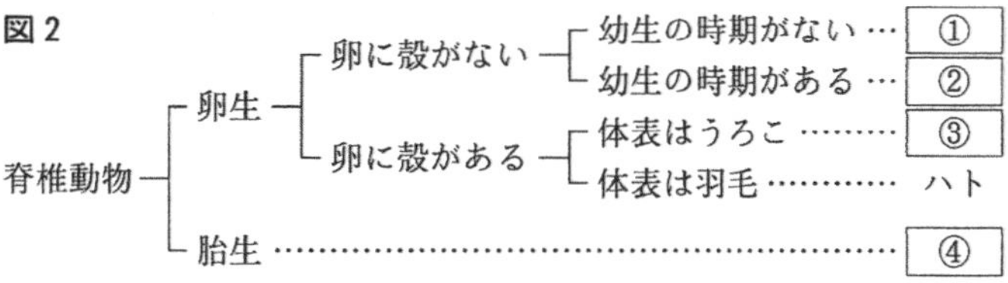

ア　フナ　　イ　ヤモリ　　ウ　コウモリ　　エ　カエル

(3)　図3は，メダカの受精卵を表している。メダカの受精卵の形成や，成体になるまでの過程を説明した文として適切なものを，次のア～エから1つ選んで，その符号を書きなさい。

図3

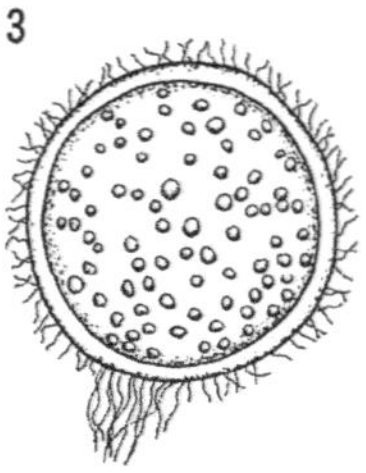

ア　受精卵は精子の核と卵の核が合体して形成される。

イ　受精卵には卵の中に入った複数の精子が見られる。

ウ　受精卵は細胞の数をふやして，1種類の細胞だけで成体になる。

エ　受精卵はこのあと幼生の時期を経て，変態の後に成体になる。

(4)　メダカの体色は，顕性形質である黒色の体色を現す遺伝子Rと，潜性形質である黄色の体色を現す遺伝子rの一組の遺伝子によって決まるとされている。図4の①～③の3匹のメダカをかけ合わせると，④，⑤のように，黒色または黄色の両方のメダカが複数生まれた。このとき，①，②，④の黒色のメダカのうち，遺伝子の組み合わせが推測できない個体として適切なものを，あとのア～エから1つ選んで，その符号を書きなさい。ただし，メダカの親の雌雄のかけ合わせはすべての組み合わせで起きているものとする。

図4

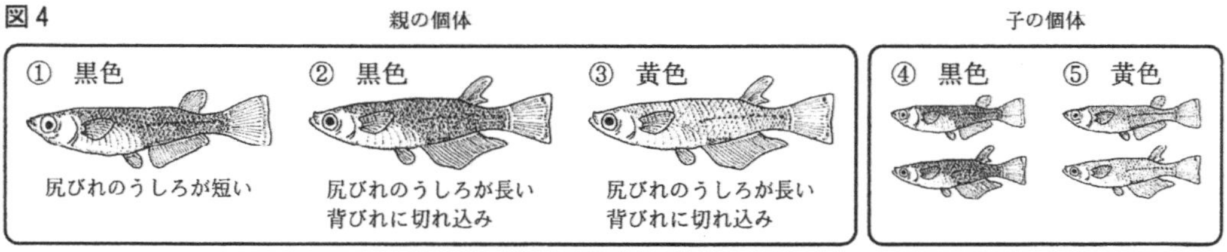

ア　①，②　　イ　①，④　　ウ　②，④　　エ　①，②，④

2　シュウさんは所属する家庭科部で，フルーツを使ったゼリーと水まんじゅうの調理を計画した。

さまざまなフルーツを使ってつくってみたところ，缶づめのパイナップルを使ったゼリーや，缶づめのモモを使った水まんじゅうはうまく固めることができたが，生のキウイを使ったゼリーと，生のバナナを使った水まんじゅうは，同じつくり方でうまく固めることができなかった。

このことを疑問に思ったシュウさんは，その理由を確かめるために，次の実験を行い，レポートにまとめた。

＜実験１＞

【目的】

キウイを使ったゼリー，バナナを使った水まんじゅうは，どうすればうまく固まるのかを確かめる。

【方法】

(a)　キウイ，バナナは，(A)生のままのもの，(B)冷凍したもの，(C)熱湯でじゅうぶんに加熱したものをそれぞれ用意した。

(b)　湯にゼラチンをとかしてつくったゼリーと，水にかたくり粉を混ぜて加熱してつくった水まんじゅうを用意した。

(c)　(b)を冷やし，その上に，キウイ，バナナそれぞれの(A)～(C)を常温に戻してすりつぶしたものを置いて軽く混ぜ合わせ，しばらく涼しいところで放置した。

【結果】

実験の結果を次の表にまとめた。

表

	キウイ・バナナの処理条件		
組み合わせ	(A)生のままのもの	(B)冷凍したもの	(C)熱湯でじゅうぶんに加熱したもの
ゼリー＋キウイ	×	×	○
ゼリー＋バナナ	○	○	○
水まんじゅう＋キウイ	×	×	○
水まんじゅう＋バナナ	×	×	○

○：固めたものがとけなかった　　×：固めたものがとけた

【考察】

○ゼリーを使った実験の結果から，ゼラチンの成分であるタンパク質を分解する消化酵素がかかわっていると考えられる。

○水まんじゅうを使った実験の結果から，かたくり粉の成分はわからないが，ゼリーを使った実験とよく似た結果になっていることから，何らかの消化酵素がかかわっていると考えられる。

(1)　ゼリーを使った実験の結果から，タンパク質を分解する消化酵素がふくまれると考えられるフルーツとして適切なものを，次の**ア**～**ウ**から１つ選んで，その符号を書きなさい。

ア　キウイとバナナ
イ　キウイ
ウ　バナナ

⑵　次の会話文は，実験１を行った後にシュウさんとセレンさんが，かたくり粉の成分について教室で話していたときの会話の一部である。

セレンさん：水まんじゅうは，加熱したキウイやバナナ以外では固まらないんだね。かたくり粉の成分って何なのかな。

シュウさん：成分はわからないけど，麻婆《マーボー》豆《どう》腐《ふ》のとろみを出すのに使われているよ。

セレンさん：そういえば，できた直後の麻婆豆腐はとろみがあるのに，食べているとだんだんとろみがなくなっていくよね。何が起きているのかな。

シュウさん：セレンさんは，普段，麻婆豆腐をどうやって食べているの？

セレンさん：スプーンを使って直接食べているけど，いつも途中からとろみが少なくなるからよく覚えているよ。

シュウさん：その食べ方が原因で麻婆豆腐のとろみが少なくなったのかもしれないね。実際にかたくり粉のとろみが少なくなるのか，実験で確認してみよう。

＜実験２＞

よく洗い乾燥させたスプーンを，［ X ］でかたくり粉のとろみをかき混ぜる実験

セレンさん：かたくり粉のとろみが少なくなってきたね。かたくり粉の成分はきっとデンプンだね。

シュウさん：かたくり粉のとろみが何に変わったのかも，実験で確認しよう。

＜実験３＞

とけたかたくり粉のとろみを水でうすめたものに［ Y ］，色の変化を見る実験

セレンさん：色が変化したね。かたくり粉のデンプンは麦芽糖やブドウ糖に変わったんだね。生のバナナをまぜた水まんじゅうのデンプンでも同じことが起こったんじゃないかな。

シュウさん：きっとそうだね。バナナにデンプンを分解する消化酵素がふくまれているなんて意外だね。

セレンさん：バナナをほかの食物といっしょに食べると消化によさそうだね。

シュウさん：バナナの消化酵素は［ Z ］から分泌される消化酵素のはたらきを助けてくれるんじゃないかな。

セレンさん：これからは，キウイもバナナも生のままで食べたほうがよさそうだね。

①　会話文中の［ X ］に入る文として適切なものを，次の**ア**～**エ**から１つ選んで，その符号を書きなさい。

ア　約０℃まで冷やしたもの
イ　約40℃まで温めたもの
ウ　蒸留水につけたもの
エ　口の中に入れたもの

②　会話文中の［ Y ］に入る文として適切なものを，次の**ア**～**エ**から１つ選んで，その符号を書きなさい。

ア　ヨウ素溶液を加えて加熱し
イ　ヨウ素溶液を加えて
ウ　ベネジクト溶液を加えて加熱し
エ　ベネジクト溶液を加えて

③　図５は，ヒトの消化系を表したものである。会話文中の［ Z ］に入る器官として適切なものを，図５の**ア**～**エ**からすべて選んで，その符号を書きなさい。

図５

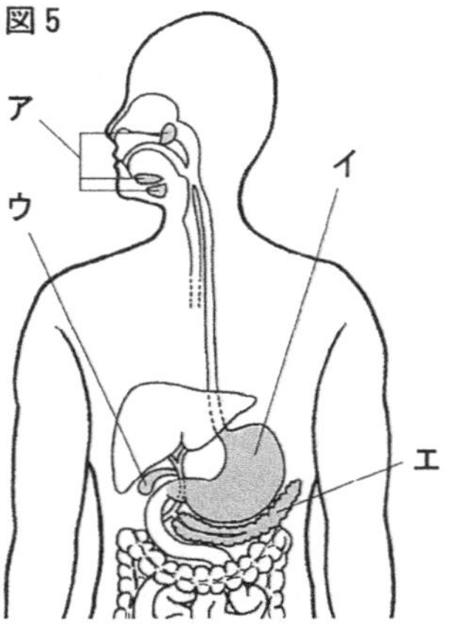

Ⅱ　地層の重なりと星座の星の動きに関する次の問いに答えなさい。

1　図1は，川の両岸に地層が露出している地形を，図2は，上空から見た露頭①～④の位置関係を，図3は，露頭①～④の地表から高さ4.5 mまでの地層のようすを示した柱状図をそれぞれ表している。各露頭の地表の標高は，露頭①と露頭③，露頭②と露頭④でそれぞれ等しく，露頭②・④よりも露頭①・③が1 m高くなっている。ただし，この問いの地層はいずれも断層やしゅう曲，上下の逆転がなく，地層の厚さも一定であるものとする。

図1

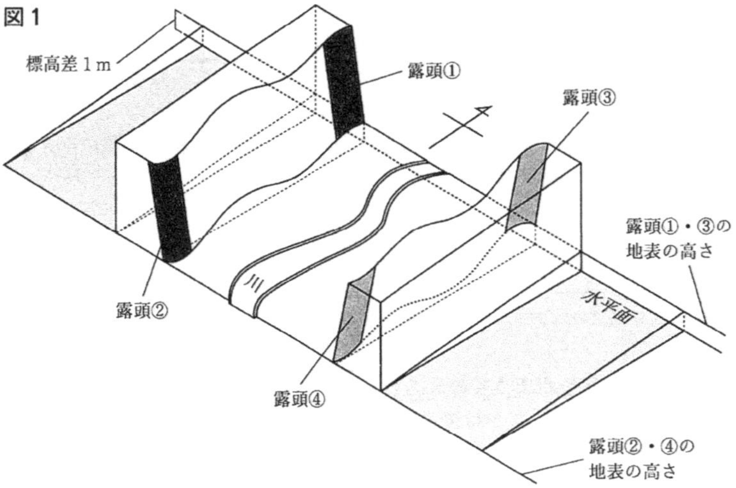

図2

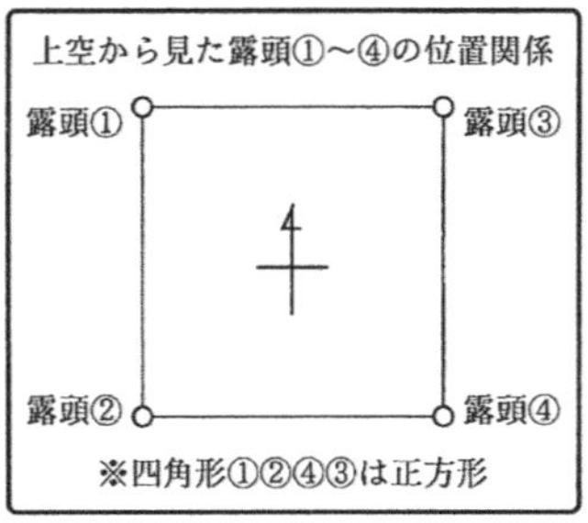

図3

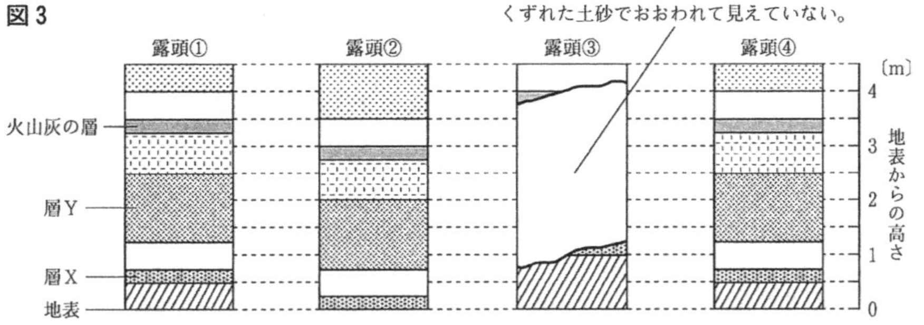

※柱状図は各露頭の地表の高さを0 mとしている。

(1)　図3の露頭①～④の柱状図に見られる層Xを形成する岩石は，火山噴出物が堆積した後，固まったものでできていることがわかった。層Xの岩石の名称として適切なものを，次の**ア**～**エ**から1つ選んで，その符号を書きなさい。

ア　石灰岩　　**イ**　チャート　　**ウ**　安山岩　　**エ**　凝灰岩

(2)　図3の露頭③に見られるくずれた土砂を除いた場合の柱状図として適切なものを，次の**ア**～**エ**から1つ選んで，その符号を書きなさい。

ア

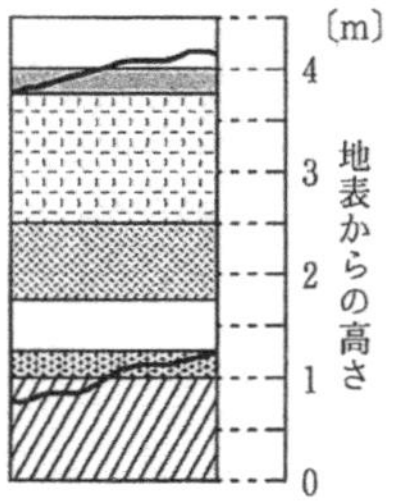

イ

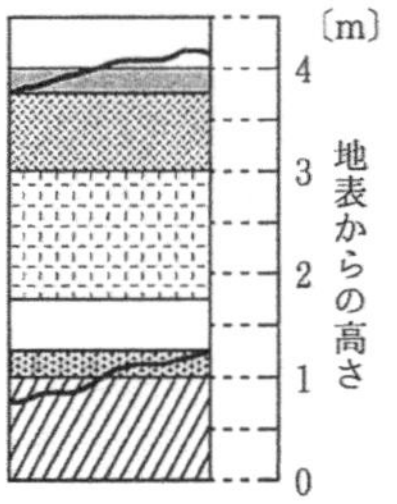

ウ

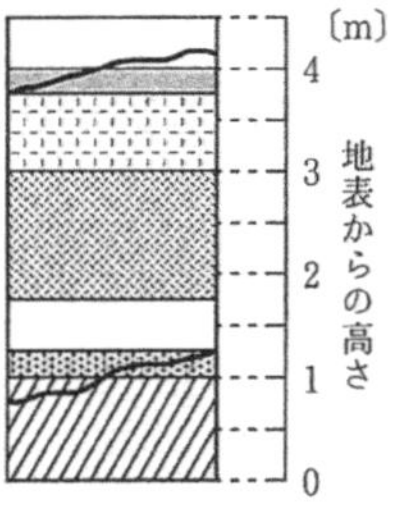

エ

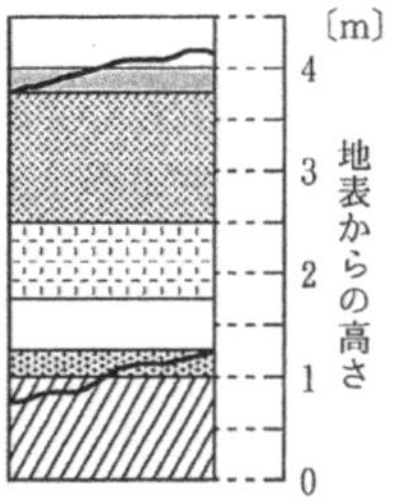

(3) 図3の露頭①～④の柱状図に見られる火山灰の層にある火山灰の特徴はすべて同じものであり，この火山灰と同じ特徴をもった火山灰の層が図1の地域から離れた場所に，図4のように観測された。図3の層Yと図4の層Zができた時期の関係を説明した文として適切なものを，次の**ア**～**エ**から1つ選んで，その符号を書きなさい。

ア　層Yは層Zよりも前にできたと考えられる。
イ　層Yは層Zよりも後にできたと考えられる。
ウ　層Yは層Zと同じ時期にできたと考えられる。
エ　層Yと層Zができた時期の関係は火山灰の層からは判断できない。

図4

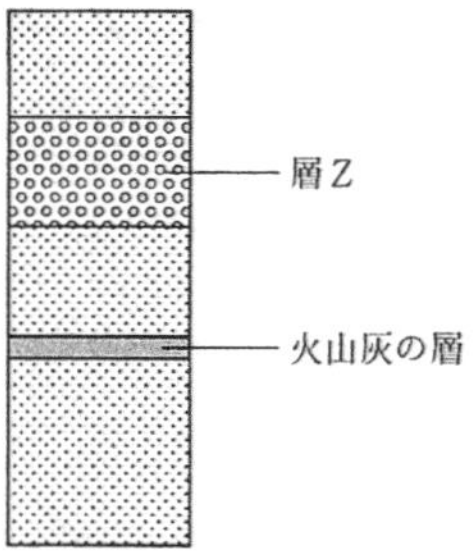

(4) 露頭①～④の地層のようすから，この地域の層Xは水平ではなく，一方向に向かって傾いていると考えられる。層Xの傾きについて説明した次の文の あ に入る語句として最も適切なものを，あとの**ア**～**エ**から1つ選んで，その符号を書きなさい。また， い に入る数値として適切なものを，あとの**ア**～**エ**から1つ選んで，その符号を書きなさい。

露頭①～④で囲まれた区画の中において，層Xは あ の方角が最も高くなっており，その高さの差は最大で い mになる。

【あの語句】	**ア**　北東	**イ**　北西	**ウ**　南東	**エ**　南西
【いの数値】	**ア**　1	**イ**　2	**ウ**　3	**エ**　4

2　図5は，地球の公転と天球上の太陽・星座の動きを表している。

図5

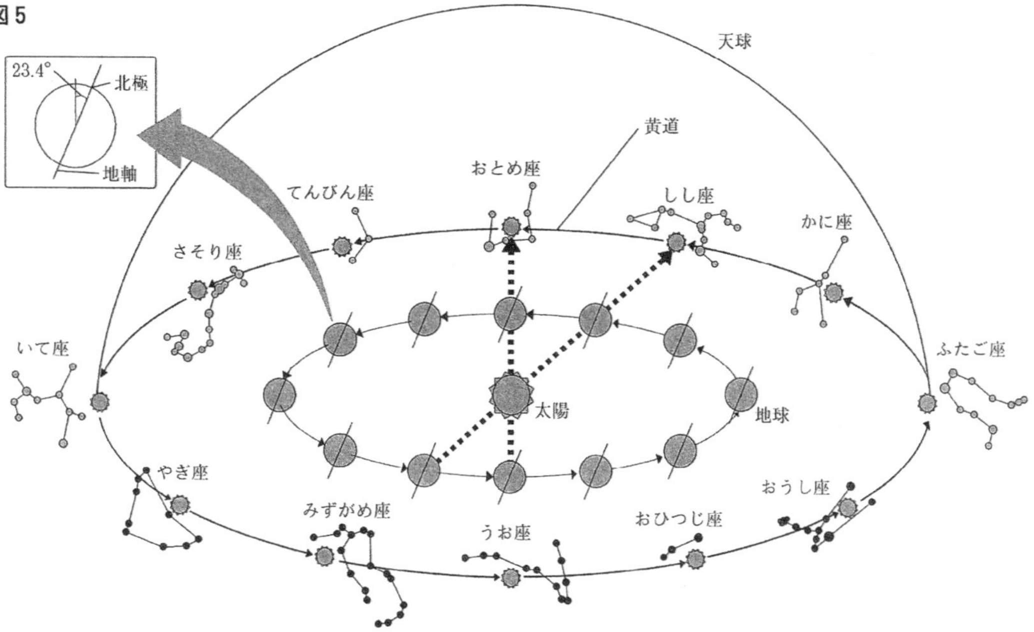

(1) 地球の公転と天球上の太陽・星座の動きについて説明した次の文の ① ， ② に入る語句として適切なものを，あとの**ア**～**エ**からそれぞれ1つ選んで，その符号を書きなさい。

星座の位置を基準にすると，地球から見た太陽は地球の公転によって，星座の中を動いていくように見える。この太陽の通り道にある12星座をまとめて黄道12星座と呼ぶ。図5のように，地球の公転軌道上の位置によって見える星座は変化する。日本では，冬至の真夜中，南の空高くには ① 座が観測できる。この ① 座は，1か月後の同じ時刻には ② 移動して見える。

【①の語句】	**ア**　おとめ	**イ**　いて	**ウ**　うお	**エ**　ふたご
【②の語句】	**ア**　東に約30°	**イ**　東に約15°	**ウ**　西に約30°	**エ**　西に約15°

(2)　オリオン座は冬至の真夜中に南の空高くに観測され，冬至の前後２か月ほどは夜間に南中するようすが観測される。図６は，冬至とその前後の太陽，地球，オリオン座の位置関係を表したものである。

図６

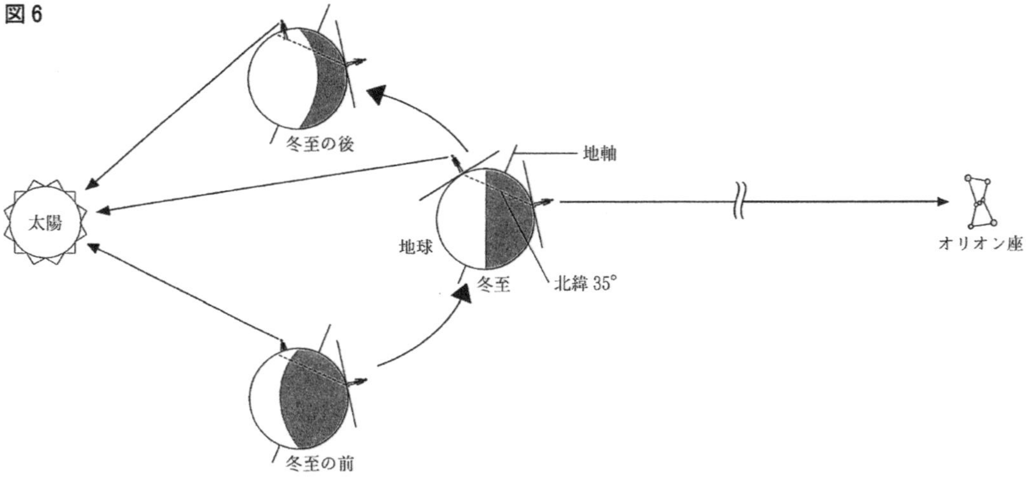

①　北緯35°地点での，冬至の太陽の南中高度として適切なものを，次の**ア**～**エ**から１つ選んで，その符号を書きなさい。

ア　約90°　　**イ**　約78°　　**ウ**　約55°　　**エ**　約32°

②　北緯35°地点での太陽とオリオン座の，冬至とその前後の南中高度の変化を説明した文として最も適切なものを，次の**ア**～**エ**から１つ選んで，その符号を書きなさい。

ア　太陽，オリオン座ともに，冬至とその前後で南中高度が変化する。
イ　太陽は冬至とその前後で南中高度が変化するが，オリオン座はほぼ変わらない。
ウ　オリオン座は冬至とその前後で南中高度が変化するが，太陽はほぼ変わらない。
エ　太陽，オリオン座ともに，冬至とその前後で南中高度はほぼ変わらない。

③　図７は，北緯35°地点で用いる星座早見を表している。図７の星座早見に描かれる黄道として最も適切なものを，次の**ア**～**エ**から１つ選んで，その符号を書きなさい。

図７

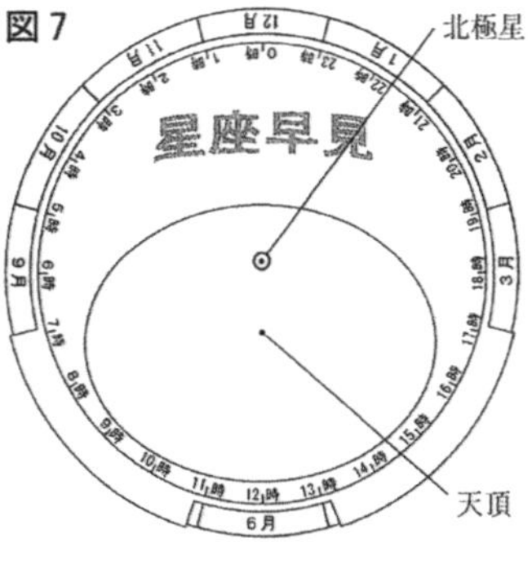

ア

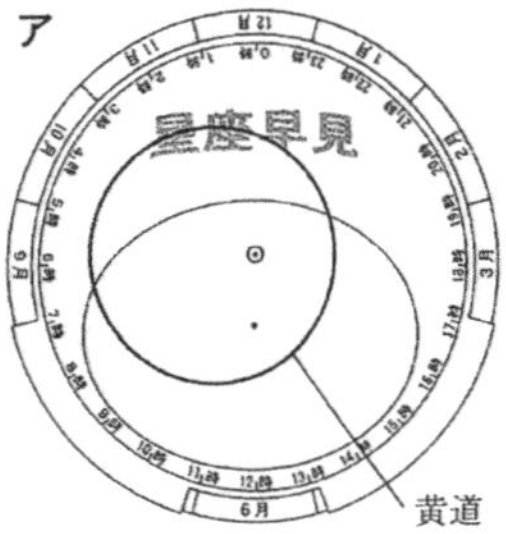

イ

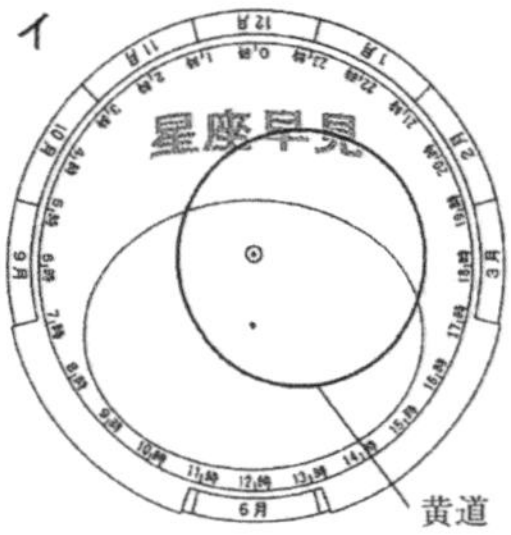

ウ

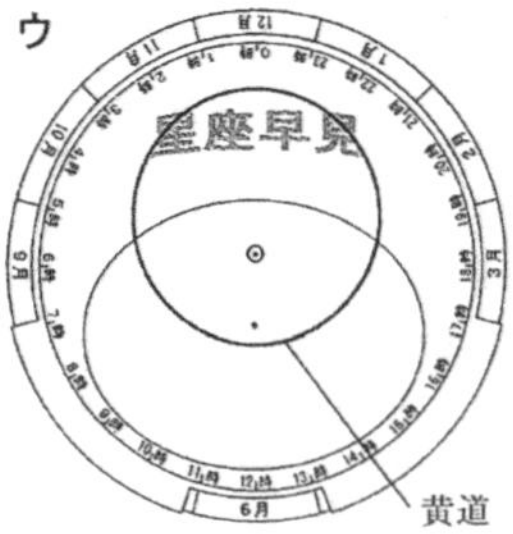

エ

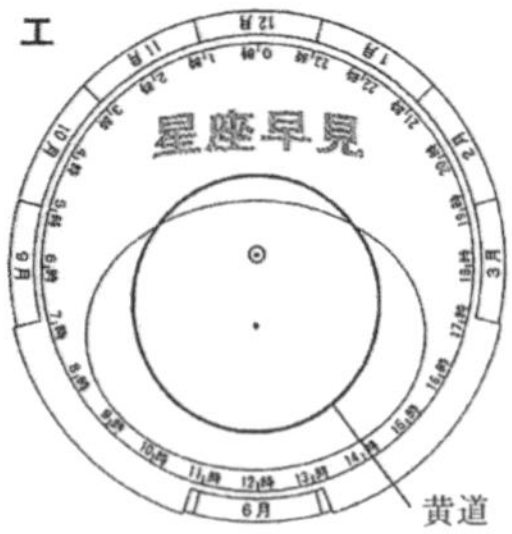

Ⅲ　化学変化に関する次の問いに答えなさい。

1　表は，気体の発生方法についてまとめたものである。気体A～Dは酸素，水素，二酸化炭素，アンモニアのいずれかである。

表

気　体	A	B	C	D
発生方法	亜鉛にうすい塩酸を加える。	二酸化マンガンにうすい過酸化水素水を加える。	石灰石にうすい塩酸を加える。	塩化アンモニウムと水酸化カルシウムの混合物を加熱する。

(1)　気体Aの集め方を表した模式図として最も適切なものを，次の**ア**～**ウ**から1つ選んで，その符号を書きなさい。

ア

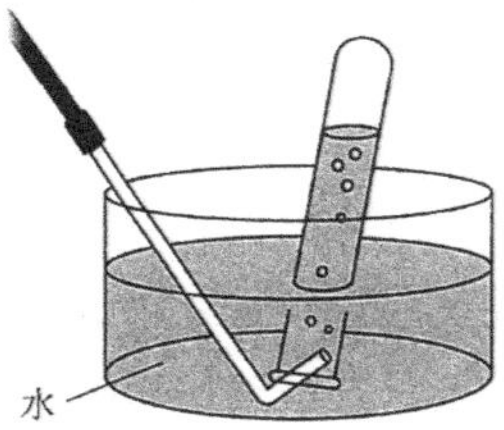

イ

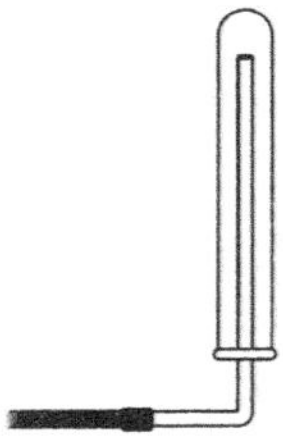

ウ

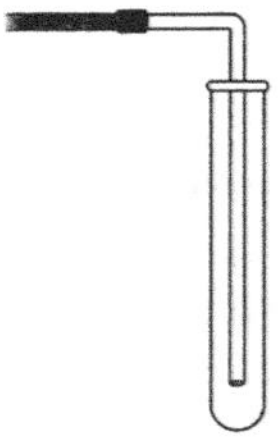

(2)　気体Bを身のまわりのものから発生させる方法として適切なものを，次の**ア**～**エ**から1つ選んで，その符号を書きなさい。

ア　卵の殻に食酢を加える。

イ　ダイコンおろしにオキシドールを加える。

ウ　重そうを加熱する。

エ　発泡入浴剤に約60℃の湯を加える。

(3)　気体Cの水溶液について説明した文として適切なものを，次の**ア**～**エ**から1つ選んで，その符号を書きなさい。

ア　水溶液にフェノールフタレイン溶液を2，3滴加えると，水溶液の色は無色から赤色に変化する。

イ　水溶液にBTB溶液を2，3滴加えると，水溶液の色は青色に変化する。

ウ　水溶液を青色リトマス紙につけると，青色リトマス紙は赤色に変化する。

エ　水溶液をpH試験紙につけると，pH試験紙は青色に変化する。

(4)　気体A～Dについて説明した文として適切なものを，次の**ア**～**エ**からすべて選んで，その符号を書きなさい。

ア　気体Aを集めた試験管の口にマッチの火を近づけると，音を立てて燃える。

イ　気体B，Cをそれぞれ集めた試験管に，火のついた線香をそれぞれ入れると，気体Bを集めた試験管に入れた線香の火は消え，気体Cを集めた試験管に入れた線香は激しく燃える。

ウ　同じ大きさで同じ質量の乾いたポリエチレンの袋を2枚用意し，同じ体積の気体A，Cをそれぞれ別のポリエチレンの袋に入れてふくらませた。その後，それぞれのポリエチレンの袋を密閉し，手をはなすと，空気中に浮かび上がるのは，気体Cを入れたポリエチレンの袋である。

エ　1本の試験管に気体Dを集め，試験管の半分まで水を入れて気体Dをとかした後，フェノールフタレイン溶液を2，3滴加えると，水溶液の色は赤色に変化する。この気体Dの水溶液に気体Cをふきこみ続けると，液の赤色が消える。

2　マナブさんとリカさんは，銅の粉末を加熱し，酸化銅に変化させる実験を行った。図1は，加熱前の銅の質量と加熱後の酸化銅の質量の関係について表したグラフである。また，酸化銅と活性炭の混合物を加熱したときの質量の変化を調べるために，あとの(a)〜(d)の手順で実験を行った。ただし，酸化銅と活性炭の混合物が入った試験管では，酸化銅と活性炭以外の反応は起こらないものとする。

図1

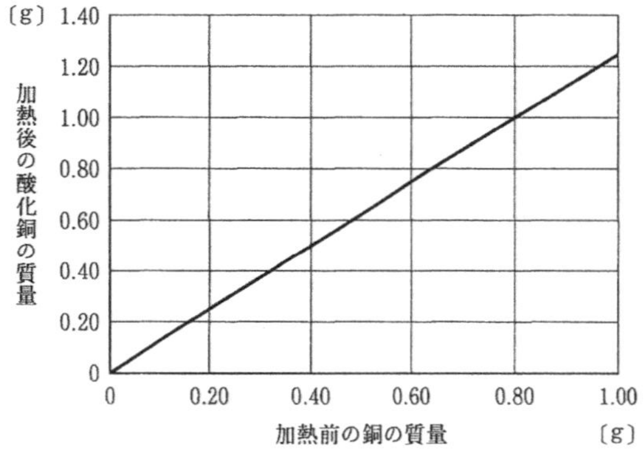

図2

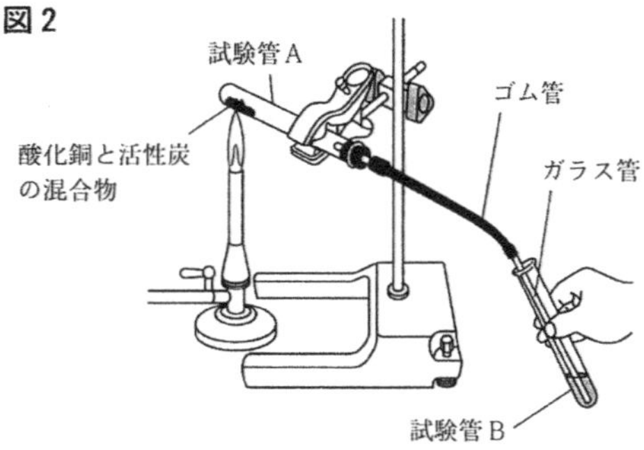

＜酸化銅と活性炭の混合物を加熱する実験＞

(a)　酸化銅 4.00 g と活性炭 0.30 g をはかりとり，よく混ぜ合わせた。

(b)　(a)の混合物を試験管Aに入れ，図2のように加熱したところ，試験管Bの液体が白くにごった。

(c)　反応が終わったところで，ガラス管を試験管Bの液体から引きぬき，火を消した。その後，目玉クリップでゴム管を閉じた。

(d)　試験管Aが冷めてから，試験管Aに残った加熱後の物質をとり出すとすべて赤色の物質であり，質量をはかると 3.20 g であった。

(1)　試験管Bの液体として適切なものを，次の**ア**〜**エ**から1つ選んで，その符号を書きなさい。

ア　水　　　**イ**　石灰水　　　**ウ**　エタノール　　　**エ**　塩酸

(2)　次の会話文は，マナブさん，リカさんと先生が実験の結果について教室で話していたときの会話の一部である。

リカさん：	試験管Aで起こる化学変化の化学反応式は［ X ］となるね。
マナブさん：	加熱後の試験管Aに残った赤色の物質 3.20 g はすべて銅であったと考えると，化学反応式から酸化銅 4.00 g と活性炭 0.30 g がどちらも残ることなく反応したと考えられるね。
リカさん：	化学変化に関係する物質の質量の比はつねに一定であるから，酸化銅の質量は，活性炭の質量に比例しているんじゃないかな。
マナブさん：	なるほど。図1から，加熱前の銅の質量は，加熱後の酸化銅の質量に比例していることが読みとれるね。
リカさん：	そういえば，科学部で私の班では，酸化銅 6.00 g と活性炭 0.50 g を使って，同じ実験を行ったよ。そのときはわからなかったけど，加熱後の試験管には［ Y ］が化学変化せずにそのまま残っていたんだね。
マナブさん：	加熱後の試験管に残った物質の質量を調べることで，加熱前の試験管に入れた酸化銅と活性炭の質量がわかるかもしれないね。
先生：	おもしろい視点に気づきましたね。質量以外に加熱後の試験管に残った物質の色にも注目する必要がありますよ。
マナブさん：	試験管に赤色と黒色の両方の物質が残る場合，その黒色の物質は，酸化銅と活性炭のどちらかが化学変化せずにそのまま残っていると考えたらいいね。
リカさん：	科学部の先輩たちの班が実験した値で考えてみようよ。加熱後の試験管に残った物質の質量は 2.56 g，加熱前の試験管に入れた活性炭の質量は 0.18 g だったので，酸化銅が残るとすれば，加熱前の試験管に入れた酸化銅は［ Z ］g とわかるよ。
マナブさん：	なるほど。他の条件でも調べてみたいね。

① 会話文中の X に入る化学反応式として適切なものを，次の**ア**～**エ**から１つ選んで，その符号を書きなさい。

ア $CuO + C \rightarrow Cu + CO_2$

イ $2CuO + C_2 \rightarrow Cu + 2CO_2$

ウ $2CuO + C \rightarrow 2Cu + CO_2$

エ $2CuO + C_2 \rightarrow 2Cu + 2CO_2$

② 会話文中の Y に入る物質名と質量の組み合わせとして適切なものを，次の**ア**～**カ**から１つ選んで，その符号を書きなさい。

ア 酸化銅 0.05 g　**イ** 酸化銅 0.10 g　**ウ** 酸化銅 0.20 g

エ 活性炭 0.05 g　**オ** 活性炭 0.10 g　**カ** 活性炭 0.20 g

③ 会話文中の Z に入る数値はいくらか，小数第２位まで求めなさい。

Ⅳ　力と圧力に関する次の問いに答えなさい。

1　物体の運動について，次の実験1，2を行った。ただし，摩擦や空気の抵抗，記録タイマー用のテープの質量は考えないものとする。

＜実験1＞

(a)　図1のように，1秒間に60回打点する記録タイマーを水平面上に固定して，記録タイマー用のテープを記録タイマーに通し，力学台車にはりつけた。

(b)　力学台車を図1のように置き，動かないように手でとめた後，おもりをつないだ糸を力学台車にとりつけ，クランプつき滑車にかけた。

(c)　記録タイマーのスイッチを入れ，力学台車から手をはなして力学台車の動きを記録タイマーで記録し，おもりが床に衝突した後も記録を続け，力学台車が滑車にぶつかる前に手でとめた。

図1

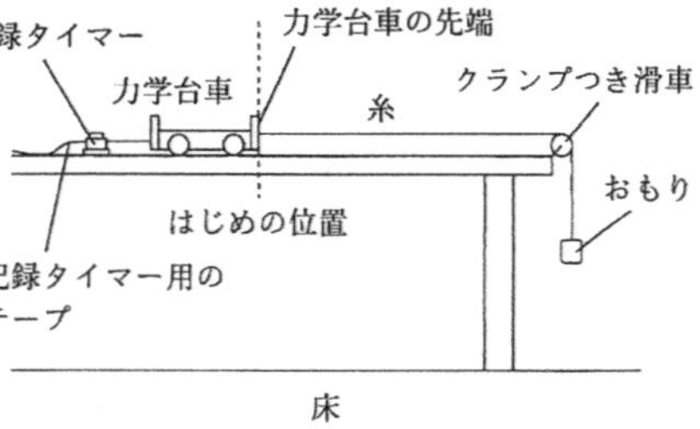

図2は，力学台車の動きが記録されたテープの一部であり，打点が重なり合って判別できない点を除いて，基準点を決めた。図3は，力学台車の動きが記録されたテープを基準点から0.1秒ごとに切り，グラフ用紙に並べてはりつけ，テープの基準点側から順に区間A～Iとした。ただし，図3のテープの打点は省略してある。

図2

(1)　図2において，基準点から0.1秒後に記録された打点として適切なものを，図2の**ア**～**エ**から1つ選んで，その符号を書きなさい。

(2)　実験1の力学台車の運動について説明した次の文の ① に入る数値として適切なものを，あとの**ア**～**ウ**から1つ選んで，その符号を書きなさい。また， ② ， ③ に入る語句として適切なものを，あとの**ア**～**ウ**からそれぞれ1つ選んで，その符号を書きなさい。

区間A～Dそれぞれの力学台車の平均の速さは， ① cm/sずつ大きくなっていく。おもりは ② の中で床に衝突し，その後，力学台車の速さは ③ 。

図3

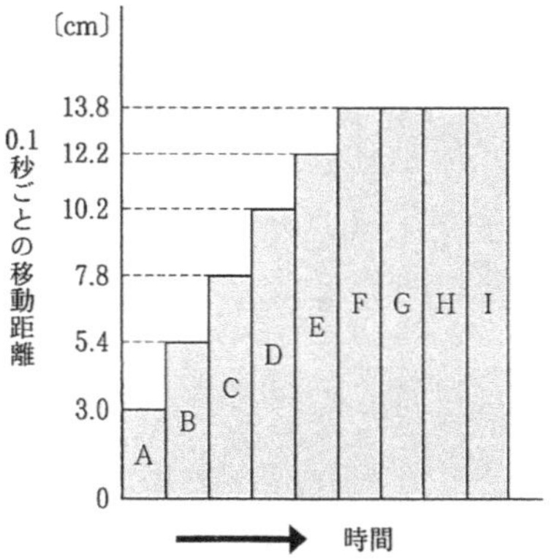

【①の数値】	**ア**　0.24　　**イ**　2.4　　**ウ**　24
【②の語句】	**ア**　区間D　　**イ**　区間E　　**ウ**　区間F
【③の語句】	**ア**　一定になる　　**イ**　小さくなっていく　　**ウ**　大きくなっていく

(3)　区間Hで力学台車にはたらいている力を図示したものとして適切なものを，次の**ア**～**エ**から1つ選んで，その符号を書きなさい。

ア

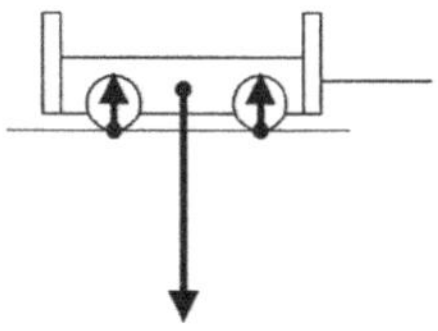

イ

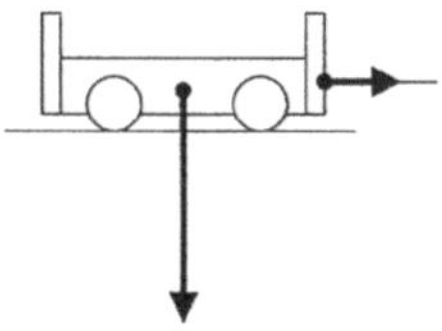

ウ

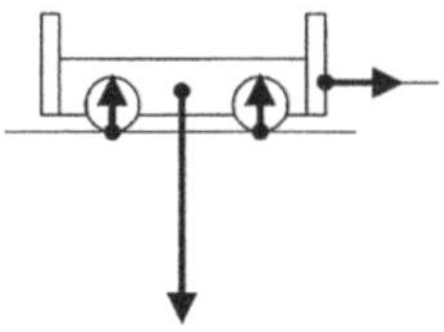

エ

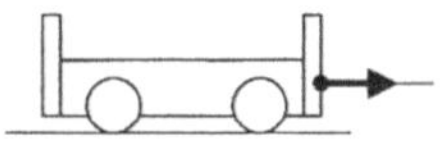

<実験 2 >

図1のように，力学台車をはじめの位置に戻し，力学台車は動かないように手でとめた。その後，力学台車とクランプつき滑車の間の水平面上のある位置に速さ測定器を置き，力学台車から手をはなして，力学台車の先端が速さ測定器を通過したときの速さを測定した。速さ測定器の示す値を読むと 0.80 m/s であった。

(4) 図3の区間C～Fのうち，力学台車の瞬間の速さが 0.80 m/s になる位置をふくむ区間として適切なものを，次の**ア**～**エ**から1つ選んで，その符号を書きなさい。

ア 区間C　　**イ** 区間D　　**ウ** 区間E　　**エ** 区間F

2 物体にはたらく力について，次の実験を行った。実験1，3ともに容器は常に水平を保ち，水中に沈めても水そうの底につかないものとする。ただし，100 g の物体にはたらく重力の大きさを1Nとする。

<実験 1 >

(a) 図4のように，円柱の形をした容器におもりを入れて密閉した。

(b) 図5のように，糸に容器をつるし，容器全体を水中に沈めた。

(1) 図5のとき，円柱の形をした容器の上面，下面にはたらく水圧の大きさについて説明した文として適切なものを，次の**ア**～**ウ**から1つ選んで，その符号を書きなさい。

ア 容器の上面にはたらく水圧は下面にはたらく水圧より大きい。

イ 容器の上面にはたらく水圧は下面にはたらく水圧より小さい。

ウ 容器の上面にはたらく水圧は下面にはたらく水圧と等しい。

図4

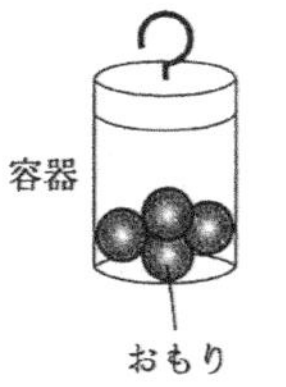

図5

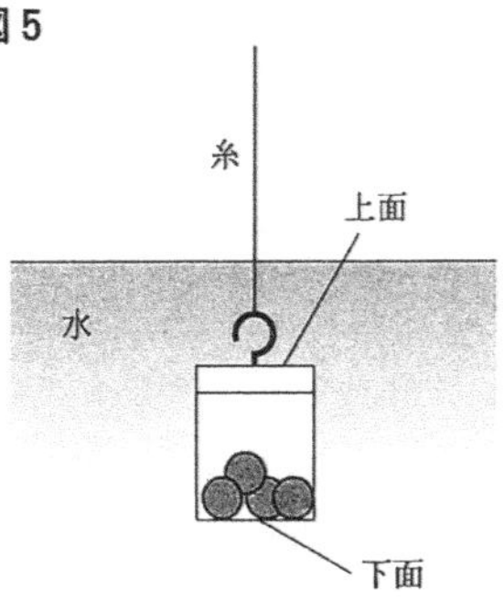

<実験 2 >

図6のような容器とばねを用いて，容器の中のおもりの数を変えながら，ばねに容器をつるし，容器がばねに加えた力の大きさとばねののびをはかった。図7は，ばねに加えた力の大きさとばねののびの関係を表したものである。ただし，ばねはフックの法則にしたがうものとする。

(2) 実験2で用いたばねが 3.5 cm のびているとき，ばねに加わる力の大きさは何Nか，小数第2位まで求めなさい。

図6

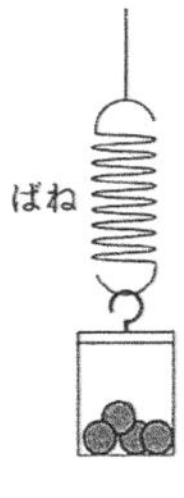

図7

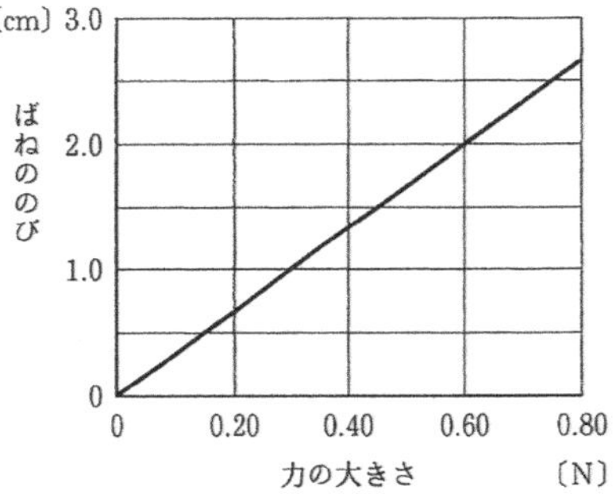

<実験3>

(a) 図4の円柱の形をした同じ容器を2つ用意し，それぞれの容器に入れるおもりの数を変えて密閉し，容器A，Bとした。

(b) 図8のように，実験2のばねを用いて作成したばねばかりに容器をつるし，水中にゆっくりと沈めていき，水面から容器の下面までの距離とばねばかりが示した値を表にまとめた。

図8

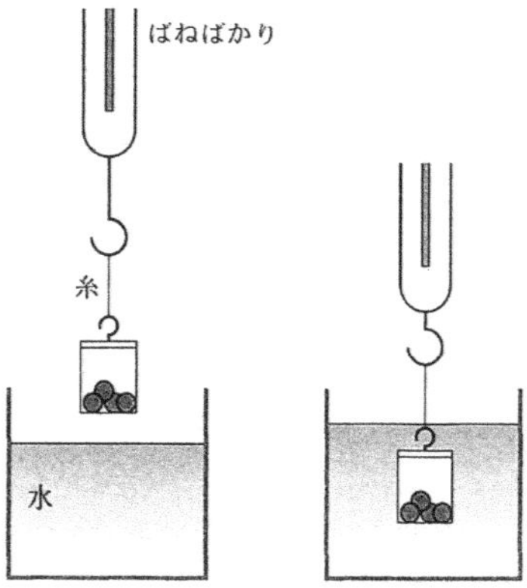

表

水面から容器の下面までの距離〔cm〕		0	1.0	2.0	3.0	4.0	5.0	6.0	7.0
ばねばかりが示す値〔N〕	容器A	0.60	0.53	0.46	0.39	0.32	0.25	0.25	0.25
	容器B	0.80	0.73	0.66	0.59	0.52	0.45	0.45	0.45

(3) 実験2，3からわかることを説明した文として適切なものを，次の**ア**～**エ**から1つ選んで，その符号を書きなさい。

ア ばねばかりに容器Aをつるし，容器A全体を水中に沈めたとき，水面から容器の下面までの距離が大きいほど，容器Aが受ける浮力の大きさは大きい。

イ ばねばかりに容器Aをつるし，水面から容器の下面までの距離が6.0 cmになるまで沈めたとき，容器Aにはたらく力は重力と浮力のみである。

ウ ばねばかりに容器A，Bをそれぞれつるし，水面から容器の下面までの距離が6.0 cmになるまで沈めたとき，容器Aが受ける浮力の大きさは容器Bが受ける浮力の大きさより小さい。

エ 容器Bのおもりを調節し，容器B全体の質量を30 gにしたものをばねばかりにつるし，水中にゆっくりと沈めていくと，容器B全体が水中に沈むことはない。

(4) 容器Aを実験2で用いたばねにつるし，水面から容器の下面までの距離が6.0 cmになるまで水中に沈めたとき，水面から容器の下面までの距離が0 cmのときと比べ，ばねは何cm縮むか，四捨五入して小数第1位まで求めなさい。

令　和　6　年　度

兵庫県公立高等学校学力検査問題

社　　　会

(50分)

注　　　意

1　「開始」の合図があるまで開いてはいけません。

2　「開始」の合図で，1ページから12ページまで問題が印刷されていることを確かめなさい。

3　**解答用紙の左上の欄に受検番号**を書きなさい。

4　解答用紙の □ の得点欄には，何も書いてはいけません。

5　答えは，全て**解答用紙の指定された解答欄**に書きなさい。

6　問題は3題で，12ページまであります。

7　「終了」の合図で，すぐ鉛筆を置きなさい。

8　解答用紙は，机の上に置いて，退室しなさい。

受検番号　　　　番

令和６年度兵庫県公立高等学校学力検査

社　会　解　答　用　紙

※100点満点

得点	

Ⅰ（　　点）	1（　　点）	(1)		
		(2)		
		(3)		
		(4)		
		(5)		
		(6)		
	2（　　点）	(1)		
		(2)		
		(3)		
		(4)	①	
			②	
			③	
			④	

1．(1)２点
　　(2)２点
　　(3)２点
　　(4)２点
　　(5)３点
　　(6)３点
2．３点×７

Ⅱ（　　点）	1（　　点）	(1)	①	i	
				ii	
			②		
		(2)	①		
			②		
			③		
			④		
	2（　　点）	(1)			
		(2)	①		
			②		
			③		
			④		
		(3)	①		
			②		

1．(1)２点×３
　　(2)２点×４
2．３点×７

K 教英出版

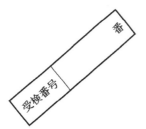

I　世界や日本の地理に関するあとの問いに答えなさい。

1　図1に関して，あとの問いに答えなさい。

(1)　図1のⒶの海洋の名称を書きなさい。

図1

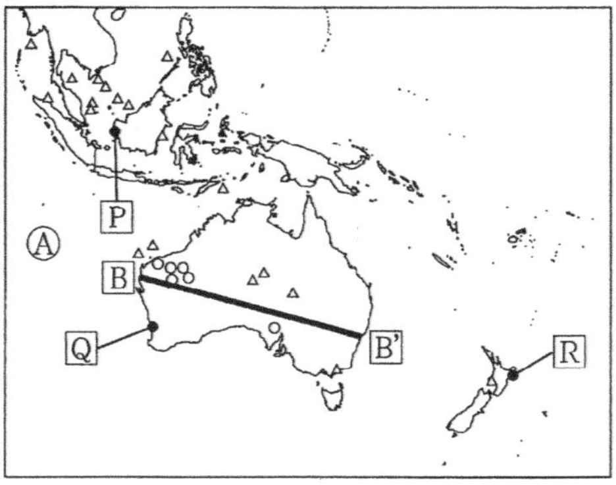

(2)　図1のB━B'の断面図として適切なものを，次の**ア**～**エ**から1つ選んで，その符号を書きなさい。

ア

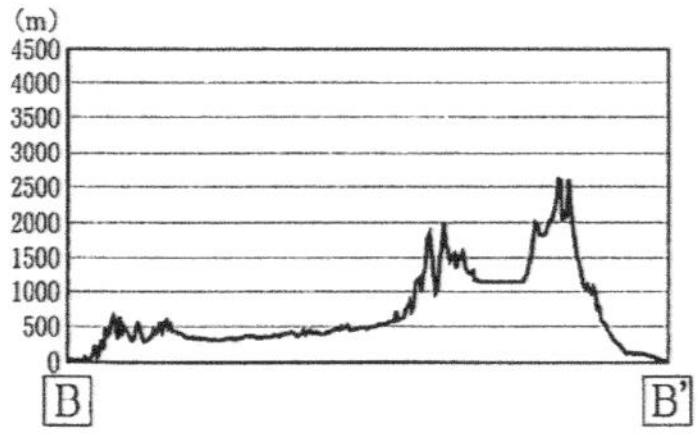

イ

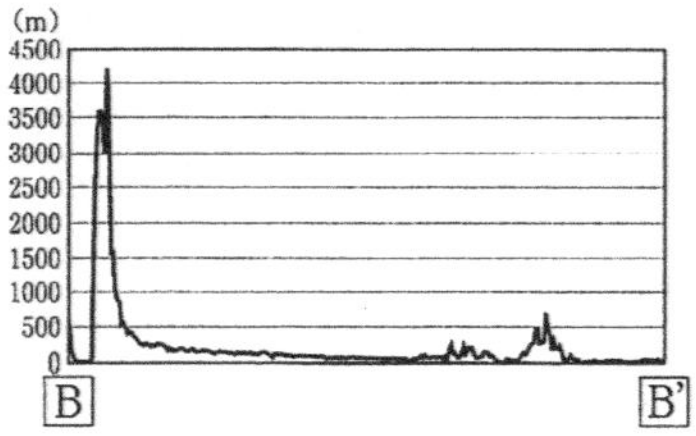

ウ

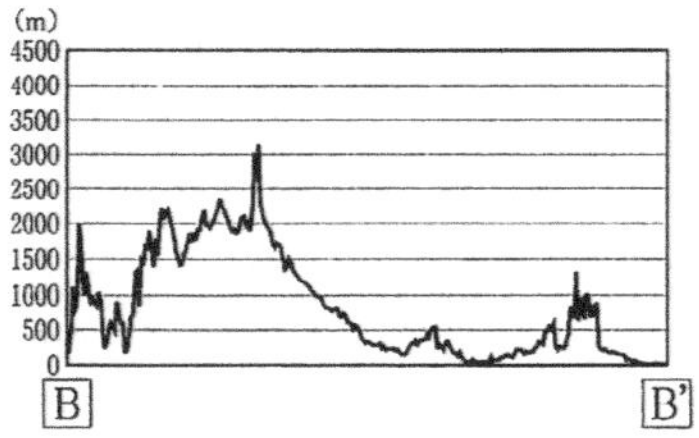

エ

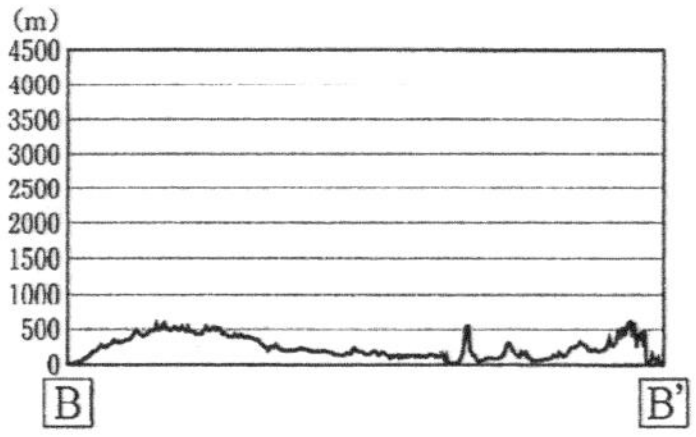

(3)　資料1は，国別の日本人訪問者数，資料2はそれぞれの国への日本人留学者数の推移を示している。これについて述べたあとの文X，Yについて，その正誤の組み合わせとして適切なものを，あとの**ア**～**エ**から1つ選んで，その符号を書きなさい。

資料1　（人）

	2017年	2018年	2019年
タイ	1,544,442	1,655,996	1,806,438
フィリピン	584,180	631,821	682,788
インドネシア	573,310	530,573	519,623
オーストラリア	434,500	469,230	498,640
ニュージーランド	102,048	99,784	97,682

（『観光白書』より作成）

資料2　（人）

	2017年	2018年	2019年
タイ	4,838	5,479	5,032
フィリピン	3,700	4,502	4,575
インドネシア	1,750	1,795	1,850
オーストラリア	9,879	10,038	9,594
ニュージーランド	2,665	2,906	2,929

（日本学生支援機構Webページより作成）

X　英語を公用語とする国のうち，日本人訪問者数と日本人留学者数が増加し続けた国はない。
Y　ASEANに加盟する国にも，オセアニア州に属する国にも，日本人訪問者数が減少し続け，日本人留学者数が増加し続けた国がある。

ア　X－正　Y－正　**イ**　X－正　Y－誤　**ウ**　X－誤　Y－正　**エ**　X－誤　Y－誤

(4)　図1の△及び○は，鉄鉱石，天然ガスのいずれかの資源の主な産出地を，資料3はそれぞれの資源の日本の輸入先上位3か国とその割合を示しており，資料4はそれぞれの資源について述べている。△を示すものを，資料3のⅰ，ⅱと資料4のあ，いから選び，その組み合わせとして適切なものを，あとの**ア**～**エ**から1つ選んで，その符号を書きなさい。

資料3

i	2000年	インドネシア 33.4%	マレーシア 20.3%	オーストラリア 13.6%
	2020年	オーストラリア 39.1%	マレーシア 14.2%	カタール 11.7%

ii	2000年	オーストラリア 53.9%	ブラジル 20.5%	インド 12.6%
	2020年	オーストラリア 57.9%	ブラジル 26.9%	カナダ 6.0%

(『世界国勢図会』より作成)

資料4

あ　世界最大の産出国であるオーストラリアでは，地表から直接掘り進む方法で採掘され，アジアを中心に輸出されている。

い　世界最大の産出国はアメリカ合衆国であるが，日本企業などの外国企業が世界各地で新たな産出地を開発している。

ア　i－あ　**イ**　i－い　**ウ**　ii－あ　**エ**　ii－い

(5)　資料5のa～cは，図1のP～Rで示したいずれかの地域の，平均気温が最も高い月と最も低い月の平均気温の差と，降水量が最も多い月と最も少ない月の降水量の差を示している。P～R及び資料5のa～cについて，次の文で述べられた特徴を持つ地域の組み合わせとして適切なものを，あとの**ア**～**カ**から1つ選んで，その符号を書きなさい。

資料5

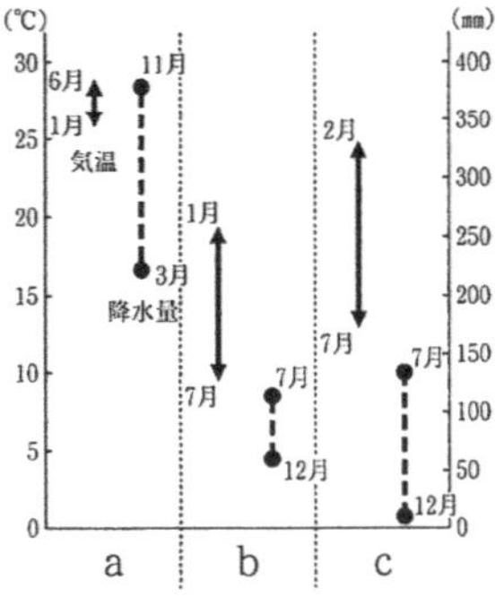

(気象庁Webページより作成)

この地域の気候を生かし，せっけんやマーガリンの原料となる作物を大規模な農場で生産している。

ア　P－a　**イ**　P－b　**ウ**　Q－a　**エ**　Q－c
オ　R－b　**カ**　R－c

(6)　資料6のw～zはそれぞれフィリピン，マレーシア，シンガポール，ニュージーランドのいずれかの国における農業生産品，鉱産資源・燃料，工業製品の輸出額の推移を示している。これについて述べたあとの文の[i]～[iv]に入る語句の組み合わせとして適切なものを，あとの**ア**～**カ**から1つ選んで，その符号を書きなさい。

資料6

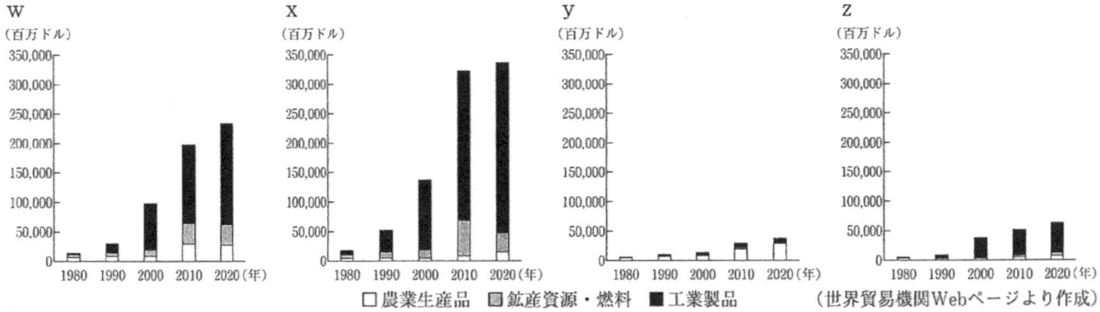

□農業生産品　▨鉱産資源・燃料　■工業製品　(世界貿易機関Webページより作成)

1980年において，4か国とも3品目の輸出額の合計が200億ドルを下回っていたが，[i]，1980年から1990年にかけて工業製品の輸出額が最も大きく増加したxが[ii]である。また，yとzは輸出額の伸びが緩やかであるが，[iii]を中心とした2020年の農業生産品の輸出額の割合が50%以上であるyが[iv]である。

ア　i　国内企業を国営化して　ii　シンガポール　iii　果物　iv　ニュージーランド
イ　i　国内企業を国営化して　ii　マレーシア　iii　牧畜　iv　フィリピン
ウ　i　国内企業を国営化して　ii　ニュージーランド　iii　穀物　iv　マレーシア
エ　i　外国企業を受け入れて　ii　マレーシア　iii　果物　iv　フィリピン
オ　i　外国企業を受け入れて　ii　フィリピン　iii　穀物　iv　マレーシア
カ　i　外国企業を受け入れて　ii　シンガポール　iii　牧畜　iv　ニュージーランド

2　図1に関して，あとの問いに答えなさい。

(1)　福岡市から神戸市までの直線距離は約450kmである。福岡市から図1のⓐ～ⓓで示したそれぞれの島までの直線距離について，福岡市から神戸市までの距離と最も近いものを，次の**ア**～**エ**から1つ選んで，その符号を書きなさい。

ア　福岡市からⓐまでの距離
イ　福岡市からⓑまでの距離
ウ　福岡市からⓒまでの距離
エ　福岡市からⓓまでの距離

図1

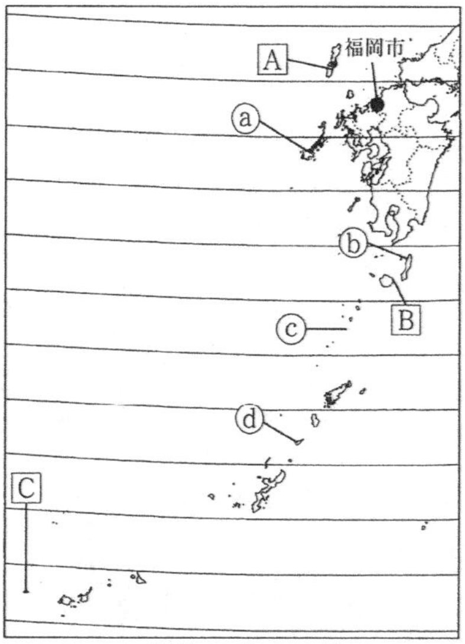

（緯線は1度ごとに描かれている）

(2)　次のx～zのグラフは，図1の[A]～[C]で示したいずれかの地点の気温と降水量を示している。[A]～[C]とx～zの組み合わせとして適切なものを，あとの**ア**～**カ**から1つ選んで，その符号を書きなさい。

x

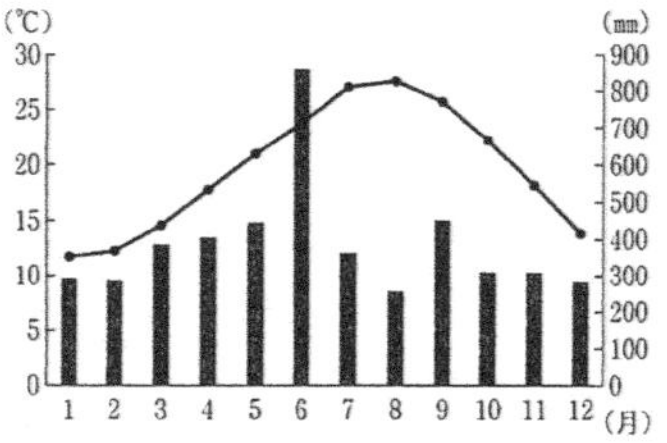

y

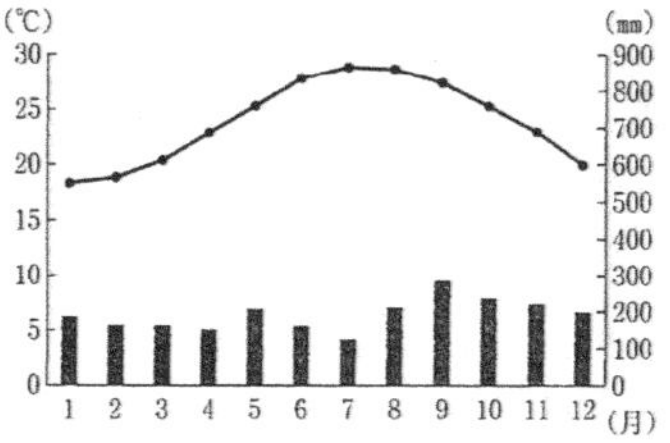

z

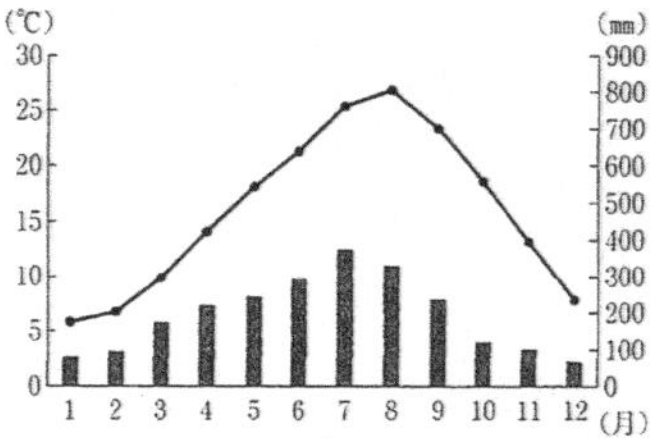

ア　[A]－x　[B]－y　[C]－z　**イ**　[A]－x　[B]－z　[C]－y　**ウ**　[A]－y　[B]－x　[C]－z
エ　[A]－y　[B]－z　[C]－x　**オ**　[A]－z　[B]－x　[C]－y　**カ**　[A]－z　[B]－y　[C]－x

(3)　資料1は，岩手県，茨城県，宮崎県の各県産の2022年の東京卸売市場でのピーマンの月別取扱量と，ピーマン1kgあたりの全国平均価格を示している。これについて述べた次の文の[i]～[iv]に入る語句の組み合わせとして適切なものを，あとの**ア**～**カ**から1つ選んで，その符号を書きなさい。

資料1　東京卸売市場でのピーマン1kgあたりの全国平均価格と岩手県，茨城県，宮崎県産ピーマンの月別取扱量

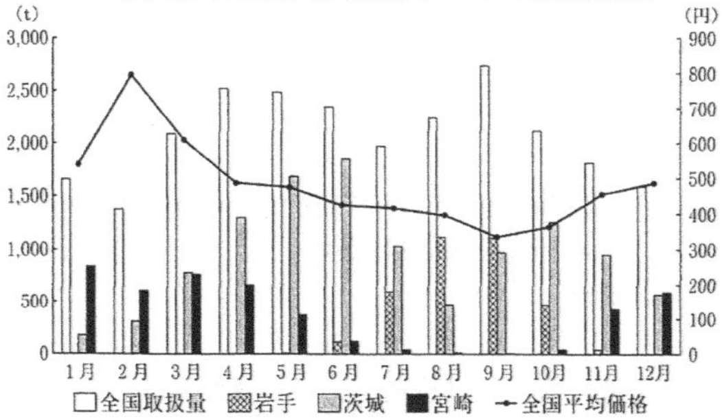

（東京卸売市場Webページより作成）

ピーマンは1年を通して購入できるが，産地ごとの取扱量が時期によって変動することがわかる。宮崎県では[i]気候を利用してピーマンの促成栽培を行っており，[ii]時期に取扱量が増えている。茨城県産は，[iii]にかかる時間や費用を抑えられる利点を生かして，1年中東京卸売市場で取り扱われているが，[iv]の時期は岩手県産の取扱量が3県のうち最も多くなっている。

ア　i　冬でも温暖な　ii　全国取扱量が多い　iii　輸送　iv　10～11月
イ　i　冬でも温暖な　ii　全国平均価格が高い　iii　輸送　iv　8～9月
ウ　i　冬でも温暖な　ii　全国平均価格が高い　iii　栽培　iv　10～11月
エ　i　冬に降水量が多い　ii　全国取扱量が多い　iii　栽培　iv　10～11月
オ　i　冬に降水量が多い　ii　全国取扱量が多い　iii　栽培　iv　8～9月
カ　i　冬に降水量が多い　ii　全国平均価格が高い　iii　輸送　iv　8～9月

(4) 図2を見て，あとの問いに答えなさい。

図2

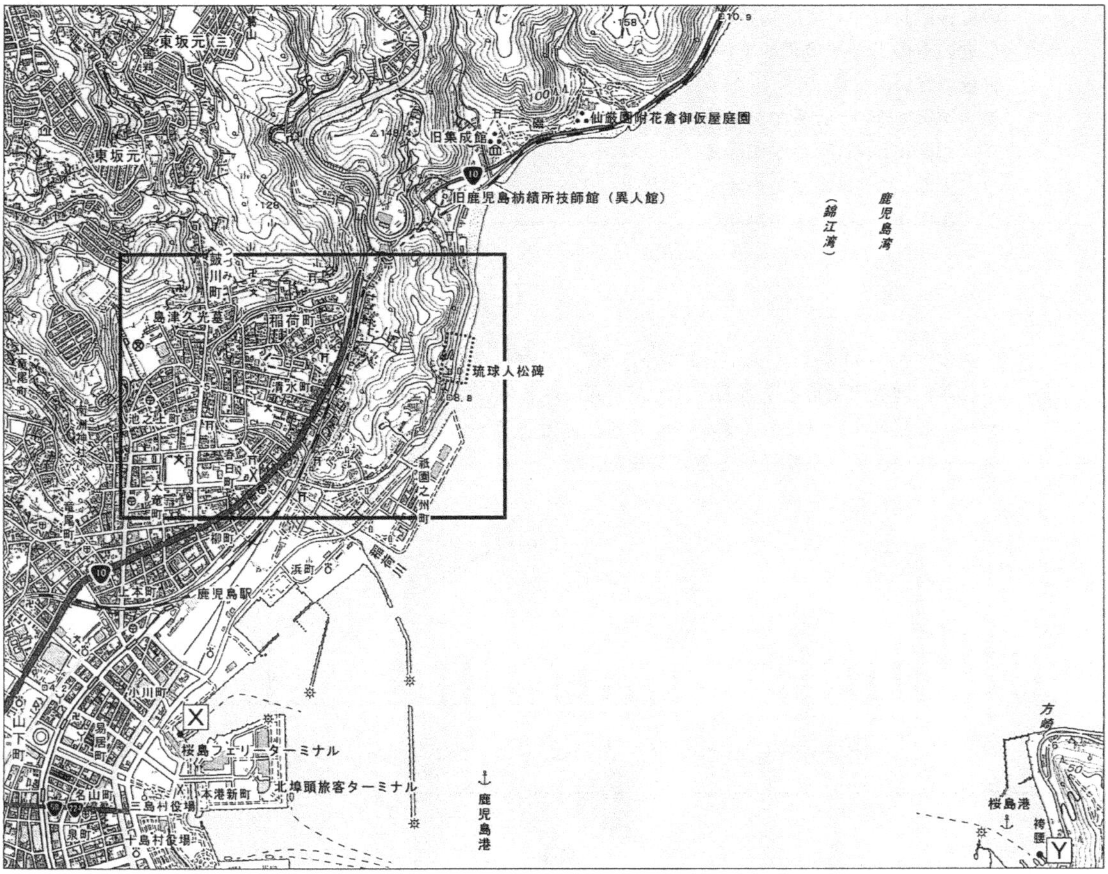

（2万5千分の1地形図「鹿児島北部」（2016年）を一部改変）

① 図2から読み取れることとして適切なものを，次の**ア**～**エ**から1つ選んで，その符号を書きなさい。

ア 旧集成館北側の斜面には針葉樹林が，稲荷町北側の斜面には茶畑が見られる。

イ 鼓《つづみ》川町から東坂元の住宅地に向かう道は，急な下り坂になっている。

ウ 山下町にある市役所は，路面鉄道に面している。

エ 鹿児島駅の北側に，三島村と十島村の役場がある。

② 図2の桜島フェリーターミナル X と桜島港 Y の地図上の長さは約14cmである。実際の距離に最も近いものを，次の**ア**～**エ**から1つ選んで，その符号を書きなさい。

ア 3.5km　**イ** 7km　**ウ** 14km　**エ** 35km

③ 資料2，資料3は桜島火山ハザードマップの一部，資料4は桜島フェリー時刻表である。これらの資料から読み取れることとして適切なものを，次の**ア**～**エ**から1つ選んで，その符号を書きなさい。

ア 避難するのにかかる想定時間が，避難手段別に算出されている。

イ 現在は噴火していないが，過去の溶岩流下範囲から，被害予想が記されている。

ウ 大規模噴火時は島内の避難所への避難が示されている。

エ フェリーを使う島外避難が想定されており，どの時間帯でも運航されている。

資料２
避難手順

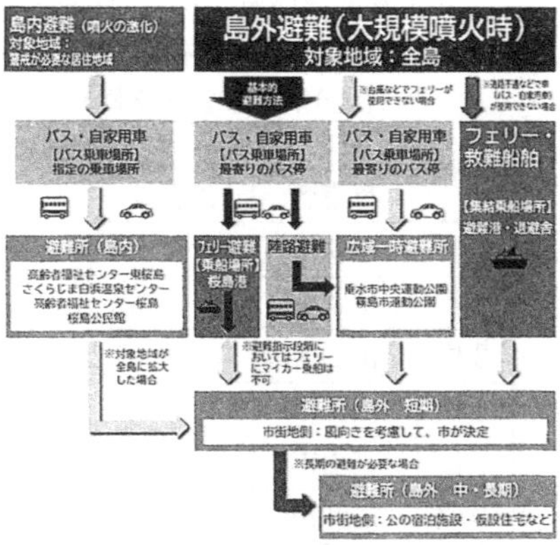

（「桜島火山ハザードマップ」より作成）

資料３
過去の大噴火の概要と近年の主な噴火活動

文明噴火 文明8年（1476年）	1471年に北東側から溶岩流出、大燃崎（黒神）を形成。1476年に大爆発、南西側から溶岩流出、燃崎（野尻）を形成
安永噴火 安永8年（1779年）	南側・北東側の山腹から噴火、溶岩流出。死者148名。北東で海底噴火、新島等を形成
大正噴火 大正3年（1914年）	西側・東側の両山腹から噴火。流出溶岩により、大隅半島と陸続きに。火山灰はカムチャツカ半島、小笠原諸島に達した。薩摩半島で震度６弱の大地震発生。死者・行方不明者58名
昭和噴火 昭和21年（1946年）	東側（昭和火口）から噴火。流出した溶岩は黒神・有村の海岸まで達した。死者１名
昭和30年（1955年）以降の噴火	2006～2017年は昭和火口において噴火。南岳山頂火口からの噴火は継続中。大きな噴石が集落に落下する事象のほか、火山灰、レキ、土石流の被害も多い。

（「桜島火山ハザードマップ」より作成）

資料４

桜島フェリー時刻表

【鹿児島港発】

時間	出港時間		
0	30		
1	30		
2	30		
3	30		
4	30		
5	30		
6	00	30	
7	00	20	40
8	00	20	40
9	00	20	40
10	00	20	40
11	00	20	40
12	00	20	40
13	00	20	40
14	00	20	40
15	00	20	40
16	00	20	40
17	00	20	40
18	00	20	40
19	00	30	
20	00	30	
21	30		
22	30		
23	30		

【桜島港発】

時間	出港時間		
0	00		
1	00		
2	00		
3	00		
4	00		
5	00		
6	05	25	45
7	05	25	45
8	05	25	45
9	05	25	45
10	05	25	45
11	05	25	45
12	05	25	45
13	05	25	45
14	05	25	45
15	05	25	45
16	05	25	45
17	05	25	45
18	05	25	45
19	05	30	
20	00		
21	00		
22	00		
23	00		

（鹿児島市Webページより作成）

④　資料５，資料６について述べたあとの文の［ i ］，［ ii ］に入る語句の組み合わせとして適切なものを，あとの**ア**～**カ**から１つ選んで，その符号を書きなさい。

資料５　図２の［⋯］の範囲のようす

資料６　図２の［□］の範囲の防災マップ

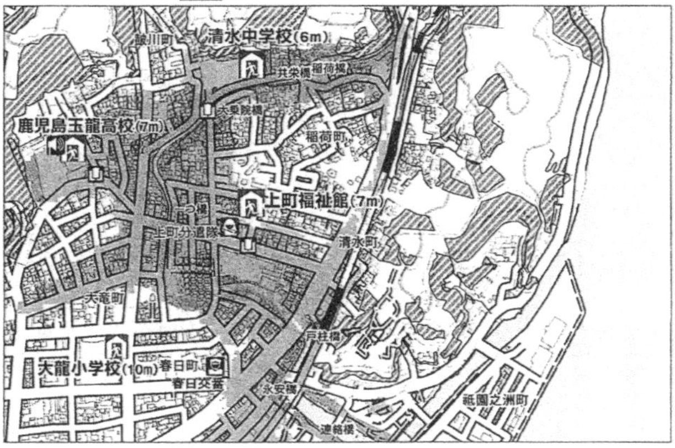

土砂災害特別警戒区域　洪水浸水想定区域

（「鹿児島市防災ガイドマップ」より作成）

> 資料５を見ると海岸線から急激に標高が高くなっており，崩れた斜面の一部に白っぽい地盤が見えている。火山の噴出物が積み重なったこの白っぽい地盤のあたりは［ i ］，大きな災害をもたらすことがあり，図２と資料６を見比べると，［ ii ］も土砂災害特別警戒区域に指定されていることがわかる。災害はいつ起こるかわからないため，避難所や避難経路の確認を行うなど，被害を最小限に抑えるために日ごろから備えておくことが大切である。

ア　i　高潮で浸水しやすく　　　ii　国道10号線やＪＲ線の東側の地域
イ　i　高潮で浸水しやすく　　　ii　避難所に指定されている大龍小学校
ウ　i　強い東風で飛散しやすく　ii　国道10号線やＪＲ線の東側の地域
エ　i　強い東風で飛散しやすく　ii　避難所に指定されている大龍小学校
オ　i　大雨で崩れやすく　　　　ii　国道10号線やＪＲ線の東側の地域
カ　i　大雨で崩れやすく　　　　ii　避難所に指定されている大龍小学校

Ⅱ　歴史に関するあとの問いに答えなさい。

1　資料1 ～ 4に関して，あとの問いに答えなさい。

資料1

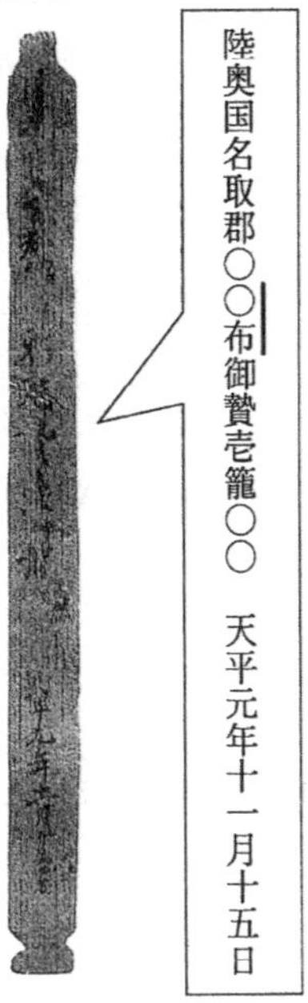

※「天平元年」は729年

資料2　昆布類の収獲量（養殖を除く）（2022年）

（100t）

	道県名	収獲量
1位	北海道	392
2位	青森県	13
3位	岩手県	4
	全国	409

（『海面漁業生産統計調査』より作成）

資料3　1世帯当たりの昆布の年間消費量（二人以上の世帯）（2020年～ 2022年平均）

（g）

	都市名	消費量
1位	青森市	454
2位	盛岡市	427
3位	山形市	420
4位	松江市	335
5位	富山市	330
6位	福井市	320
7位	前橋市	320
8位	川崎市	312
9位	新潟市	296
10位	秋田市	285
11位	福島市	273
12位	仙台市	269
13位	相模原市	268
14位	長崎市	257
15位	那覇市	255
	全国平均	214

（統計局Webページより作成）

資料4　東アジアと日本の交流の歴史　大陸から見た日本

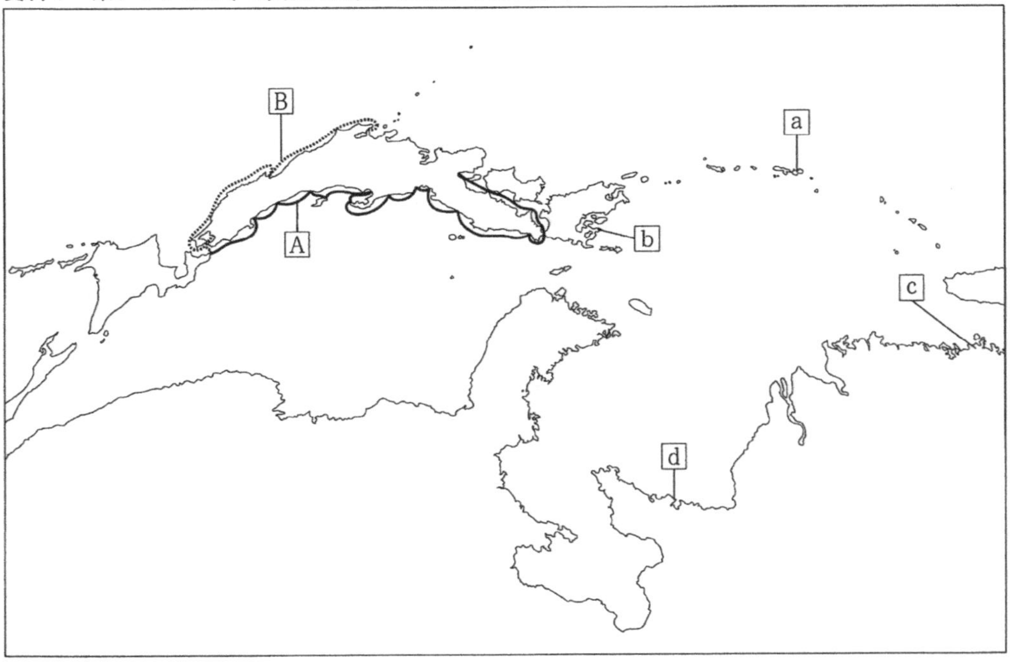

(1) 資料1に関する次の問いに答えなさい。

① この資料について述べた次の文の[i]，[ii]に入る語句をそれぞれ漢字2字で書きなさい。

> これは，木簡と呼ばれる遺物で，「天平元年」という文字が書かれていることから，いつの年代のものかが分かる。この木簡は，当時の都である[i]京跡から発見されており，[ii]天皇が治めていた頃のものと考えられる。傍線部の「○布」は，おそらく昆布であると推測されている。

② この資料に示されている時代の税制について述べた次の文X，Yについて，その正誤の組み合わせとして適切なものを，あとの**ア**～**エ**から1つ選んで，その符号を書きなさい。

> X 陸奥国の昆布のような特産物を，都に運んで納めていた。
> Y 調は，6歳以上の男女にかかる税であった。

ア X－正 Y－正　**イ** X－正 Y－誤　**ウ** X－誤 Y－正　**エ** X－誤 Y－誤

(2) 資料2 ～ 4に関する次の問いに答えなさい。

① 次の文の[i]，[ii]に入る語句の組み合わせとして適切なものを，あとの**ア**～**エ**から1つ選んで，その符号を書きなさい。

> 現代の昆布の収獲量は，北海道が全国の9割以上を占めているが，消費量は，東北地方の都市だけでなく，松江市，富山市，福井市のような[i]側の都市も上位を占めている。これは，資料4の，江戸時代に北前船が通った[ii]の航路の影響が残っていると考えられる。

ア i 太平洋 ii [A]　**イ** i 太平洋 ii [B]
ウ i 日本海 ii [A]　**エ** i 日本海 ii [B]

② 昆布と同様，江戸時代に北海道から運ばれた主要な産物として適切なものを，次の**ア**～**エ**から1つ選んで，その符号を書きなさい。

ア にしん　**イ** 砂糖　**ウ** 酒　**エ** 茶

③ 琉球王国について述べた次の文の[i]～[iii]に入る語句の組み合わせとして適切なものを，あとの**ア**～**カ**から1つ選んで，その符号を書きなさい。

> [i]時代に統一された琉球王国の首都は，資料4の[ii]にあり，資料4の中国の[iii]の港などとの間で盛んに交易を行った。

ア i 鎌倉 ii [a] iii [c]　**イ** i 室町 ii [a] iii [d]
ウ i 鎌倉 ii [b] iii [c]　**エ** i 鎌倉 ii [b] iii [d]
オ i 室町 ii [b] iii [d]　**カ** i 室町 ii [a] iii [c]

④ 那覇市の昆布に関して述べた次の文の[i]～[iii]に入る語句の組み合わせとして適切なものを，あとの**ア**～**カ**から1つ選んで，その符号を書きなさい。

> 昆布が[i]那覇市で，昆布の消費量が全国平均を[ii]のは，北海道から大阪，九州，琉球，そして中国へと続く昆布を運んだ航路の存在が大きく，特に琉球の窓口となった[iii]藩とのつながりが関係している。

ア i 収獲されない ii 上回っている iii 対馬
イ i 収獲される ii 下回っている iii 対馬
ウ i 収獲されない ii 上回っている iii 薩摩
エ i 収獲される ii 上回っている iii 薩摩
オ i 収獲されない ii 下回っている iii 対馬
カ i 収獲される ii 下回っている iii 薩摩

2　資料1 ～ 3に関して，あとの問いに答えなさい。ただし，資料は一部書き改めたところがある。

資料1　神戸海軍操練所の係に任命

本日神戸村土着之士操練局造艦所御取建掛
被仰付
勝　麟太郎

(『海舟日記抄』1863（文久3）年4月24日より作成)
※「勝麟太郎」は，勝海舟のこと

資料2　開城の会談

資料3　逓信《ていしん》大臣からの公文書

秘号外
本年十月二十四日英国商船「ノルマントン」号
紀州沖において難船沈没の際、同号
船長其職務を尽くさざるに起因し
日本船客二十五名を溺死せしめたる
事件に付同船長を被告とし求刑することに
決し、昨十二日午後三時内務大臣連署
別紙甲号写しの通り英文を以て兵庫
県知事へ電令致し置き候処乙号写
しの通り英国領事に於いて訴状受理
したる旨同知事より本日返電有
の候依て取りあえずこの旨報告す
明治十九年十一月十三日
逓信大臣　榎本武揚
内閣総理大臣　伯爵　伊藤博文殿

(国立公文書館Webページより作成)
※「逓信大臣」は，郵便，電信，船舶業務などを管理した大臣

(1)　資料1，資料2に関して述べた次の文の［ i ］～［ iii ］に入る語句の組み合わせとして適切なものを，あとの**ア**～**カ**から1つ選んで，その符号を書きなさい。

> 1863年の勝海舟の日記によると，開港地に定められた場所の1つである［ i ］の近くに海軍操練所を建設することが命じられた。この施設には，坂本龍馬や，第4代兵庫県知事となる陸奥宗光などの人物が入所した。のちに，［ ii ］の勝海舟は，西郷隆盛と会談し，欧米諸国の介入を防ぐためにも，戦うことなく［ iii ］城を明けわたすことに決めた。

ア　i　兵庫　　ii　旧幕府軍　　iii　江戸
イ　i　神奈川　　ii　新政府軍　　iii　大阪
ウ　i　兵庫　　ii　新政府軍　　iii　江戸
エ　i　神奈川　　ii　旧幕府軍　　iii　大阪
オ　i　兵庫　　ii　旧幕府軍　　iii　大阪
カ　i　神奈川　　ii　旧幕府軍　　iii　江戸

(2) 資料3に関する次の問いに答えなさい。

① この資料を説明した次の文の[i], [ii]に入る語句の組み合わせとして適切なものを，あとのア～エから1つ選んで，その符号を書きなさい。

> 逓信《ていしん》大臣が，[i]県沖でおこった海難事故について，[ii]人船長を告訴することを兵庫県知事に求めたことについてのやりとりを記した公文書である。

ア i 兵庫 ii イギリス　**イ** i 兵庫 ii 日本
ウ i 和歌山 ii イギリス　**エ** i 和歌山 ii 日本

② この資料が書かれた時期と最も近い出来事を，次の**ア**～**エ**から1つ選んで，その符号を書きなさい。

ア 天皇を補佐する内閣制度が確立された。
イ 士族・平民の区別なく，兵役を義務づけた。
ウ 千島列島を日本領とし，ロシアに樺太の領有を認めた。
エ 清と対等な内容の条約である日清修好条規を結んだ。

③ この資料の事件に関して述べた文として適切なものを，次の**ア**～**エ**から1つ選んで，その符号を書きなさい。

ア 日本人と外国人船客が合わせて25名亡くなった事件で，船長は日本側で裁かれた。
イ 日本人と外国人船客が合わせて25名亡くなった事件で，船長は日本側で裁くことができなかった。
ウ 日本人船客が25名亡くなった事件で，船長は日本側で裁かれた。
エ 日本人船客が25名亡くなった事件で，船長は日本側で裁くことができなかった。

④ この資料が書かれた頃に行われた外交の様子を述べた次の文の[i], [ii]に入る語句の組み合わせとして適切なものを，あとの**ア**～**エ**から1つ選んで，その符号を書きなさい。

> 日本が欧米と対等な地位を築くためには，条約改正が最も大きな課題であり，鹿鳴館で舞踏会を開くなど[i]政策を行い，交渉を進めたが，[ii]。

ア i 民主化 ii 国民の反発で，条約改正は実現しなかった
イ i 欧化 ii 国民の反発で，条約改正は実現しなかった
ウ i 民主化 ii 当時の外務大臣の反発で，条約改正は実現しなかった
エ i 欧化 ii 当時の外務大臣の反発で，条約改正は実現しなかった

(3) 条約改正の過程に関する次の問いに答えなさい。

① 司法に関する権利を回復した頃の外交の様子を述べた次の文の[i], [ii]に入る語句の組み合わせとして適切なものを，あとの**ア**～**エ**から1つ選んで，その符号を書きなさい。

> [i]，国家体制の整備が進んだ後に外務大臣となった陸奥宗光は，まず，[ii]条約改正を成功させたが，一部回復しない経済的な権利もあった。

ア i 大日本帝国憲法が発布され ii アメリカとの
イ i 大日本帝国憲法が発布され ii イギリスとの
ウ i 第一次護憲運動がおき ii アメリカとの
エ i 第一次護憲運動がおき ii イギリスとの

② 経済発展に必要な権利も完全に回復し，対等な条約を実現したときの外務大臣の名前を漢字で書きなさい。

Ⅲ　政治や経済のしくみと私たちの生活に関するあとの問いに答えなさい。

1　裁判に関する文章を読み，あとの問いに答えなさい。

> 日本の裁判は，$_{a}$法律により定められた適正な手続きで進められ，公平で慎重な裁判を行うために，$_{b}$三審制が採られている。裁判所は，$_{c}$訴えた側と，訴えられた側の言い分を確かめ，それぞれの側から出された証拠を調べ，判決を言い渡す。また，裁判の内容に国民の視点を反映し，司法に対する国民の理解を深めるために，$_{d}$裁判員制度が導入されている。

(1)　下線部aに関して，次の問いに答えなさい。

①　司法手続きに関して述べた次の文X，Yについて，その正誤の組み合わせとして適切なものを，あとの**ア**～**エ**から1つ選んで，その符号を書きなさい。

> X　逮捕には，原則として逮捕令状が必要である。
> Y　起訴された側が，経済的理由などで弁護人を依頼できない場合は，国が国選弁護人をつける。

ア　X－正　Y－正　　**イ**　X－正　Y－誤　　**ウ**　X－誤　Y－正　　**エ**　X－誤　Y－誤

②　裁判の手続きに関して述べた次の文の［ i ］，［ ii ］に入る語句の組み合わせとして適切なものを，あとの**ア**～**エ**から1つ選んで，その符号を書きなさい。

> 刑事裁判においては，判決が確定するまで［ i ］と推定される。取り調べを受けるときは，質問に答えることを拒むことが［ ii ］。

ア　i　有罪　ii　できない　　**イ**　i　無罪　ii　できない
ウ　i　有罪　ii　できる　　**エ**　i　無罪　ii　できる

(2)　下線部bに関して述べた文として適切なものを，次の**ア**～**エ**から1つ選んで，その符号を書きなさい。

ア　最高裁判所は東京に1つ，高等裁判所は各都道府県に1つずつ設置されている。
イ　この制度は刑事裁判に適用され，民事裁判には適用されない。
ウ　刑事裁判で，第一審を簡易裁判所で行った場合の第二審は地方裁判所で行われる。
エ　第一審の判決に不服があれば，上級の裁判所に控訴し，さらに不服があれば上告できる。

(3)　下線部cに関して述べた次の文の［ i ］，［ ii ］に入る語句の組み合わせとして適切なものを，あとの**ア**～**エ**から1つ選んで，その符号を書きなさい。

> 刑事裁判は，原則として［ i ］が被疑者を［ ii ］として起訴することで始まる。

ア　i　検察官　ii　被告　　**イ**　i　被害者　ii　被告
ウ　i　検察官　ii　被告人　　**エ**　i　被害者　ii　被告人

(4)　下線部dに関して，次の問いに答えなさい。

①　裁判員制度について述べた次の文の［ i ］，［ ii ］に入る語句の組み合わせとして適切なものを，あとの**ア**～**エ**から1つ選んで，その符号を書きなさい。

> 裁判員制度では，［ i ］により候補者になった国民の中から，面接により裁判員が選ばれ，裁判官と協力して［ ii ］裁判の第一審を扱う。

ア　i 推薦　ii 刑事　　**イ**　i くじ　ii 刑事　　**ウ**　i 推薦　ii 民事　　**エ**　i くじ　ii 民事

②　資料に関して述べた次の文の［ i ］，［ ii ］に入る語句の組み合わせとして適切なものを，あとの**ア**～**エ**から1つ選んで，その符号を書きなさい。

資料　裁判員として裁判に参加した審理日数と感想

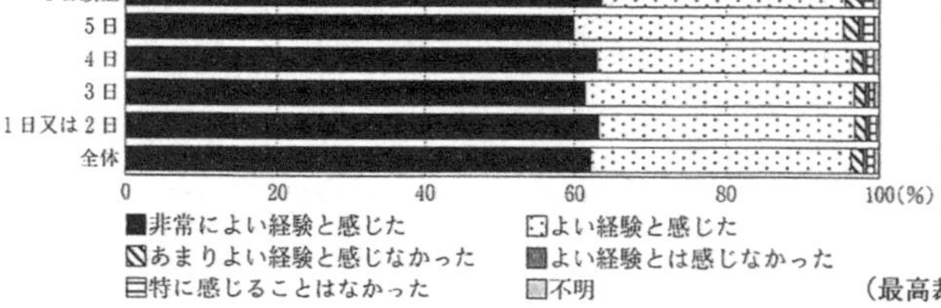

（最高裁判所Webページより作成）

> 裁判員は［ i ］歳以上の国民から選ばれる。選ばれた人の不安感が課題の1つであるが，この資料からは，審理の日数によらず，裁判員の経験を［ ii ］に捉えている人が多いことが読み取れる。

ア　i 20　ii 肯定的　　**イ**　i 20　ii 否定的　　**ウ**　i 18　ii 肯定的　　**エ**　i 18　ii 否定的

2 経済に関する文章を読み，あとの問いに答えなさい。

日本では，憲法で$_{a}$経済活動の自由が保障されている。働くことは経済活動の一つであり，私たちは働くことで収入を得て生活を営むとともに，社会に参加して世の中を支えている。近年では，すべての人がいきいきと働けるよう，$_{b}$働き方や雇用方法が多様化してきている。$_{c}$誰もが暮らしやすい社会を実現するために，私たちには，社会環境の変化により生じる$_{d}$課題を解決していくことが求められている。

(1) 下線部aに関して述べた次の文の[i]，[ii]に入る語句の組み合わせとして適切なものを，あとの**ア**～**エ**から1つ選んで，その符号を書きなさい。

市場経済では，価格は需要と供給の関係で決まるが，現実にはこのしくみにより価格が決まらない場合もある。売り手が少数に限られた場合，市場のしくみが機能せず，[i]価格が生じることがある。また，国や地方公共団体がこのしくみによらず価格を決めることもあり，たとえば，義務教育を除いた公立学校の授業料については[ii]が決定することが挙げられる。

ア i 均衡 ii 地方公共団体　**イ** i 独占 ii 地方公共団体
ウ i 均衡 ii 国　**エ** i 独占 ii 国

(2) 下線部bに関して，次の問いに答えなさい。

① 働き方や雇用方法に関して述べた次の文X，Yについて，その正誤の組み合わせとして適切なものを，あとの**ア**～**エ**から1つ選んで，その符号を書きなさい。

X 新しい企業をつくることを起業といい，新たな商品の開発に取り組む人もいる。
Y ひとつの企業に，定年まで雇用され続けることを終身雇用という。

ア X－正 Y－正　**イ** X－正 Y－誤　**ウ** X－誤 Y－正　**エ** X－誤 Y－誤

② 資料1，資料2に関して述べたあとの文X，Yについて，その正誤の組み合わせとして適切なものを，あとの**ア**～**エ**から1つ選んで，その符号を書きなさい。

資料1 テレワークの形態別導入状況

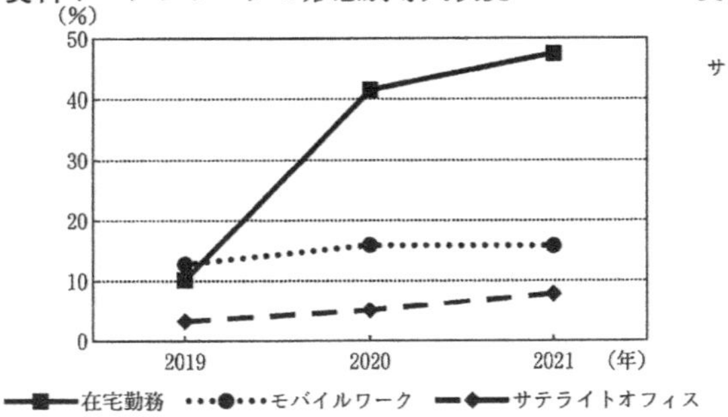

(『統計で見る日本』より作成)

※モバイルワークは，移動中や外出中に業務を行う勤務形態
※サテライトオフィスは，会社のオフィスとは別の場所につくられたオフィス

資料2 産業別テレワーク導入状況

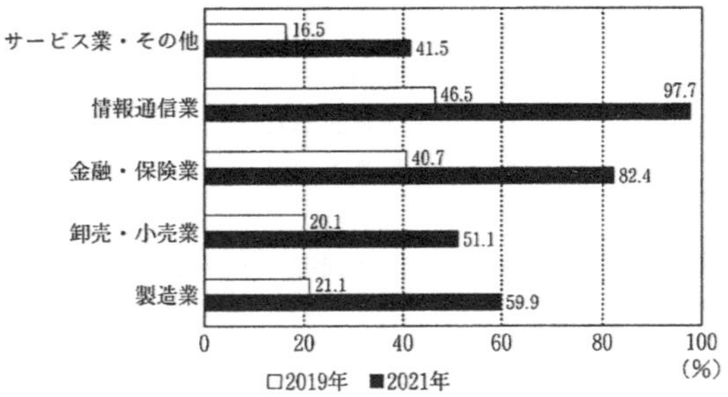

(『統計で見る日本』より作成)

X 2021年は在宅勤務の導入状況が40％以上であり，企業のテレワーク導入拡大と関連している。
Y どの産業でも2019年に比べて2021年は導入状況が2倍以上になっており，最も増加の割合が高いのは情報通信業である。

ア X－正 Y－正　**イ** X－正 Y－誤　**ウ** X－誤 Y－正　**エ** X－誤 Y－誤

(3) 下線部cに関して述べた次の文の[　　]に入る語句を漢字2字で書きなさい。

日本国憲法第25条で保障されている，健康で文化的な最低限度の生活を営む権利は，社会権の1つである[　　]権であり，その実現には国による積極的支援が必要である。

(4) 下線部dに関して，資料3 ～資料5を見て，あとの問いに答えなさい。

資料3　復旧後のＪＲ肥薩線のあり方について

> 令和2年7月豪雨で被災した「ＪＲ肥《ひ》薩《さつ》線」について，熊本県は国，ＪＲ九州および地元12市町村とともに，まずは鉄道での復旧をめざし，復旧方法及び復旧後の肥薩線のあり方について協議を実施している。肥薩線の鉄道復旧に関しては，ＪＲ九州が試算した概算復旧費約235億円という膨大な復旧費とともに，被災前から年間9億円の赤字（八代～吉松間）が発生している路線であり，持続可能性も大きな課題である。

（国土交通省Webページより作成）

資料4　肥薩線復旧に対する希望

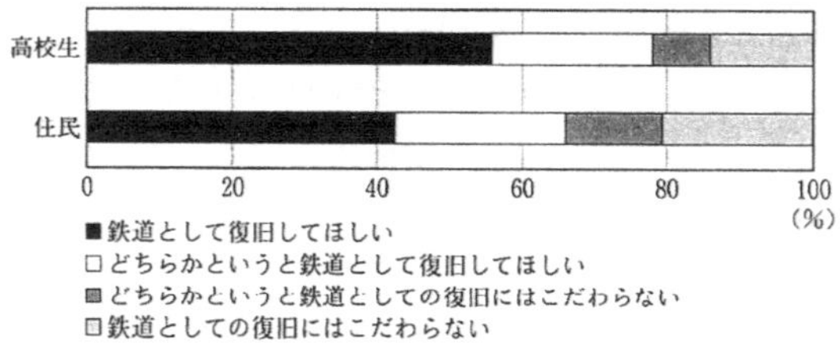

（国土交通省Webページより作成）

資料5　肥薩線の鉄道での復旧を希望する理由（複数回答）

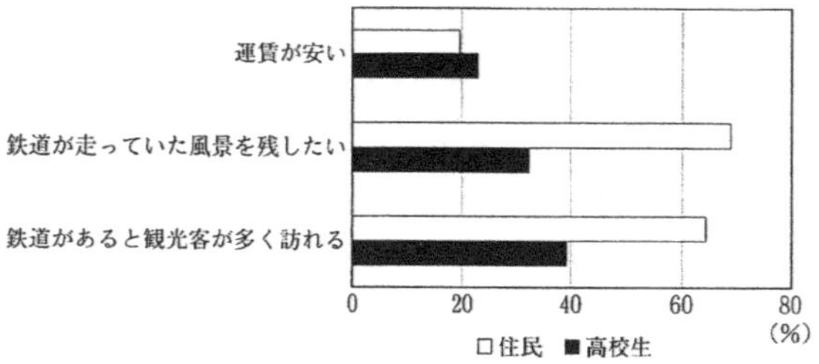

（国土交通省Webページより作成）

① 資料3 ～ 5について述べた次の文の［ i ］～［ iii ］に入る語句の組み合わせとして適切なものを，あとの**ア～カ**から1つ選んで，その符号を書きなさい。

> 豪雨災害以前の「ＪＲ肥薩線」は，［ i ］経営状態が続いていた。被災した鉄道について，鉄道として復旧してほしいと回答した割合は，［ ii ］の方が高い。鉄道での復旧を希望する理由としては，高校生は［ iii ］という理由が，資料5の中で最も多く，自身の移動手段としてだけでなく，地域の経済振興につながる役割を肥薩線に求めていることがわかる。

ア　i　利潤が出ない　ii　住民　iii　鉄道が走っていた風景を残したい
イ　i　利潤が出ない　ii　高校生　iii　鉄道が走っていた風景を残したい
ウ　i　利潤が出る　ii　住民　iii　鉄道が走っていた風景を残したい
エ　i　利潤が出る　ii　高校生　iii　鉄道があると観光客が多く訪れる
オ　i　利潤が出ない　ii　高校生　iii　鉄道があると観光客が多く訪れる
カ　i　利潤が出る　ii　住民　iii　鉄道があると観光客が多く訪れる

② 次の文の下線部w～zについて，それぞれの考え方にあてはまる語句の組み合わせとして適切なものを，あとの**ア～カ**から1つ選んで，その符号を書きなさい。

> 社会では，考え方や価値観の違いから，w問題や争いがおこる場合がある。被災した鉄道の復旧については，復旧によって得られるx効果が，それにかける時間や労力，費用に見合ったものになっているか，という考え方が必要である。一方で，利用者や地域住民など，y様々な立場の人々に最大限配慮されているか，という考え方も必要である。社会で起こる問題の解決には，この2つの考え方を大切にし，関係する人々がz協議した結果を納得して受け入れることができる結論を導き出す努力が重要である。

ア　w　効率　x　合意　y　公正　z　対立
イ　w　効率　x　対立　y　公正　z　合意
ウ　w　効率　x　公正　y　合意　z　対立
エ　w　対立　x　効率　y　公正　z　合意
オ　w　対立　x　公正　y　効率　z　合意
カ　w　対立　x　効率　y　合意　z　公正

Ⅲ（　　点）	1（　　点）	(1)	①	
			②	
		(2)		
		(3)		
		(4)	①	
			②	
	2（　　点）	(1)		
		(2)	①	
			②	
		(3)		権
		(4)	①	
			②	

1．２点×６
2．３点×６

令　和　5　年　度

兵庫県公立高等学校学力検査問題

国　　　語

（50分）

注　　　意

1　「開始」の合図があるまで開いてはいけません。

2　「開始」の合図で、1ページから10ページまで問題が印刷されていることを確かめなさい。

3　**解答用紙の右上の欄に受検番号**を書きなさい。

4　解答用紙の□の得点欄には、何も書いてはいけません。

5　答えは、全て**解答用紙の指定された解答欄**に書きなさい。

6　問題は五題で、10ページまであります。

7　「終了」の合図で、すぐ鉛筆を置きなさい。

8　解答用紙は、机の上に置いて、退室しなさい。

教英出版

受検番号　番

令和五年度兵庫県公立高等学校学力検査

国語解答用紙

※100点満点

得　点

一　点

問一　点

問二　点　詩Ⅰ　詩Ⅱ

問三　点　①　②

問四　点

問五　点

問六　点

問一．２点
問二．２点×２
問三．２点×２
問四．３点
問五．３点
問六．４点

四　点

問一　点　④（ち）　⑦　⑪

問二　点

問三　点

問四　点

問五　点

問六　点

問七　点

問八　点

問一．２点×３
問二．３点
問三．３点
問四．３点
問五．３点
問六．３点
問七．３点
問八．３点

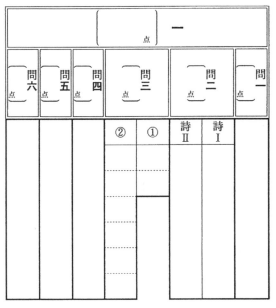

問題は、次のページから始まります。

一　次の【会話文】は金子《かねこ》みすゞ《（ず）》の詩についてグループで話し合っている場面である。【詩Ⅰ】・【詩Ⅱ】、【会話文】を読んで、あとの問いに答えなさい。

【詩Ⅰ】

御本

さびしいときは、父さんの、
お留守の部屋で、本棚の、
御本の背《せな》の金文字を、
ぢつと眺めて立つてるの。

ときにや、こつそり背のびして、
重たい御本をぬき出して、
人形のやうに、抱つこして、
明るいお縁へ出てゆくの。

なかは横文字ばかしなの、
カナはひとつもないけれど、
もやうみたいで、きれいなの。
それに、 X 。

お指なめなめ、つぎつぎに、
しろい、頁《ペイジ》をくりながら、
そこにかかれたお噺《はなし》を、
つぎからつぎへとこさへるの。

若葉のかげの文字にさす、
 Y のお縁で父さんの、
大きな御本よむことが、
私ほんとに好きなのよ。

【会話文】

生徒A　【詩Ⅰ】は、読書の楽しさを表現した詩ではないかな。ただ本を読むだけでなく、視覚や嗅覚など身体で本を感じているところもおもしろいね。語り手である「私」の、本が好きだという気持ちが強く伝わってくる詩だね。

生徒B　「ほんとに好きなのよ」とあるように、語り手は本が好きなんだね。でも、この詩の語り手は、「 ① 」のことを「もやうみたい」と言っているくらいだから、〝読書〟はしていないと思うよ。

生徒C　そうか。「お噺」を「こさへる」とあるので、〝本を見て想像の世界を作り上げている〟という感じだね。

生徒D　私は【詩Ⅰ】を読んで、幼い頃一人で留守番をしたときの寂しさを思い出したよ。詩の冒頭に「さびしいときは」とあるように、寂しさを紛らわせるために、読めない本で遊んでいたんじゃないかな。

生徒B　【詩Ⅰ】では、「父さん」の「お留守の部屋で」、「父さん」の「大きな御本」とあるように、本なら何でもいいのではなく、語り手にとって「父さん」の「部屋」で、「父さん」の「御本」を手に取ることに意味があったのかもしれないね。

生徒A　なるほど。「 ② 」扱っているから、本を大切なものだと捉えていることがわかるけど、これも「父さん」の「御本」だからなんだね。本で寂しさを癒やしていたということか。

生徒C　「明るいお縁」とあるように、光が差し込む情景がよまれているということは、語り手は寂しさから解放されたんだよ。

生徒D　そうかな。〔【詩Ⅱ】を示しながら〕この詩を見てよ。これは、同じ作者の「独楽の実」という詩なんだ。時間がたつのを忘れて「独楽の実」に夢中になる様子からは、一人遊びの楽しさが伝わってくるけど、同時に寂しさを感じる詩でもあると思う。寂しいということばは一つもないのに語り手の寂しさが伝わってくるのが不思議だね。

生徒B　きっと、「 ③ 」の繰り返しが何とも言えない寂しさを感じさせているんだね。

生徒C　そうか、使われていることばが、そのままの意味を表しているとは限らないんだね。そう考えると、Bさんが指摘した繰り返しの部分が、逆接表現であることも効果を生んでいるのかもしれないね。

生徒A　つまり、【詩Ⅱ】からは、「独楽の実」に夢中になって遊ぶ楽しさの中に一人遊びの寂しさが、それと同じように、【詩Ⅰ】からは、本にふれる楽しさの中に「父さん」と遊べない寂しさが、それぞれ感じられるということだ。この二つの詩の共通点は〈心の奥に隠された寂しさを表現している〉ということだね。

生徒D　なるほど。それともう一つ共通点があるよ。二つの詩は、ともに七音と五音のことばの繰り返しが印象的だよね。声に出して読んでみたらわかるけど、軽快なリズムで詩の世界にすんなり入っていけると思うよ。

生徒C　そうか。だから、金子みすゞさんの詩は童謡になっているものが多いんだね。

【詩Ⅱ】

独楽《こま》の実

赤くて小《ち》さい独楽の実よ
あまくて渋いこまの実よ。

お掌《てて》の上でこまの実を
ひとつ廻《まは》しちやひとつ食べ
みんななくなりやまた探す。

［Z］、草山に
赤いその実はかず知れず
茨のかげにのぞいてて、

［Z］、草山で
独楽を廻せば日も闌《た》ける。

問一　【詩Ⅰ】の空欄Yに入ることばとして適切なものを、次の**ア**～**エ**から一つ選んで、その符号を書きなさい。

ア　二月　**イ**　五月　**ウ**　九月　**エ**　十二月

問二　【詩Ⅰ】・【詩Ⅱ】それぞれの特徴として適切なものを、次の**ア**～**オ**から一つずつ選んで、その符号を書きなさい。

ア　興味の対象を指すことばを最初の部分で反復し、読者にその対象を印象づける。
イ　詩の後半で対句を効果的に用いて、語り手の心情の高まりを読者に印象づける。
ウ　詩の前半部分に隠喩を用いることで、読者に豊かなイメージを思い描かせる。
エ　語調をやわらげる終助詞を全ての連で用いて、やさしい響きを読者に感じさせる。
オ　連ごとに視点を切り替えることで、読者に奥行きのある情景を思い描かせる。

問三　【会話文】の空欄①、②に入ることばを、それぞれ【詩Ⅰ】から抜き出して書きなさい。ただし、①は二字、②は六字のことばとする。

問四　【会話文】の最初の**生徒A**の発言を踏まえると、【詩Ⅰ】の空欄Xにはどのようなことばが入るか。そのことばとして適切なものを、次の**ア**～**エ**から一つ選んで、その符号を書きなさい。

ア　すべすべしてゐるの　**イ**　お歌がきこえるの　**ウ**　ふしぎな香がするの　**エ**　とってもかはいいの

問五　【詩Ⅱ】の空欄Zと【会話文】の空欄③にはいずれも同じことばが入る。そのことばとして適切なものを、次の**ア**～**エ**から一つ選んで、その符号を書きなさい。

ア　さびしいけれど　**イ**　ひとりぼっちで　**ウ**　さびしくなんかないから　**エ**　ひとりだけれど

問六　【会話文】の内容として最も適切なものを、次の**ア**～**エ**から一つ選んで、その符号を書きなさい。

ア　**生徒A**は、【詩Ⅰ】について、読書を含め本にふれる楽しさを表現した詩であると捉えていたが、**生徒B**の意見を聞いて、元の解釈を修正し、最初の発言を撤回した。
イ　【詩Ⅰ】についての**生徒B**の発言が、**生徒C**や**生徒A**に気づきをもたらし、その後の話し合いを通じてグループの【詩Ⅰ】に対する理解が一層深まることとなった。
ウ　**生徒D**が、【詩Ⅱ】の語り手は一人遊びで寂しさを紛らわせている、という解釈を示したことにより、**生徒B**と**生徒C**は【詩Ⅱ】の新しい解釈の可能性に気づいた。
エ　【詩Ⅱ】の表現効果に**生徒C**が気づいたことをきっかけに、**生徒D**が二つの詩に共通するリズムの特徴に言及したことで、詩を音読する楽しさが話題の中心となった。

二　次の書き下し文と漢文を読んで、あとの問いに答えなさい。

〔書き下し文〕

郢《えい》人《ひと》に燕《えん》の相国《しやうこく》に書（手紙を）を遺《おく》る者有り。夜書して（その人は夜に手紙を書いていて）、火明らかならず。因《よ》りて燭《しよく》（ろうそくを）を持つ者に謂《い》ひて曰《い》はく、「燭を挙げよ。」と云《い》ふ。而《しか》して過《あやま》つて燭を挙げよと書く。燭を挙げよとは書の意に非《あら》ざるなり。燕の相、書を受けて之《これ》を説きて曰はく、「燭を挙ぐとは、明を尚《たか》くするなり、明を尚くせよとは、賢（賢者を）を挙げて之に任ずる（ふさわしい職に任命する）なり。」と。燕の相、王に白《まう》す。大いに説《よろこ》び、国以《もっ》て治まる。

〔漢文〕

郢人ニ有リ下遺ル二燕ノ相国ニ書ヲ一者上。夜書シテ、火不《ず》レ明ラカナラ。因リテ①謂ヒテ持ツ燭ヲ者ニ曰ハク、「挙レ燭ヲ。」ａ云フ。而シテ過ツテ書クレ挙ゲヨト燭ヲ。挙ゲヨトハレ燭ヲ、非ザル二書ノ意一ニ也《なり》。燕ノ相、受ケテレ書ヲ而説キテレ之ヲ曰ハク、「挙グトレ燭ヲ者《は》、尚クスルレ明ヲ也、尚クセヨトレ明ヲ也者、挙ゲテレ賢ヲ而任ズルナリトレ之ニ。」燕ノ相、②白スレ王ニ。大イニｂ説ビ、国以テ治マル。

（韓非《かんぴ》『韓非子《かんぴし》』）

（注）郢——古代中国の楚の国の都。　燕——古代中国の国の名。
相国・相——総理大臣にあたる重臣。

問一　傍線部②の「白」と同じ意味の「白」を用いた熟語を、次の**ア**〜**エ**から一つ選んで、その符号を書きなさい。

ア　敬白　**イ**　白紙　**ウ**　白昼　**エ**　空白

問二　書き下し文の読み方になるように、傍線部①に返り点をつけなさい。

問三　二重傍線部ａ・ｂの主語として適切なものを、次の**ア**〜**エ**からそれぞれ一つ選んで、その符号を書きなさい。

ア　書を遺る者　**イ**　燕の相国　**ウ**　燭を持つ者　**エ**　燕の王

問四　本文の内容として最も適切なものを、次の**ア**〜**エ**から一つ選んで、その符号を書きなさい。

ア　郢人は、わざと誤った内容の手紙を送って燕国を混乱させようとしたが、燕の相国がその意図を見破り、国を危機から救った。

イ　燕の相国は、手紙の記述が誤りだと気づかず、文字通りに実行するよう燕王に進言してしまったが、偶然にも国は治まった。

ウ　燕の相国は、手紙の中に間違って書き込まれた記述を深読みしたにすぎないが、結果的に国の安定をもたらすこととなった。

エ　郢人は、燕王に送る手紙の重要な言葉を書き間違えたが、燕の相国の機転により、国を治める心構えが燕王に正しく伝わった。

三　次の文章を読んで、あとの問いに答えなさい。

太閤《たいかふ》秀吉《ひでよし》の連歌の席にて、ふとその付合《つけあひ》にてこそあるべけれ（付合であったのだろうが）、「奥山に紅葉《もみぢ》ふみわけ鳴く蛍」とせられしを、紹巴《ぜうは》が、「蛍の鳴くといふ証歌はいざしらず。」と申し上げしに（申し上げたところ）、大いに①不興にてありしが、「なんでふ（何を言うか）、おれが②鳴かすに鳴かぬものは天《あめ》が下にあるまじ。」と広言せられしを、細川《ほそかは》幽斎《いうさい》、その席にゐて、紹巴に向かひて、「いさとよ（さあ、それがです）、蛍の鳴くとよみ合はせたる証歌あり、『武蔵野《むさしの》の篠《しの》を束《つか》ねて（篠竹を束ねたように激しく）ふる雨に蛍ならでは鳴く虫もなし』。」と③申されしかば、紹巴は大いに驚きて平伏し、太閤は大機嫌にてありし由《よし》。翌日、紹巴すなはち幽斎へ行きて、「さるにても（それにしても）昨日は不調法《ぶてうはふ》にて（粗相をして）、家の面目を失ひし。何の集（歌集）の歌なりや。」とうかがふ。幽斎、④「あれほどの人に何の証歌どころぞや、昨日の歌は、我らが自歌なり。」と申されし由なり。

（山科道安《やましなどうあん》『槐記《かいき》』）

（注）付合――連歌で長句（五七五）・短句（七七）を付け合わせること。
紹巴――安土桃山時代の連歌師。
証歌――根拠として引用する和歌。
細川幽斎――安土桃山時代の武将・歌人。
武蔵野――今の東京都と埼玉県にわたる地域。歌によく詠《よ》まれた。

問一　二重傍線部を現代仮名遣いに改めて、全て平仮名で書きなさい。

問二　傍線部①の意味として最も適切なものを、次の**ア**～**エ**から一つ選んで、その符号を書きなさい。

ア　関心がない様子で　　**イ**　悲しげな様子で
ウ　面白くない様子で　　**エ**　悔しそうな様子で

問三　傍線部②・③の主語として適切なものを、次の**ア**～**オ**からそれぞれ一つ選んで、その符号を書きなさい。

ア　筆者　　**イ**　秀吉　　**ウ**　蛍　　**エ**　紹巴　　**オ**　幽斎

問四　傍線部④の意味として最も適切なものを、次の**ア**～**エ**から一つ選んで、その符号を書きなさい。

ア　秀吉のような連歌に未熟な人を相手に、証歌のささいな誤りをことさらに指摘するものではない。
イ　秀吉のような教養ある人物に、証歌を明らかにすることの意義を説くなど無礼な振る舞いである。
ウ　秀吉のように気が短い人には、遠回しな言い方をするのではなく証歌をはっきりと示した方がよい。
エ　秀吉のように権勢を誇示する人に対して、証歌の問題を取り上げてことを荒立てるのは得策でない。

四　次の文章を読んで、あとの問いに答えなさい。

芸能プロダクションのマネージャーである樋口桐絵《ひぐちきりえ》は、十六歳の篠塚未散《しのづかみちる》（ミチル）の才能を見いだし、博多《はかた》から上京させる。ミチルは、デビューが決まっている十四歳の有川真由《ありかわまゆ》を指導する作曲家の高尾良晃《たかおよしあき》から歌唱レッスンを受けるようになった。ある日、音楽番組の収録を見学しに来ていた真由とミチルの二人は、到着が遅れている人気歌手ピンキーガールズの代役として、リハーサルで歌うことになった。

マイクが二本、真由とミチルのそれぞれに手渡される。

プロデューサーが(注)オケのほうを①ふり向いた。

「じゃあ、高尾先生！　お願いしますよ」

先ほどから、真由とミチルを眺めながらずっとにこにこしていた高尾が、二人に向かって人差し指を②振った。

「きみたち、並び順はそれでいいのかな」

え、と二人がまた顔を見合わせる。

「逆のほうがいいと思うよ」

真由とミチルが、きょとんとした顔で、言われたとおり入れ替わる。

「よし、始めよう」高尾はおごそかに言った。「うまく歌おうなんて思わなくていいからね。ただ、できるだけ振りもつけて思いっきり歌ってくれると、僕らもカメラさんも、みんなが助かる。③頼んだよ」

オケのほうへ向き直った高尾が、スッとタクトを振り上げる。振り下ろすと同時に、耳に馴染《なじ》んだヒット曲のイントロが流れだした。

マイクを握った二人ともが、④緊張の面持ちで、けれど少し⑤はにかみながら踊り出す。

桐絵は、目を瞠《みは》った。まるでこの日のために練習してきたかのようだ。ステップも、手の動きも、振り付けを忠実になぞっている。

さらには歌いだしたとたん、周囲からどよめきと歓声が上がった。上のパートが真由、下がミチル、迷いもなく二声に分かれている。完璧なハーモニーと言っていい。

ピンキーガールズの二人のうち、観客席から見て左がユウ、右がマイ。マイのほうが低いパートを歌う。この並び順でなければ、真由もミチルも、こうまで迷いもなく自分の声に合ったパートを歌うことはできなかったはずだ。桐絵は⑥舌を巻いた。高尾がわざわざ立ち位置を入れ替わらせたのはこのためか。

互いにタイミングをはかろうと、二人ともマイク越しに何度も目と目を見交わす。周りの歓声が届くたび、緊張がほぐれて笑みがこぼれ出す。

サビまで含めてワンコーラスが終わり、どちらもが⑦名残惜しそうにマイクを持つ手を下ろしかけたのに、なんと、オケはそのまま続けて間奏を奏《かな》で始めた。おおー、と拍手が沸く中、高尾がニヤリとこちらをふり返り、戸惑う二人に向かって顎をしゃくってよこす。

はっきりと視線を交わし合った真由とミチルが、笑み崩れながら二番を歌い始めた。

信じがたい光景を、桐絵は⑧息を呑《の》んで見つめていた。まさかあの二人が――犬と猿とまで言われた真由とミチルが、ともに笑顔で歌って踊る場面がめぐってこようとは。

こんな奇跡のような出来事はもう二度と起こらない。後にも先にもこれっきりだ。間が悪いというのか何というのか、どうしてこういう時に限って(注)峰岸《みねぎし》はいないのか。あの尊大な男がこれを見たらどれほどびっくりしたことか、口をぽかんと開けてステージを見上げる横顔までありありと思い浮かんで、桐絵は、実際にそれを見られなかったことが悔しくてたまらなかった。

とうとう二番のサビまで完璧に歌い終えた少女達が、演奏終了に合わせてぴたりとポーズを決めたとたん、周りから今日一番の拍手が湧き起こった。⑨はにかみながら四方へお辞儀をする二人に、すごいすごい、良かったよ、とねぎらいの声も飛ぶ。

「ニクいねえ、高尾先生。フルコーラスのサービスとはこれまた」

プロデューサーが苦笑いしながらオケをふり向く。

3点×5

4 （　点）			
	(1)		$x =$
	(2)		$a =$
	(3)		
	(4)	①	cm
		②	$x =$

3点×5

5 （　点）			
	(1)		個
	(2)		
	(3)	①	$n =$
		②	回
		③	

(1)2点　(2)ⅰ．2点　ⅱ．3点　ⅲ．3点　(3)3点×2（②は完答）

6 （　点）				
	(1)			
	(2)	i		
		ii		
		iii		
	(3)	①	$n =$	
		②	符号	枚

※教英出版注
音声は，解答集の書籍ＩＤ番号を
教英出版ウェブサイトで入力して
聴くことができます。

これから聞き取りテストを行います。問題用紙の１《いち》ページを見てください。問題は聞き取りテスト１《いち》，２《に》，３《さん》の３つがあります。答えは，全て解答用紙の指定された解答欄の符号を○で囲みなさい。聞きながらメモを取ってもかまいません。

（聞き取りテスト１《いち》）

聞き取りテスト１《いち》は，会話を聞いて，その会話に続く応答として適切なものを選ぶ問題です。

それぞれの会話の場面が問題用紙に書かれています。会話のあとに放送される選択肢 a～c の中から応答として適切なものを，それぞれ１つ選びなさい。会話と選択肢は１回だけ読みます。では，始めます。

No. 1
〔A：男性，B：女性〕
A: What's the weather tomorrow?
B: The news says that it will rain.
A: Oh, no! I want to play tennis tomorrow.

(a) I'd love to.
(b) That's too bad.
(c) It's my turn.

No. 2
〔A：女性，B：男性〕
A: Excuse me. Can I borrow five books?
B: Sorry, only three books at a time.
A: I see. How long can I keep them?

(a) For five days.
(b) About five books.
(c) On the fifth floor.

No. 3
〔A：男性，B：女性〕
A: Now, it's time to start today's club meeting.
B: Wait, Tom isn't here.
A: It's OK. He said he would be late.

(a) Then, he didn't attend the meeting.
(b) Then, he must be on time.
(c) Then, let's begin.

（聞き取りテスト２《に》）

聞き取りテスト２《に》は，会話を聞いて，その内容についての質問に答える問題です。

それぞれ会話のあとに質問が続きます。その質問に対する答えとして適切なものを，問題用紙の a～d の中からそれぞれ１つ選びなさい。会話と質問は２回読みます。では，始めます。

No. 1
〔A：男性，B：女性〕
A: Lucy, we need some eggs, chopsticks and dishes for tomorrow's party.
B: I'll buy them at the convenience store.
A: Can you buy the eggs at the supermarket in front of the station? There is a sale today.
B: OK.
A: Then, I'll buy the chopsticks and dishes.
B: Thank you. See you later.

(Question) What is Lucy going to buy?
もう一度繰り返します。

Ⅲ （　　点）	1 （　　点）	⑴	
		⑵	
		⑶	
		⑷	
	2 （　　点）	⑴	
		⑵	
		⑶	
		⑷	%

1．３点×４
2．⑴３点
⑵３点
⑶３点
⑷４点

Ⅳ （　　点）	1 （　　点）	⑴						
		⑵						
		⑶						
		⑷						
	2 （　　点）	⑴						
		⑵						
		⑶	%					
		⑷	X		Y		Z	

1．３点×４
2．⑴３点
⑵３点
⑶３点
⑷完答４点

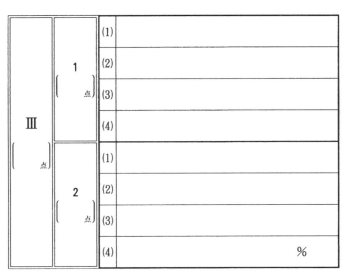

No. 2
〔A：女性，B：男性〕
A: You look pale, Mike.
B: Hi, Kathy. I have a headache.
A: Oh, really? You need to go home.
B: I have to take my science report to Mr. Brown.
A: I'll take it to his room during the lunch break.
B: Thank you. Here is my report.

(Question) Where will Kathy go for Mike during the lunch break?

もう一度繰り返します。

No. 3
〔A：男性，B：女性〕
A: Emily, what will you study after you graduate from high school?
B: I'm going to study Japanese food because I want to introduce it to the world. How about you, Koji?
A: I'd like to study business to be the owner of a restaurant overseas.
B: Sounds great! Then, you should keep studying English.
A: You're right. English will be useful.
B: You can do it!

(Question) Why does Koji want to study business?

もう一度繰り返します。

（聞き取りテスト3《さん》）
聞き取りテスト3《さん》は，英語による説明を聞いて，その内容についての２つの質問に答える問題です。
問題用紙に書かれている，場面，Question 1《クウェスチョンワン》と 2《ツー》および図を見てください。〔15秒あける。〕これから英文と選択肢が放送されます。英文のあとに放送される選択肢 a～d の中から質問に対する答えとして適切なものを，それぞれ１つ選びなさい。英文と選択肢は２回読みます。では，始めます。

〔男性〕
Hello, welcome to Green Zoo. I'm John, a guide at this zoo. Please look at the schedule. Now, I'll explain today's activities from the top. First, you can touch many kinds of rabbits from many places in the world. When you touch the rabbits, please don't speak loudly or move suddenly. They'll be surprised and run away. Next, you can give milk to a baby tiger. It's afraid of the sound of cameras, so please don't take pictures during this activity. The next two activities are very popular among visitors. But today, you cannot ride the horses in the afternoon because we need to check their health.

〔女性〕
(Question 1 Answer)
(a) One.
(b) Two.
(c) Three.
(d) Four.

(Question 2 Answer)
(a) They cannot check the schedule.
(b) They cannot speak loudly.
(c) They cannot move suddenly.
(d) They cannot take pictures.

もう一度繰り返します。
これで聞き取りテストを終わります。次の問題に移りなさい。

「だって、きみたちも見たかったろう？　途中で止めたりしたらきっと大ブーイングだ」

指揮棒を手にした高尾が身体を揺らして笑った。

「二人とも、ご苦労さんだったね。素晴らしいパフォーマンスだった」

上気した頬の二人がそれぞれに強く頷《うなず》いて、頭を下げる。

「ありがとうございました！」

「はい、お疲れさん」

もう下がっていいよ、とプロデューサーに言われて舞台袖の階段を下りてくる真由とミチルを、桐絵は両腕を大きく広げて迎えた。

「素晴らしかったわよ、あなたたち！」

「ほんと？」とミチル。

「もちろんよ。二人とも、最高に光り輝いてた。⑩見てて涙が出ちゃった」

「何それ、親戚のオバサンじゃあるまいし」

さっそく憎まれ口を叩《たた》く真由も、そのじつ、晴れがましさを隠しきれずに小鼻がぴくぴくしている。

同じ代役でも、他の歌手の代わりでは決してこうはいかなかった。二人ともが□のピンキーガールズ・ファンだからこそ、歌のパートも振り付けも完璧に覚えていて、皆の前で堂々と⑪披露することができたのだ。

「あなたたちこそ、どうだった？」二人を見比べながら、桐絵は訊《き》いた。

「スポットライトを浴びてみた感想は？」

「楽しかった！」と真由。

「もう、最高！」とミチル。

満面の笑みのまま隣に立つ相手を見やったかと思うと、慌てたように表情を引っこめて、ぷいっと顔を背ける。

ふだんでも、せめてこれくらいの⑫距離感でいてくれたらいいのに、と桐絵は思った。

（村山由佳《むらやまゆか》『星屑《ほしくず》』）

（注）オケ――オーケストラの略。ここではテレビの音楽番組における伴奏の演奏者のこと。

峰岸――桐絵の上司。

問一　傍線部④・⑦・⑪の漢字の読み方を平仮名で書きなさい。

問二　傍線部①〜③について、五段活用動詞の連用形が「た」「て」などに続くとき、活用語尾が「い」「っ」「ん」のように変化することを何というか。適切なことばを漢字二字で書きなさい。

問三　傍線部⑧の本文中の意味として最も適切なものを、次の**ア**〜**エ**から一つ選んで、その符号を書きなさい。

ア　驚いて　　**イ**　緊張して

ウ　落ち着いて　　**エ**　うろたえて

問四　本文中の空欄に入る適切なことばを、次の**ア**〜**エ**から一つ選んで、その符号を書きなさい。

ア　引く手あまた　　**イ**　付け焼き刃

ウ　筋金入り　　**エ**　札付き

問五　傍線部⑤・⑨における真由とミチルの心情の変化の説明として最も適切なものを、次の**ア**〜**エ**から一つ選んで、その符号を書きなさい。

ア　はじめは、自信のなさを隠すことばかりに気をとられていたが、予想以上にうまく歌えたことで、歌う前の自分を恥じるとともに、より大きな舞台に立ちたいという思いがふくらんでいる。

イ　はじめは、ステージに立つ心の高ぶりで余裕がなかったが、周囲の人たちの温かい声援を意識したとき、その心配りに感謝の気持ちを抱くとともに、それに気づかずにいた自分を恥じている。

ウ　はじめは、気の合わない相手と同じステージに立つことに気まずさを感じていたが、歌い終えるころには、ぎこちなさを残しながらも、二人で力を合わせて歌うことに手応えを感じている。

エ　はじめは、代役とはいえ本番さながらのステージで歌い踊ることに対する遠慮があったが、周囲からの賞賛の中で歌い終えたとき、想像以上の充実感を得るとともに照れくささを感じている。

問六　傍線部⑥の説明として最も適切なものを、次の**ア**〜**エ**から一つ選んで、その符号を書きなさい。

ア　さりげない声かけによって真由とミチルの実力を十分に引き出した、高尾の音楽家としての力量に感嘆している。

イ　高尾の意図を理解して、それぞれ自分に合ったパートで歌い始めた真由とミチルの対応力に感心している。

ウ　瞬時に真由とミチルの声域の特性を見抜いた高尾の直感の鋭さに、信じられないという思いを抱いている。

エ　高尾の助言があったとはいえ、おごそかな雰囲気の中で実力を発揮する真由とミチルのことを見直している。

問七　傍線部⑩からうかがえる、リハーサルでの真由とミチルの様子を見ていたときの桐絵の心情の説明として最も適切なものを、次の**ア**〜**エ**から一つ選んで、その符号を書きなさい。

ア　真由とミチルの実力はよくわかっていたとはいえ、突然実現した大舞台で予想をはるかに上回るパフォーマンスを見せる二人の姿に、二人組歌手としての今後の活躍を想像し、目頭が熱くなっている。

イ　真由とミチルの奇跡的なパフォーマンスを多くの関係者に見せ、二人組歌手としての実力を認めさせたことで、二人を売り込むために積み重ねてきた努力を思い出し、感情がこみ上げてきている。

ウ　真由とミチルがステージ上で存分に実力を発揮する姿をまのあたりにして、二人が葛藤を抱えながらもこの日のために練習してきたことを察し、二人のけなげな努力に思いをはせて感極まっている。

エ　真由とミチルが多くの人を沸かせていることを誇らしく思うとともに、決して交わることがなかったこれまでの二人を知るだけに、心の底から歌うことを楽しむ二人の姿に胸が熱くなっている。

問八　傍線部⑫の説明として最も適切なものを、次の**ア**〜**エ**から一つ選んで、その符号を書きなさい。

ア　どれほど仲良くなったとしても、ライバルであることを忘れず、互いに対抗心を持ち続ける関係。

イ　心から打ち解けることがなくても、互いの実力を認め合い、必要なときには協力を惜しまない関係。

ウ　実際は反目していても、人前に出る者として表向きは仲が良さそうに振る舞うことができる関係。

エ　厳しい世界を生き抜いていく仲間として、隠しごとをせず本音を言い合うことができる関係。

五　次の文章を読んで、あとの問いに答えなさい。

メディアは圧倒的な政治的影響力をもっている。二〇世紀以降の政治的リーダーたちは、どのような政治体制であれそのことを強く意識し、政権の維持・強化や政策の実現のためにメディアを掌握しようとしてきた。メディアは、政治成果を強調し、国民意識を強め、政敵を抑圧・攻撃するために、実際、圧倒的な影響力をもっている。

メディアと政治というテーマをかかげるとき、すぐに頭に浮かぶのは、メディアがかかわる特定の政治的メッセージや政治的立場だろう。ある政治体制や政策などに対する支持であれ批判であれ、メディアの発信する内容そのものが①そこでは問題となる。メディアというものが、その字ギ(A)通り、メッセージのなかだちとなるものだとすれば、重要なのはメッセージの中味であって、そのメッセージを伝えるメディアそのものが何であるかは、その場合、副次的な意味しかもたない。

(注)マーシャル・マクルーハンのよく知られた言葉に、〝The medium is(注) the message.〟というものがある。メディアこそがメッセージである、というこの表現は、メッセージとなっているのはメディアの伝える内容であるという一般的なイメージをネン(B)頭に置いたものであり、マクルーハンはそれを挑発的に否定した言い方をあえてしていることになる。ふつうはメディアの伝達内容こそがメッセージだと思われている。しかし、マクルーハンは、むしろ内容を伝達する媒体そのものがメッセージなのだと主張しているのである。

②これはずいぶん突飛な主張のようにもみえる。例えば、明日は晴れるという単純な情報を伝えてもらうとき、その情報の内容そのものが重要なのであって、直接会った人からそれを口頭で教えてもらうか、新聞に書いてある情報を読むか、テレビで知るか、あるいはスマホでSNSのやりとりをしているときに知るかというメディアのちがいなど、どうでもよいことかもしれない。しかし、メディアのちがいはもっと根本的な変化を人間のうちに生み出してゆく。直接に人と顔を合わせて話をすること、新聞を通じてメッセージを受け取ること、テレビを見ること、SNSを通じてさまざまな人と高度な技術をカイ(C)してつながることは、それぞれまったく異なる人間の関係のあり方をもたらす。異なる時間感覚、異なる社会のあり方がそれらのメディアによって生み出されるのである。

マクルーハンにとって、歴史の過程の中で西欧近代社会というものを作り出してきた、その最もおおもとの思考の枠組みは、活版印刷という技術によって生み出されてきた。活版印刷によって大量に普及することが可能になった「書物」というメディアが、西欧近代の政治・経済・社会・文化のあらゆる領域の土台になっている。その意味では、書物に書かれている内容よりも、「書物」というメディアそのものが西欧近代の政治・経済・社会・文化を表すものになっているということだ。同じように、「テレビ」というメディアは、それまでの書物世界の価値や思考様式を根本的に塗り替え、それまでとは③異なる社会を作り出すことになった。そして「コンピュータ」やそのうえで機能する「インターネット」、またその延長線上にあるスマートフォンによるコミュニケーションは、さらに徹底的に世界の枠組みと人々の思考のあり方、生活のあり方を作りかえている。④このような世界の根本的な変革を推し進めてきたのは、メディアによって伝達される情報よりも、むしろメディアそのものなのである。

もう一度、メディアと政治というテーマに焦点を移そう。メディアが発信する政治的メッセージはもちろん政治的にきわめて大きな力をもちうる。しかし、それとともに、あるいはそれ以上に、⑤そこで用いられているメディアは何かということが、政治的に決定的な意味をもつ。伝達の宛先となる人の数、速さ、イメージを喚起する力は、技術性がたかまるにつれて、圧倒的に増大する。ここでは技術的な複製のもつ二つの異なる意味のうち、同じものを大量に早く生み出すということがとりわけ重要になるが、それとともに、受け手に対してイメージを喚起する力についていえば、正確なオリジナルのコピーを生み出すという機能も無関係ではない。

また、コミュニケーションの形態も、メディアの技術性によってかなりの程度条件づけられている。新聞やテレビが、少数の力を持つ者から多数の人間への一方向的な伝達形式をもつのに対して、ウェブ上では多数者が双方向的につながっているだけでなく、誰もが発信者となりうる構造が生まれている。それ以前のメディアを特徴づけていた、発信者となるためのある種の資格が、そこには存在しない。現代では、政治家たちに対して発言するのは、政治的・経済的な有力者や知識人だけでなく、場合によっては、政治的な定見を必ずしももたない圧倒的多数のウェブ上の声のほうが、はるかに大きな影響力をもちうる。そしてまた、そのことを意識して政治が進められてゆく。新聞の時代の政治、映画の時代の政治、テレビの時代の政治、そして⑥インターネットの時代の政治は、すべてそれぞれ異なるメディアの特質によって、異なるものに作り上げられてきた。「メディアこそがメッセージである」という言葉は、ここでも完全にあてはまる。

（山口裕之《やまぐちひろゆき》『現代メディア哲学』）

（注）マーシャル・マクルーハン――カナダ出身の英文学者・文明評論家。
medium――〝media〟と同じ意味。〝media〟は、〝medium〟の複数形。

問一　二重傍線部A～Cの漢字と同じ漢字を含むものを、次の各群のア～エからそれぞれ一つ選んで、その符号を書きなさい。

A　ア　地球ギを使って学ぶ。　イ　審ギを行う。
　　ウ　自己ギ牲の精神。　エ　ギ理と人情。

B　ア　馬の耳にネン仏。　イ　天ネン資源が豊富だ。
　　ウ　ネン俸制を導入する。　エ　費用をネン出する。

C　ア　一堂にカイする。　イ　一カイの市民にすぎない。
　　ウ　暗号をカイ読する。　エ　体力の限カイ。

問二　傍線部④はどの文節に係るか。一文節で抜き出して書きなさい。

問三　傍線部①を説明した次の文の空欄に入る適切なことばを、本文中から七字で抜き出して書きなさい。

□に関する議論の場。

問四　傍線部②の理由を説明した次の文の空欄a・bに入る適切なことばを、それぞれ本文中から抜き出して書きなさい。ただし、aは四字、bは八字のことばとする。

伝達において、伝達される内容は［a］役割を果たすにすぎない、というマクルーハンの考えは、伝達に対する［b］からあまりにもかけ離れているから。

問五　傍線部③が作り出される過程を、次の【図】のように整理した。【図】の空欄Ⅰ～Ⅳに入ることばの組み合わせとして適切なものを、あとのア～エから一つ選んで、その符号を書きなさい。

【図】

［Ⅰ］→［Ⅱ］→［Ⅲ］→［Ⅳ］
→異なる社会が作り出される。

ア　Ⅰ 技術の革新　Ⅱ 新たなメディアの出現
　　Ⅲ コミュニケーションの変化　Ⅳ 思考の枠組みの転換

イ　Ⅰ 思考の枠組みの転換　Ⅱ コミュニケーションの変化
　　Ⅲ 技術の革新　Ⅳ 新たなメディアの出現

ウ　Ⅰ 技術の革新　Ⅱ 新たなメディアの出現
　　Ⅲ 思考の枠組みの転換　Ⅳ コミュニケーションの変化

エ　Ⅰ 思考の枠組みの転換　Ⅱ 技術の革新
　　Ⅲ 新たなメディアの出現　Ⅳ コミュニケーションの変化

問六　傍線部⑤の説明として最も適切なものを、次の**ア**〜**エ**から一つ選んで、その符号を書きなさい。

ア　技術性の高いメディアを用いれば、人々はオリジナルのメッセージに触れることで政策を深く理解することができるため、政治に関して自分の意見を持つ人が飛躍的に増えるということ。

イ　技術性の高いメディアを用いることにより、短期間に多くの人の意見を集めることができるため、多様な考えを反映させた、極めて実現性の高い政策の立案が可能になるということ。

ウ　技術性の高いメディアを用いれば、多くの人に迫真性のある情報を一斉に伝えることができるので、訴える政策が同じ内容であっても、賛同を得る可能性が飛躍的に高まるということ。

エ　技術性の高いメディアを用いることにより、政策の内容そのものの説得力を高めることができるので、政敵が批判を大量に拡散したとしてもその影響が極めて小さくなるということ。

問七　傍線部⑥の説明として最も適切なものを、次の**ア**〜**エ**から一つ選んで、その符号を書きなさい。

ア　インターネットの技術により、それまで政治的な発言をすることがなかった人々が匿名で意見を述べるようになり、政治家は何の資格も持たない一般人の意見を最重要視するようになった。

イ　インターネットの技術が人々に広く意見表明の場をもたらし、政治に関する専門的な知識や明確な考えを持つともいえない人々の意見が、政治家の判断を左右する事態が生じるようになった。

ウ　インターネットの技術によって、誰もが発信者となり得る社会が実現し、人々は、発言者が誰であるかに関係なく、政治的な主張の妥当性を発言の内容の正しさによって評価するようになった。

エ　インターネットの技術は、誰もが発信者となることができる伝達の構造を生み出し、政治的な意見を持つことがなかった人々が、知識人たちの代わりに政治家に対して発言するようになった。

問八　本文に述べられている内容として適切なものを、次の**ア**〜**エ**から一つ選んで、その符号を書きなさい。

ア　メディアが伝える政治的なメッセージは、それを伝える媒体が何であれ、メッセージを受け取る人々に対して同等の影響力を持つが、このことは、メディアによる伝達全般に当てはまる。

イ　一方向的な伝達形式を特徴とするメディアは複数あるが、発信者と受信者の関係のあり方が似たようなものとなるため、メッセージを伝えることによる社会への影響力はどれも大差ない。

ウ　情報が単純か複雑か、また政治的な場面であるかどうかを問わず、メディアによる伝達においては、多くの場合、メッセージの内容そのものよりも、伝達の形態が影響力を持つことになる。

エ　同時かつ双方向的に情報をやりとりする高度な伝達に限れば、情報を発信する行為そのものが人々の考えの形成に影響するため、メディア自体がメッセージの意味合いを持つと言える。

二

（　　点）

問一（　点）	問二（　点）	問三（　点）		問四（　点）
		a	b	
	謂《ヒテ》持《ツ》燭《ヲ》者《ニ》曰《ハク》、			

問一．３点
問二．３点
問三．２点×２
問四．３点

三

（　　点）

問一（　点）	問二（　点）	問三（　点）		問四（　点）
		②	③	

問一．２点
問二．３点
問三．２点×２
問四．３点

五

（　　点）

問一（　点）			問二（　点）	問三（　点）	問四（　点）		問五（　点）	問六（　点）	問七（　点）	問八（　点）
A	B	C			a	b				

問一．２点×３
問二．３点
問三．３点
問四．２点×２
問五．３点
問六．３点
問七．３点
問八．３点

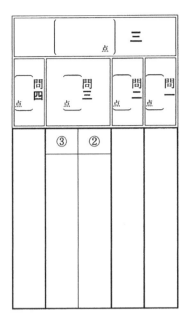

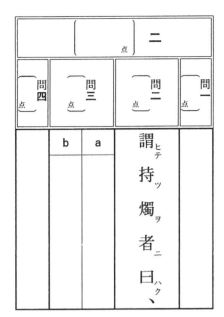

令　和　5　年　度

兵庫県公立高等学校学力検査問題

数　　学

（50分）

注　　意

1　「開始」の合図があるまで開いてはいけません。

2　「開始」の合図で，1ページから7ページまで問題が印刷されていることを確かめなさい。

3　**解答用紙の左上の欄に受検番号**を書きなさい。

4　解答用紙の □ の得点欄には，何も書いてはいけません。

5　答えは，全て**解答用紙の指定された解答欄**に書きなさい。

6　問題は6題で，7ページまであります。

7　「終了」の合図で，すぐ鉛筆を置きなさい。

8　解答用紙は，机の上に置いて，退室しなさい。

受検番号　　番

令和5年度兵庫県公立高等学校学力検査

数　学　解　答　用　紙

※100点満点

得点	

3点×8

1		
	(1)	
	(2)	
	(3)	
	(4)	
	(5)	$x=$
	(6)	cm^2
	(7)	度
	(8)	
点		

3点×5

2			
	(1)		cm
	(2)		
	(3)	①	
		②	秒速　　cm
		③	$t=$
点			

(1)2点×2　(2)3点　(3)4点　(4)4点

3			
	(1)	i	
		ii	
	(2)		cm
	(3)		cm
	(4)		倍
点			

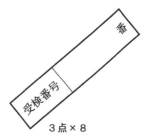

注意　　全ての問いについて，答えに$\sqrt{\quad}$が含まれる場合は，$\sqrt{\quad}$を用いたままで答えなさい。

1　次の問いに答えなさい。

(1)　$-3-(-9)$　を計算しなさい。

(2)　$20xy^2 \div (-4xy)$　を計算しなさい。

(3)　$4\sqrt{3}-\sqrt{12}$　を計算しなさい。

(4)　x^2+2x-8　を因数分解しなさい。

(5)　yはxに反比例し，$x=-6$のとき$y=2$である。$y=3$のときのxの値を求めなさい。

(6)　図1のように，底面の半径が3 cm，母線の長さが6 cmの円すいがある。この円すいの側面積は何cm^2か，求めなさい。ただし，円周率はπとする。

図1

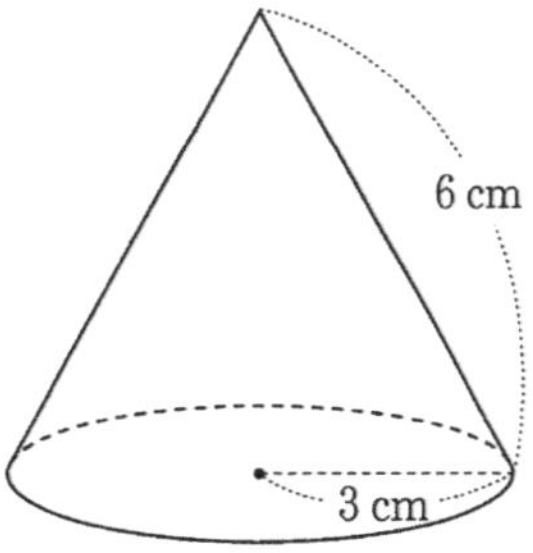

(7)　図2で，$\ell /\!/ m$のとき，$\angle x$の大きさは何度か，求めなさい。

図2

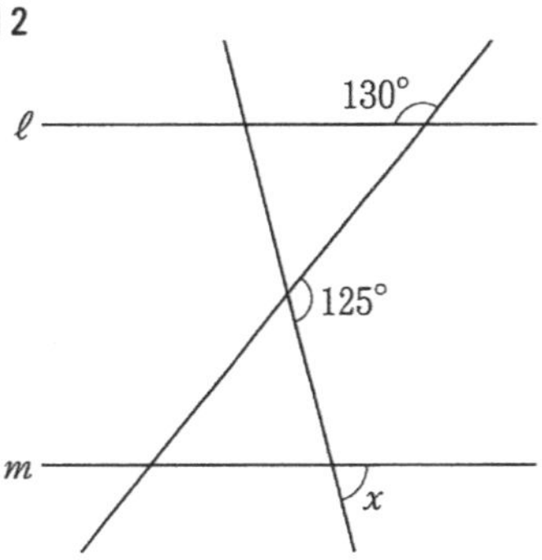

(8)　表は，ある農園でとれたイチジク1000個から，無作為に抽出したイチジク50個の糖度を調べ，その結果を度数分布表に表したものである。この結果から，この農園でとれたイチジク1000個のうち，糖度が10度以上14度未満のイチジクは，およそ何個と推定されるか，最も適切なものを，次の**ア**～**エ**から1つ選んで，その符号を書きなさい。

ア　およそ150個
イ　およそ220個
ウ　およそ300個
エ　およそ400個

表　　　イチジクの糖度

階級(度)			度数(個)
以上 10	～	未満 12	4
12	～	14	11
14	～	16	18
16	～	18	15
18	～	20	2
計			50

2　図1のように，OA = 2 cm，AB = 4 cm，∠OAB = 90° の直角三角形 OAB がある。2点P，Qは同時にOを出発し，それぞれ次のように移動する。

図1

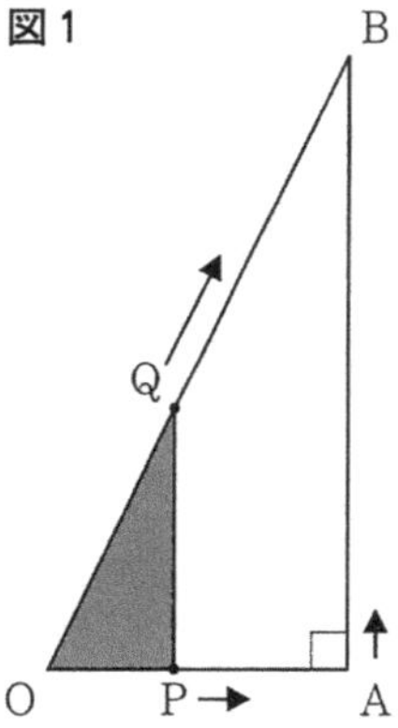

> 点P
> ・辺 OA 上をOからAまで秒速 1 cm の速さで移動する。
> ・Aに着くと，辺 OA 上を移動するときとは速さを変えて，辺 AB 上をAからBまで一定の速さで移動し，Bに着くと停止する。
>
> 点Q
> ・辺 OB 上をOからBまで，線分 PQ が辺 OA と垂直になるように移動し，Bに着くと停止する。

2点P，QがOを出発してから x 秒後の △OPQ の面積を y cm² とする。ただし，2点P，QがOにあるとき，および，2点P，QがBにあるとき，△OPQ の面積は 0 cm² とする。

次の問いに答えなさい。

(1)　2点P，QがOを出発してから1秒後の線分 PQ の長さは何 cm か，求めなさい。

(2)　$0 \leqq x \leqq 2$ のとき，x と y の関係を表したグラフとして最も適切なものを，次の**ア**～**エ**から1つ選んで，その符号を書きなさい。

ア

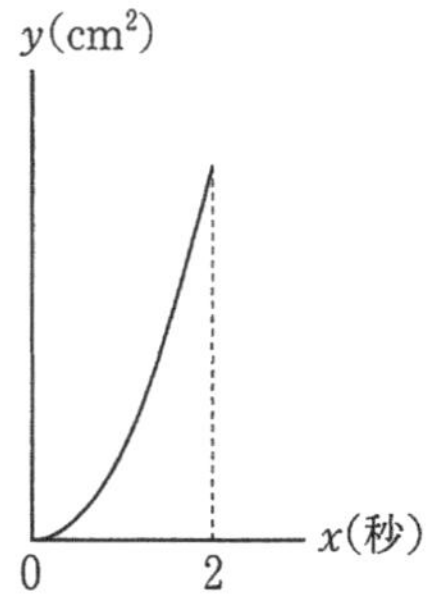

イ

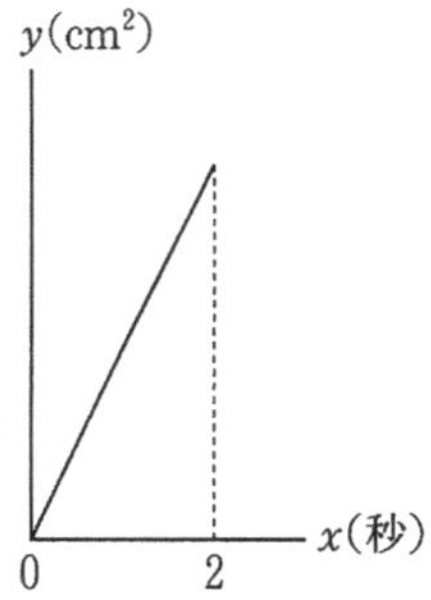

ウ

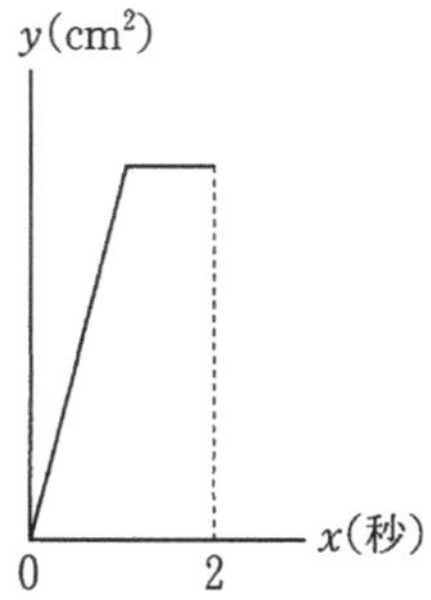

エ

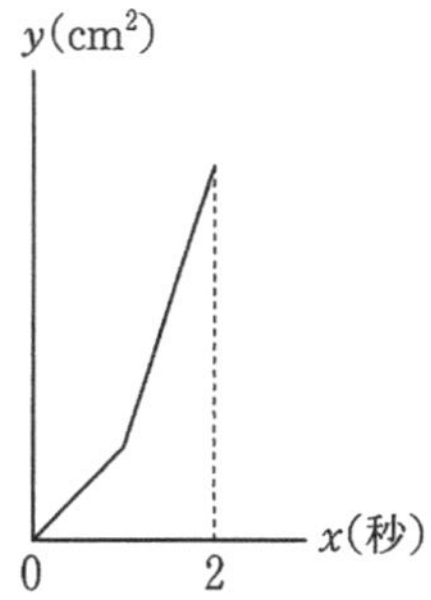

(3)　$2 \leqq x \leqq 10$ のとき，x と y の関係を表したグラフは図2のようになる。

①　図2の［　i　］にあてはまる数を求めなさい。

②　点Pが辺 AB 上を移動するとき，点Pの速さは秒速何 cm か，求めなさい。

③　2点P，QがOを出発してから t 秒後の △OPQ の面積と，$(t + 4)$ 秒後の △OPQ の面積が等しくなる。このとき，t の値を求めなさい。ただし，$0 < t < 6$ とする。

図2

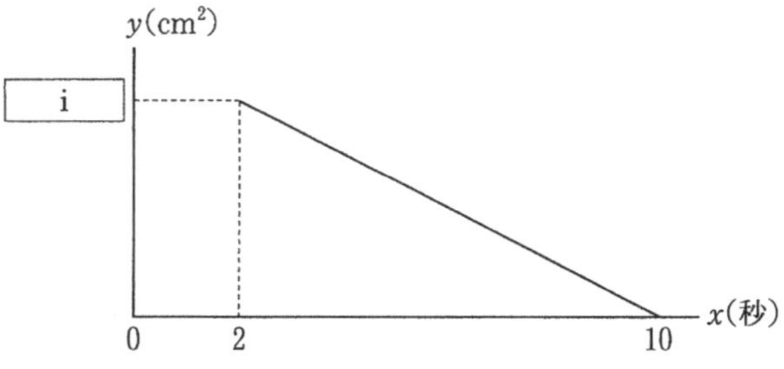

3 図のように，AB = 12 cm，BC = 18 cm の △ABC がある。∠BAC の二等分線と辺 BC の交点を D とすると，BD = 8 cm となる。

次の問いに答えなさい。

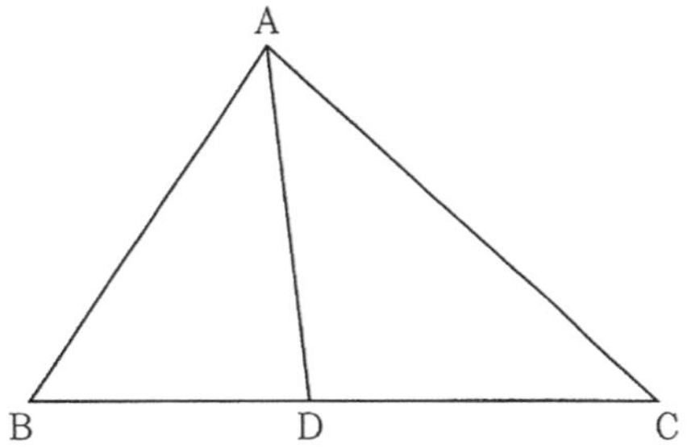

(1) ∠ACD = ∠CAD であることを次のように証明した。

[i]，[ii] にあてはまるものを，あとの**ア**～**カ**からそれぞれ1つ選んでその符号を書き，この証明を完成させなさい。

＜証明＞
まず，△ABC ∽ △DBA であることを証明する。
△ABC と △DBA において，
仮定から， AB : DB = 3 : 2 ……①
[i] = 3 : 2 ……②
①，②より，
AB : DB = [i] ……③
共通な角だから，
∠ABC = ∠DBA ……④
③，④より，
2組の辺の比とその間の角がそれぞれ等しいから，
△ABC ∽ △DBA
したがって， ∠ACB = ∠[ii] ……⑤
仮定から， ∠[ii] = ∠DAC ……⑥
⑤，⑥より， ∠ACD = ∠CAD

ア BC : BA	**イ** BA : BC	**ウ** BC : DB
エ ABD	**オ** DAB	**カ** ADB

(2) 線分 AD の長さは何 cm か，求めなさい。

(3) 線分 AC の長さは何 cm か，求めなさい。

(4) 辺 AB 上に，DE = 8 cm となるように，点 B と異なる点 E をとる。また，辺 AC 上に点 F をとり，AE，AF をとなり合う辺とするひし形をつくる。このひし形の面積は，△ABC の面積の何倍か，求めなさい。

4 図のように，関数 $y=x^2$ のグラフ上に異なる２点Ａ，Ｂがあり，関数 $y=ax^2$ のグラフ上に点Ｃがある。点Ｃの座標は（2，－1）であり，点Ａと点Ｂの y 座標は等しく，点Ｂと点Ｃの x 座標は等しい。

次の問いに答えなさい。ただし，座標軸の単位の長さは 1 cm とする。

⑴ 点Ａの x 座標を求めなさい。

⑵ a の値を求めなさい。

⑶ 直線 AC の式を求めなさい。

⑷ ３点Ａ，Ｂ，Ｃを通る円を円O′とする。

① 円O′の直径の長さは何 cm か，求めなさい。

② 円O′と x 軸との交点のうち，x 座標が正の数である点をＤとする。点Ｄの x 座標を求めなさい。

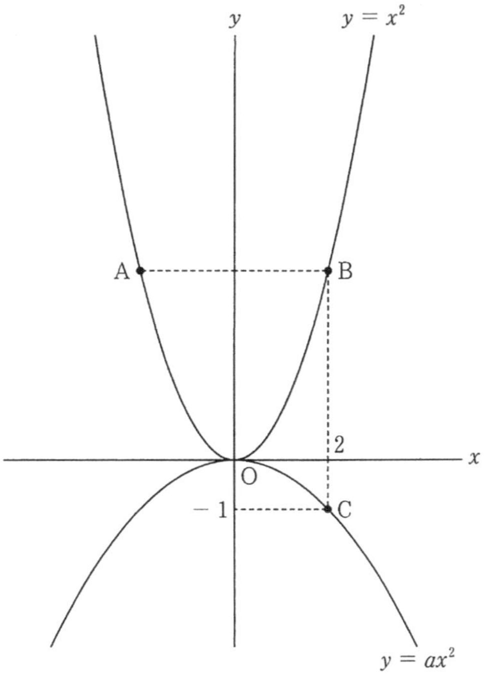

5 さいころが1つと大きな箱が1つある。また，1，2，3，4，5，6の数がそれぞれ1つずつ書かれた玉がたくさんある。箱の中が空の状態から，次の［操作］を何回か続けて行う。そのあいだ，箱の中から玉は取り出さない。

あとの問いに答えなさい。ただし，玉は［操作］を続けて行うことができるだけの個数があるものとする。また，さいころの1から6までのどの目が出ることも同様に確からしいとする。

［操作］
(i)　さいころを1回投げ，出た目を確認する。
(ii)　出た目の約数が書かれた玉を，それぞれ1個ずつ箱の中に入れる。

例：(i)で4の目が出た場合は，(ii)で1，2，4が書かれた玉をそれぞれ1個ずつ箱の中に入れる。

(1)　(i)で6の目が出た場合は，(ii)で箱の中に入れる玉は何個か，求めなさい。
(2)　［操作］を2回続けて行ったとき，箱の中に4個の玉がある確率を求めなさい。
(3)　［操作］をn回続けて行ったとき，次のようになった。

- n回のうち，1の目が2回，2の目が5回出た。3の目が出た回数と5の目が出た回数は等しかった。
- 箱の中には，全部で52個の玉があり，そのうち1が書かれた玉は21個であった。4が書かれた玉の個数と6が書かれた玉の個数は等しかった。

①　nの値を求めなさい。
②　5の目が何回出たか，求めなさい。
③　52個の玉のうち，5が書かれた玉を箱の中から全て取り出す。その後，箱の中に残った玉をよくかき混ぜてから，玉を1個だけ取り出すとき，その取り出した玉に書かれた数が6の約数である確率を求めなさい。ただし，どの玉が取り出されることも同様に確からしいとする。

6 数学の授業中に先生が手品を行い，ゆうりさんたち生徒は手品の仕掛けについて考察した。あとの問いに答えなさい。

> 先　生：ここに3つの空の箱，箱A，箱B，箱Cと，たくさんのコインがあります。ゆうりさん，先生に見えないように，黒板に示している作業1～4を順に行ってください。
>
> 作業1：箱A，箱B，箱Cに同じ枚数ずつコインを入れる。ただし，各箱に入れるコインの枚数は20以上とする。
> 作業2：箱B，箱Cから8枚ずつコインを取り出し，箱Aに入れる。
> 作業3：箱Cの中にあるコインの枚数を数え，それと同じ枚数のコインを箱Aから取り出し，箱Bに入れる。
> 作業4：箱Bから1枚コインを取り出し，箱Aに入れる。
>
> ゆうり：はい。できました。
> 先　生：では，箱Aの中にコインが何枚あるか当ててみましょう。[a]枚ですね。どうですか。
> ゆうり：数えてみます。1，2，3，……，すごい！　確かにコインは[a]枚あります。

(1) 作業1で，箱A，箱B，箱Cに20枚ずつコインを入れた場合，[a]にあてはまる数を求めなさい。
(2) 授業後，ゆうりさんは「授業振り返りシート」を作成した。[i]にあてはまる数，[ii]，[iii]にあてはまる式をそれぞれ求めなさい。

> 授業振り返りシート
>
> 授業日：3月10日（金）
>
> Ⅰ　授業で行ったこと
> 先生が手品をしてくれました。その手品の仕掛けを数学的に説明するために，グループで話し合いました。
>
> Ⅱ　わかったこと
> 作業1で箱A，箱B，箱Cに20枚ずつコインを入れても，21枚ずつコインを入れても，作業4の後に箱Aの中にあるコインは[a]枚となります。
> なぜそのようになるかは，次のように説明できます。
>
> ・作業4の後に箱Aの中にコインが[a]枚あるということは，作業3の後に箱Aの中にコインが[i]枚あるということです。
> ・作業1で箱A，箱B，箱Cにx枚ずつコインを入れた場合，作業2の後に箱Aの中にあるコインはxを用いて[ii]枚，箱Cの中にあるコインはxを用いて[iii]枚と表すことができます。つまり，作業3では[iii]枚のコインを箱Aから取り出すので，[ii]から[iii]をひくと，xの値に関係なく[i]になります。
>
> これらのことから，作業1で各箱に入れるコインの枚数に関係なく，先生は[a]枚と言えばよかったということです。

(3) ゆうりさんは，作業２で箱Ｂ，箱Ｃから取り出すコインの枚数を変えて何回かこの手品を行い，作業３の後に箱Ａの中にあるコインの枚数は必ずnの倍数となることに気がついた。ただし，作業２では箱Ｂ，箱Ｃから同じ枚数のコインを取り出し，箱Ａに入れることとし，作業２以外は変更しない。また，各作業中，いずれの箱の中にあるコインの枚数も０になることはないものとする。

① nの値を求めなさい。ただし，nは１以外の自然数とする。

② 次の**ア**～**ウ**のうち，作業４の後に箱Ａの中にあるコインの枚数として適切なものを，ゆうりさんの気づきをもとに１つ選んで，その符号を書きなさい。また，その枚数にするためには，作業２で箱Ｂ，箱Ｃから何枚ずつコインを取り出せばよいか，求めなさい。

ア 35　　**イ** 45　　**ウ** 55

令　和　5　年　度

兵庫県公立高等学校学力検査問題

英　　　語

（50分）

注　　　意

1　「開始」の合図があるまで開いてはいけません。

2　「開始」の合図で，1ページから8ページまで問題が印刷されていることを確かめなさい。

3　**解答用紙の左上の欄に受検番号**を書きなさい。

4　解答用紙の □ の得点欄には，何も書いてはいけません。

5　答えは，全て**解答用紙の指定された解答欄**に書きなさい。

6　問題は5題で，8ページまであります。
Ⅰは，**聞き取りテスト**です。問題は，**聞き取りテスト１，２，３**の3つがあります。
聞き取りテストの放送は，検査開始直後にあります。
英文は聞き取りテスト１では１回だけ，聞き取りテスト２と３では２回読みます。

7　「終了」の合図で，すぐ鉛筆を置きなさい。

8　解答用紙は，机の上に置いて，退室しなさい。

受検番号　　　番

※ 得点

令和５年度兵庫県公立高等学校学力検査

英 語 解 答 用 紙

聞き取りテスト

Ⅰ (点)	1 (点)	No. 1	a	b	c	
		No. 2	a	b	c	
		No. 3	a	b	c	
	2 (点)	No. 1	a	b	c	d
		No. 2	a	b	c	d
		No. 3	a	b	c	d
	3 (点)	1	a	b	c	d
		2	a	b	c	d

1．３点×３
2．３点×３
3．３点×２

Ⅱ (点)	1 (点)	(1)	
		(2)	
	2 (点)	①	
		②	
		③	
	3 (点)	あ	(　　　)(　　　)(　　　)(
		い	(　　　)(　　　)(　　　)(

1．２点×２
2．２点×３
3．完答３点×２

Ⅲ (点)	1 (点)		
	2 (点)	③	
		④	
		⑤	
		⑥	
	3 (点)		

1．３点
2．３点×４
3．３点

2023(R5) 兵庫県公立高
教英出版

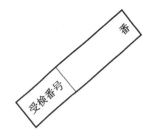

I　放送を聞いて，**聞き取りテスト1，2，3**の問題に答えなさい。答えは，全て解答用紙の指定された解答欄の符号を○で囲みなさい。

聞き取りテスト1　会話を聞いて，その会話に続く応答として適切なものを選びなさい。会話のあとに放送される選択肢 **a** ～ **c** から応答として適切なものを，それぞれ1つ選びなさい。
（会話と選択肢は1回だけ読みます。）

※教英出版注
音声は，解答集の書籍ＩＤ番号を教英出版ウェブサイトで入力して聴くことができます。

No. 1　（場面）翌日の天候について会話している

No. 2　（場面）図書館で会話している

No. 3　（場面）ミーティングを始める前に会話している

聞き取りテスト2　会話を聞いて，その内容についての質問に答えなさい。それぞれ会話のあとに質問が続きます。その質問に対する答えとして適切なものを，次の **a** ～ **d** からそれぞれ1つ選びなさい。（会話と質問は2回読みます。）

No. 1
- a　Eggs.
- b　Dishes.
- c　Eggs and chopsticks.
- d　Chopsticks and dishes.

No. 2
- a　To her classroom.
- b　To the hospital.
- c　To Mike's house.
- d　To Mr. Brown's room.

No. 3
- a　He wants to graduate from school.
- b　He wants to introduce Japanese food.
- c　He wants to be the owner of a restaurant.
- d　He wants to travel all over the world.

聞き取りテスト3　英語による説明を聞いて，その内容についての2つの質問 Question 1，Question 2 に答えなさい。英文と選択肢が放送されます。英文のあとに放送される選択肢 **a** ～ **d** から質問に対する答えとして適切なものを，それぞれ1つ選びなさい。
（英文と選択肢は2回読みます。）

（場面）動物園でガイドがスケジュールの説明をしている

Question 1　How many activities can the visitors do in the afternoon today?

Question 2　What did the guide say to the visitors about the activity of the baby tiger?

図

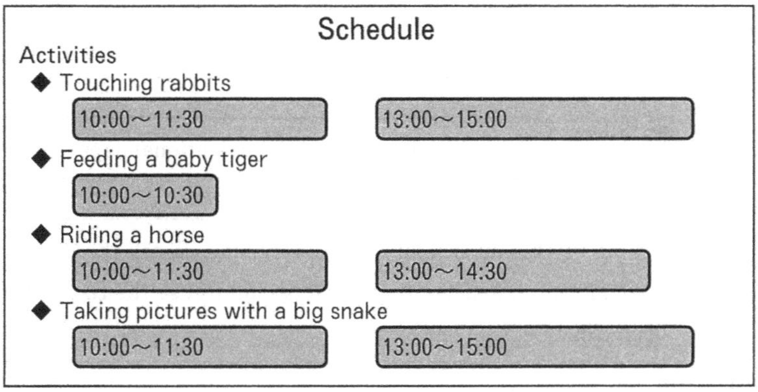

Ⅱ　地域のカルチャーセンターで開催される，多文化交流フェスティバルに参加する３つのグループの代表生徒とカルチャーセンターのスティーブさんが，インターネットでミーティングをしています。あなたは，実行委員会の一員としてそのミーティングに参加しています。次の英文を読んで，あとの問いに答えなさい。

Steve

Five groups will join the festival in total. Two of them are groups of foreign people living in this city. The Chinese group will play traditional instruments in the morning. The Australian group will give some traditional sweets to visitors. Tell me about your group plans and the places you would like to use.

Aoi

My group will put some flowers at the entrance and give them to visitors. Also, we want them to try *ikebana* in the small room next to the entrance.

Riku

We would like to use the cooking room. My group will make rice cakes there in the morning, and give them to visitors.

Sakura

My group will introduce how to make traditional Japanese paper. Visitors can make postcards. We need some water. Can we use water in the cooking room?

Steve

Then, Sakura, please use the larger room next to the entrance. You can use water in that room.

Sakura

OK. That's better for us because it has enough space to dry the paper.

Riku

By the way, will the Australian group use the cooking room, too?

Steve

No, they won't use the cooking room. They'll bring their sweets from home.

Riku

I see. We also want to play traditional Japanese drums somewhere.

Steve

You can use the music hall in the afternoon. I'll tell the Chinese group to use it in the morning, and the Australian group to use the room next to the cooking room. OK. Let's do our best!

1　ミーティングの内容に合うように，次の [　　] に入る適切なものを，あとの**ア**～**エ**からそれぞれ1つ選んで，その符号を書きなさい。

(1)　If visitors want to enjoy music in the morning, they should join the event of [　　].

(2)　If visitors want something to eat, they should join the events of the Australian group or [　　].

ア　the Chinese group
イ　Aoi's group
ウ　Riku's group
エ　Sakura's group

2　あなたは，ミーティングの内容をもとに，次の図を見ながら，表を使ってイベントの場所をまとめています。表の [①] ～ [③] に入るものを，あとの**ア**～**ウ**からそれぞれ1つ選んで，その符号を書きなさい。

図

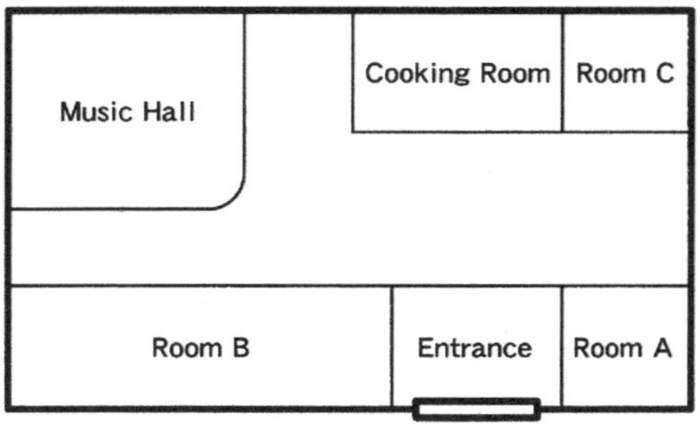

表

Place	Event
Entrance	Giving Flowers
Room A	[①]
Room B	[②]
Room C	[③]
Cooking Room	Cooking Rice Cakes
Music Hall	Listening to Instruments

ア　Enjoying Sweets
イ　Trying *Ikebana*
ウ　Making Japanese Paper

3　あなたは，地域に住んでいる外国人に向けて招待状を作成しました。次の [あ]，[い] に，あとのそれぞれの [　　] 内の語から4語を選んで並べかえ，英文を完成させなさい。

Welcome to the Culture Festival!

- Date　: Friday, March 24, 2023
- Place　: City Culture Center
- Events : You will be [あ] events!

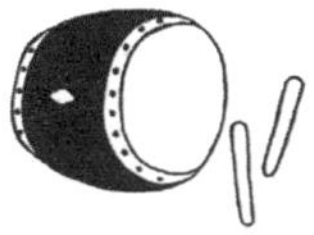

(Traditional Instruments, Sweets, *Ikebana*, Japanese Paper, Rice Cakes)

★Please visit this website for more information.
https://www.habatan.or.jp

We are [い] you!

[あ]　enjoy　able　many　can　to

[い]　looking　need　seeing　forward　to

Ⅲ 次の英文を読んで，あとの問いに答えなさい。

[1] At the train station, we check information on electric bulletin boards* For example, if the train does not come on time, we will look at them to check where the train is and how [①] it is. We also get information from the speakers* For example, when a train is coming to the station, we will hear the message, "The train is [②]. Please stand behind the yellow blocks for your safety." Like these examples, we [③] to know the situation at the station, and such information is helpful for us.

[2] One day, a student missed some information from the speakers. It was difficult for him to hear sounds. He said, "I once had a dangerous experience at the station. When I was just getting on the train, the train closed the door. I didn't notice that because I couldn't hear the sound of the departure bell* To get the information, I must look at the people around me, and then [④]. I wish there was a machine that could change* sounds into letters and images, and show them on a screen!"

[3] His wish became a real thing. A company listened to his experience, and made the machine for him. It was put on the platform* There, when the message, "Thank you for using our train," was announced from the speakers, he could see it on the screen. Also, he saw the sound of the closing door on the screen. Because of this machine, he learned the sound of the closing door for the first time. He said, "Now, I can enjoy a sound that I didn't notice before."

[4] People who experienced this machine said, "It's wonderful and convenient. I think children can enjoy the machine. For example, when the train is moving, they can see the letters of its sounds on the screen. In addition, foreigners can understand information more easily because English is shown to attract their attention there. I hope this machine will [⑤]."

[5] One student's idea has given us a chance to think about other people. The student said, "When we had meetings for the machine, I talked a lot with many people. By sharing my opinions with them, the station became more friendly to more people. Like this, if we [⑥], I think we can make our society better."

（注）electric bulletin boards　電光掲示板　　speakers　スピーカー（装置）　　departure bell　発車ベル
change ～ into …　～を…に変える　　platform　（駅の）プラットホーム

1　文中の [①]，[②] に入る語の組み合わせとして適切なものを，次の**ア**～**エ**から１つ選んで，その符号を書きなさい。

ア　①　late　　②　arriving

イ　①　late　　②　leaving

ウ　①　much　　②　arriving

エ　①　much　　②　leaving

2　文中の [③] ～ [⑥] に入る適切なものを，次の**ア**～**オ**からそれぞれ１つ選んで，その符号を書きなさい。

ア　accept and respect different ideas

イ　enjoy announcing information by myself

ウ　judge what I should do

エ　see and hear information

オ　spread to other stations in Japan, too

3　次のＡ～Ｄのイラストは，段落[3]と[4]で示されている内容を表したものです。文中で具体的に示されている順序として適切なものを，あとの**ア**～**カ**から１つ選んで，その符号を書きなさい。

A

B

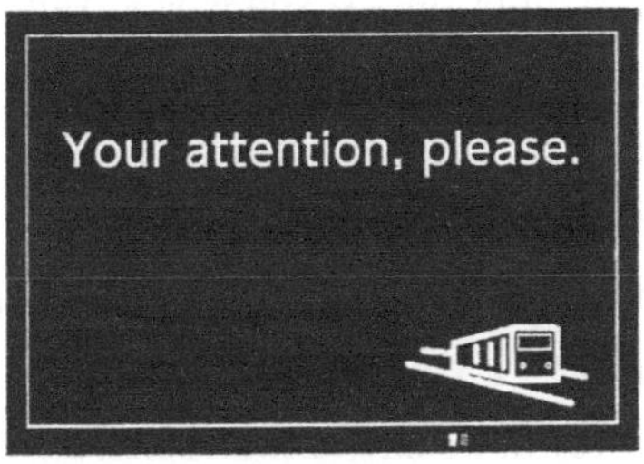

C

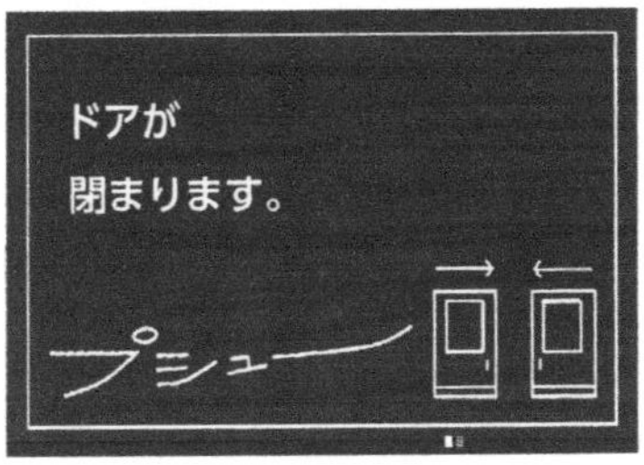

D

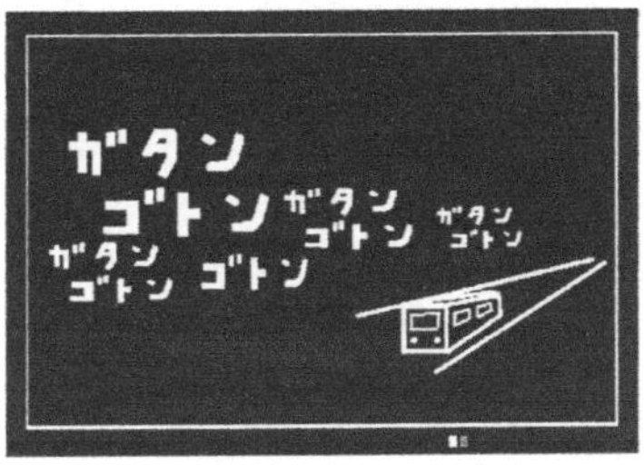

ア　A → B → C → D

イ　A → B → D → C

ウ　A → C → B → D

エ　A → C → D → B

オ　A → D → B → C

カ　A → D → C → B

Ⅳ　高校１年生のあかりさんとイギリスからの留学生のコーリーさんが，地域学習の発表について，話をしています。次の英文を読んで，あとの問いに答えなさい。

Cory：　Hello, Akari. What are you doing?

Akari：　Hi, Cory. I'm preparing for a presentation* next month.

Cory：　A presentation?

Akari：　In my class, we have studied about our city. I'm going to make a tour plan about my town, but it's difficult.

Cory：　Do you have any interesting plans?

Akari：　[　①　].

Cory：　I've lived here for only two months, and I really enjoy my life here.

Akari：　Some big cities in Kyoto and Hokkaido are famous for sightseeing. A lot of people visit there every year. They have many interesting things, but there is nothing special to attract people in my small town....

Cory：　Is that true, Akari? I think your town can attract many people. In England, it's becoming popular to stay in a small town and enjoy unique experiences there.

Akari：　Really?

Cory：　Last year, I stayed at a farm in England and made some cheese during summer vacation. It was a lot of fun. If you look at things carefully, you can find something wonderful.

Akari：　I didn't think that [　②　]. Oh, I've just remembered a fun experience in my town. How about tea picking*? Many farmers grow green tea here. I love drinking it with Japanese sweets.

Cory：　Sounds cool. I've seen pictures of tea picking before. People wore *kimono* in those pictures.

Akari：　In my town, we have a traditional *kimono* for tea picking.

Cory：　Really? I want to wear it and take pictures of myself during tea picking.

Akari：　That'll be a good memory.

Cory：　Yes. If I could drink green tea with Japanese sweets in a traditional house, that would be nice.

Akari：　Oh, you can do that. These days, people reuse traditional houses for restaurants and some of them are very famous. There are many traditional houses in my town.

Cory：　Nice. I like it.

Akari：　As you said, I could find special things around us.

Cory：　That's good. You discovered [　③　] by seeing things from a different point of view.

Akari：　Thank you for your advice. Now, I can introduce an interesting tour plan for my presentation.

（注）presentation　プレゼンテーション，発表　　picking　摘むこと

1　文中の ① に入る適切なものを，次の**ア**～**エ**から1つ選んで，その符号を書きなさい。

ア　Yes, I know many things

イ　No, I have no idea

ウ　Oh, I think it's interesting

エ　Well, I haven't visited there

2　下線部について，コーリーさんがこの質問で言いたいこととして適切なものを，次の**ア**～**エ**から1つ選んで，その符号を書きなさい。

ア　Akari has been to a lot of places for sightseeing.

イ　Akari wants more people to visit her town.

ウ　There are some interesting things in Akari's town.

エ　There are many people who enjoy tours in big cities.

3　文中の ② に入る適切なものを，次の**ア**～**エ**から1つ選んで，その符号を書きなさい。

ア　I could make a unique tour plan about England

イ　I could find great things in small towns

ウ　you could enjoy staying in Hokkaido

エ　you could stay there for more than two months

4　文中の ③ に入る適切なものを，次の**ア**～**エ**から1つ選んで，その符号を書きなさい。

ア　clothes you should wear

イ　secrets of your favorite restaurants

ウ　customs to follow in traditional houses

エ　treasures in your daily life

5　あかりさんは，コーリーさんとの会話のあと，発表する内容を英語でまとめました。本文の内容に合うように， あ ～ う に入る適切な英語を，本文中からそれぞれ1語を抜き出して書き，英文を完成させなさい。

An interesting tour plan about my town

Visitors can…

・enjoy drinking green [あ] } in traditional houses.
・eat Japanese sweets }
・try on *kimono* and take their own [い] for memories.

These unique activities will make visitors happy.

⇩

They want to come to my town again.

[Point!]

The things around us will become something wonderful for visitors.
So, it is important to watch things in our daily lives more [う].

V　次の各問いに答えなさい。

1　次の英文は，高校２年生の生徒が，家庭科の授業で体験したことを英語の授業で発表したものです。 ① ～ ③ に入る英語を，あとの語群から選び，必要に応じて適切な形に変えたり，不足している語を補ったりして，英文を完成させなさい。ただし，２語以内で答えること。

Now, I will tell you about my experience. Last week, I went to a nursery school for the first time. In the morning, a boy came and asked me ① songs together. We enjoyed it very much. After that, when I played with the children outside, a girl fell down* and started to cry. When I ② down and talked to her slowly, she stopped crying and smiled. I had a very good time at the nursery school. I will never ③ this experience.

（注）fell down　転んだ

become	forget	rest	sing	sit

2　高校生のみずきさんとひかるさんが，授業で作ったポスターを留学生のフレッドさんに説明しています。次の会話について，英文や下のポスターの内容に合うように，（ ① ）～（ ⑤ ）にそれぞれ適切な英語１語を入れて，会話文を完成させなさい。

Fred：　Wow, you're good at drawing pictures, Mizuki and Hikaru!

Mizuki：　Thank you.

Fred：　What is your message written in Japanese, Mizuki? I can't read it.

Mizuki：　The message is "Stop global（ ① ）." A lot of rain（ ② ）are disappearing from the earth. This is one of the causes of it, so I want to protect them.

Fred：　Nice. How about yours, Hikaru? I can see bananas, chocolate, and coffee in your poster.

Hikaru：　Yes. Many companies buy these things from developing（ ③ ）. However, these things are bought at a low（ ④ ）. I think that's not fair, so I added a picture of shaking（ ⑤ ）to express a better world.

Fred：　I often hear the news about these problems. It's difficult to solve them, but I believe we can do it.

Ⅳ （　　点）	1 （　　点）		
	2 （　　点）		
	3 （　　点）		
	4 （　　点）		
	5 （　　点）	あ	
		い	
		う	

1．３点
2．３点
3．３点
4．３点
5．３点×３

Ⅴ （　　点）	1 （　　点）	①	
		②	
		③	
	2 （　　点）	①	
		②	
		③	
		④	
		⑤	

1．２点×３
2．３点×５

令　和　5　年　度

兵庫県公立高等学校学力検査問題

理　　　　科

（50分）

注　　　　意

1　「開始」の合図があるまで開いてはいけません。

2　「開始」の合図で，1ページから12ページまで問題が印刷されていることを確かめなさい。

3　**解答用紙の左上の欄に受検番号**を書きなさい。

4　解答用紙の □ の得点欄には，何も書いてはいけません。

5　答えは，全て**解答用紙の指定された解答欄**に書きなさい。

6　問題は4題で，12ページまであります。

7　「終了」の合図で，すぐ鉛筆を置きなさい。

8　解答用紙は，机の上に置いて，退室しなさい。

受検番号　　　　番

令和５年度兵庫県公立高等学校学力検査

理　科　解　答　用　紙

※100

得点	

Ⅰ (点)	1 (点)	(1)						
		(2)						
		(3)						
		(4)	①		②		③	
	2 (点)	(1)						
		(2)	①					
			②					
			③	㋓		㋔		㋕・㋖

1．３点×４（(4)は完答）
2．(1)３点
(2)①３点
②３点
③完答４点

Ⅱ (点)	1 (点)	(1)	
		(2)	
		(3)	
		(4)	→　→　→
	2 (点)	(1)	
		(2)	
		(3)	
		(4)	g

1．３点×４（(4)は完答）
2．(1)３点
(2)３点
(3)３点
(4)４点

Ⅰ　植物の特徴と生物のつながりに関する次の問いに答えなさい。

1　図1は，ゼニゴケ，イヌワラビ，サクラ，イチョウの4種類の植物の体の一部を表している。

図1

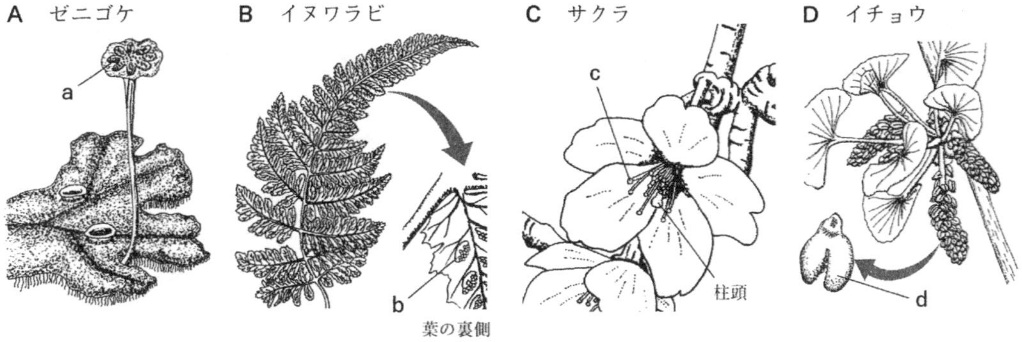

⑴　図1の植物のうち，葉・茎・根の区別がない植物として適切なものを，図1の**A**～**D**から1つ選んで，その符号を書きなさい。

⑵　胞子がつくられる部分として適切なものを，図1の**a**～**d**から1つ選んで，その符号を書きなさい。

⑶　サクラのめしべの柱頭で，花粉管がのびた後の精細胞の移動について説明した文として適切なものを，次の**ア**～**エ**から1つ選んで，その符号を書きなさい。

ア　花粉管の外を精細胞の核のみが移動する。　　**イ**　花粉管の外を精細胞が移動する。
ウ　花粉管の中を精細胞の核のみが移動する。　　**エ**　花粉管の中を精細胞が移動する。

⑷　受粉後に，サクラは図2のようなサクランボを実らせ，イチョウは図3のようなギンナンを実らせる。図4は，サクランボ，ギンナンのどちらかの断面を表した模式図である。

サクラとイチョウのつくりについて説明した次の文の ① ， ② に入る語句として適切なものを，それぞれあとの**ア**～**ウ**から1つ選んで，その符号を書きなさい。また， ③ に入る語句として適切なものを，あとの**ア**，**イ**から1つ選んで，その符号を書きなさい。

図2

図3

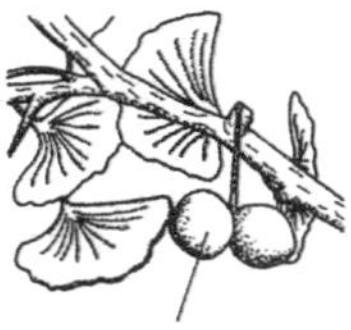

サクラの花には ① があり，イチョウの花には ① がない。 ② は ① が成長したものであることから，図4は， ③ の断面を表した模式図である。

【①の語句】	**ア**　胚珠　**イ**　花粉のう　**ウ**　子房
【②の語句】	**ア**　種子　**イ**　果実　**ウ**　胚
【③の語句】	**ア**　サクランボ　**イ**　ギンナン

図4

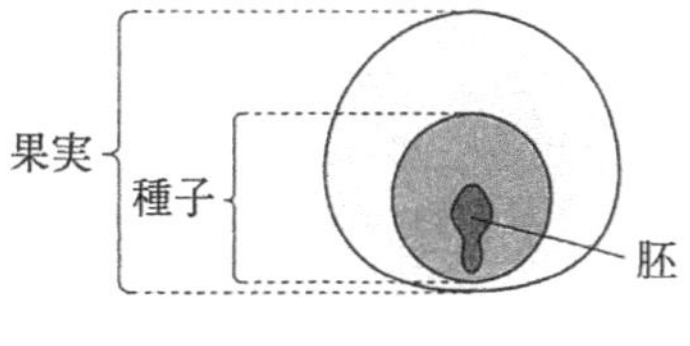

2　ショウさんは，理科の授業で，食物連鎖と，図5のような，生物の活動を通じた炭素をふくむ物質の循環について学び，土の中の小動物や微生物のはたらきを確かめるための観察，実験を行った。

(1)　図5の植物，草食動物，肉食動物のうち，草食動物の個体数が増加しているときの，植物，肉食動物の個体数の変化を表したグラフとして適切なものを，次の**ア**～**エ**から1つ選んで，その符号を書きなさい。

図5

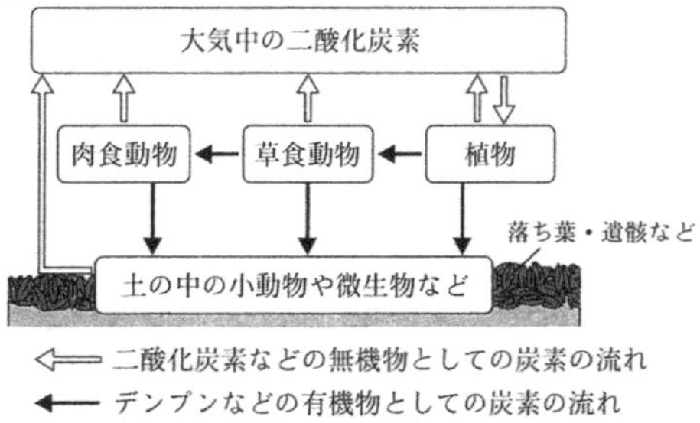

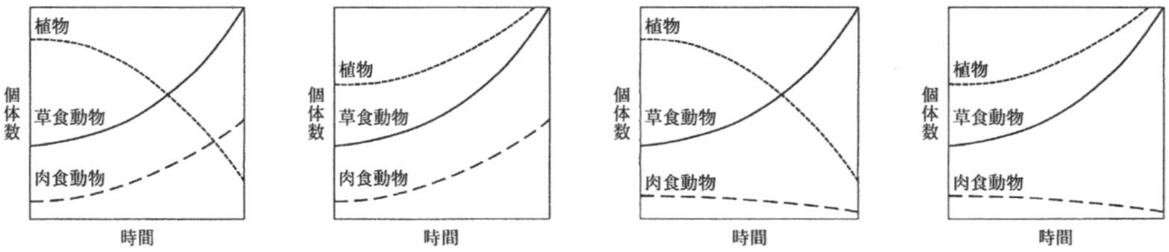

(2)　ショウさんは，土の中の小動物や微生物のはたらきについて，次の観察，実験を行い，レポートにまとめた。

【目的】

土の中の小動物や微生物が，落ち葉や有機物を変化させることを確かめる。

【方法】

図6のように，ある地点において，地表から順に層A，層B，層Cとし，それぞれの層の小動物や微生物について，次の観察，実験を行った。

図6

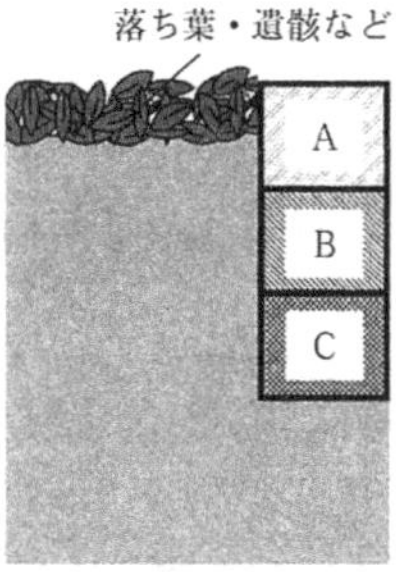

＜観察＞

(a)　それぞれの層で小動物をさがし，見つけた小動物と層を記録した後に，その小動物をスケッチした。

(b)　層Aで見つけたダンゴムシを落ち葉とともに採集した。

(c)　(b)で採集したダンゴムシと落ち葉を，湿らせたろ紙をしいたペトリ皿に入れ，数日後，ペトリ皿の中のようすを観察した。

＜実験＞

(a)　同じ体積の水が入ったビーカーを3つ用意し，層Aの土，層Bの土，層Cの土をそれぞれ別のビーカーに同じ質量入れ，かき混ぜた。

(b)　図7のように，層A～Cそれぞれの土が入ったビーカーの上澄み液をそれぞれ2本の試験管に分け，一方の試験管をガスバーナーで加熱し，沸騰させた。

(c)　図8のように，脱脂粉乳とデンプンをふくむ寒天培地の上に，それぞれの試験管の上澄み液をしみこませた直径数mmの円形ろ紙を3枚ずつそれぞれ置き，ふたをして温かい場所で数日間保った。

(d)　ヨウ素溶液を加える前後の寒天培地のようすを記録した。

図7

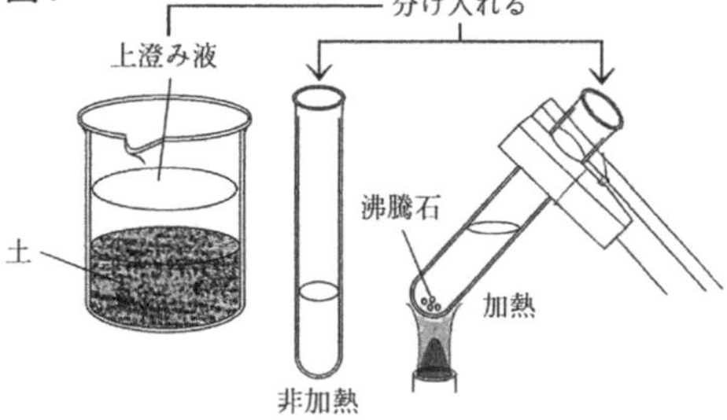

図8

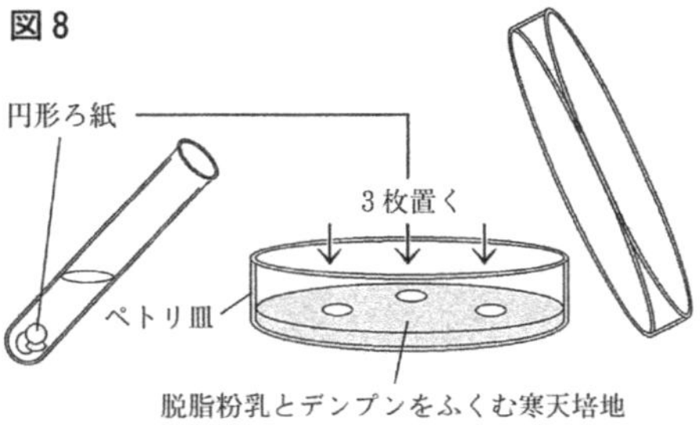

【結果】

＜観察＞

○ダンゴムシが層Aで見つかり，ミミズやムカデが層A，Bで見つかった（図9）。

○数日後，ペトリ皿の中の落ち葉は細かくなり，ダンゴムシのふんが増えていた。

＜実験＞

○寒天培地のようすを次の表にまとめた。

図9　見つけた小動物のスケッチ

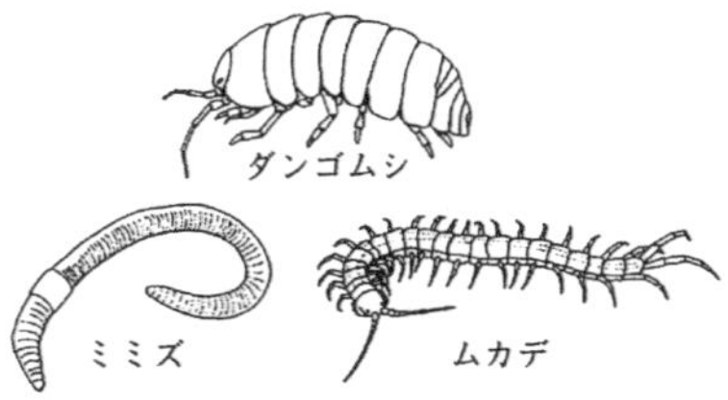

表　　脱脂粉乳により白濁した部分　　透明な部分

	ヨウ素溶液	層Aの上澄み液	層Bの上澄み液	層Cの上澄み液
非加熱処理	加える前	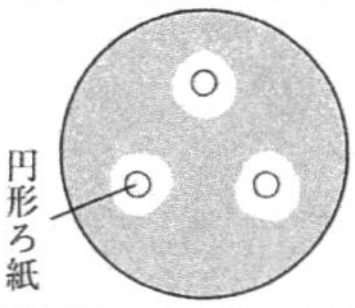	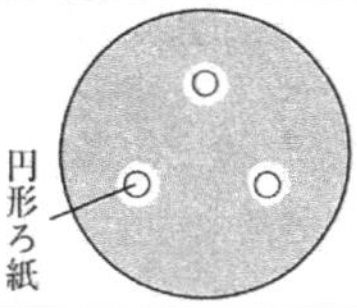	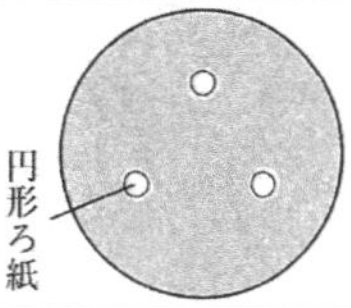
	加えた後	あ	い	う
加熱処理	加える前	脱脂粉乳により白濁した部分は変わらなかった		
	加えた後	ヨウ素溶液の反応が寒天培地全体に見られた		

○土の中の微生物のはたらきによって有機物が分解されることが確認できた。

【考察】

○ダンゴムシは，層Aに食べ残した落ち葉やふんなどの有機物を残す。また，ミミズは［え］を食べ，ムカデは［お］を食べ，どちらも層A，Bにふんなどの有機物を残すと考えられる。

○実験より，土の中の微生物は層Aから層Cにかけてしだいに［か］していると考えられる。それぞれの層において，微生物の数量と有機物の量がつり合っているとすると，有機物は層Aから層Cにかけてしだいに［き］していると考えられる。

① 実験(b)において，上澄み液を沸騰させた理由を説明した文として適切なものを，次の**ア**～**エ**から1つ選んで，その符号を書きなさい。

ア　微生物の生育に最適な温度にするため。　**イ**　微生物に悪影響をおよぼす物質を除去するため。

ウ　微生物を殺すため。　**エ**　水を蒸発させ，実験に最適な水分量にするため。

② 【結果】の中の［あ］に入る寒天培地のようすとして適切なものを，次の**ア**～**エ**から1つ選んで，その符号を書きなさい。

ア

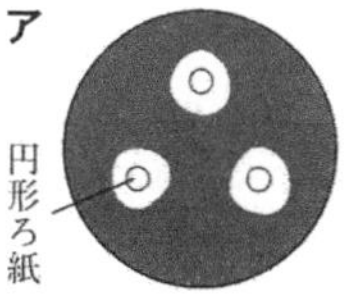

イ

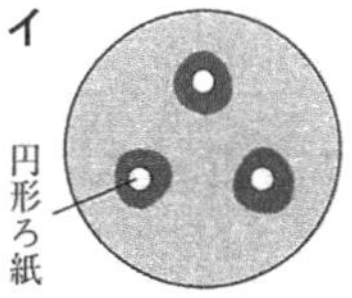

ウ

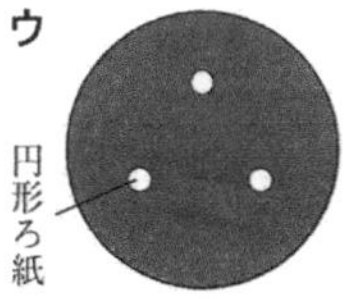

エ

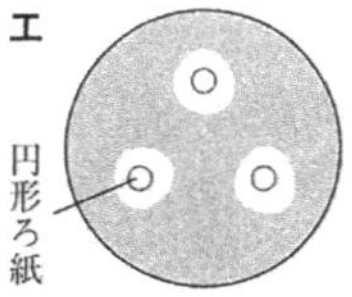

■ 青紫色の部分

脱脂粉乳により白濁した部分（ヨウ素溶液の反応なし）

□ 透明な部分（ヨウ素溶液の反応なし）

③ 【考察】の中の［え］，［お］に入る語句として適切なものを，それぞれ次の**ア**，**イ**から1つ選んで，その符号を書きなさい。また，［か］，［き］に入る語句の組み合わせとして適切なものを，次の**ア**～**エ**から1つ選んで，その符号を書きなさい。

【えの語句】	**ア**　ダンゴムシ	**イ**　落ち葉
【おの語句】	**ア**　ダンゴムシやミミズ	**イ**　落ち葉
【か・きの語句の組み合わせ】	**ア**　か増加　き増加 **ウ**　か減少　き減少	**イ**　か減少　き増加 **エ**　か増加　き減少

Ⅱ　天気の変化と空気中の水の変化に関する次の問いに答えなさい。

1　図1は，2021年10月5日9時の日本付近の天気図である。

図1

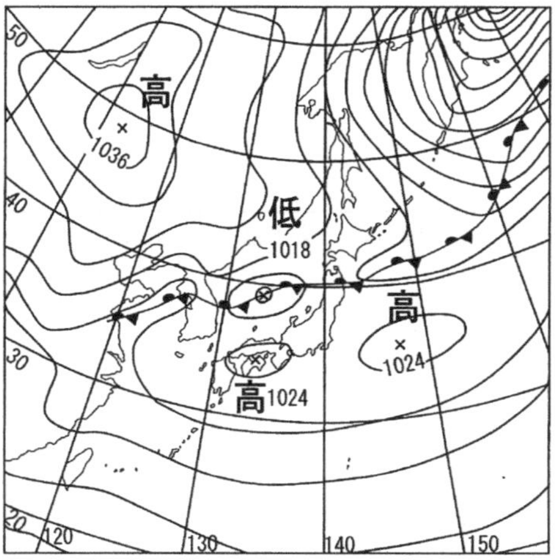

気象庁の資料より作成

(1)　ある地点の天気は晴れ，風向は東，風力は2であった。このときの天気図記号として適切なものを，次の**ア**～**エ**から1つ選んで，その符号を書きなさい。

ア

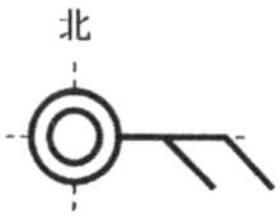

イ

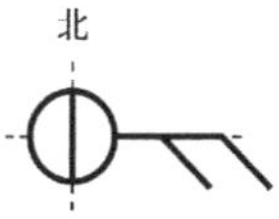

ウ

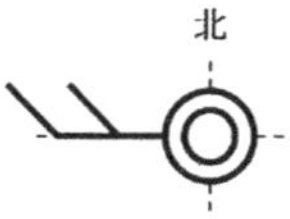

エ

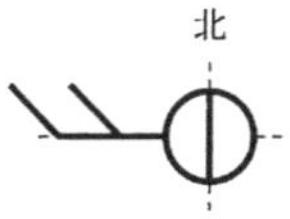

(2)　気圧と大気の動きについて説明した文として適切なものを，次の**ア**～**エ**から1つ選んで，その符号を書きなさい。

ア　低気圧の中心から風が時計回りに吹き出し，高気圧のまわりでは，高気圧の中心に向かって風が反時計回りに吹きこむ。

イ　低気圧の中心から風が反時計回りに吹き出し，高気圧のまわりでは，高気圧の中心に向かって風が時計回りに吹きこむ。

ウ　高気圧の中心から風が時計回りに吹き出し，低気圧のまわりでは，低気圧の中心に向かって風が反時計回りに吹きこむ。

エ　高気圧の中心から風が反時計回りに吹き出し，低気圧のまわりでは，低気圧の中心に向かって風が時計回りに吹きこむ。

(3)　図1の季節の日本付近の天気について説明した次の文の ① ～ ③ に入る語句の組み合わせとして適切なものを，次の**ア**～**ク**から1つ選んで，その符号を書きなさい。

9月ごろになると，東西に長くのびた ① 前線の影響で，くもりや雨の日が続く。10月中旬になると， ① 前線は南下し， ② の影響を受けて，日本付近を移動性高気圧と低気圧が交互に通過するため，天気は周期的に変化する。11月中旬をすぎると， ③ が少しずつ勢力を強める。

ア　①停滞　②偏西風　③シベリア高気圧
イ　①停滞　②台風　③シベリア高気圧
ウ　①停滞　②偏西風　③オホーツク海高気圧
エ　①停滞　②台風　③オホーツク海高気圧
オ　①寒冷　②偏西風　③シベリア高気圧
カ　①寒冷　②台風　③シベリア高気圧
キ　①寒冷　②偏西風　③オホーツク海高気圧
ク　①寒冷　②台風　③オホーツク海高気圧

(4) 図2の**ア**～**エ**は，2021年10月，12月，2022年6月，7月のいずれかの日本付近の天気図である。これらの天気図を10月，12月，6月，7月の順に並べ，その符号を書きなさい。なお，図2の**ア**～**エ**には，図1の前日の天気図がふくまれている。

図2

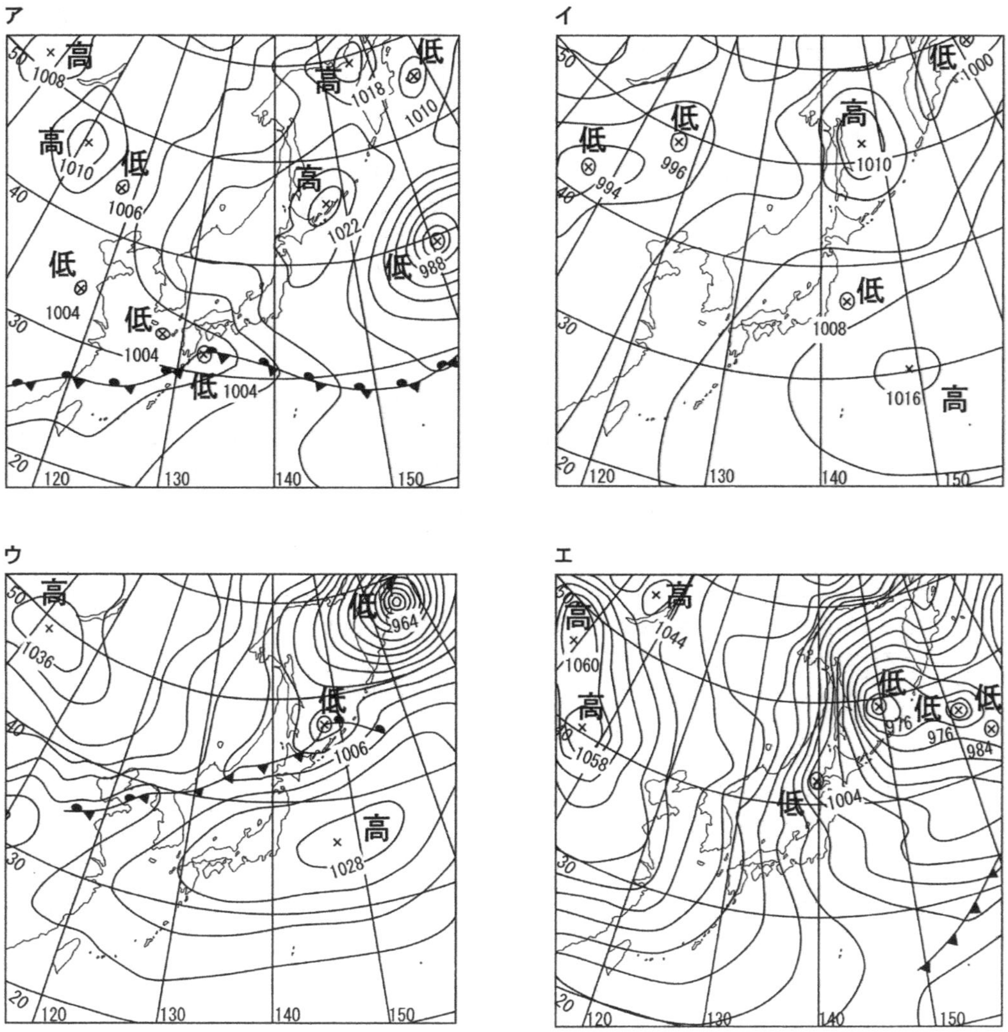

2　神戸市の学校に通うリンさんとユウキさんは，スキー教室で豊岡市に行ったとき，気温や湿度が神戸市とは違うと感じた。後日，両市の気温と湿度について調べ，観測結果を手に入れた。次の会話は，このことについて教室で話していたときの一部である。なお，図3は，やかんの水が沸騰しているようす，表1は，温度と飽和水蒸気量の関係，表2は，両市の同じ日の観測結果である。

図3

リンさん：スキー教室に行ったとき，ロビーで，やかんのお湯が沸いているのを見たんだけど，部屋の温度を上げるためだったのかな。
ユウキさん：乾燥を防ぐためでもあるんじゃないかな。
リンさん：やかんの口の先をよく見ていると，少し離れたところから白く見えはじめて，さらに離れたところでは見えなくなっていたんだけど，この白く見えたものは何か知ってる？
ユウキさん：それは［①］だと思うよ。
先生：よく知っていましたね。では，白く見えたものを消えにくくするためには，部屋の温度と湿度をどのようにすればよいか分かりますか？
リンさん：［②］します。
先生：その通りです。
リンさん：<u>温度と湿度の関係</u>といえば，両市の観測結果の9時を比較すると，湿度に差がありました。
先生：兵庫県の北部と南部では，同じ日でも気温，湿度に違いがありますね。それでは，観測結果の気温と湿度をもとに，水蒸気量について考えてみましょう。両市の9時の屋外の空気を比べたとき，1 m^3 中にふくむことができる水蒸気量の差は，何 g になりますか。
ユウキさん：はい，計算してみます。［③］g になります。
先生：そうですね。正解です。

(1)　会話文中の［①］に入る語句として適切なものを，次の**ア**～**エ**から1つ選んで，その符号を書きなさい。
ア　酸素　　**イ**　水蒸気　　**ウ**　空気　　**エ**　小さな水滴

(2)　会話文中の［②］に入る語句として適切なものを，次の**ア**～**エ**から1つ選んで，その符号を書きなさい。
ア　温度，湿度ともに高く
イ　温度を高くし，湿度を低く
ウ　温度を低くし，湿度を高く
エ　温度，湿度ともに低く

(3)　会話文中の下線部について，温度21℃，湿度48％の空気の露点として最も適切なものを，次の**ア**～**エ**から1つ選んで，その符号を書きなさい。
ア　5℃　　**イ**　9℃　　**ウ**　13℃　　**エ**　17℃

(4)　会話文中の［③］に入る数値はいくらか，四捨五入して小数第1位まで求めなさい。

表1

温度〔℃〕	飽和水蒸気量〔g/m^3〕	温度〔℃〕	飽和水蒸気量〔g/m^3〕
0	4.8	11	10.0
1	5.2	12	10.7
2	5.6	13	11.4
3	6.0	14	12.1
4	6.4	15	12.9
5	6.8	16	13.6
6	7.3	17	14.5
7	7.8	18	15.4
8	8.3	19	16.3
9	8.8	20	17.3
10	9.4	21	18.4

表2

神戸市

時	気温〔℃〕	湿度〔%〕
1	1	59
5	0	52
9	1	48
13	4	36
17	3	49
21	1	71

豊岡市

時	気温〔℃〕	湿度〔%〕
1	−2	96
5	−2	97
9	1	72
13	0	93
17	1	87
21	1	81

Ⅲ　混合物の分け方に関する次の問いに答えなさい。

1　ワインの成分は，おもに水とエタノールであり，かつてはワインを蒸留し，とり出したエタノールを医療用として利用していた。図1の実験器具を用いて，赤ワインからエタノールをとり出すために，次の(a)～(c)の手順で実験を行い，結果を表1にまとめた。

＜実験＞

(a)　枝つきフラスコに赤ワイン 30 cm^3 と沸騰石を入れて，温度計をとりつけた。

(b)　赤ワインを加熱し，出てきた気体を氷水に入れた試験管で冷やし，再び液体にした。この液体を試験管A～Cの順に約 2 cm^3 ずつ集め，加熱をやめた。

(c)　試験管にたまった液体の体積と質量をはかった後，液体をそれぞれ蒸発皿に移し，マッチの火を近づけたときのようすを観察した。

図1

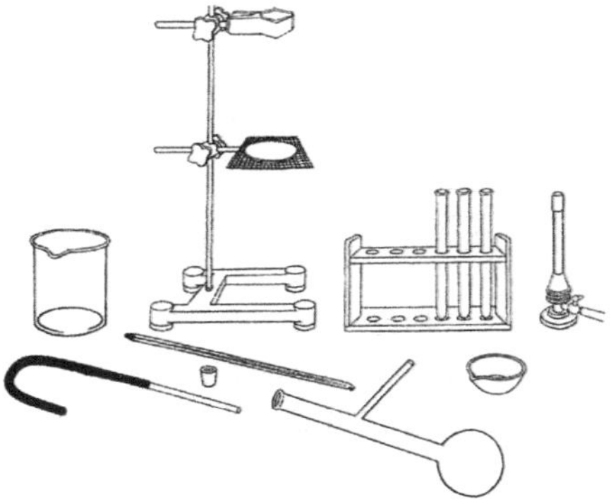

表1

試験管	A	B	C
体積〔cm^3〕	2.0	2.1	1.9
質量〔g〕	1.64	1.89	1.84
火を近づけたときのようす	火がついて，しばらく燃えた	火がついたが，すぐに消えた	火がつかなかった

(1)　図2は，手順(a)で用いた実験器具の一部を表している。手順(a)の温度計のとりつけ方として適切なものを，次の**ア**～**エ**から1つ選んで，その符号を書きなさい。

図2

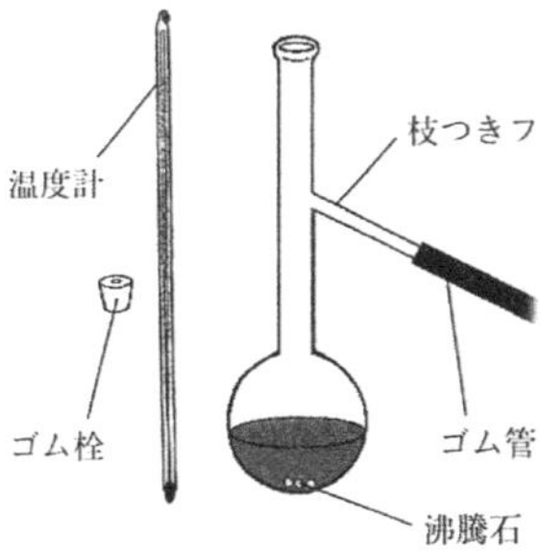

ア

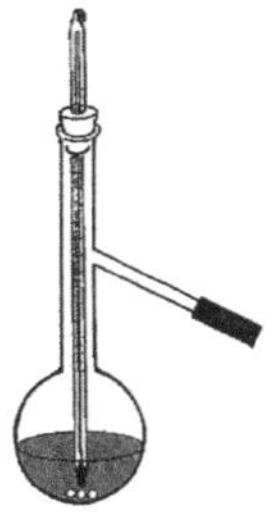

イ

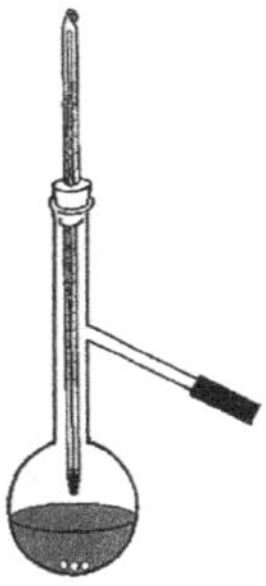

ウ

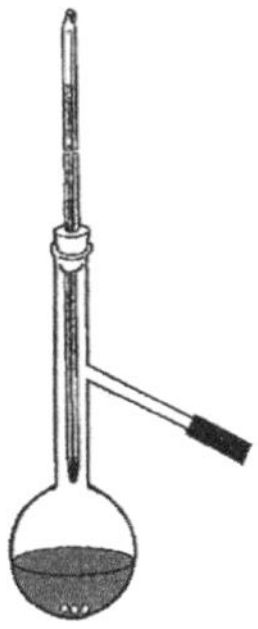

エ

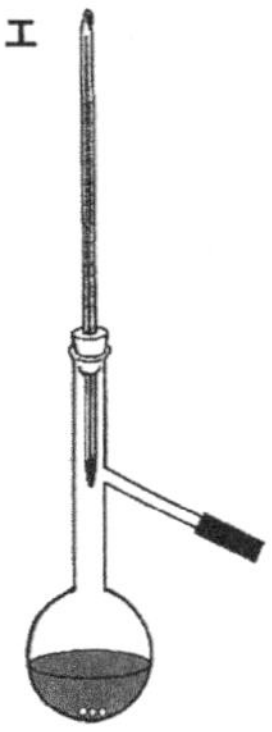

(2)　水とエタノールの混合物を加熱したときの温度変化を表したグラフとして適切なものを，次の**ア**～**エ**から1つ選んで，その符号を書きなさい。

ア

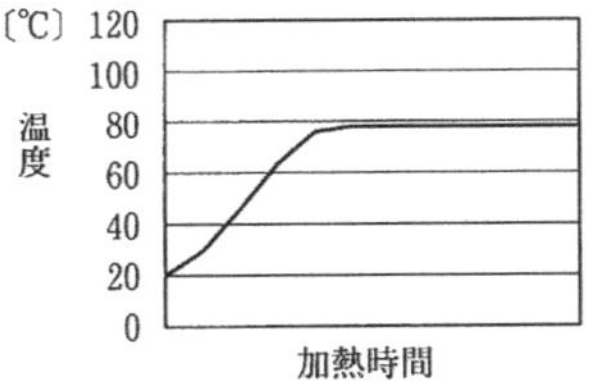

イ

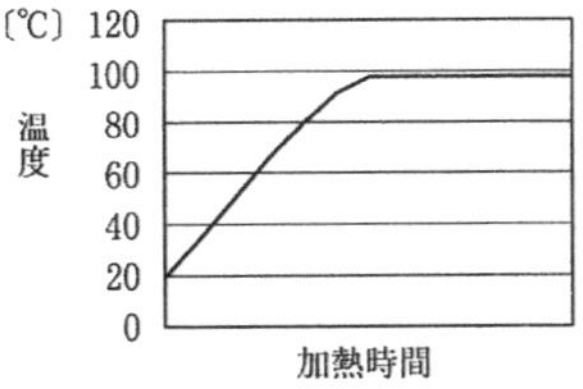

ウ

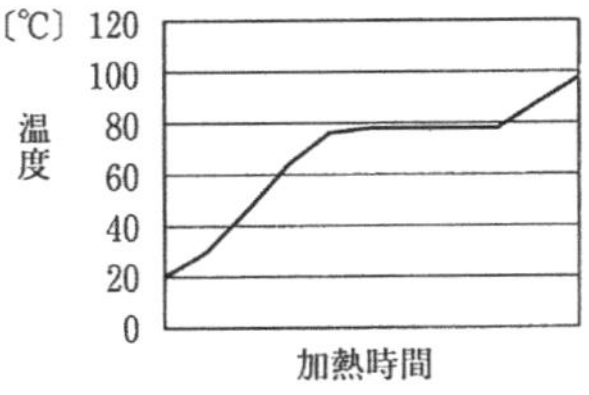

エ

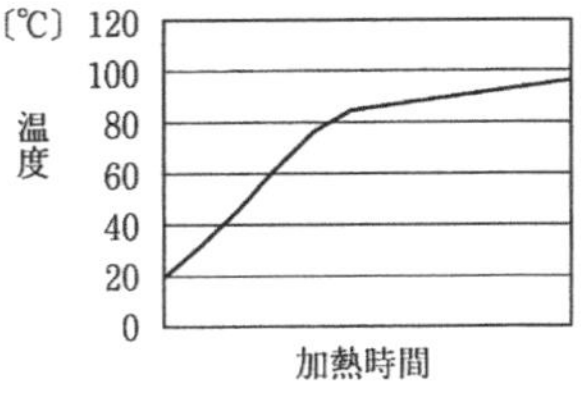

(3) この実験で，試験管A～Cにたまった液体について説明した次の文の ① ～ ③ に入る語句の組み合わせとして適切なものを，あとの**ア～ク**から1つ選んで，その符号を書きなさい。

試験管A～Cにたまった液体の色は全て ① であり，表1の結果から，試験管A～Cの液体にふくまれるエタノールの割合は，試験管A，B，Cの順に ② くなると考えられる。また，塩化コバルト紙を試験管A～Cのそれぞれの液体につけると，塩化コバルト紙の色が全て ③ に変化することで，試験管A～Cの液体には水がふくまれていることが確認できる。

ア ①赤色 ②低 ③赤色　　**イ** ①赤色 ②低 ③青色
ウ ①赤色 ②高 ③赤色　　**エ** ①赤色 ②高 ③青色
オ ①無色 ②低 ③赤色　　**カ** ①無色 ②低 ③青色
キ ①無色 ②高 ③赤色　　**ク** ①無色 ②高 ③青色

(4) 図3は，水とエタノールの混合物の密度と質量パーセント濃度の関係を表したものである。試験管A～Cの液体のうち，エタノールの割合が2番目に高い液体の質量パーセント濃度として最も適切なものを，次の**ア～オ**から1つ選んで，その符号を書きなさい。ただし，赤ワインの成分は水とエタノールのみとする。

ア 21％　　**イ** 31％
ウ 61％　　**エ** 81％
オ 91％

図3

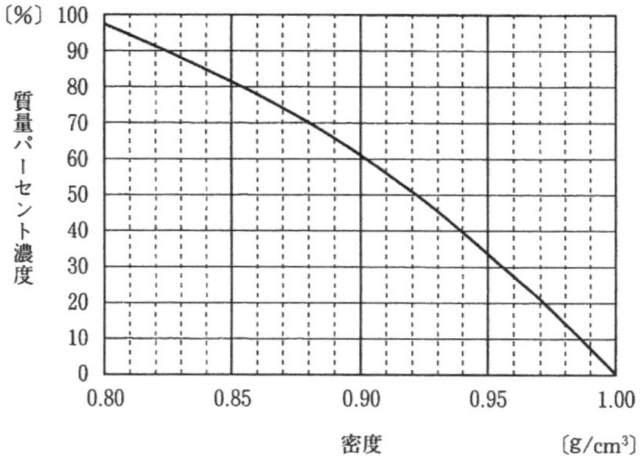

2　水にとけた物質をとり出すために，温度が 20 ℃の部屋で，次の(a)～(d)の手順で実験を行った。表 2 は，100 g の水にとける物質の質量の限度と水の温度の関係を表したものである。

＜実験＞

(a)　ビーカーA～Cにそれぞれ 80 ℃の水 150 g を入れ，ビーカーAには塩化ナトリウム，ビーカーBにはミョウバン，ビーカーCには硝酸カリウムをそれぞれ 50 g ずつ入れてとかした。

(b)　ビーカーA～Cの水溶液をゆっくり 20 ℃まで冷やしたところ，結晶が出てきた水溶液があった。

(c)　結晶が出てきた水溶液をろ過して，とり出した結晶の質量をはかった。

(d)　とり出した結晶を薬さじで少量とり，スライドガラスの上にのせて，顕微鏡で観察した。

表 2

物質 ＼ 水の温度〔℃〕	20	40	60	80
塩化ナトリウム　〔g〕	35.8	36.3	37.1	38.0
ミョウバン　〔g〕	11.4	23.8	57.4	321.6
硝酸カリウム　〔g〕	31.6	63.9	109.2	168.8

(1)　ビーカーAにおいて，塩化ナトリウムの電離を表す式として適切なものを，次の**ア**～**エ**から 1 つ選んで，その符号を書きなさい。

ア　$\mathrm{NaCl} \rightarrow \mathrm{Na^-} + \mathrm{Cl^+}$　　**イ**　$\mathrm{2NaCl} \rightarrow \mathrm{Na_2{}^+} + \mathrm{Cl_2{}^-}$

ウ　$\mathrm{NaCl} \rightarrow \mathrm{Na^+} + \mathrm{Cl^-}$　　**エ**　$\mathrm{2NaCl} \rightarrow \mathrm{Na^{2+}} + \mathrm{Cl^{2-}}$

(2)　この実験において，結晶が出てきた水溶液をろ過しているとき，ろ紙の穴，水の粒子，結晶の粒子の大きさの関係を表した模式図として適切なものを，次の**ア**～**エ**から 1 つ選んで，その符号を書きなさい。ただし，水の粒子は○，結晶の粒子は●で表す。

ア

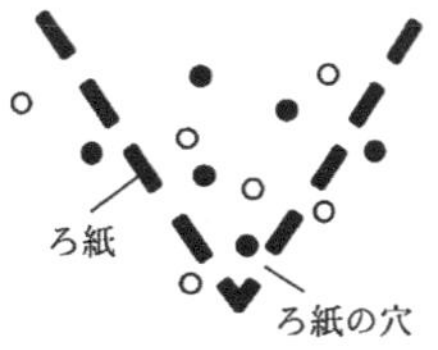

イ

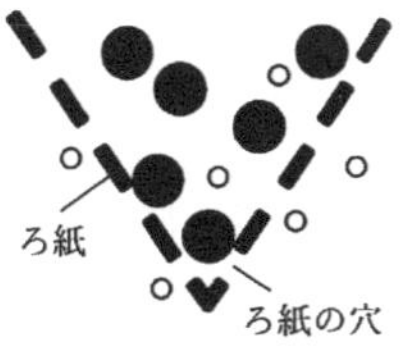

ウ

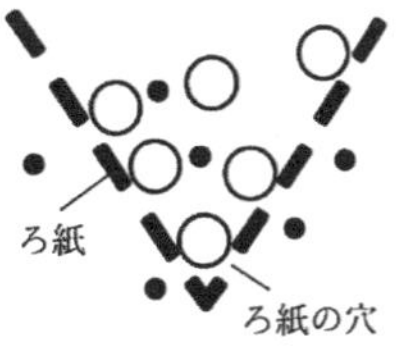

エ

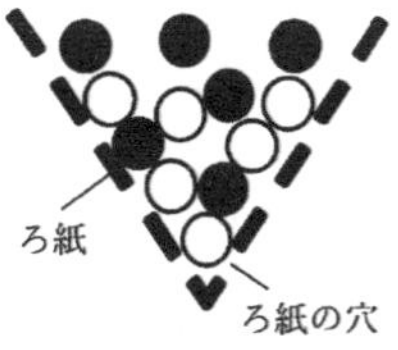

(3)　顕微鏡で図 4 のように観察した結晶について，手順(c)ではかった質量として最も適切なものを，次の**ア**～**オ**から 1 つ選んで，その符号を書きなさい。

ア　2.6 g　　**イ**　11.4 g　　**ウ**　14.2 g　　**エ**　18.4 g　　**オ**　31.6 g

図 4

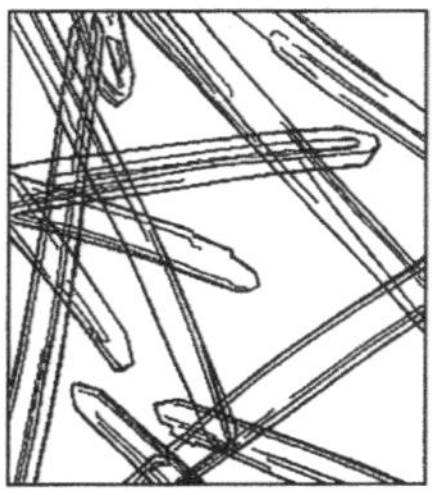

(4)　手順(c)において，結晶をとり出した後の水溶液の質量パーセント濃度を求めた。このとき，求めた値が最も小さい水溶液の質量パーセント濃度は何%か，四捨五入して小数第 1 位まで求めなさい。

Ⅳ　電気に関する次の問いに答えなさい。

1　回路に加わる電圧と流れる電流について，次の実験を行った。

<実験１>

図１のような回路をつくり，電源装置で電圧を変化させ，抵抗器A，Bの順に加えた電圧と流れた電流をはかった。図２は，抵抗器A，Bのそれぞれについて，抵抗器に加えた電圧と流れた電流の大きさの関係を表したものである。

図１

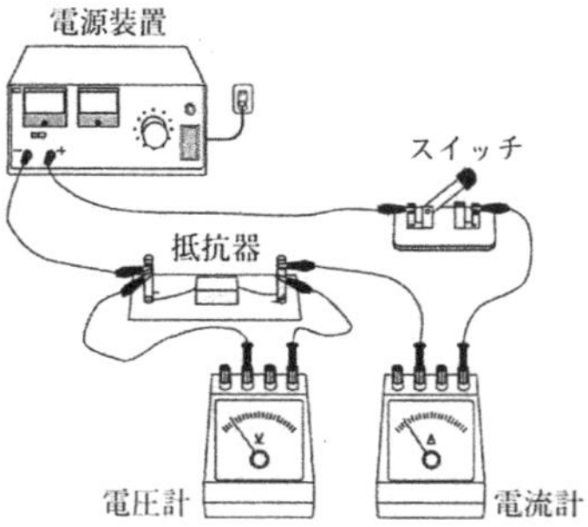

図２

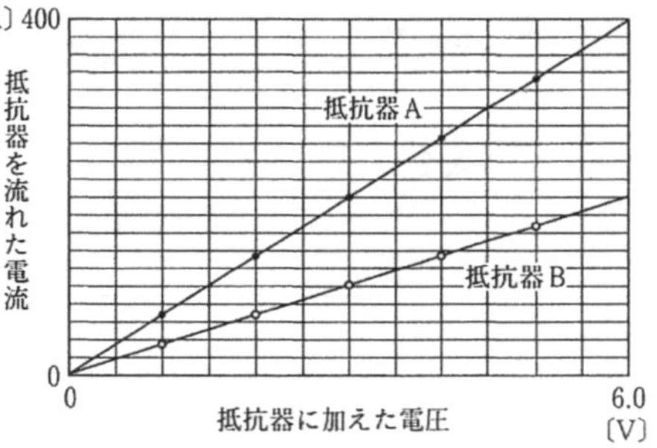

(1)　電圧計の使い方について説明した文として適切なものを，次の**ア**～**エ**から１つ選んで，その符号を書きなさい。

ア　電圧をはかりたい区間に直列につなぐ。

イ　最小目盛りの $\frac{1}{100}$ まで目分量で読みとる。

ウ　指針の振れが小さければ，－端子と＋端子につないだ導線を，逆につなぎかえる。

エ　電圧の大きさが予想できないときは，いちばん大きい電圧がはかれる－端子につなぐ。

(2)　図２のグラフから読みとれることに関して説明した次の文①，②について，その正誤の組み合わせとして適切なものを，あとの**ア**～**エ**から１つ選んで，その符号を書きなさい。

①　グラフの傾きは抵抗器Aより抵抗器Bのほうが小さく，同じ電圧を加えたとき，抵抗器Aより抵抗器Bのほうが流れる電流が小さい。

②　いずれの抵抗器においても，抵抗器を流れた電流は，抵抗器に加えた電圧に反比例する。

ア　①－正　②－正　　**イ**　①－正　②－誤　　**ウ**　①－誤　②－正　　**エ**　①－誤　②－誤

<実験２>

図３のように，実験１で用いた抵抗器A，Bと，抵抗器Cを用いて回路をつくった。電流計は，500 mAの－端子を使用し，はじめ電流は流れていなかった。電源装置の電圧を6.0 Vにしてスイッチを入れると，電流計の目盛りは，図４のようになった。スイッチを切り，クリップPを端子Xからはずしてからスイッチを入れ，電流計の目盛りを読み，スイッチを切った。その後，クリップPを端子Zにつなげてからスイッチを入れ，電流計の目盛りを読んだ。

図３

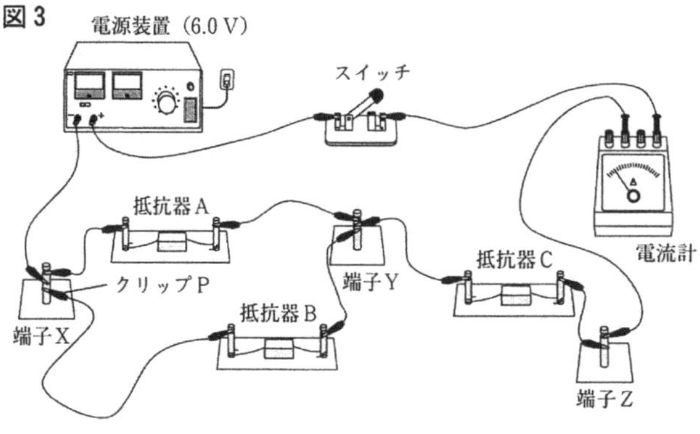

図４

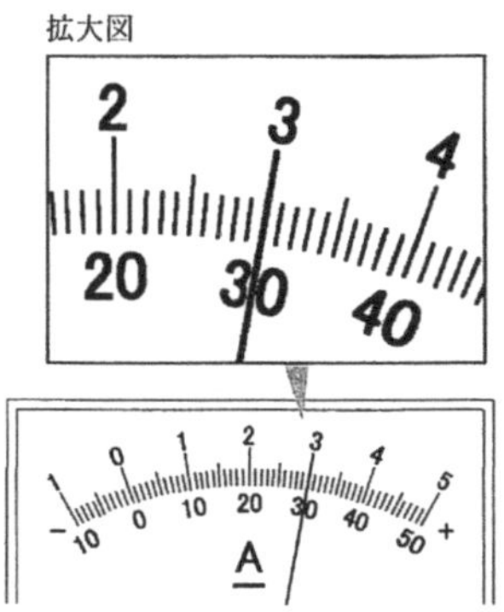

(3) 抵抗器Cの電気抵抗として最も適切なものを，次の**ア**～**エ**から１つ選んで，その符号を書きなさい。

ア 10 Ω　　**イ** 15 Ω　　**ウ** 20 Ω　　**エ** 30 Ω

(4) この実験において，電流計が示す値を表したグラフとして適切なものを，次の**ア**～**オ**から１つ選んで，その符号を書きなさい。

ア

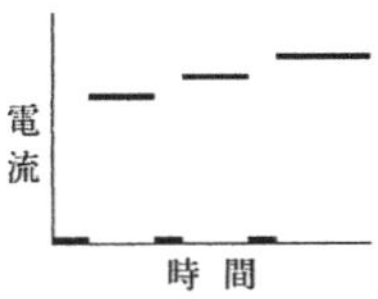

イ

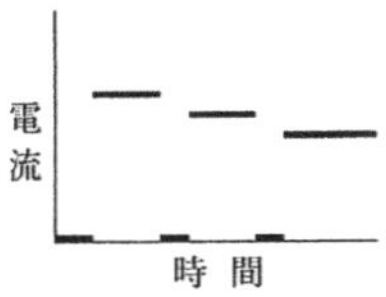

ウ

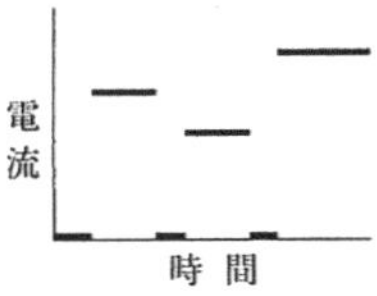

エ

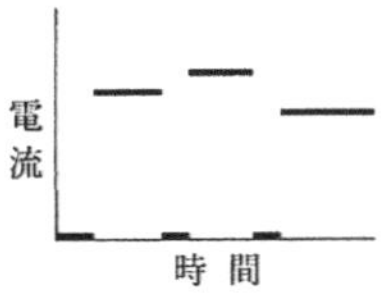

オ

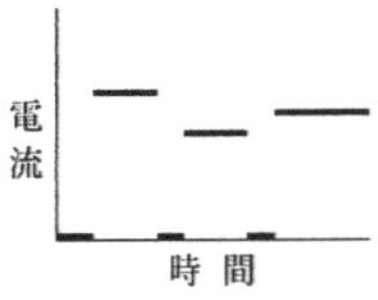

2 エネルギーの変換について，次の実験を行った。

＜実験１＞

図５のように，コンデンサーと手回し発電機をつないで，一定の速さで 20 回ハンドルを回した後，手回し発電機をはずし，コンデンサーに豆電球をつなぐと，点灯して消えた。同じ方法で，コンデンサーに LED 豆電球をつなぐと，LED 豆電球のほうが豆電球よりも長い時間点灯して消えた。次に，同じ方法で，コンデンサーにモーターをつなぐと，モーターが回り，しばらくすると回らなくなった。

図５

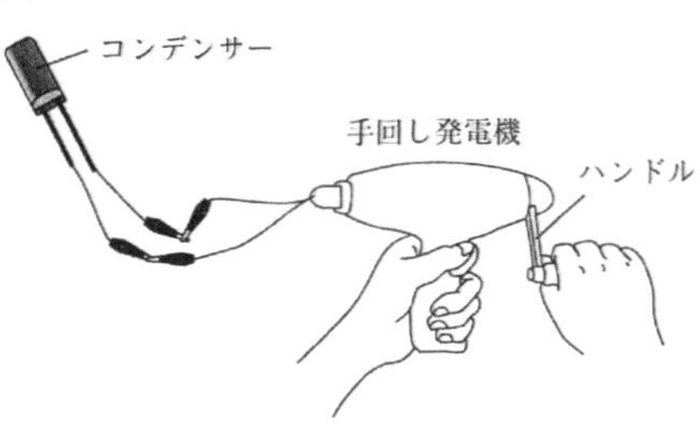

(1) 豆電球，LED 豆電球が点灯したことについて説明した次の文の［①］～［③］に入る語句の組み合わせとして適切なものを，あとの**ア**～**エ**から１つ選んで，その符号を書きなさい。

この実験において，コンデンサーには［①］エネルギーが蓄えられており，豆電球や LED 豆電球では［①］エネルギーが［②］エネルギーに変換されている。LED 豆電球のほうが点灯する時間が長かったことから，豆電球と LED 豆電球では，［③］のほうが変換効率が高いと考えられる。

ア ①力学的　②電気　③ LED 豆電球　　**イ** ①力学的　②電気　③豆電球

ウ ①電気　②光　③ LED 豆電球　　**エ** ①電気　②光　③豆電球

(2) 図６は，モーターが回転するしくみを表したものである。このことについて説明した文として適切でないものを，次の**ア**～**エ**から１つ選んで，その符号を書きなさい。

ア 整流子のはたらきにより，半回転ごとにコイルに流れる電流の向きが入れかわり，同じ向きに回転を続ける。

イ コイルのＡＢの部分にはたらく力の向きは，電流と磁界の両方の向きに垂直である。

ウ 電流の大きさは一定にしたまま，磁界を強くすると，コイルにはたらく力は大きくなる。

エ コイルのＡＢの部分とＢＣの部分には，大きさの等しい力がいつもはたらく。

図６

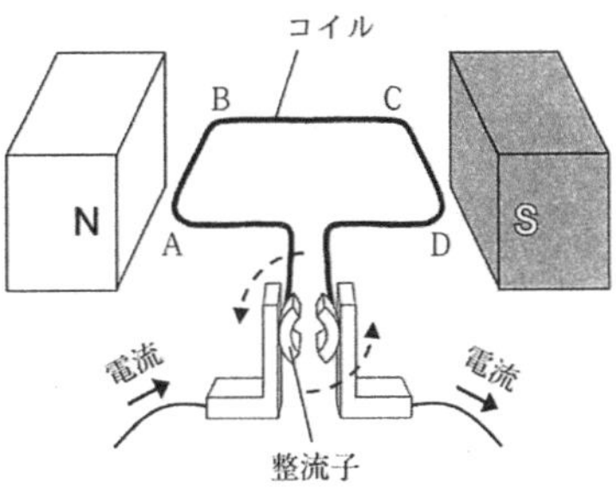

＜実験２＞

図７のような回路をつくり，滑車つきモーターの軸に重さ 0.12 N のおもりを糸でとりつけた。

次に，手回し発電機のハンドルを時計回りに１秒間に１回の速さで回して発電し，おもりを持ち上げ，LED 豆電球と豆電球のようすを観察した。また，おもりを 80 cm 持ち上げるのにかかった時間，おもりが持ち上げられている間の電流と電圧をはかった。表１は，この実験を複数回行った結果をまとめたものである。ただし，数値は平均の値を示している。

図７

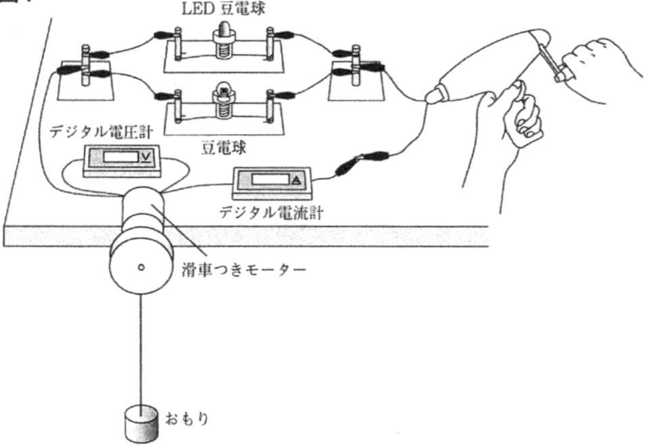

表１

LED 豆電球，豆電球のようす	どちらも点灯した
持ち上げるのにかかった時間〔s〕	2.0
電流〔A〕	1.0
電圧〔V〕	0.70

⑶　この実験におけるモーターの変換効率は何％か，四捨五入して小数第１位まで求めなさい。

⑷　手回し発電機を反時計回りに１秒間に１回の速さで回したとき，LED 豆電球，豆電球，モーターとおもりそれぞれのようすについてまとめた表２の［X］，［Y］に入る語句として適切なものを，それぞれ次の**ア**，**イ**から１つ選んで，その符号を書きなさい。また，［Z］に入る語句として適切なものを，次の**ア**～**ウ**から１つ選んで，その符号を書きなさい。

表２

LED 豆電球のようす	X
豆電球のようす	Y
モーターとおもりのようす	Z

【Xの語句】	**ア**　点灯した　　**イ**　点灯しなかった
【Yの語句】	**ア**　点灯した　　**イ**　点灯しなかった
【Zの語句】	**ア**　モーターは実験２と同じ向きに回転し，おもりは持ち上がった **イ**　モーターは実験２と逆向きに回転し，おもりは持ち上がった **ウ**　モーターは回転せずに，おもりは持ち上がらなかった

令　和　5　年　度

兵庫県公立高等学校学力検査問題

社　　　会

（50分）

注　　　意

1　「開始」の合図があるまで開いてはいけません。

2　「開始」の合図で，1ページから12ページまで問題が印刷されていることを確かめなさい。

3　**解答用紙の左上の欄に受検番号**を書きなさい。

4　解答用紙の □ の得点欄には，何も書いてはいけません。

5　答えは，全て**解答用紙の指定された解答欄**に書きなさい。

6　問題は3題で，12ページまであります。

7　「終了」の合図で，すぐ鉛筆を置きなさい。

8　解答用紙は，机の上に置いて，退室しなさい。

受検番号　　番

令和５年度兵庫県公立高等学校学力検査

社　会　解　答　用　紙

※100点満

得点	

大問	小問	番号		解答
Ⅰ（　点）	1（　点）	(1)		
		(2)		
		(3)		
		(4)		
		(5)		
		(6)		
	2（　点）	(1)		
		(2)		
		(3)		
		(4)		
		(5)	①	
			②	
			③	

1．(1)２点
(2)２点
(3)２点
(4)２点
(5)３点
(6)３点
2．３点×７

大問	小問	番号		解答
Ⅱ（　点）	1（　点）	(1)		
		(2)	①	
			②	
			③	
		(3)	①	
			②	
		(4)	①	
			②	
	2（　点）	(1)		
		(2)		
		(3)		
		(4)		
		(5)		
		(6)		

1．(1)２点
(2)２点×３
(3)２点×２
(4)①２点
②３点
2．３点×６

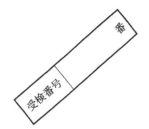

I　世界や日本の地理に関するあとの問いに答えなさい。

1　次の図１～３は，すべて緯線と経線が直角に交わる図法の地図であり，緯線・経線が15度ごとに描かれている。世界の地理に関するあとの問いに答えなさい。

図１

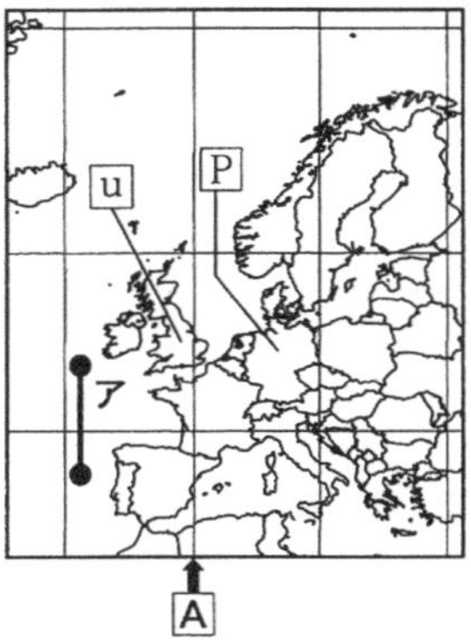

図２

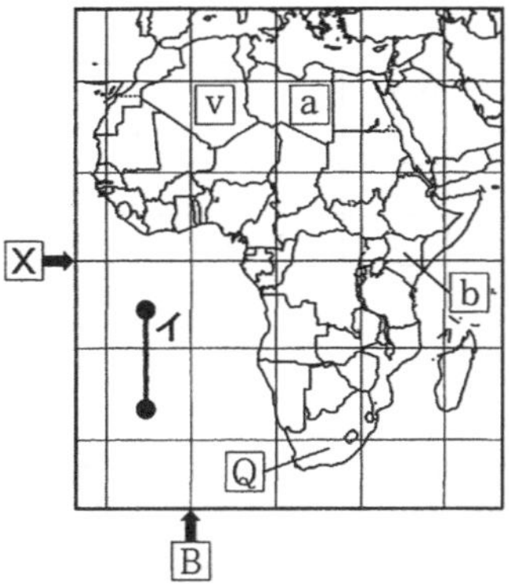

図３

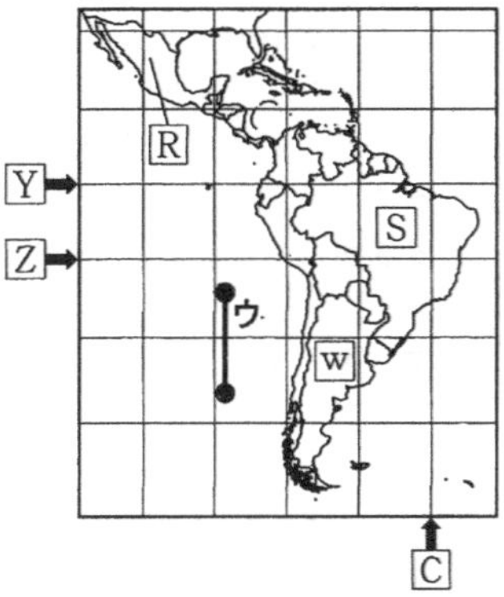

(1)　図１のAと同じ経度の経線を図２，３のB，Cから，図２のXと同じ緯度の緯線を図３のY，Zからそれぞれ選び，その組み合わせとして適切なものを，次の**ア～エ**から１つ選んで，その符号を書きなさい。

ア　B・Y　　**イ**　B・Z　　**ウ**　C・Y　　**エ**　C・Z

(2)　図１～３の●で結ばれた２点間を示した**ア～ウ**は，すべて経線と平行であり，図中ではすべて１cmである。このうち実際の距離が最も短いものを，図中の**ア～ウ**から１つ選んで，その符号を書きなさい。

(3)　図２のaで示された国で見られる特徴的な景観として適切なものを，次の**ア～エ**から１つ選んで，その符号を書きなさい。

ア

イ

ウ

エ

(4)　図２のbで示された国に関する次の文X，Yについて，その正誤の組み合わせとして適切なものを，あとの**ア～エ**から１つ選んで，その符号を書きなさい。

X　主な輸出品は金とカカオ豆で，特定の鉱産資源や商品作物の生産と輸出に依存するモノカルチャー経済になっている。
Y　野生生物を観察するなど，地域固有の自然環境や文化などを体験しながら学ぶ観光が行われている。

ア　X－正　Y－正　　**イ**　X－正　Y－誤　　**ウ**　X－誤　Y－正　　**エ**　X－誤　Y－誤

(5) 表1は，図1 ～ 3の u ～ w で示された国の輸出上位5品目と輸出額に占める割合を，表2はそれぞれの国の輸出相手上位5か国を示している。表1のあ～う，表2のⅰ～ⅲのうち図2の v にあたるものの組み合わせとして適切なものを，次の**ア**～**カ**から1つ選んで，その符号を書きなさい。

表1 (2017年)（%）

あ	大豆油かす 15.6	自動車 9.9	とうもろこし 6.7	大豆油 6.4	野菜・果実 4.8
い	機械類 22.1	自動車 11.7	医薬品 7.5	航空機 4.6	原油 4.3
う	原油 36.1	天然ガス 20.3	石油製品 18.3	液化天然ガス 10.4	液化石油ガス 9.0

（『データブック　オブ・ザ・ワールド』より作成）

表2 (2017年)

	1位	2位	3位	4位	5位
ⅰ	アメリカ	ドイツ	フランス	オランダ	アイルランド
ⅱ	イタリア	フランス	スペイン	アメリカ	ブラジル
ⅲ	ブラジル	アメリカ	中国	チリ	ベトナム

（『データブック　オブ・ザ・ワールド』より作成）

ア あ・ⅰ　**イ** あ・ⅲ　**ウ** い・ⅰ　**エ** い・ⅱ　**オ** う・ⅱ　**カ** う・ⅲ

(6) 表3は，図1 ～ 3の P ～ S で示された国における在留邦人数，海外進出日系企業拠点総数とそのうちの主要業種別の拠点数を示している。図3の S にあたるものとして適切なものを，表3の**ア**～**エ**から1つ選んで，その符号を書きなさい。

表3 (2018年)

	在留邦人数（人）	海外進出日系企業拠点総数	主要業種別の海外進出日系企業拠点数			
			農業，林業，漁業	鉱業，採石業，砂利採集業	製造業	電気，ガス，熱供給，水道業
ア	45,416	1,870	1	0	938	2
イ	11,775	1,299	2	5	691	23
ウ	51,307	654	13	3	255	2
エ	1,408	272	8	2	93	3

※「在留邦人数」とは，3か月以上海外に滞在している日本人で，永住者を含む数　（外務省ホームページより作成）

2　図1に関する次の問いに答えなさい。

(1) 表1のa～cは，図1のあ～うで示されたいずれかの県におけるため池の数を示しており，図2のd～fは，それぞれの県庁所在地における降水量の月別平均値を示している。い県にあたるものの組み合わせとして適切なものを，あとの**ア**～**ケ**から1つ選んで，その符号を書きなさい。

図1

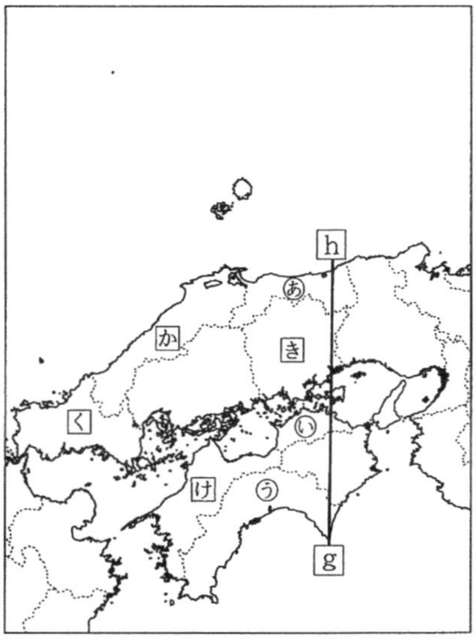

表1 (2022年)

	ため池の数
兵庫県	22,107
a	985
b	12,269
c	393

（農林水産省ホームページより作成）

図2

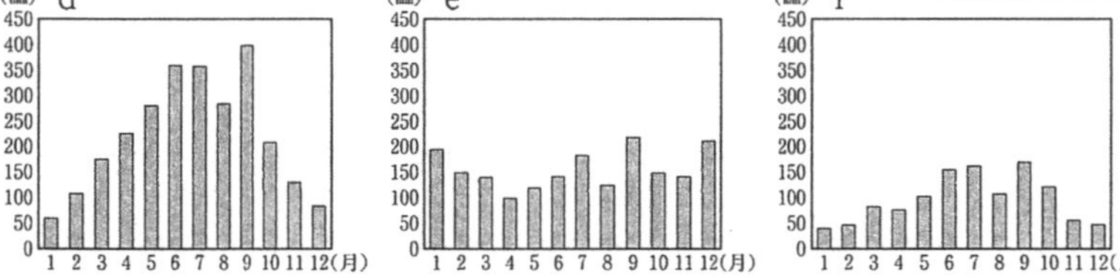

（気象庁ホームページより作成）

ア a・d　**イ** a・e　**ウ** a・f　**エ** b・d　**オ** b・e
カ b・f　**キ** c・d　**ク** c・e　**ケ** c・f

(2) 図1のg―hの断面を示した模式図として適切なものを，次のア～エから1つ選んで，その符号を書きなさい。

ア
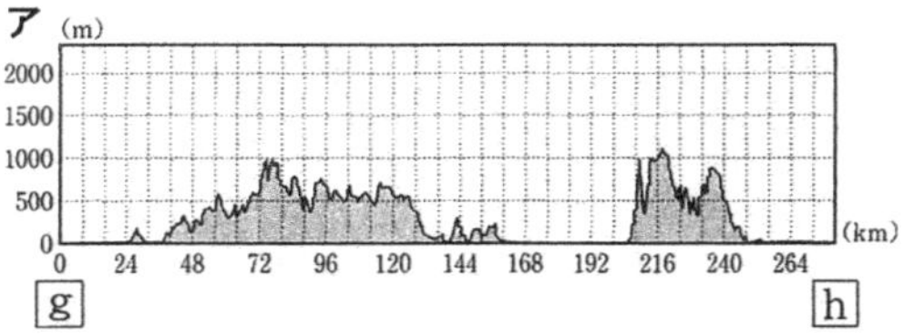

イ
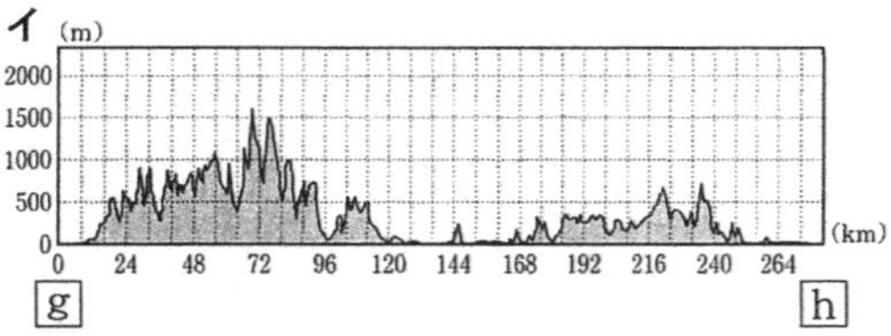

ウ
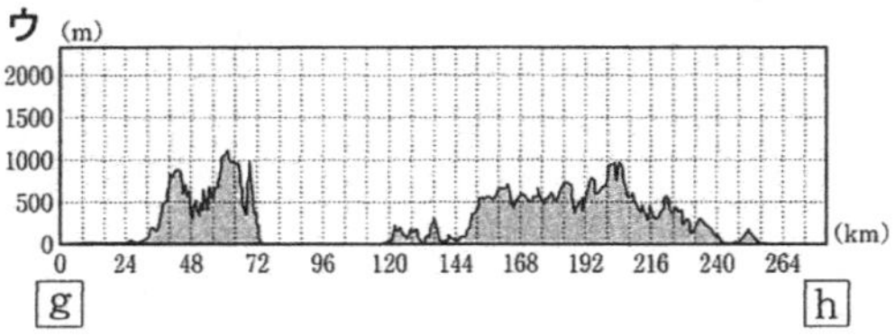

エ
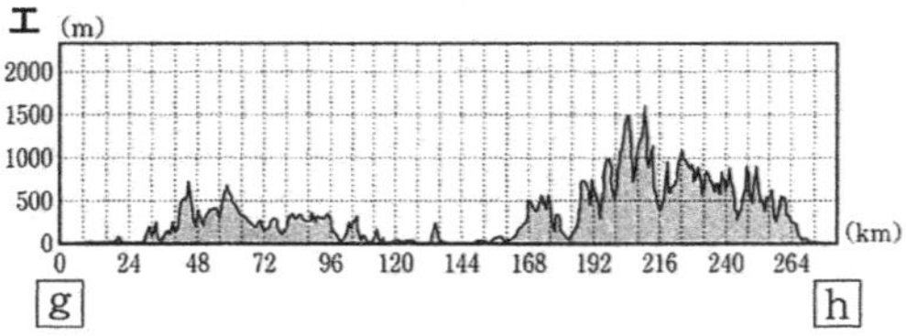

(3) 表2のA～Dは，図1のか～けで示されたいずれかの県であり，2019年における化学工業と繊維工業の製造品出荷額と，各工業の製造品出荷額の2013年からの増減を示している。これについて述べたあとの文X，Yについて，その正誤の組み合わせとして適切なものを，あとのア～エから1つ選んで，その符号を書きなさい。

（億円）

表2

	化学工業		繊維工業	
	2019年	2013年からの増減	2019年	2013年からの増減
A	19,791	3,686	565	-112
B	333	63	333	-11
C	11,023	-1,543	2,361	-291
D	3,440	-363	1,919	300
全国	293,105	18,422	38,740	-319

（『データでみる県勢』より作成）

X　AとBは，2013年と2019年を比較して化学工業の出荷額が増加しており，その増加の割合もほぼ同じである。このうち，2019年において化学工業の出荷額が4県の中で最も多いAが，石油化学コンビナートを背景に化学工業が発展したか県であるとわかる。

Y　2019年の繊維工業の全国出荷額が2013年より減少している中，2019年におけるCとDを合わせた繊維工業の出荷額は，全国出荷額の1割以上を占めている。このうち，繊維工業の出荷額が2013年より増加したDが，特産品のタオルをブランド化して生産を伸ばしたけ県であるとわかる。

ア X－正　Y－正　**イ** X－正　Y－誤　**ウ** X－誤　Y－正　**エ** X－誤　Y－誤

(4) 図3のさ～すは，広島市，呉市，大崎上島町のいずれかの位置を示している。また，表3，表4はそれぞれの市町の，2010年と2020年における総人口に占める65歳以上の割合と，一般世帯数に占める1人世帯の割合を示している。表3のあ～う，表4のⅰ～ⅲのうちすにあたるものの組み合わせとして適切なものを，あとのア～ケから1つ選んで，その符号を書きなさい。

図3
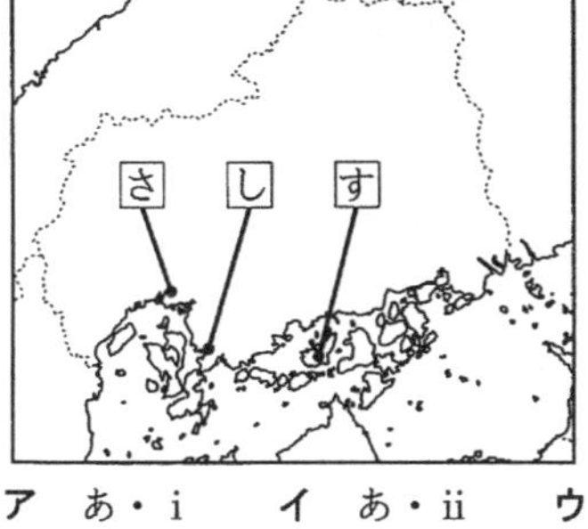

表3　総人口に占める65歳以上の割合　（%）

	2010年	2020年
あ	20.0	25.8
い	29.3	35.5
う	42.8	46.6

（『国勢調査資料』より作成）

表4　一般世帯数に占める1人世帯の割合　（%）

	2010年	2020年
ⅰ	37.4	45.5
ⅱ	29.9	35.3
ⅲ	36.9	40.5

（『国勢調査資料』より作成）

ア あ・ⅰ　**イ** あ・ⅱ　**ウ** あ・ⅲ　**エ** い・ⅰ　**オ** い・ⅱ
カ い・ⅲ　**キ** う・ⅰ　**ク** う・ⅱ　**ケ** う・ⅲ

(5) 図4，図5を見て，あとの問いに答えなさい。

図4

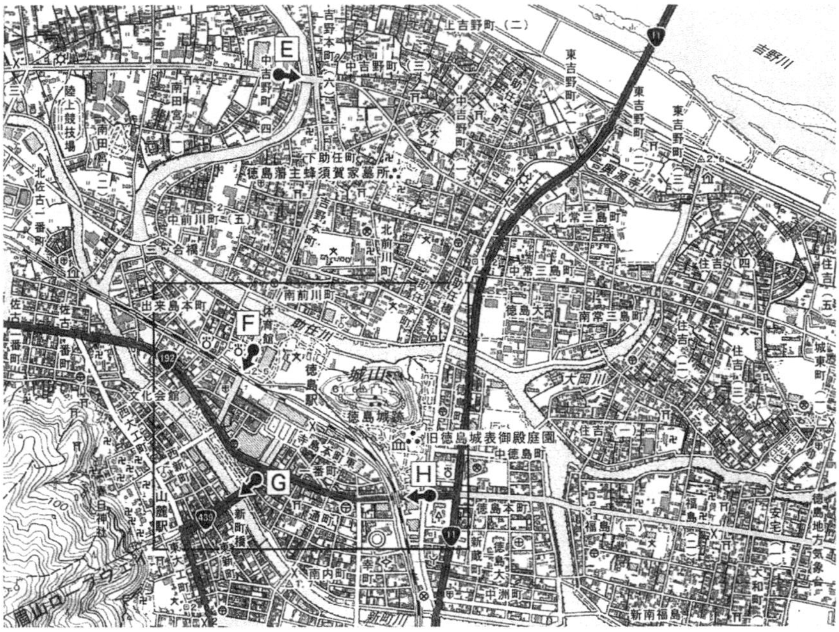

（2万5千分の1地形図「徳島」(2019年）を一部改変）

① 次の写真[た]，[ち]は，図4の[E]～[H]のいずれかの地点から矢印の方向に向けて撮影されたものである。写真[た]，[ち]と撮影した場所[E]～[H]の組み合わせとして適切なものを，あとのア～カから1つ選んで，その符号を書きなさい。

[た]

[ち]

ア [た]・[F]，[ち]・[E]　　イ [た]・[F]，[ち]・[G]　　ウ [た]・[F]，[ち]・[H]
エ [た]・[H]，[ち]・[E]　　オ [た]・[H]，[ち]・[F]　　カ [た]・[H]，[ち]・[G]

② 図5は，図4の［　］で示した範囲の地震・津波避難支援マップである。これについて述べたあとの文の［ i ］，［ ii ］に入る語句の組み合わせとして適切なものを，あとの**ア**～**エ**から1つ選んで，その符号を書きなさい。

図5

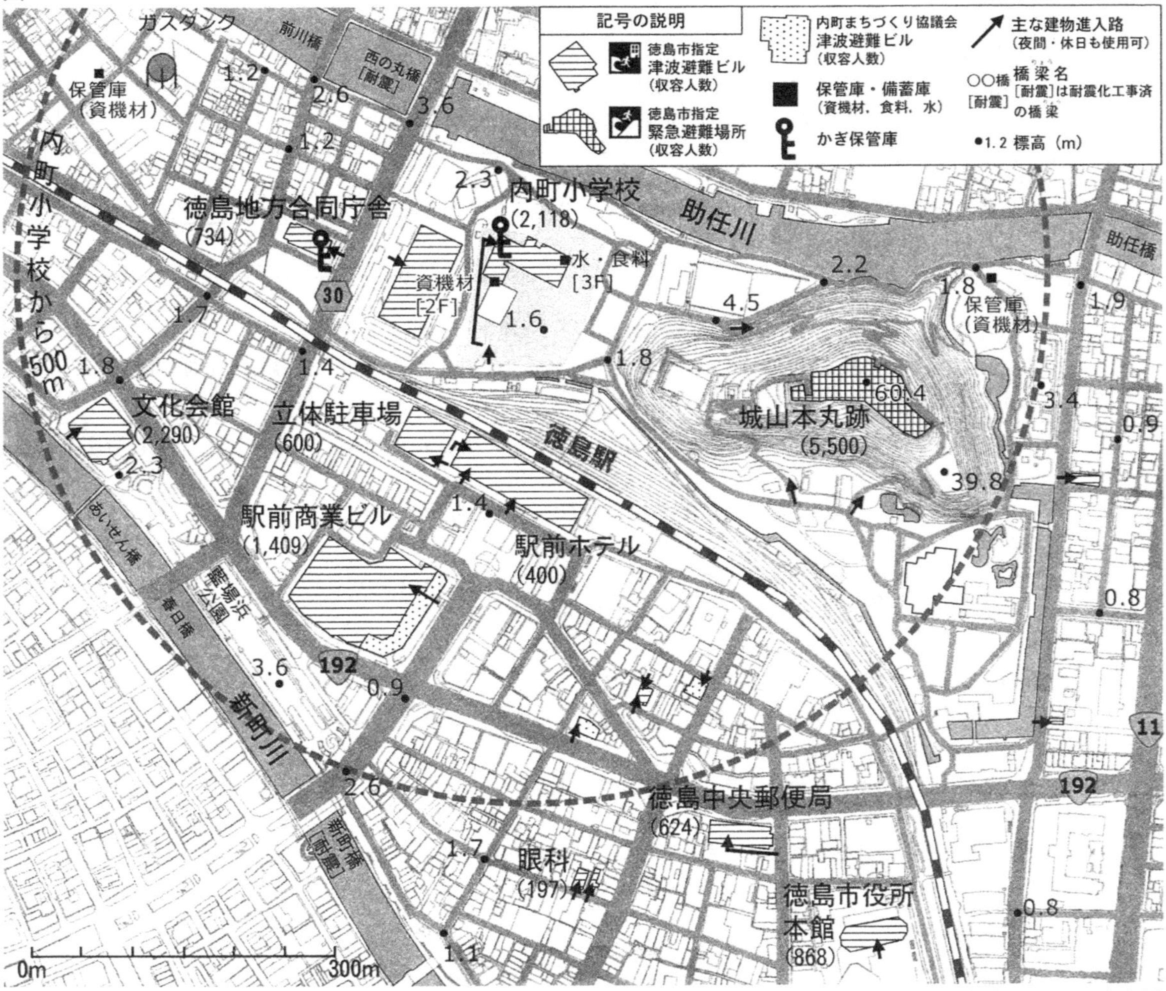

（「内町地区　地震・津波避難支援マップ」を一部改変）

> 図5は，避難先に指定されている津波避難ビルや緊急避難場所の位置等を示している。図5の中で最も標高が高い避難先は［ i ］だとわかる。また，［ ii ］などにあるかぎの記号は，その建物のかぎの保管庫の位置を示しており，一定震度以上の地震が発生すると保管庫のロックが自動的に解除され，建物のかぎを取り出して，建物の中に避難できるようになっている。

ア　i　城山本丸跡　　ii　徳島駅　　　**イ**　i　文化会館　　　ii　徳島地方合同庁舎

ウ　i　文化会館　　　ii　徳島駅　　　**エ**　i　城山本丸跡　　ii　徳島地方合同庁舎

③ 図4，図5から読み取れることとして適切なものを，次の**ア**～**エ**から1つ選んで，その符号を書きなさい。

ア　徳島市役所本館は，内町小学校から500m以内に立地している。

イ　旧徳島城表御殿庭園に隣接する博物館は，最も多くの人数を収容できる津波避難ビルである。

ウ　徳島駅前の駅前ホテルは，徳島市指定津波避難ビルである。

エ　助任川と新町川に架かる橋は，すべて耐震化工事済である。

Ⅱ　歴史に関するあとの問いに答えなさい。

1　次の資料A～Dに関して，あとの問いに答えなさい。

【資料A】
三に曰く，詔《みことのり》（天皇の命令）を承りては，必ず謹め。

【資料B】
一　諸国の□の職務は，頼朝公の時代に定められたように，国内の御家人を京都の警備にあたらせること，謀反《むほん》や殺人などの犯罪人を取りしまることである。

【資料C】
一　本拠である朝倉館のほか，国内に城を構えてはならない。全ての有力な家臣は，一乗谷に引っ越し，村には代官を置くようにしなさい。

【資料D】
一　人を殺し，盗みをした者は，市中を引き回したうえ獄門とする。
一　領主に対して一揆を起こし，集団になって村から逃げ出したときは，指導者は死刑，名主（庄屋）は村から追放する。

(1)　【資料A】が出された頃の様子として適切なものを，次の**ア**～**エ**から1つ選んで，その符号を書きなさい。

ア　個人の才能によって役人に採用する，冠位十二階の制度を定めた。
イ　戸籍に登録された人々に，身分に応じて口分田が与えられた。
ウ　民衆には租・庸・調という税がかけられ，重い負担になっていた。
エ　地方武士が土地開発を進め，皇族や貴族，寺社に寄進した。

(2)　【資料B】に関して，あとの問いに答えなさい。

①　資料中の□に入る役職名として適切なものを，次の**ア**～**エ**から1つ選んで，その符号を書きなさい。

ア　国司　　**イ**　郡司　　**ウ**　守護　　**エ**　地頭

②　この法令が作成された時の執権と，この法令の説明の組み合わせとして適切なものを，あとの**ア**～**エ**から1つ選んで，その符号を書きなさい。

当時の執権
A　北条泰時　　B　北条時宗

法令の説明
あ　天皇や公家を統制することが定められており，京都所司代が置かれるようになった。
い　軍事や国内の警察を行うことが定められており，その後の武家政治に影響を与えた。

ア　A・あ　　**イ**　A・い　　**ウ**　B・あ　　**エ**　B・い

③　この時代に関して述べた文P～Rについて，古いものから順に並べたものを，あとの**ア**～**カ**から1つ選んで，その符号を書きなさい。

P　困窮した御家人に対して，幕府は徳政令を出した。
Q　幕府は文永の役の後に防塁を築き，再度の侵攻を防いだ。
R　フビライは，朝鮮半島に軍勢を送り，高麗を服属させた。

ア　P－Q－R　　**イ**　P－R－Q　　**ウ**　Q－P－R
エ　Q－R－P　　**オ**　R－P－Q　　**カ**　R－Q－P

(3) 【資料C】に関して，あとの問いに答えなさい。

① 図の[か]～[く]は，戦国大名の拠点を示している。資料中の下線部の場所と，資料を説明した次の文A，Bの組み合わせとして適切なものを，あとの**ア～カ**から1つ選んで，その符号を書きなさい。

図

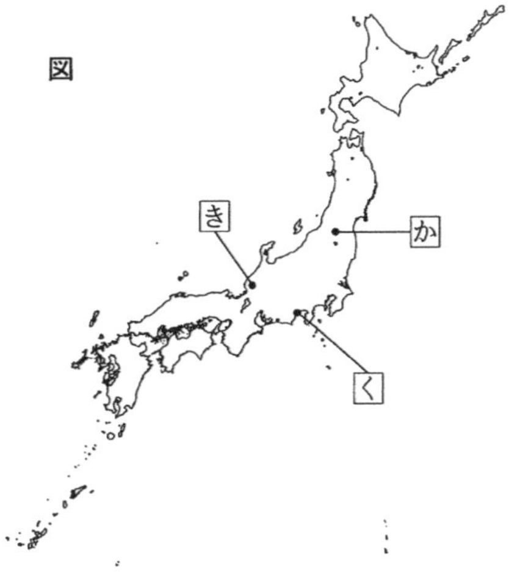

A　朝倉氏は惣の自治のために，おきてを定めた。
B　朝倉氏は領国支配を進めるために，分国法を定めた。

ア [か]・A　　**イ** [き]・A
ウ [く]・A　　**エ** [か]・B
オ [き]・B　　**カ** [く]・B

② 【資料C】を説明した次の文の[i]，[ii]に入る語句の組み合わせとして適切なものを，あとの**ア～エ**から1つ選んで，その符号を書きなさい。

これは城下町に家臣を集める命令であるが，裏を返せば，それまで[i]ということである。このような政策は，豊臣秀吉などが[ii]兵農分離への流れをつくることにつながった。

ア　i　領内に城は1つだった　ii　参勤交代をさせて，主従関係を確認する
イ　i　領内に城は1つだった　ii　刀狩を行い，武士だけが武器を持つ
ウ　i　有力な家臣も農村に住んでいた　ii　参勤交代をさせて，主従関係を確認する
エ　i　有力な家臣も農村に住んでいた　ii　刀狩を行い，武士だけが武器を持つ

(4) 【資料D】は江戸時代に出された法令の一部である。この時代に関するあとの問いに答えなさい。

① この法令を定めた人物の政策と，この法令の内容の組み合わせとして適切なものを，あとの**ア～エ**から1つ選んで，その符号を書きなさい。

法令を定めた人物の政策
A　民衆の意見を取り入れる目安箱を設置した。
B　出版を厳しく統制する寛政の改革を行った。

法令の内容
あ　この法令により都市に出稼ぎにきた農民を村に返した。
い　この法令により裁判や刑の基準を定めた。

ア　A・あ　　**イ**　A・い　　**ウ**　B・あ　　**エ**　B・い

② この時代に関して述べた文P～Rについて，古いものから順に並べたものを，あとの**ア～カ**から1つ選んで，その符号を書きなさい。

P　幕府は，ロシアを警戒して蝦夷地を調査し，樺太が島であることを確認した。
Q　幕府は，スペインやポルトガルの侵略をおそれ，全国でキリスト教を禁止した。
R　オランダ商館が出島に移され，風説書が幕府に提出されるようになった。

ア　P－Q－R　　**イ**　P－R－Q　　**ウ**　Q－P－R
エ　Q－R－P　　**オ**　R－P－Q　　**カ**　R－Q－P

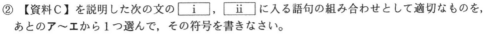

2　次の日本とアメリカの2人の政治家A，Bに関する資料を見て，あとの問いに答えなさい。

<table>
<tr><th>日本の政治家A</th><th>アメリカの政治家B</th></tr>
<tr><td>1856年　生まれる</td><td>1856年　生まれる</td></tr>
<tr><td>1860年代　内戦に敗れた地域で育つ</td><td>1860年代　内戦に敗れた地域で育つ</td></tr>
<tr><td>1883年　外交官になる</td><td>1890年　プリンストン大学教授になる</td></tr>
<tr><td>1900年　立憲政友会幹事長になる
1902年　衆議院議員に初当選する</td><td>1911年　ニュージャージー州知事になる
1913年　大統領になる</td></tr>
<tr><td colspan="2">1914年　第一次世界大戦がはじまる</td></tr>
<tr><td>1918年　内閣総理大臣になる</td><td>1918年　民族自決を提唱する</td></tr>
<tr><td colspan="2">1919年　パリ講和会議が開かれる</td></tr>
<tr><td>1921年　亡くなる</td><td>1924年　亡くなる</td></tr>
</table>

(1)　日本とアメリカで起きた内戦を説明した次の文の［ i ］，［ ii ］に入る語句の組み合わせとして適切なものを，あとの**ア**〜**エ**から1つ選んで，その符号を書きなさい。

> 約62万人が亡くなるという大きな被害が出たアメリカの［ i ］戦争が，1865年に終わった。日本では，会津など［ ii ］地方を拠点とした旧幕府軍が，新政府軍に敗れた。

ア　i　独立　ii　九州　　**イ**　i　独立　ii　東北
ウ　i　南北　ii　九州　　**エ**　i　南北　ii　東北

(2)　日本とアメリカの社会の動きを説明した次の文の［ i ］，［ ii ］に入る語句の組み合わせとして適切なものを，あとの**ア**〜**エ**から1つ選んで，その符号を書きなさい。

> 1860年代のアメリカでは，［ i ］政策が打ち出され，1870年代の日本では人口の9割以上の人が［ ii ］となる政策がとられた。

ア　i　奴隷を解放する　ii　平民　　**イ**　i　労働組合を保護する　ii　士族
ウ　i　奴隷を解放する　ii　士族　　**エ**　i　労働組合を保護する　ii　平民

(3)　この資料に示された期間のできごとに関して述べた次の文X，Yについて，その正誤の組み合わせとして適切なものを，あとの**ア**〜**エ**から1つ選んで，その符号を書きなさい。

> X　岩倉使節団が訪米し，条約改正交渉を行ったが，この使節団は条約を改正できなかった。
> Y　中国に対して影響力を強めたアメリカは，満州に軍隊をとどめるようになった。

ア　X－正　Y－正　　**イ**　X－正　Y－誤　　**ウ**　X－誤　Y－正　　**エ**　X－誤　Y－誤

(4) 第一次世界大戦とその後の経緯を説明した次の文の[i]～[iii]に入る語句の組み合わせとして適切なものを，あとの**ア～カ**から１つ選んで，その符号を書きなさい。

> 日本は，日露戦争の前に結ばれていた[i]を理由に第一次世界大戦に参戦し，[ii]参戦した。大戦後のパリ講和会議では，日本の政治家Ａの内閣がベルサイユ条約を結び，ドイツの有していた権益を得た。さらに，アメリカの政治家Ｂの提案で国際連盟が設立されたが，アメリカは議会の反対で加盟しなかった。
> この後，ワシントン会議が開かれ，次の図の[iii]することや[i]の廃止が決定され，アジア・太平洋地域における新しい国際関係の枠組みが定まることになった。

図

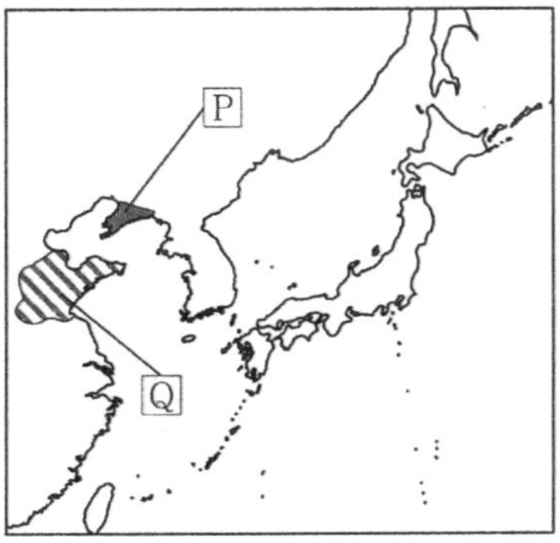

ア　i　三国協商　ii　アメリカは途中から　iii　[P]の地域の権益をドイツに返還
イ　i　三国協商　ii　アメリカも最初から　iii　[P]の地域の権益を中国に返還
ウ　i　三国協商　ii　アメリカも最初から　iii　[Q]の地域の権益をドイツに返還
エ　i　日英同盟　ii　アメリカも最初から　iii　[P]の地域の権益を中国に返還
オ　i　日英同盟　ii　アメリカは途中から　iii　[Q]の地域の権益を中国に返還
カ　i　日英同盟　ii　アメリカは途中から　iii　[Q]の地域の権益をドイツに返還

(5) 日本の内閣総理大臣であった政治家Ａの人物名を，漢字で書きなさい。

(6) アメリカの大統領であった政治家Ｂの人物名を，カタカナで書きなさい。

Ⅲ　政治や経済のしくみと私たちの生活に関するあとの問いに答えなさい。

1　経済に関する文章を読み，あとの問いに答えなさい。

人間は，a なぜ貨幣を用いるようになったのだろうか。世界の多くの国で，貨幣は必要不可欠なものとなっており，b 中央銀行が通貨を発行している国が多い。そして，c 家計や企業の間でお金を貸し借りする金融が営まれ，中央銀行が通貨量を調整し，物価の安定をはかる d 金融政策を行っている。また，自国通貨と外国通貨を交換する e 為替相場も経済に大きな影響を与えている。

(1)　下線部ａに関する考えを説明した次の文の［ i ］，［ ii ］に入る語句の組み合わせとして適切なものを，あとのア～エから１つ選んで，その符号を書きなさい。

モノを［ i ］する際，円滑に取引を行うため，そのモノの価値を表す目安として貨幣が使われるようになった。しかし，近年では様々な支払方法が用いられ，［ ii ］を使う場面が少なくなる傾向にある。

ア　i　自給　ii　電子マネー　　**イ**　i　自給　ii　現金
ウ　i　交換　ii　電子マネー　　**エ**　i　交換　ii　現金

(2)　下線部ｂに関する次の文の［ i ］に入る適切な語句と，［ ii ］に入る適切な国名を書きなさい。

日本の中央銀行である日本銀行は，日本銀行券を発行することができる唯一の銀行である。ＥＵでは，ヨーロッパ中央銀行が創られ，加盟27か国のうち20か国（2023年１月時点）で共通通貨［ i ］を導入しているが，各国の財政状況は異なっている。
資料１の国のうち，共通通貨［ i ］を導入している国の2020年６月時点と2021年10月時点のGDPに対する追加的財政支援の割合を比べると，ドイツの割合がいずれの時点においても最も高いが，［ ii ］の追加的財政支援の割合が最も拡大していることがわかる。通貨の信用には財政の安定が欠かせず，課題もある。

資料１　感染症対応時における2020年１月以降の各国の追加的財政支援の割合（対GDP比）（2020年６月時点と2021年10月時点の比較）

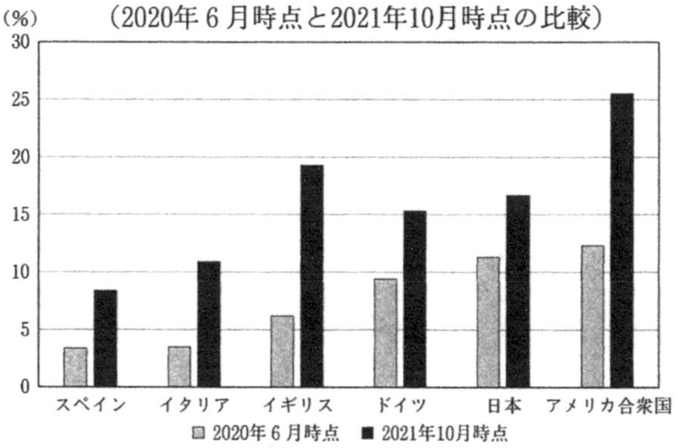

（経済産業省ホームページより作成）

(3)　下線部ｃに関して，資料２を説明したあとの文の［ i ］，［ ii ］に入る語句の組み合わせとして適切なものを，あとのア～エから１つ選んで，その符号を書きなさい。

資料２　株式を購入したことがある人の割合　（%）

		2016年	2022年
購入したことがある	1 商品性について，人に教えられるくらい詳しく理解していた	4.0	4.6
	2 商品性について，ある程度は理解していた	20.0	20.9
	3 商品性については，あまり理解していなかった	5.5	6.1
	4 商品性については，理解していなかった	2.2	2.3
購入したことはない	5 購入したことはない	68.4	66.2

※「商品性」とは，手数料の有無，どんなリスクがあるか等のこと　（金融広報中央委員会『金融リテラシー調査』より作成）
※四捨五入の関係で100%にはならない

株式を購入したことがある人の割合は，2016年から2022年にかけて［ i ］している。また，株式の商品性について2016年と2022年の割合を比べると，［ ii ］傾向にある。

ア　i　減少　ii　理解して購入した人の割合は増え，理解せずに購入した人の割合が減少する
イ　i　増加　ii　理解して購入した人の割合は減り，理解せずに購入した人の割合が増加する
ウ　i　減少　ii　理解して購入した人の割合も，理解せずに購入した人の割合も減少する
エ　i　増加　ii　理解して購入した人の割合も，理解せずに購入した人の割合も増加する

(4) 下線部dに関して，日本銀行の公開市場操作を説明した次の文A～Dのうち，日本銀行が一般の銀行から国債を買い取る場合に目的としていることの組み合わせとして適切なものを，あとの**ア**～**エ**から1つ選んで，その符号を書きなさい。

A　一般の銀行の資金量を増やす。
B　一般の銀行の資金量を減らす。
C　一般の銀行の貸し出し金利を下げ，一般の銀行から企業への貸し出しを増加させる。
D　一般の銀行の貸し出し金利を上げ，一般の銀行から企業への貸し出しを減少させる。

ア　A・C　　**イ**　A・D　　**ウ**　B・C　　**エ**　B・D

(5) 下線部eに関して説明した次の文の[i]，[ii]に入る語句の組み合わせとして適切なものを，あとの**ア**～**エ**から1つ選んで，その符号を書きなさい。

円高が進むと，日本の[i]中心の企業は，競争上不利になることが多く，[ii]企業が増え，産業が空洞化するおそれもある。

ア　i　輸入　ii　海外工場を国内に移転する
イ　i　輸出　ii　海外工場を国内に移転する
ウ　i　輸出　ii　国内工場を海外に移転する
エ　i　輸入　ii　国内工場を海外に移転する

2　日本の地方政治に関する文章を読み，あとの問いに答えなさい。

近年の新型コロナウイルス感染症の流行は，国による一律の対策とともに，地域の実情に応じた地方公共団体独自の対策も求められ，$_a$国と地方の政治のあり方が議論となった。地方では，地域住民が$_b$政治参加する機会が多く，住民みずからの意思と責任による合意形成が求められる場面が多いが，$_c$地方政治の活性化には課題もある。

(1) 下線部aに関して，地方政治の変遷を説明した次の文の[i]，[ii]に入る語句の組み合わせとして適切なものを，あとの**ア**～**エ**から1つ選んで，その符号を書きなさい。

明治時代に置かれた知事は，[i]されることになっていた。第二次世界大戦が終わると，[ii]には明記されていなかった地方自治の規定が定められ，知事も選挙で選ばれるようになった。

ア　i　中央政府から派遣　ii　大日本帝国憲法
イ　i　中央政府から派遣　ii　日本国憲法
ウ　i　地方議会で指名　ii　大日本帝国憲法
エ　i　地方議会で指名　ii　日本国憲法

(2) 下線部bに関して，次の問いに答えなさい。

① 被選挙権が与えられる年齢について，次の表中のA～Cに入る数字の組み合わせとして適切なものを，あとの**ア**～**カ**から1つ選んで，その符号を書きなさい。

都道府県知事	都道府県・市（区）町村議会議員	市（区）町村長
（　A　）歳以上	（　B　）歳以上	（　C　）歳以上

ア　A　25　B　20　C　20
イ　A　25　B　20　C　25
ウ　A　25　B　25　C　25
エ　A　30　B　20　C　30
オ　A　30　B　25　C　25
カ　A　30　B　25　C　30

② 首長と地方議会について述べた文として適切なものを，次の**ア**～**エ**から１つ選んで，その符号を書きなさい。

ア 首長は地方議会が議決した条例案について再審議を求めることはできない。
イ 地方議会は首長の不信任を決議することができ，首長は地方議会を解散することができる。
ウ 住民は，地方議員の解職を求めることができるが，首長の解職は請求できない。
エ 首長は予算の議決を行い，地方議会は決められた予算を実行するための行政権がある。

(3) 下線部ｃに関する資料１ ～ ３を見て，あとの問いに答えなさい。

資料１ 町村議会議員の定数の推移と統一地方選挙の町村議会議員改選定数に占める無投票当選者数の割合の推移

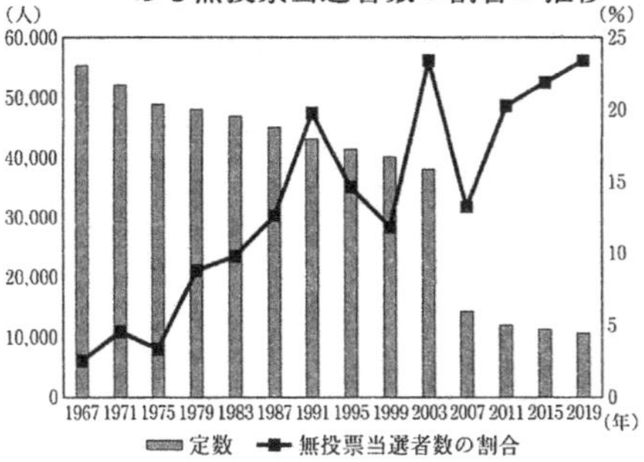

(総務省ホームページより作成)

資料２ 2019年の統一地方選挙における人口段階別の町村議会議員選挙の無投票団体数

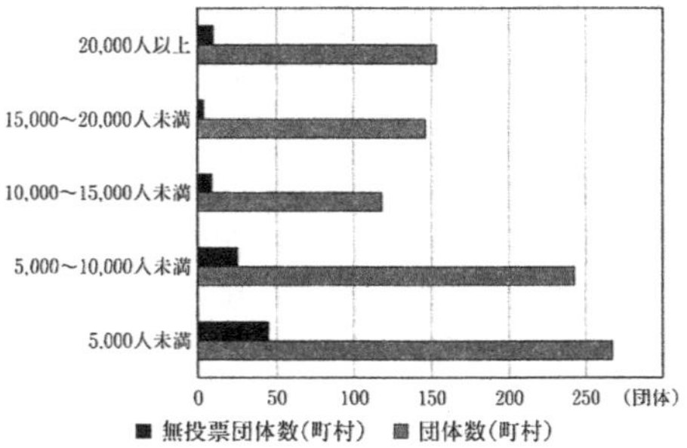

(総務省ホームページより作成)

資料３ 町村議会議員の年齢別割合 (%)

	40歳未満	40歳以上50歳未満	50歳以上60歳未満	60歳以上70歳未満	70歳以上80歳未満	80歳以上
2011年	2.0	5.9	25.3	52.0	14.3	0.5
2021年	2.2	7.4	13.4	40.5	34.0	2.4

※四捨五入の関係で100%にはならない (総務省ホームページより作成)

① 資料１で，町村議会議員の定数が最も減少した時期について，その理由を説明した次の文の［　　］に入る適切な数字を書きなさい。

> 各都道府県や市町村の首長や議員を選ぶ地方選挙は，全国的に統一して４年ごとに行うように調整されており，統一地方選挙と呼ばれている。資料１において，［　　］年の定数が，４年前より２万人以上大きく減少しているのは，１つの市町村では対応しにくい課題を解決し，行政能力を高めるために市町村合併が進んだことが大きな要因と考えられる。

② 町村議会の課題に関して述べた次の文Ｘ～Ｚについて，その正誤の組み合わせとして適切なものを，あとの**ア**～**カ**から１つ選んで，その符号を書きなさい。

> Ｘ 資料１を見ると，定数の推移と無投票当選者数の割合の推移に比例関係はなく，2019年は1967年と比べて無投票当選者数の割合が低くなっている。
> Ｙ 資料２を見ると，人口5,000人未満の町村の団体数が最も多く，無投票となった団体数も，人口5,000人未満の町村が最も多くなっている。
> Ｚ 資料３を見ると，60歳未満の議員の割合が，2011年は30%以上であったが，2021年は25%以下に減少している。

ア Ｘ－正 Ｙ－正 Ｚ－誤　　**イ** Ｘ－正 Ｙ－誤 Ｚ－正
ウ Ｘ－正 Ｙ－誤 Ｚ－誤　　**エ** Ｘ－誤 Ｙ－正 Ｚ－正
オ Ｘ－誤 Ｙ－正 Ｚ－誤　　**カ** Ｘ－誤 Ｙ－誤 Ｚ－正

③ 地方自治に関して述べた次の文の［　　］に入る語句を７字で書きなさい。

> 住民が政治参加のあり方を学ぶ場であることから，地方自治は「［　　］」といわれる。

Ⅲ [点]	1 [点]	(1)		
		(2)	i	
			ii	
		(3)		
		(4)		
		(5)		
	2 [点]	(1)		
		(2)	①	
			②	
		(3)	①	
			②	
			③	

1．２点×６
2．３点×６

令　和　4　年　度

兵庫県公立高等学校学力検査問題

国　　語　(50分)

注　　意

1　「開始」の合図があるまで開いてはいけません。

2　「開始」の合図で、1ページから10ページまで問題が印刷されていることを確かめなさい。

3　**解答用紙の右上の欄に受検番号**を書きなさい。

4　解答用紙の□の得点欄には、何も書いてはいけません。

5　答えは、全て**解答用紙の指定された解答欄**に書きなさい。

6　問題は五題で、10ページまであります。

7　「終了」の合図で、すぐ鉛筆を置きなさい。

8　解答用紙は、机の上に置いて、退室しなさい。

受検番号　　　番

令和四年度兵庫県公立高等学校学力検査

国語解答用紙

※100点満点

得点

一

点

問一　点
問二　点
問三　点
問四　点
問五　点
問六　点　⑧　⑨

問一．2点
問二．3点
問三．3点
問四．3点
問五．3点
問六．3点×2

四

点

問一　点　②　④　⑤（られる）
問二　点
問三　点　①　⑧
問四　点
問五　点
問六　点
問七　点

問一．2点×3
問二．2点
問三．2点×2
問四．3点
問五．3点
問六．3点
問七．4点

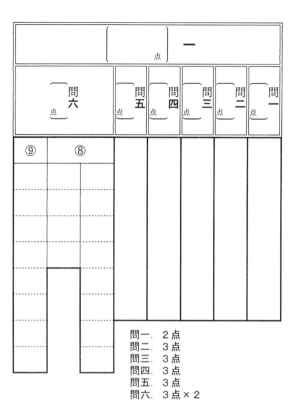

問題は、次のページから始まります。

一　Aさんの学級では、グループで次の【課題】に取り組むことになった。【会話文】はグループ内で話し合いをしている場面、【発表資料】は発表のために作成した資料である。【課題】、【会話文】、【発表資料】を読んで、あとの問いに答えなさい。

【課題】

次の文章の内容について、身の回りのものを例に挙げて考え、わかったことを発表しよう。

いろいろな用途に特化し、異なるうわべを持つ多様なものがすでに存在している世界に私たちは生まれてきます。生まれた時にはもう製品があるのです。また、新しく出現した製品でも、多くのものは、自分でつくったわけではありませんし、製作途中は見えないまま完成品のかたちで私たちの前に現れます。そんなわけで、私たちは「いろいろなものがある」という考え・態度になります。「いろいろある」というのは人をそこで立ち止まらせます。しかし、いろいろの中にも共通性が貫徹していることを知れば、それぞれの「いろいろ」が、何のためかと考えられるようになります。それぞれの違いが、用途に応じた工夫だと考えられるようになります。個別特性の意味が明確になります。

（西林克彦《にしばやしかつひこ》『知ってるつもり』　一部表記を改めたところがある）

【会話文】

生徒A　昨日、予習で課題の文章の出典を読んでみたんだ。「住」・「柱」・「注」・「駐」の共通性と個別特性について考える例が出ていたよ。これらの漢字は、へんが意味、つくりが音を表す（　①　）だというのが共通点だけど、「主」に「（　②　）」という意味があるのも共通点だということだよ。

生徒B　なるほど、その共通性に気づくと、「人」が「（　②　）」ということなので「住」は「すむ」という意味、「木」が「（　②　）」ということなので「柱」は「はしら」という意味だと考えることができる。「注」は「そそぐ」という行為の結果として「（　③　）」が「（　②　）」のだと考えられるし、「駐」は「馬」を乗り物だと考えれば、うまく説明ができるね。こう考えると漢字の意味がより深く理解できるよね。

生徒C　そういうことか。じゃあ、漢字の例を踏まえて考えてみようよ。課題の文章は製品について述べたもので、〈「人をそこで立ち止まらせ」る〉という表現は（　④　）ということを表しているんだよね。実際私たちは身の回りのものについて「いろいろある」で片付けていることが多いと思うよ。

生徒A　そのとおり。毎日使っている椅子もそうだね。椅子の共通性は「座るためのもの」ということだと思うけど、いろんな形状があるよね。教室の椅子は背もたれがあるけど、実験室の椅子には背もたれはないよ。でも、ソファーには背もたれに加えて肘掛けもついている。

生徒D　〔【イラスト】を提示しながら〕形状に特徴があるといえば、みんな、これを見てよ。これは、楽に正座をすることができる椅子なんだ。正座をしやすいように工夫された形になっているんだよ。

生徒B　そういえば、実験室の椅子に背もたれがないのは、実験台の下にすっかりおさまらないと、実験のときに邪魔になるからだと聞いたことがあるよ。実験をするんだからずっと座っているわけじゃない。必要がなくなればすぐに動かせるものでなくちゃね。

生徒D　ソファーは、座ってくつろぐために、座り心地の良さが大事なんだよ。だから、背もたれと肘掛けがついているんだね。

生徒B　教室の椅子は座る時間が長いから、ある程度の座り心地の良さがないとね。あと、班活動で移動させて使うことも多いよ。

生徒C　なるほど、全部座るためのものだと考えると、いろいろある椅子の特徴に気づくことができて、よりよい使い方ができそうね。

生徒A　よし、この話し合いの内容を【発表資料】に整理して発表しよう。身近なものを見直し、よりよく使うきっかけを提示できるね。

【イラスト】

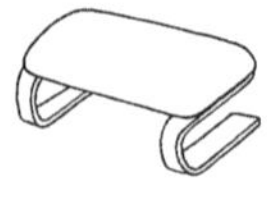

【発表資料】

椅子のいろいろな工夫

椅子の種類	 教室の椅子	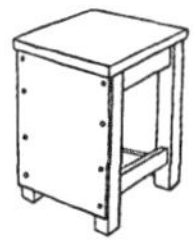 実験室の椅子	 ソファー	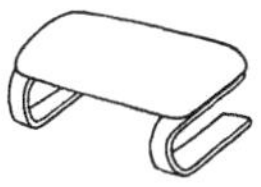 正座用の椅子
共通性	座るためのもの			
個別特性	適度な（　⑤　）を兼備	（　⑥　）を兼備	（　⑦　）を追求	正座に特化

わかったこと　いろいろなものについて考えるとき、（　⑧　）を意識すると、製品ごとの（　⑨　）に気づくことができるので、よりよい使い方ができる。

問一　【会話文】の空欄①に入る適切なことばを、次の**ア**～**エ**から一つ選んで、その符号を書きなさい。

ア　象形文字　**イ**　形声文字　**ウ**　指事文字　**エ**　会意文字

問二　【会話文】の空欄②に入る適切なことばを、次の**ア**～**エ**から一つ選んで、その符号を書きなさい。

ア　中心的な存在になる　**イ**　とどまって動かない

ウ　固まって分散しない　**エ**　たくさん集まっている

問三　【会話文】の空欄③に入る適切なことばを、漢字一字で書きなさい。

問四　【会話文】の空欄④に入る適切なことばを、次の**ア**～**エ**から一つ選んで、その符号を書きなさい。

ア　人に考えることを諦めさせる　**イ**　人に製品の使用をやめさせる

ウ　人の関心を製品の特徴に向けさせる　**エ**　人を思考停止に陥らせる

問五　【発表資料】の空欄⑤～⑦に入ることばの組み合わせとして適切なものを、【会話文】の内容を踏まえて次の**ア**～**エ**から一つ選んで、その符号を書きなさい。

ア　⑤快適性と動かしやすさ　⑥収納性と動かしやすさ　⑦快適性

イ　⑤収納性と動かしやすさ　⑥快適性と動かしやすさ　⑦安全性

ウ　⑤安全性と収納性　⑥安全性と動かしやすさ　⑦安全性

エ　⑤快適性と耐久性　⑥収納性と耐久性　⑦快適性

問六　【発表資料】の空欄⑧・⑨に入る適切なことばを、それぞれ【課題】の文章から抜き出して書きなさい。ただし、⑧は十二字、⑨は八字のことばとする。

二　次の書き下し文と漢文を読んで、あとの問いに答えなさい。

〔書き下し文〕

魏《ぎ》の明帝《めいてい》、宣《せん》武《ぶ》場上《ぢやうじやう》（のあたりで、）に於《お》いて、虎の爪牙《さうが》を断ち、百姓《ひやくせい》（多くの人民）の之《これ》を観《み》るを縦《ゆる》す。王戎《わうじゆう》七歳なるも、亦《また》往《ゆ》きて看《み》る。虎閒《すき》を承《うかが》ひ欄《おり》に攀《よ》ぢて吼《ほ》え、其《そ》の声地を震はす。観る者辟易顚《へきえきてん》仆《ぶ》せざるは無し。戎湛然《たんぜん》として動ぜず。了《つひ》に恐るる色無し。

〔漢文〕

魏ノ明帝、於イテ二宣武場上一ニ、断チ二虎ノ爪牙一ヲ、縦ス（a）二百姓ノ観ルヲ一レ之ヲ（①）。王戎七歳ナルモ、亦往キテ看ル（b）。虎承ヒレ閒ヲ攀チテレ欄ニ而吼エ、其ノ声震ハスレ地ヲ。（②）観ル者無シ不ざルハ辟易顚仆セ。戎湛然トシテ不ずレ動ゼ。了ニ無シ二恐ルル色一。

（劉《りゆう》義《ぎ》慶《けい》『世《せ》説《せつ》新《しん》語《ご》』）

（注）魏明帝——古代中国の魏の国の皇帝。
宣武場——兵士を訓練するための広場。練兵場。
王戎——人物の名。
辟易顚仆——たじろいで倒れ伏す。
湛然——しずかなさま。

問一　傍線部①の「之」とは何か。書き下し文から一語で抜き出して書きなさい。

問二　書き下し文の読み方になるように、傍線部②に返り点をつけなさい。

問三　二重傍線部**a**・**b**の主語として適切なものを、次の**ア**～**エ**からそれぞれ一つ選んで、その符号を書きなさい。

ア　魏の明帝　　**イ**　百姓　　**ウ**　王戎　　**エ**　虎

問四　本文では、王戎はどのように描かれているか。その説明として最も適切なものを、次の**ア**～**エ**から一つ選んで、その符号を書きなさい。

ア　大人しく、積極的に行動することができない子ども。
イ　度胸があり、落ち着いて状況をとらえられる子ども。
ウ　無鉄砲で、後先を考えることなく行動する子ども。
エ　強い意志を持ち、人の意見に流されない子ども。

三　次の文章を読んで、あとの問いに答えなさい。

鎌倉中書王《かまくらのちゅうしょわう》にて御鞠《まり》(鎌倉中書王の御所で蹴鞠の会が)ありけるに、雨降りて後、未《いま》だ庭の乾かざりければ、いかがせんと沙汰(相談することが)ありけるに、佐々木隠岐入道《ささきのおきのにふだう》、鋸《のこぎり》の屑《くづ》(おがくず)を車に積みて、おほく奉《たてまつ》りたりければ、一庭に敷かれて、泥土《でいと》の①わづらひなかりけり。「取り溜《た》めけん用意、ありがたし」と、②人感じ合へりけり。

この事をある者の語り出《い》でたりしに、吉田中納言《よしだのちゅうなごん》の、「乾き砂子の用意やはなかりける」とのたまひたりしかば(おっしゃったので)、恥づかしかりき。いみじと思ひける鋸の屑、いやしく、異様《ことやう》の事なり。庭の儀を奉行する人、乾き砂子を設くるは、故実なりとぞ(ということだ)。

(兼好法師《けんこうほうし》『徒然草《つれづれぐさ》』)

(注) 鎌倉中書王 ―― 後嵯峨《ごさが》天皇の皇子、宗尊《むねたか》親王。鎌倉幕府の第六代将軍。
御鞠 ―― 蹴鞠。数人が鞠を蹴り、地面に落とさないように受け渡しする遊び。
庭の儀を奉行する人 ―― 庭の整備を担当する人。
故実 ―― 古くからのしきたり。

問一　二重傍線部を現代仮名遣いに改めて、全て平仮名で書きなさい。

問二　傍線部①の意味として最も適切なものを、次の**ア**～**エ**から一つ選んで、その符号を書きなさい。

ア　損失　　**イ**　病気　　**ウ**　支障　　**エ**　不足

問三　傍線部②の説明として最も適切なものを、次の**ア**～**エ**から一つ選んで、その符号を書きなさい。

ア　庭の状態に合わせて砂ではなくおがくずで対応したらしい入道の判断力に感心している。

イ　いざというときに備えておがくずを集めておいたのであろう入道の心がけに感心している。

ウ　おがくずを運び去るために車を準備していたのであろう入道の心配りに感心している。

エ　気を利かせてすぐに乾いた砂を用意させたらしい入道の機転と行動力に感心している。

問四　本文における筆者の考えとして、最も適切なものを、次の**ア**～**エ**から一つ選んで、その符号を書きなさい。

ア　時代の移り変わりとともに、人々のものの見方も変わっていく。

イ　ものを教わるにしても、相手を選ばないと恥をかくことになる。

ウ　人の言うことを真に受けていると、容易にだまされてしまう。

エ　知識が不足していると、ものごとの価値を見誤ることになる。

2022(R4) 兵庫県公立高
教英出版

四　次の文章を読んで、あとの問いに答えなさい。

十七歳の篤《あつし》は、新米の(注)呼出《よびだし》として宮川《みやがわ》・柏木《かしわぎ》・坂口《さかぐち》・武藤《むとう》たち先輩力士と(注)相撲部屋で生活している。ある日、篤は力士の(注)四股名《しこな》を呼び間違え、他の部屋に所属する先輩呼出の光太郎《こうたろう》に責められていたところを、ベテラン呼出の進《すすむ》に助けられた。その夜、篤は所属する部屋の師匠の朝霧《あさぎり》親方に呼ばれた。

「篤、ちょっと上に来い」

上、とは三階にある師匠の自室のことだ。朝霧部屋では、三階で師匠とおかみさんが暮らしている。師匠の自室には過去に一度、呼ばれたことがある。宮川さんと柏木さんに連れられ渋谷《しぶや》へ遊びに行き、門限を破ってしまったのだ。前回は説教で呼び出されたので、今日も叱られるのだろう。ひやひやしながら行くと、①案の定、「お前、今日みたいに四股名間違えるんじゃねえぞ。気を抜くからああいうことになるんだ」と叱られた。

はい。すみません。

今朝審判部に注意されたときのように、師匠に向かって頭を下げる。

「顔上げろ」

言われた通り顔を上げると、「心技体」と書かれた書が見えた。同じものが稽古場の上がり②座敷にも飾ってあるが、師匠の知り合いの書道家の作品らしい。

「心技体」の文字を篤が目にしたことがわかっているのか、師匠は「力士は、心技体揃《そろ》ってようやく一人前と言われるが、技でも体でもなく、心が一番大事なんだ。心を強く持っていなければ、技も身につかないし、丈夫な体も出来上がらない」と話を続けた。

突然話題が変わったことに戸惑いつつ、はいと頷《うなず》く。

「呼出のお前には心技体の体はまあ、そんなに関係ないけれど、それでも心が大事ってのは力士と変わんねえぞ。自分の仕事をしっかりやろうと思わなければ、いつまでたっても半人前のままだ。お前だって、できないことを叱られ続けるのは嫌だろう」

はいと弱々しく返事をすると、師匠は語気を強めて篤に言い聞かせた。

「だったら、自分がどうすべきかちゃんと考えろ」

黒々とした(注)大銀杏《おおいちょう》が結わえられていた現役時代に比べ、今の師匠は髪の毛がずいぶん薄い。加齢で顔の皮膚もたるんでいる。しかし、アいつぞやインターネットで見た若かりし頃の写真と同様に、師匠の目には人を黙らせるほどの強い光があった。

③何度目かのはい、という返事を口にすると、師匠の話が終わった。

師匠の自室を出て、一階まで降りると、篤は廊下の一番奥にある物置へ向かった。念のため、まわりに誰もいないのを確認する。

扉を閉めると、何も持っていない右手を胸の前でかざした。

ひがああしいいーー　はああたあああのおおーーー……

にいいいしいいいーーー……

息を継ぐ合間に、扉を叩《たた》く音が聞こえた。

「篤、そこにいるんだろ」

声がするのとほぼ同時に、扉が開いた。扉の外にいたのは坂口さんだった。手には、ミルクティーのペットボトル。二十四時間ほど前にも見た、デジャヴのような光景だ。

「ほれ、差し入れ。お前、昨日もの欲しそうな顔してたから買ってきてやったんだぞ。感謝しろよ」

坂口さんがぶっきらぼうに言ってペットボトルを差し出す。ありがとうございますと軽く頭を下げ、それを受け取った。結局今日はミルクティーを飲み損ねていたので、この差し入れはありがたい。顔を上げると坂口さんと目が合った。

「お前、今日も練習するんだな」

「ああ、はい」

「嫌になんねえの。せっかくやる気出した④途端、失敗してめちゃくちゃ怒られて」

さきほどよりも声を落として、坂口さんが尋ねる。

4

（　　点）

(1)		$y=$
(2)		$a=$
(3)	①	（　　　，　　　）
	②	cm^3

(1) 3 点　(2) 4 点　(3) 4 点 × 2

5

（　　点）

(1)		通り
(2)	①	通り
	②	通り
	③	

(1) 3 点　(2) 4 点 × 3

6

（　　点）

(1)		
(2)	①	
	②	
	③	
(3)		選手
		位,　　　位

(1) 3 点　(2) 3 点 × 3　(3)完答 4 点

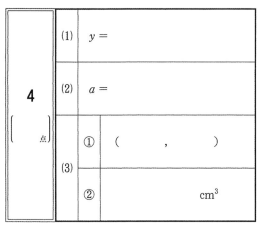

※教英出版注
音声は，解答集の書籍ＩＤ番号を
教英出版ウェブサイトで入力して
聴くことができます。

これから聞き取りテストを行います。問題用紙の1《いち》ページを見てください。問題は聞き取りテスト1《いち》，2《に》，3《さん》の3つがあります。答えは，全て解答用紙の指定された解答欄の符号を〇で囲みなさい。聞きながらメモを取ってもかまいません。

（聞き取りテスト1《いち》）
聞き取りテスト1《いち》は，会話を聞いて，その会話に続く応答として適切なものを選ぶ問題です。
それぞれの会話の場面が問題用紙に書かれています。会話のあとに放送される選択肢 a～c の中から応答として適切なものを，それぞれ1つ選びなさい。会話と選択肢は1回だけ読みます。では，始めます。

No. 1
〔A：女性，B：男性〕
A: Wow, that's a nice T-shirt.
B: Yes, this is very popular among high school students.
A: Nice, I'll take it. How much is it?

(a) I think you'll like it.
(b) It's 50 dollars.
(c) You can buy it anywhere.

No. 2
〔A：男性，B：女性〕
A: May I help you?
B: Yes, I think I left my bag on the train.
A: I see. What does it look like?

(a) It's black and has two pockets.
(b) It's too heavy to carry.
(c) It's the wrong train.

No. 3
〔A：女性，B：男性〕
A: My dream is to be a police officer.
B: What do you do for your dream?
A: I go outside to run at night.

(a) Good, it's exciting to run in the gym.
(b) Good, sleeping at night is good for you.
(c) Good, you try to make your body stronger.

（聞き取りテスト2《に》）
聞き取りテスト2《に》は，会話を聞いて，その内容について質問に答える問題です。
それぞれ会話のあとに質問が続きます。その質問に対する答えとして適切なものを，問題用紙の a～d の中からそれぞれ1つ選びなさい。会話と質問は2回読みます。では，始めます。

No. 1
〔A：女性，B：男性〕
A: Mr. Smith, I want to improve my English.
B: You really like English, Mayumi!
A: Yes, I do. How can I have more chances to use it?
B: Come to the cafeteria on Wednesday. I talk with students who want to speak English after lunch.
A: Can I join that, too?
B: Sure. Let's talk together.

(Question) What is his advice?

Ⅲ（　　点）	1（　　点）	(1)				
		(2)				
		(3)	①・②		③	
		(4)				
	2（　　点）	(1)				
		(2)	①		②	
		(3)				
		(4)				%

1．３点×４（(3)は完答）
2．(1)３点
(2)完答３点
(3)３点
(4)４点

Ⅳ（　　点）	1（　　点）	(1)				
		(2)	①			
			②			通り
			③			W
	2（　　点）	(1)				
		(2)	①		②・③	
		(3)				
		(4)				秒

1．３点×４
2．(1)３点
(2)完答３点
(3)３点
(4)４点

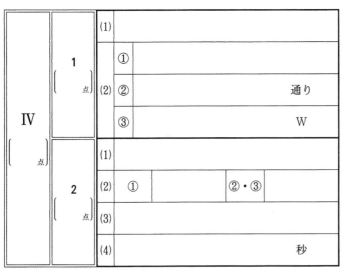

もう一度繰り返します。

No. 2
〔A：女性，B：男性〕
A: Kevin, my sister and I are going to visit Australia for the first time.
B: That's great, Maria. I've never been there.
A: Do you know anyone who knows the country well?
B: Yes, Kaito lived there.
A: Wow. I'd like to listen to his experiences.
B: He's in Canada now, but you can talk with him on the Internet.

(Question) Who lived in Australia?

もう一度繰り返します。

No. 3
〔A：男性，B：女性〕
A: Look at this graph. Students from different grades were asked a question.
B: OK, what are the results?
A: High school students are the kindest.
B: Well, older students are kinder than younger students, right?
A: Yes, I think students will be able to think of other people more as they grow up.
B: Oh, how interesting!

(Question) Which graph are they looking at?

もう一度繰り返します。

(聞き取りテスト3《さん》)

聞き取りテスト3《さん》は，英語による説明を聞いて，その内容についての２つの質問に答える問題です。
問題用紙に書かれている，場面，Question 1《クウェスチョンワン》と 2《ツー》を見てください。〔10秒あける。〕これから英文と選択肢が放送されます。英文のあとに放送される選択肢 a〜d の中から質問に対する答えとして適切なものを，それぞれ１つ選びなさい。英文と選択肢は２回読みます。では，始めます。

Do you know how to take notes well? Just copying the blackboard is not enough. You should write everything you notice during class. If you can explain the contents from your notebook, that means you can take notes well. However, this is not the only way to take notes well, so try to discover your own style.

(Question 1 Answer)
(a) The best styles of copying the blackboard.
(b) The only reason to explain the contents.
(c) The important points of taking notes well.
(d) The successful way to answer questions.

(Question 2 Answer)
(a) To let them think of their own way to take notes.
(b) To let them make their own rules in class.
(c) To let them remember everything in their notebooks.
(d) To let them enjoy writing with their classmates.

もう一度繰り返します。

これで聞き取りテストを終わります。次の問題に移りなさい。

「……なんか失敗したからこそ、やらなきゃいけない気がして」

光太郎と呼ばれた兄弟子(注)の嫌味な口調を思い出すと、胃がきゅっと⑤絞られるように痛む。

それでも、進さんが助けてくれた。師匠も、わざわざ篤に話をしてくれた。

⑥明日こそは失敗してはいけない。そう自分に言い聞かせ、篤は物置に籠《こも》った。

「まあそうだよな」

坂口さんは頭を⑦掻《か》くと、もしも、と言葉を続けた。

「お前が昨日の一回きりで練習やめてたら、俺も今日普通にゲームしてたかもしれない」

え？　と聞き返すと坂口さんは遠くをちらりと見て、重々しく口を開いた。

「俺、一緒にトレーニングしたいって武藤に言おうと思う」

坂口さんの視線の先には、電気のついた一室があった。武藤さんが毎晩籠っているトレーニングルームだ。あの部屋で、武藤さんは今もダンベルを持ち上げているのだろう。

「そうなんすか」

坂口さんは真剣な目をしていたのに、⑧ありきたりな相づちしか打てなかった。兄弟子としてのプライドをいったん捨て、弟弟子(注)と一緒にトレーニングをしようと決意するまでに、当然葛藤があったはずだ。その葛藤は、**イ**きっと坂口さんにしかわからない。

「あ、俺のこと見直しただろ？　差し入れも買ってきてやったし、ちゃんと俺を敬えよ」

わざとらしく口を尖《とが》らせ、坂口さんが篤の肩をつつく。坂口さんの葛藤はわからなくても、冗談を言って強がろうとしていることはわかった。

頑張ってくださいと坂口さんを送り出してから、篤はふたたび扉を閉めた。**ウ**さすがに蒸し暑かったので、もらったミルクティーのボトルを開けた。口に含むと、**エ**ほのかな甘さが沁《し》みわたった。三分の一ほどを飲むと、またひがああしいいいーー、と何度も繰り返した。

（鈴村《すずむら》ふみ『櫓太鼓《やぐらだいこ》がきこえる』）

（注）呼出 ―― 相撲で力士の名を呼び上げる役を務める人。力士とともに相撲部屋に所属し、生活をともにしている。

相撲部屋 ―― 元力士の親方を師匠として、力士が稽古や生活をするところ。

四股名 ―― 相撲の力士の呼び名。

大銀杏 ―― 相撲で上位の力士が結う、まげの先をイチョウの葉の形に大きく広げた髪型。

兄弟子・弟弟子 ―― 弟子の中で、先に入門した者を兄弟子、後から入門した者を弟弟子という。

問一　傍線部②・④・⑤の漢字の読み方を平仮名で書きなさい。

問二　二重傍線部**ア**～**エ**の中で、品詞の異なるものを一つ選んで、その符号を書きなさい。

問三　傍線部①・⑧の本文中の意味として最も適切なものを、次の各群の**ア**～**エ**から一つ選んで、その符号を書きなさい。

①　**ア**　結果として　**イ**　予想以上に　**ウ**　唐突に　**エ**　思ったとおり

⑧　**ア**　平凡な　**イ**　期待に反する　**ウ**　いい加減な　**エ**　受け売りの

問四　傍線部③の篤の心情の説明として最も適切なものを、次の**ア**〜**エ**から一つ選んで、その符号を書きなさい。

ア　容赦なく痛いところを突いてくる師匠の厳しさに圧倒され、同じ返事を繰り返すことしかできなくなるほど萎縮してしまっている。

イ　はじめは理解できなかった師匠の説教の意図がわかった瞬間、隠していた本心を師匠に見すかされていたと気づき、動揺している。

ウ　仕事に対する取り組み方の甘さを見抜く、師匠の眼力の鋭さを感じ取るとともに、そのことばの厳しさの中に愛情を感じている。

エ　口うるさい師匠に内心不満を抱いていたが、失敗して落ち込む自分を励まそうとする優しさに接し、師匠のことを見直している。

問五　傍線部⑥の篤の心情の説明として最も適切なものを、次の**ア**〜**エ**から一つ選んで、その符号を書きなさい。

ア　篤は、人目を気にするところはありながらも、支えてくれる人たちに報いるため、自分なりの方法で仕事に向き合おうとしている。

イ　篤は、これまで真剣に考えたことがなかった呼出の役割について改めて考えた結果、ひたむきに努力を重ねるべきだと考えている。

ウ　篤は、進さんや師匠への恩返しのためにも、自分をさげすんだ光太郎を見返すためにも、なりふり構わず練習をしようとしている。

エ　篤は、自分のことを心配して差し入れをしてくれた坂口のためにも、くじけそうになる気持ちに負けてはいられないと思っている。

問六　傍線部⑦の坂口の様子の説明として最も適切なものを、次の**ア**〜**エ**から一つ選んで、その符号を書きなさい。

ア　改まって後輩に本心を打ち明ける照れくささをまぎらわせている。

イ　予想に反する後輩のとおりいっぺんの返答に拍子抜けしている。

ウ　立ち入ったことを後輩に聞くべきではなかったと後悔している。

エ　後輩相手に答えの明らかな質問をしたことを気まずく思っている。

問七　本文における篤と坂口の互いに対する思いの説明として最も適切なものを、次の**ア**〜**エ**から一つ選んで、その符号を書きなさい。

ア　坂口は、失敗を引きずる篤を励ますために、努めて明るい調子で接しようとしている。篤は、坂口の真意を理解してはいないが、坂口の冗談まじりの口調に元気づけられ、気持ちを切り替えている。

イ　坂口は、失敗を乗り越えようと練習に取り組む篤の姿に自分を重ね、体面を捨てて努力する決心をした。篤は、不器用ながらも本気で強くなろうとしている坂口の姿に触れ、共感を覚えている。

ウ　坂口は、自力で現状を打破しようとする篤に、自分の考えを押しつけないようことばを選んで励ました。篤は、坂口の気遣いに感謝しながらも、その気持ちをうまく伝えられずもどかしく思っている。

エ　坂口は、失敗にめげずに努力する篤に感化され、基礎からやり直す決意を固めた。篤は、後輩に頭を下げる坂口のつらい気持ちがわかるので、坂口の再起を心から応援する気持ちになっている。

五　次の文章を読んで、あとの問いに答えなさい。

　いまや計算機は圧倒的な速度で膨大なデータを処理できるようになり、人工知能は将棋や囲碁などの高度なゲームでも、人間を打ち負かすまでになった。計算による予測の網は社会の隅々にまで張りめぐらされ、もはや私たちが生きる日常の一部だ。（注）粘土の塊を一つずつ動かしていくことが計算のすべてだった時代から、こんなにも遠くまで来たのだ。

　それでも現代の科学はいまなお、生命と計算の間に横たわる巨大な距離を、埋められずにいる。人工知能の最先端の技術も、現状ではあくまで、行為する動機を［①］「自動的」な機械の域を出ていない。いまのところ人間は、行為する動機をみずから生み出せるような「自律的」なシステムを構築する方法を知らないのだ。

　②生命の本質が「自律性」にあるとする見方はしかし、これじたい決して自明ではない。化学物質の配置に操られて動くバクテリアや、光に向かって反射的に飛び込んでいく夏の虫などを見ていたら、生命もまた、外界からの入力に支配された他律系だと感じられるかも知れない。実際、（注）黎明《れいめい》期の認知科学は、生物の認知システムもまた、計算機と同様、他律的に作動するものだと仮定していたのだ。

　このとき暗黙のうちに想定されていたのが、「外界からの入力―（（注）表象による）内的な情報処理―外界への出力」というモデルである。一見すると当たり前に思えるかも知れないが、認知主体の内部と外部に世界を（注）画然と③分かつこうした発想は、認知主体を、認知主体の外部から観察する特殊な視点に根ざしていた。

　このことの限界を指テキAし、生命を自律的なシステムとして見る新しい思考を切り開いていったのが、チリの生物学者ウンベルト・マトゥラーナである。

　たとえば、カエルがハエを認識し、それを捕食する場面を想像してみよう。このとき、カエルを外から観察する視点からすれば、カエルの外部に、カエルとは独立した「本当の世界」があるように見える。ハエは、カエルとは独立した世界に存在していて、カエルはその外部にいるハエを内的に表象している。だからこそ、それを捕まえることができるのだ、と。

　ところが、今度はカエルの視点に立ってみると、本当の世界などどこにもないことに気づく。カエルが経験できるのは、どこまでもカエルの世界でしかない。カエルの立場からすれば、入力も出力もないのだ。

　認知主体の外から、認知主体を見晴らす観察者の視点に立つとき、「入力―情報処理―出力」という他律的なモデルが妥当に思えるが、④認知主体の立場から見ると、事態はまったく異なってくるのである。

　ありのままの認知現象を捉えようとするならば、まず、認知主体の外部に「本当の世界」を（注）措定してしまう、特権的な観察者の立場を捨てなければならない。マトゥラーナは、共同研究者フランシスコ・ヴァレラとの共著『オートポイエーシスと認知』の序文のなかで、このことに気づき、生物学に対するスタンスを変えることになった経緯を打ち明けている。

　マトゥラーナはもともと、カエルやハトなどを対象として、生物の色知覚に関する研究をしていた。このとき彼は、物理的な刺激と、これに応答する神経系の活動の間に、素直な対応があると想定していた。つまり、客観的な色彩世界を、生物は神経細胞の活動によって「表象」していると考えていたのだ。とすれば、やるべき仕事は、外界の色に対応する神経細胞の活動パターンを見つけ出すことにあるはずだった。

　ところが、研究はほどなく壁にぶち当たった。外界からの刺激と、ハトの神経系の活動パターンの間に、素直な対応が見つからなかったのだ。同じ波長の光の刺激に対して、異なる神経活動のパターンが観測されることがしばしばあった。ハトの神経活動を調べている限り、客観的な色彩世界の存在を示唆するものはどこにもなかったのである。

　そこで彼は、⑤発想を大胆に変えてみることにした。ハトの網膜と神経系は、ハトと独立にある外界を再現しようとしているのではなく、むしろハトにとっての色世界を生成するシステムなのではないか。ここから彼は、研究へのアプローチをがらりと変える。

　生物の神経系は、外界を内的に描写しているのではなく、外的な刺激をきっかけとしながら、あくまで自己自身に反復的に応答し続けている。生物そのものもまた、外界からの刺激に支配された他律系ではなく、みずからの活動のパターンに規制された、自律的なシステムとして理解されるべきなのではないか。こうした着想を起点に、彼はその後、新しい生物学の領域を切り開いていく。

　では、生命そのもののような自律性を持つシステムを、人工的に作り出すことは可能なのだろうか。これは、人工生命を追求する科学者が、まさにいまも全力で取り組んでいる問いだが、まだ誰も答えは知らない。自律的な生命と、自動的な計算の間には、イ(B)然として大きな溝が広がっているのだ。

　この間隙《かんげき》をセイ(C)急に埋めようとするとき、生命を計算に近づけようとする結果にもなりかねない。極端な話、私たち自身が外から与えられた規則を遵守するだけの自動的な機械になってしまえば、計算と生命の溝は埋まる。スマホに流れてくる情報に反射しながら、ゆっくりと息つくまもなくせっせとデータをコンピュータに供給し続ける私たちは、計算を生命に近づけようとしているより、みずからを機械に近づけようとしているようにも見える。だが、⑥これでは明らかに本末転倒である。

　肝心なことは、計算と生命を対立させ、その間隙を埋めようとすることではない。これまでも、そしてこれからもますます計算とまざり合いながら拡張していく人間の認識の可能性を、何に向け、どのように育んでいくかが問われているのだ。

（森《もり》田《た》真《まさ》生《お》『計算する生命』新潮社刊　一部省略がある）

（注）粘土の塊――古代メソポタミアで数をかぞえるのに使った。
黎明――物事の始まり。
表象――知覚に基づいて心に対象のイメージを思い浮かべること。また、そのイメージ。
画然と――はっきりと。
措定――存在するものと見なすこと。

問一　二重傍線部**A**～**C**の漢字と同じ漢字を含むものを、次の各群の**ア**～**エ**からそれぞれ一つ選んで、その符号を書きなさい。

A　**ア**　一テキずつ抽出する。　**イ**　プロに匹テキする実力。
　ウ　不正をテキ発する。　**エ**　環境にテキ応する。

B　**ア**　イ心伝心の仲だ。　**イ**　弁護士にイ頼する。
　ウ　イ業を達成する。　**エ**　全権をイ任する。

C　**ア**　毒をもって毒をセイす。　**イ**　威セイのよいかけ声。
　ウ　液体のセイ質。　**エ**　促セイ栽培の野菜。

問二　傍線部③はどの文節に係るか。一文節で抜き出して書きなさい。

問三　空欄①に入ることばとして適切なものを、次の**ア**～**エ**から一つ選んで、その符号を書きなさい。

ア　内部で生み出した　**イ**　外部から与えられた
ウ　他者に与える　**エ**　自力で見つけ出す

問四　傍線部②のように筆者が考える理由の説明として最も適切なものを、次の**ア**～**エ**から一つ選んで、その符号を書きなさい。

ア　生物の行動は、外部から観察する限り他律的なものに見えるから。
イ　生命の自律性と同じシステムを作る方法は、まだ存在しないから。
ウ　生命の本質を、生物の行動の自律性に見いだすのは困難だから。
エ　生物の認知システムは、外界からの刺激に応じて作動するから。

問五　傍線部④の見方をしたときのカエルとハエに関する説明として最も適切なものを、次の**ア**〜**エ**から一つ選んで、その符号を書きなさい。

ア　カエルから見れば、ハエはどこまでも自分の世界の外側の存在なのであり、決して自分の世界の内部に入ってくることはない。

イ　カエルは、外界のハエにただ機械的に反応しているだけであり、ハエの存在を自発的に認識して行動を起こしているのではない。

ウ　カエルは、そのカエルの外界に存在するハエを認識して自分の世界に取り込み、その世界の中でハエを捕らえる経験をする。

エ　カエルがハエの存在を認識することも、そのハエを捕らえることも、どちらもそのカエル自身の世界でのできごとである。

問六　傍線部⑤を説明した次の文中の空欄**a**・**b**に入る適切なことばを、**a**は本文中から八字で抜き出して書き、**b**はあとの**ア**〜**エ**から一つ選んで、その符号を書きなさい。

> マトゥラーナは、生物の色知覚に関する研究の過程で、ハトの神経系に［ a ］からの刺激に対応する活動パターンがあることを確かめようとしたが、思うような結果が得られなかった。
> このことから、マトゥラーナは「生物は、［ b ］のではないか。」と考えた。

ア　外界からの刺激を内的に再現しながら、自分自身の活動のパターンを作り出している

イ　周囲の環境とは無関係に、個体に備わった活動のパターンに基づいて行動している

ウ　固定的な活動のパターンの規制を受けながら、外界からの刺激に繰り返し対応している

エ　個体ごとに独自の活動のパターンを生成するとともに、そのパターンに従って行動している

問七　傍線部⑥のように筆者が述べる理由の説明として最も適切なものを、次の**ア**〜**エ**から一つ選んで、その符号を書きなさい。

ア　機械に自律性を持たせることで機械を人間に近づけるという、本来の原因と結果の関係を逆転させてとらえているから。

イ　機械の助けを借りて人間の能力を高めていくという目標を忘れ、機械に自律性を持たせることにとらわれているから。

ウ　人間と機械を近づけることにとらわれ、機械に自律性を持たせる方法を追求するという本来の目的を見失っているから。

エ　機械との能力差拡大への焦りから、機械を人間に近づけることと人間を機械に近づけることを混同してしまっているから。

問八　本文に述べられている内容として適切なものを、次の**ア**〜**エ**から一つ選んで、その符号を書きなさい。

ア　科学の進歩によって計算機の処理速度が向上し、人間は直接知覚できないことでも把握できるようになった。

イ　人工知能がどれほど発達したとしても、機械が計算をしているにすぎないので、自律性を持たせることはできない。

ウ　ありのままの認知現象を捉えようとするときには、認知主体から独立した視点を確立しなければならない。

エ　計算速度の向上を追求してきた過去を否定し、機械の恩恵を享受しながら認識の可能性を拡大させるべきである。

二　点

問一　点
問二　点
観ル者無シ不《ざ》ルハ辟易顛仆セ。
問三　点
a
b
問四　点

問一．３点
問二．完答３点
問三．２点×２
問四．３点

三　点

問一　点
問二　点
問三　点
問四　点

３点×４

五　点

問一　点
A
B
C
問二　点
問三　点
問四　点
問五　点
問六　点
a
b
問七　点
問八　点

問一．２点×３
問二．２点
問三．３点
問四．３点
問五．３点
問六．３点×２
問七．３点
問八．４点

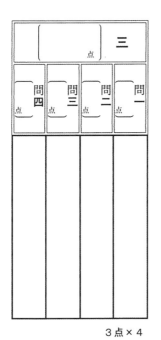

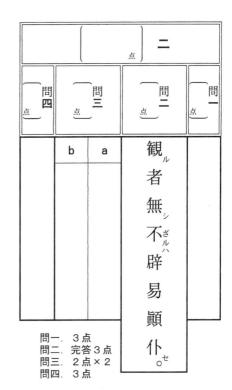

令　和　4　年　度

兵庫県公立高等学校学力検査問題

数　　　　学　(50分)

注　　　意

1　「開始」の合図があるまで開いてはいけません。

2　「開始」の合図で，1ページから7ページまで問題が印刷されていることを確かめなさい。

3　**解答用紙の左上の欄に受検番号**を書きなさい。

4　解答用紙の □ の得点欄には，何も書いてはいけません。

5　答えは，全て**解答用紙の指定された解答欄**に書きなさい。

6　問題は6題で，7ページまであります。

7　「終了」の合図で，すぐ鉛筆を置きなさい。

8　解答用紙は，机の上に置いて，退室しなさい。

受検番号　　番

※100点満点

令和４年度兵庫県公立高等学校学力検査

数　学　解　答　用　紙

得点	

1 （　　点）		
	(1)	
	(2)	
	(3)	
	(4)	
	(5)	$x =$
	(6)	$y =$
	(7)	度
	(8)	

３点×８（(8)は完答）

2 （　　点）		
	(1)	分速　　m
	(2)	$y =$
	(3)	m
	(4)	分　　秒

(1)３点　(2)４点　(3)４点　(4)４点

3 （　　点）			
	(1)	i	
		ii	
	(2)	cm	
	(3)	cm^2	
	(4)	cm	

(1)２点×２　(2)３点　(3)４点　(4)４点

教英出版

注意　全ての問いについて，答えに$\sqrt{\quad}$が含まれる場合は，$\sqrt{\quad}$を用いたままで答えなさい。

1　次の問いに答えなさい。

(1)　$3+(-7)$　を計算しなさい。

(2)　$2(2x+y)-(x-5y)$　を計算しなさい。

(3)　$2\sqrt{3}+\sqrt{27}$　を計算しなさい。

(4)　$9x^2-12x+4$　を因数分解しなさい。

(5)　2次方程式　$x^2-x-4=0$　を解きなさい。

(6)　yはxに反比例し，$x=-9$のとき$y=2$である。$x=3$のときのyの値を求めなさい。

(7)　図1で，$\angle x$の大きさは何度か，求めなさい。

図1

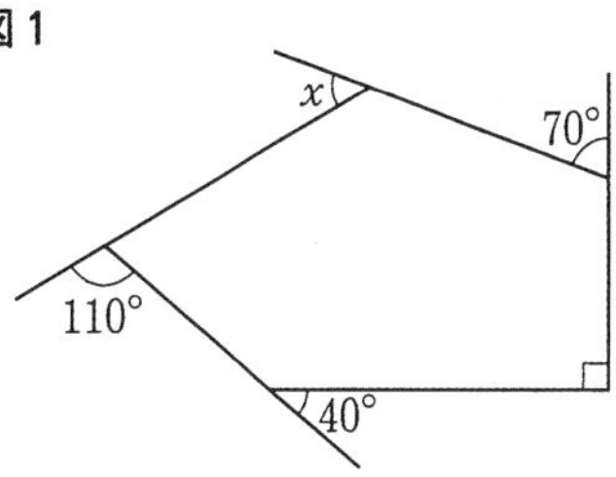

(8)　あるクラスの生徒35人が，数学と英語のテストを受けた。図2は，それぞれのテストについて，35人の得点の分布のようすを箱ひげ図に表したものである。この図から読み取れることとして正しいものを，あとの**ア**～**エ**から全て選んで，その符号を書きなさい。

図2

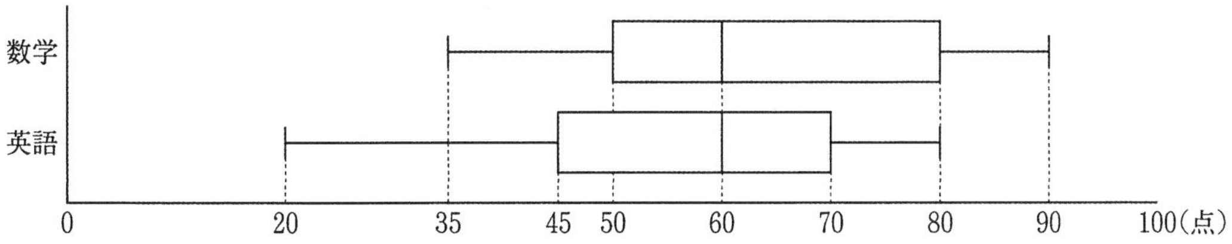

ア　数学，英語どちらの教科も平均点は60点である。
イ　四分位範囲は，英語より数学の方が大きい。
ウ　数学と英語の合計得点が170点である生徒が必ずいる。
エ　数学の得点が80点である生徒が必ずいる。

2　P地点とQ地点があり，この2地点は980 m離れている。Aさんは9時ちょうどにP地点を出発してQ地点まで，Bさんは9時6分にQ地点を出発してP地点まで，同じ道を歩いて移動した。図は，AさんとBさんのそれぞれについて，9時x分におけるP地点からの距離をy mとして，xとyの関係を表したグラフである。

次の問いに答えなさい。

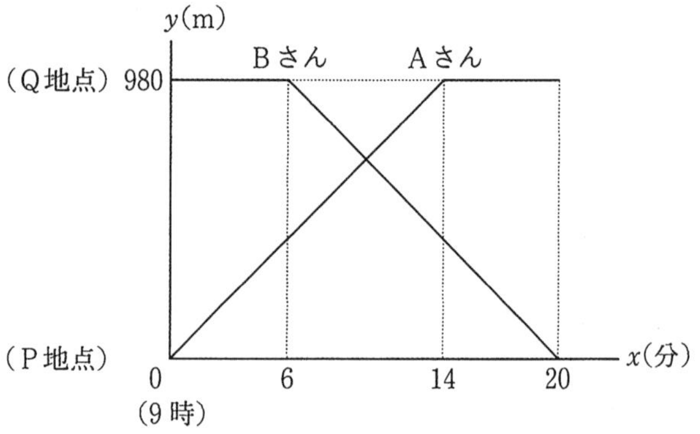

(1)　9時ちょうどから9時14分まで，Aさんは分速何mで歩いたか，求めなさい。

(2)　9時6分から9時20分までのBさんについて，yをxの式で表しなさい。ただし，xの変域は求めなくてよい。

(3)　AさんとBさんがすれちがったのは，P地点から何mの地点か，求めなさい。

(4)　Cさんは9時ちょうどにP地点を出発して，2人と同じ道を自転車に乗って分速300 mでQ地点まで移動した。Cさんが出発してから2分後の地点に図書館があり，Cさんがその図書館に立ち寄ったので，9時12分にAさんからCさんまでの距離と，CさんからBさんまでの距離が等しくなった。Cさんが図書館にいた時間は何分何秒か，求めなさい。

3 図のように，長さ 8 cm の線分 AB を直径とする円Oの周上に，点Cを AC = 6 cm となるようにとる。次に，点Cを含まない弧 AB 上に，点Dを AC // DO となるようにとり，線分 AB と線分 CD の交点をEとする。

次の問いに答えなさい。

(1) △ACE ∽ △ODE を次のように証明した。

［ i ］，［ ii ］にあてはまるものを，あとの**ア**～**カ**からそれぞれ1つ選んでその符号を書き，この証明を完成させなさい。

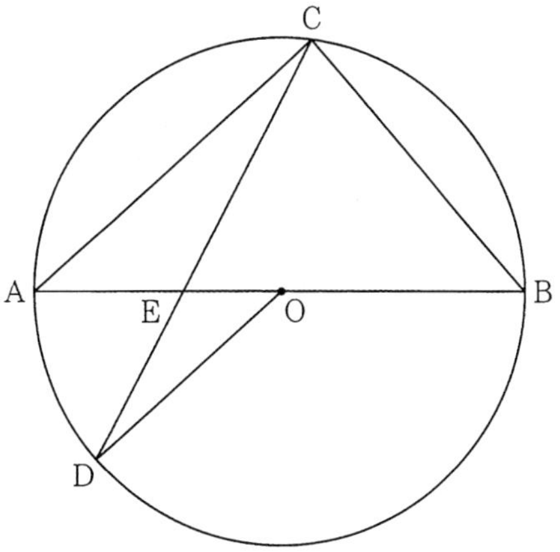

＜証明＞

△ACE と △ODE において，

対頂角は等しいから，

∠AEC = ∠［ i ］ ……①

仮定から，AC // DO ……②

平行線の［ ii ］は等しいから，

②より，∠ACE = ∠ODE ……③

①，③より，2組の角がそれぞれ等しいから，

△ACE ∽ △ODE

ア DOE	**イ** OEC	**ウ** OED
エ 同位角	**オ** 錯角	**カ** 円周角

(2) 線分 BC の長さは何 cm か，求めなさい。

(3) △ACE の面積は何 cm^2 か，求めなさい。

(4) 線分 DE の長さは何 cm か，求めなさい。

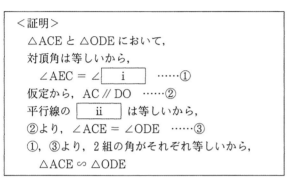

4　図のように，関数 $y=ax^2$ のグラフ上に2点A，Bがあり，関数 $y=\frac{1}{2}x^2$ のグラフ上に2点C，Dがある。点Aと点Cの x 座標は2，点Bの x 座標は4，点Cと点Dは y 座標が等しい異なる2点である。また，関数 $y=ax^2$ で，x の値が2から4まで増加するときの変化の割合は $\frac{3}{2}$ である。

次の問いに答えなさい。

(1)　点Cの y 座標を求めなさい。

(2)　a の値を求めなさい。

(3)　直線AB上に，点Dと x 座標が等しい点Eをとる。

①　点Eの座標を求めなさい。

②　四角形ACDEを，直線CDを軸として1回転させてできる立体の体積は何 cm^3 か，求めなさい。ただし，座標軸の単位の長さは1 cmとし，円周率は π とする。

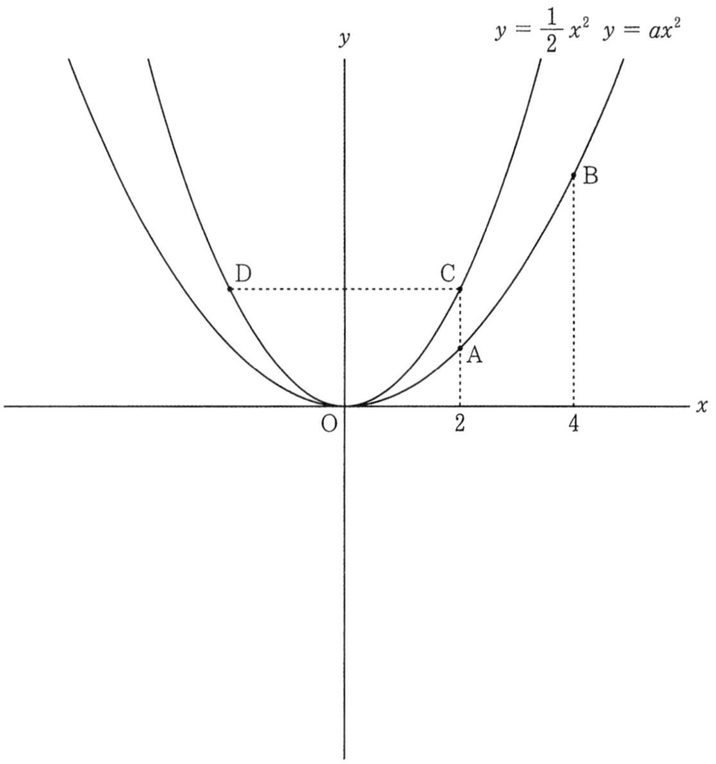

5 異なる3つの袋があり，1つの袋には [A]，[B]，[C]，[D]，[E] の5枚のカード，残りの2つの袋にはそれぞれ [B]，[C]，[D] の3枚のカードが入っている。

それぞれの袋から1枚のカードを同時に取り出すとき，次の問いに答えなさい。

ただし，それぞれの袋において，どのカードが取り出されることも同様に確からしいものとする。

(1) 取り出したカードの文字が3枚とも同じ文字となる取り出し方は何通りあるか，求めなさい。

(2) 図のように，全ての辺の長さが2 cmである正四角すいABCDEがある。

それぞれの袋から取り出したカードの文字に対応する正四角すいの点に印をつけ，印がついた点を結んでできる図形Xを考える。異なる3点に印がついた場合，図形Xは三角形，異なる2点に印がついた場合，図形Xは線分，1点に印がついた場合，図形Xは点となる。

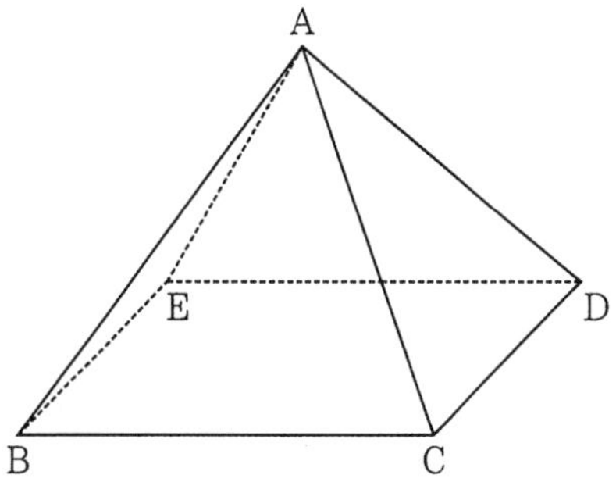

① 図形Xが，線分BCとなるカードの取り出し方は何通りあるか，求めなさい。

② 図形Xが線分となり，それを延長した直線と辺ABを延長した直線がねじれの位置にあるカードの取り出し方は何通りあるか，求めなさい。

③ 図形Xが，面積が2 cm^2 の三角形となる確率を求めなさい。

6　あきらさんとりょうさんは，東京2020オリンピックで実施されたスポーツクライミングについて話をしている。
2人の会話に関して，あとの問いに答えなさい。

あきら：東京オリンピックで実施されたスポーツクライミングは見た？
りょう：見たよ。壁にあるホールドと呼ばれる突起物に手足をかけて，壁を登り，その速さや高さを競っていたね。
あきら：速さを競うのは「スピード」という種目で，高さを競うのは「リード」という種目だよ。他に「ボルダリング」という種目があって，この3種目の結果によって総合順位が決まるんだ。
りょう：どのようにして総合順位を決めていたの？
あきら：各種目で同じ順位の選手がいなければ，それぞれの選手について，3種目の順位をかけ算してポイントを算出するんだ。そのポイントの数が小さい選手が総合順位で上位になるよ。東京オリンピック男子決勝の結果を表にしてみたよ。7人の選手が決勝に出場したんだ。

総合順位	選手	スピード	ボルダリング	リード	ポイント
1位	ヒネス ロペス	1位	7位	4位	28
2位	コールマン	6位	1位	5位	30
3位	シューベルト	7位	5位	1位	35
4位	ナラサキ	2位	3位	6位	36
5位	マウェム	3位	2位	7位	ア
6位	オンドラ	4位	6位	2位	48
7位	ダフィー	5位	4位	3位	60

（国際スポーツクライミング連盟ホームページより作成）

りょう：総合順位1位のヒネス ロペス選手は，1×7×4で28ポイントということだね。
あきら：そのとおり。総合順位2位のコールマン選手は，6×1×5で30ポイントだよ。
りょう：総合順位3位のシューベルト選手が「リード」で仮に2位なら，総合順位はダフィー選手よりも下位だったね。面白い方法だね。

(1) 表の ア にあてはまる数を求めなさい。

(2) 2人は，総合順位やポイントについて話を続けた。 ① ， ③ にあてはまる数， ② にあてはまる式をそれぞれ求めなさい。ただし，n は $0 < n < 10$ を満たす整数とし，ポイントの差は大きい方から小さい方をひいて求めるものとする。また，各種目について同じ順位の選手はいないものとする。

りょう：3種目の順位をかけ算して算出したポイントを用いる方法以外に，総合順位を決定する方法はないのかな。例えば，それぞれの選手について，3種目の順位の平均値を出して，その値が小さい選手が上位になるという方法であれば，総合順位はどうだったのかな。

あきら：平均値を用いるその方法であれば，総合順位1位になるのは，東京オリンピック男子決勝で総合順位 ① 位の選手だね。でも，順位の平均値は，多くの選手が同じ値だよ。

りょう：順位の平均値が同じ値になる場合でも，3種目の順位をかけ算して算出したポイントには差が出るということかな。

あきら：順位の平均値が同じ値になる場合，3種目の順位をかけ算して算出したポイントにどれだけ差が出るか調べてみよう。

りょう：20人の選手が競技に出場したとして，ある選手が3種目とも10位だった場合と，3種目の順位がそれぞれ $(10 - n)$位，10位，$(10 + n)$位だった場合で考えよう。

あきら：どちらの場合も3種目の順位の平均値は10だね。

りょう：3種目とも10位だった場合と，3種目の順位がそれぞれ $(10 - n)$位，10位，$(10 + n)$位だった場合のポイントの差は，n を用いて， ② ポイントと表すことができるね。

あきら：n のとる値の範囲で， ② の最大値，つまりポイントの差の最大値を求めると ③ ポイントだね。

(3) A選手，B選手を含む20人の選手が，東京オリンピックと同じ3種目で実施されたスポーツクライミングの大会に出場した。この大会の総合順位は，東京オリンピックと同様に，3種目の順位をかけ算して算出したポイントを用いて決定したものとし，A選手，B選手の種目の順位やポイントについて次のことが分かった。

- A選手は4位となった種目が1種目ある。
- B選手は15位となった種目が1種目ある。
- A選手，B選手どちらの選手もポイントは，401ポイント以上410ポイント以下である。

このとき，総合順位はA選手，B選手のどちらの選手が下位であったか，求めなさい。また，その選手の残りの2種目の順位を求めなさい。ただし，各種目について同じ順位の選手はいないものとする。

令　和　4　年　度

兵庫県公立高等学校学力検査問題

英　　　語　(50分)

注　　　意

1　「開始」の合図があるまで開いてはいけません。

2　「開始」の合図で，1ページから8ページまで問題が印刷されていることを確かめなさい。

3　**解答用紙の左上の欄に受検番号**を書きなさい。

4　解答用紙の□の得点欄には，何も書いてはいけません。

5　答えは，全て**解答用紙の指定された解答欄**に書きなさい。

6　問題は5題で，8ページまであります。
Ⅰは，**聞き取りテスト**です。問題は，**聞き取りテスト1，2，3**の3つがあります。
聞き取りテストの放送は，検査開始直後にあります。
英文は聞き取りテスト1では1回だけ，聞き取りテスト2と3では2回読みます。

7　「終了」の合図で，すぐ鉛筆を置きなさい。

8　解答用紙は，机の上に置いて，退室しなさい。

受検番号　　番

※100点満点

令和４年度兵庫県公立高等学校学力検査

英　語　解　答　用　紙

得点	

聞き取りテスト

Ⅰ（　点）	1（　点）	No. 1	a	b	c	
		No. 2	a	b	c	
		No. 3	a	b	c	
	2（　点）	No. 1	a	b	c	d
		No. 2	a	b	c	d
		No. 3	a	b	c	d
	3（　点）	1	a	b	c	d
		2	a	b	c	d

１．３点×３
２．３点×３
３．３点×２

Ⅱ（　点）	1（　点）	⑴	
		⑵	
	2（　点）	①	
		②	
		③	
	3（　点）	あ	（　　）（　　）（　　）（　　）
		い	（　　）（　　）（　　）（　　）

１．２点×２
２．２点×３
３．完答３点×２

Ⅲ（　点）	1（　点）		
	2（　点）		
	3（　点）	A	
		B	
		C	
	4（　点）		

１．３点
２．３点
３．３点×３
４．３点

教英出版

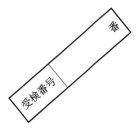

I　放送を聞いて，**聞き取りテスト１，２，３**の問題に答えなさい。答えは，全て解答用紙の指定された解答欄の符号を○で囲みなさい。

聞き取りテスト１　会話を聞いて，その会話に続く応答として適切なものを選びなさい。会話のあとに放送される選択肢 a ～ c から応答として適切なものを，それぞれ１つ選びなさい。（会話と選択肢は１回だけ読みます。）

※教英出版注
音声は，解答集の書籍ＩＤ番号を教英出版ウェブサイトで入力して聴くことができます。

No. 1　（場面）客が店員と会話している

No. 2　（場面）駅の忘れ物センターで会話している

No. 3　（場面）生徒と先生が会話している

聞き取りテスト２　会話を聞いて，その内容について質問に答えなさい。それぞれ会話のあとに質問が続きます。その質問に対する答えとして適切なものを，a ～ d からそれぞれ１つ選びなさい。（会話と質問は２回読みます。）

No. 1
a　To have lunch at the cafeteria.
b　To talk with him after lunch.
c　To visit the cafeteria on weekends.
d　To enjoy English classes.

No. 2
a　Kevin did.
b　Maria did.
c　Maria's sister did.
d　Kaito did.

No. 3
a
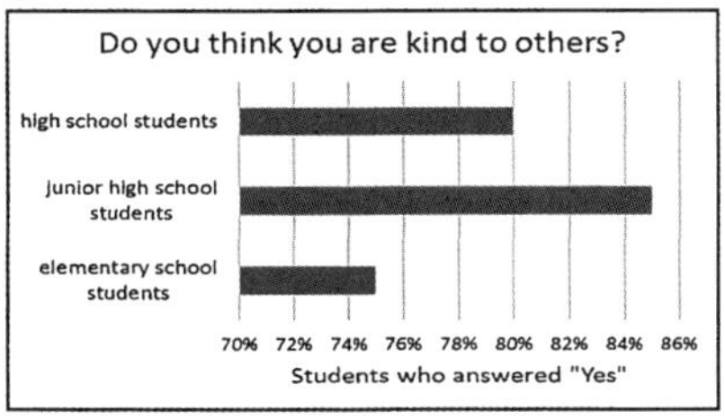

b
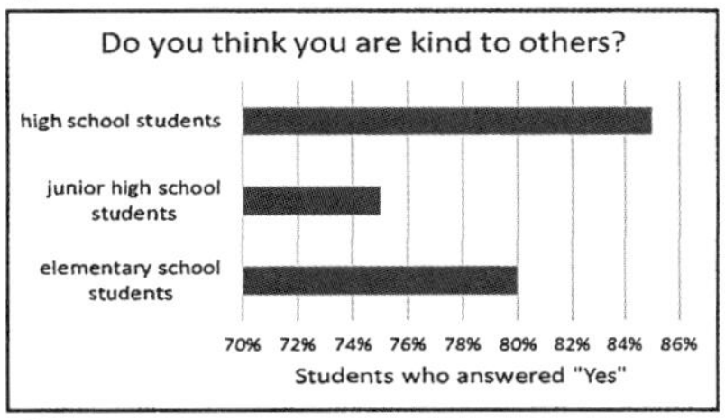

c
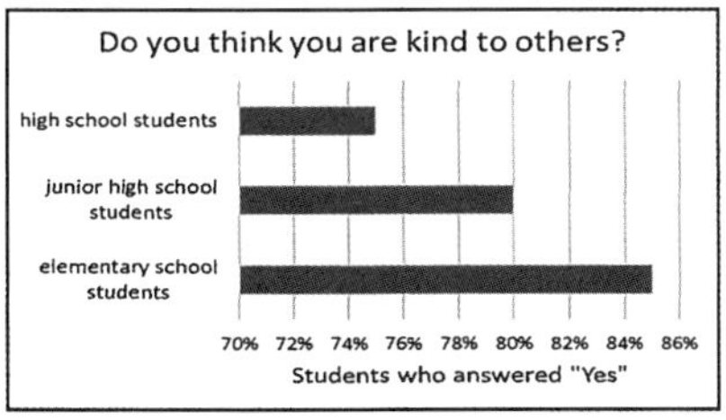

d
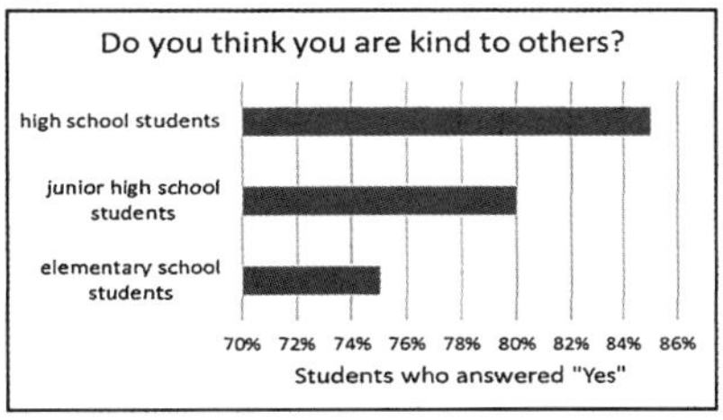

聞き取りテスト３　英語による説明を聞いて，その内容についての２つの質問 Question 1，Question 2 に答えなさい。英文と選択肢が放送されます。英文のあとに放送される選択肢 a ～ d から質問に対する答えとして適切なものを，それぞれ１つ選びなさい。（英文と選択肢は２回読みます。）

（場面）先生が高校１年生の生徒に話をしている

Question 1　What is the teacher talking about?

Question 2　Why is the teacher speaking to the students?

Ⅱ　あなたは，英語の授業で，テレビ会議システムを用いてシンガポールの高校生と交流をしています。次の英文は，生徒たちの発言とそれに対するあなたのコメントです。あとの問いに答えなさい。

Tan

Many foreigners visit Singapore for sightseeing. My favorite place is a hotel that has a big swimming pool on the roof. It's famous and you can see it in many movies. Singapore is a beautiful country. It's difficult to find garbage in public places. People who leave their garbage on the street have to pay a fine.* I respect this rule. I hope you'll come here and enjoy our clean city.

Thank you, Tan. We also [①].

You

Kumar

Singapore is a country of diversity.* Many people live together and create a rich culture. For example, many languages are spoken here. I usually speak English, but I speak Tamil* when I talk with my family. Also, our food is influenced by foreign recipes. We have a famous curry from India. There's a big fish head in the curry! You should try it!

Thank you, Kumar. We also [②].

You

Aisha

In Singapore, the new school year starts in January. We have summer vacation in June. My school starts at seven thirty in the morning. In class, students from different countries study together, and we learn several languages. After school, we do club activities. I belong to the homework club. In this club, I do my homework and often study with my friends to solve difficult questions.

Thank you, Aisha. We also [③].

You

（注）fine　罰金　　diversity　多様性　　Tamil　タミル語

1　発言の内容に合うように，次の [　　] に入る適切なものを，あとの**ア**～**カ**からそれぞれ１つ選んで，その符号を書きなさい。

(1) [　　] talking about school life.

(2) [　　] talking about language.

ア　Only Tan is
イ　Only Kumar is
ウ　Only Aisha is
エ　Tan and Kumar are
オ　Tan and Aisha are
カ　Kumar and Aisha are

2　あなたは，発言に対してコメントをしています。[①] ～ [③] に入る適切なものを，次の**ア**～**エ**からそれぞれ１つ選んで，その符号を書きなさい。

ア　have to do homework, but I don't do it as a club activity
イ　try to keep our city clean, but I'm surprised to hear about such a rule
ウ　study English, but I respect the rules for our clean city
エ　have many kinds of foods, but I've never seen a curry like that

3　あなたは，発言を聞きながら質問したいことについてメモを作成しています。次の [あ] ，[い] に，あとのそれぞれの [　　] 内の語から４語を選んで並べかえ，英文を完成させなさい。

- Tan, we will visit Singapore on our school trip next year. Can you introduce other [あ]?
- Kumar, please tell me about the culture. Do you have any chances to learn about it at school?
- Aisha, I think you study very hard! How [い] study at home in a day?

[あ]　I　places　visit　should　to

[い]　hours　you　do　often　many

Ⅲ　高校１年生の生徒が，英語の授業での発表に向けて，次の英文を読んでポスターを作成しました。あとの問いに答えなさい。

Do you know what a fishfinder* is? It is a machine fishers* use to find groups of fish in the sea. The first fishfinder was invented about 70 years ago. With this machine, they were able to catch more fish than before because they could see where the groups of fish were on the screen.

However, the old fishfinder caused a problem. Fishers sometimes caught too many young fish because they could not see the size of each fish. As a result, the number of fish became smaller in some areas, and fishers could not catch enough fish.

A Japanese man who used to study dolphins got an idea to improve this problem. He knew how dolphins could swim fast and were good at catching fish. They have a special skill for hunting with sound waves. Dolphins emit* sound waves many times very quickly. These sound waves will reach the fish and come back. So, dolphins can easily find where the fish are. They can see the shape, size, and speed of the fish, too.

He applied* the dolphins' skill to his fishfinder. It was a great success. Today, his new fishfinder can show the image more clearly than the old one. So, fishers can even see how large each fish is. When they find that the fish are too young, they can stop fishing and go to another place. This is helpful to save young fish in that area. Fishers can keep catching fish there for many years.

He said, "The sea has given us a lot of good things for a long time. I'd like to give something back to it. I believe we have to learn from nature around us. The dolphins' skill is one of the examples. From dolphins, I got the idea and invented the new fishfinder. I want to continue inventing useful machines for our daily lives. If more children like the sea because of my work, I'll be very happy."

（注）fishfinder　魚群探知機　　fishers　漁師　　emit　出す　　apply　応用する

Poster

Inventing Useful Things from Nature

The new fishfinder uses [①] to catch fish like dolphins!

DOLPHINS

swim fast and are good at catching fish.

FISHFINDER

OLD	NEW
Fishers could only see the [②] of a fish group.	Fishers can see the [③] of each fish, too!
So, they sometimes caught too many young fish.	So, they can [B].
↓	↓
The number of fish became smaller.	They can stop catching young fish.
So, they could [A].	So, they can [C].

My Opinion

- A Japanese man got the idea of his new machine after [④]. That's amazing!
- We should share his message with more people!

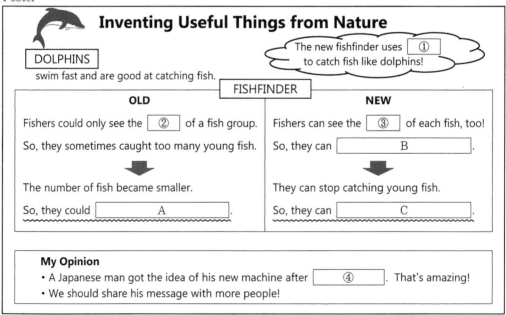

1　ポスターの ① に入る適切なものを，次の**ア**～**エ**から1つ選んで，その符号を書きなさい。

ア　large screens
イ　old machines
ウ　swimming skills
エ　sound waves

2　ポスターの ② ， ③ に入る語の組み合わせとして適切なものを，次の**ア**～**エ**から1つ選んで，その符号を書きなさい。

ア　②　place　　③　speed
イ　②　speed　　③　place
ウ　②　place　　③　size
エ　②　speed　　③　shape

3　ポスターの A ～ C に入る適切なものを，次の**ア**～**エ**からそれぞれ1つ選んで，その符号を書きなさい。

ア　choose the fish they want to catch
イ　continue catching fish for many years
ウ　learn how to catch fish from dolphins
エ　catch only a small number of fish

4　ポスターの ④ に入る適切なものを，次の**ア**～**エ**から1つ選んで，その符号を書きなさい。

ア　inventing something useful in our daily lives
イ　paying attention to the hunting skills of dolphins
ウ　catching a lot of fish with the new machine
エ　improving the machine to get many kinds of fish

Ⅳ　高校２年生のかおるさんと留学生のトムさんが，かおるさんの家族とドライブの途中で立ち寄った施設で，話をしています。次の英文を読んで，あとの問いに答えなさい。

Kaoru：　Let's have a break here.

Tom：　OK. What's this place?

Kaoru：　This is a roadside station.* It's a station for cars. We can use the toilets and take a rest.

Tom：　Look! A lot of vegetables and fruits are sold here. They are very fresh and not so expensive.

Kaoru：　Yes, farmers bring them from their fields near here. They can decide the prices of their products.

Tom：　Nice! ① , what's printed on the box of tomatoes?

Kaoru：　It's the name of a farmer, Mr. Tanaka. It also tells us that he grew his tomatoes without using agricultural chemicals.*

Tom：　I see. I feel safe if I know ② and how they were grown.

Kaoru：　I think so, too.

Tom：　Well, do farmers sell anything else?

Kaoru：　Yes, they also sell their handmade products. For example, my grandmother sells her jam in all seasons. She makes it from blueberries* she grows in her field. It's popular and is sold quickly.

Tom：　That's nice.

Kaoru：　Roadside stations are good for local farmers because the farmers can ③ .

Tom：　I agree. We can buy original products sold only in this roadside station.

Kaoru：　Also, we can enjoy original events planned to attract a lot of people at roadside stations.

Tom：　Really? What kind of events do they have?

Kaoru：　For example, this roadside station has a knife sharpening* event every month. Some companies in this town have made excellent knives since the *Edo* period. There is a museum about their products next to this building.

Tom：　Oh, we can learn about the history, too.

Kaoru：　In addition, people can get a lot of convenient information for their travels. Roadside stations spread information about their towns. Many people from other cities visit them, and they're always crowded on weekends. Local people become more cheerful.

Tom：　That's true. Roadside stations attract many visitors. I think those visitors ④ . I want to visit many different roadside stations, too.

Kaoru：　How about visiting another roadside station next week?

Tom：　That sounds wonderful.

（注）roadside station(s)　道の駅　　agricultural chemicals　農薬　　blueberries　ブルーベリー
knife sharpening　刃物研ぎ

1　文中の［①］に入る適切なものを，次のア～エから１つ選んで，その符号を書きなさい。

ア　By the way
イ　In total
ウ　For example
エ　Of course

2　文中の［②］に入る適切なものを，次のア～エから１つ選んで，その符号を書きなさい。

ア　who made them
イ　why he grew them
ウ　when they were sold
エ　what made the price low

3　文中の［③］に入る適切なものを，次のア～エから１つ選んで，その符号を書きなさい。

ア　have a break and learn about the history of the town
イ　grow their products and see the name of visitors
ウ　decide the price by themselves and sell their products
エ　visit other local museums and show more products

4　文中の［④］に入る適切なものを，次のア～エから１つ選んで，その符号を書きなさい。

ア　have the chance to sell local products
イ　help local farmers buy other products
ウ　tell local people to go to other cities
エ　make the local community more active

5　トムさんは，この日の出来事をメールに書きました。本文の内容に合うように，［あ］～［う］に入る適切な英語を，本文中からそれぞれ１語を抜き出して書き，英文を完成させなさい。

Dear Mom,

Today, I visited a wonderful place. It is called a roadside station.
Local farmers can sell fresh vegetables and fruits there. They also sell their handmade products such as ［あ］ in all seasons. I hear many interesting ［い］ are planned to attract many people. Also, visitors can collect useful ［う］ for sightseeing.
I am looking forward to visiting another roadside station next week!

Take care,
Tom

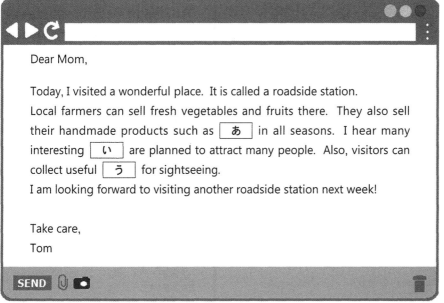

V　次の各問いに答えなさい。

1　次の英文は，高校1年生の生徒が，英語の授業について書いた感想です。

[①] ～ [③] に入る英語を，あとの語群から選び，必要に応じて適切な形に変えたり，不足している語を補ったりして，英文を完成させなさい。ただし，2語以内で答えること。

Our class had a speech contest. Before the contest, I needed [①] very hard for it. I felt relaxed when I finally [②] making my speech during the contest. By [③] to the speeches of my classmates, I learned how to make a better speech for the next time.

finish	get	listen	practice	receive

2　次の英文について，イラストの内容に合うように，（ ① ）～（ ③ ）にそれぞれ適切な英語1語を入れて，英文を完成させなさい。

This picture shows how water goes around. When it rains on mountains, the water will go into a (①), and then to the sea. When the (②) heats the water, it will go up in the air. After that, the water becomes (③). From them, it will rain again.

3　次の会話について，下のチラシの内容に合うように，下線部①～③の（　　）にそれぞれ適切な英語1語を入れて，会話文を完成させなさい。

A: Look! They want high school students to take ①(　　)(　　) the fashion contest.

B: How can we join it?

A: We have to send a design. They welcome students who ②(　　)(　　) in fashion.

B: Do you have any ideas about the design?

A: Yes, I got an idea from my grandmother's *kimono*.

B: That's so cool!

A: If we win the first contest in May, we'll be able to walk ③(　　) the (　　) in the final contest in August.

B: Sounds good!

Ⅳ （　　点）	1 （　点）		
	2 （　点）		
	3 （　点）		
	4 （　点）		
	5 （　点）	あ	
		い	
		う	

1．３点
2．３点
3．３点
4．３点
5．３点×３

Ⅴ （　　点）	1 （　点）	①	
		②	
		③	
	2 （　点）	①	
		②	
		③	
	3 （　点）	①	（　　　　　　　）（　　　　　　　）
		②	（　　　　　　　）（　　　　　　　）
		③	（　　　　　　　） the （　　　　　　　）

1．２点×３
2．２点×３
3．完答３点×３

2022(R4) 兵庫県公立高
K 教英出版

令　和　4　年　度

兵庫県公立高等学校学力検査問題

理　　　　科　(50分)

注　　　意

1　「開始」の合図があるまで開いてはいけません。

2　「開始」の合図で，1ページから8ページまで問題が印刷されていることを確かめなさい。

3　**解答用紙の左上の欄に受検番号**を書きなさい。

4　解答用紙の □ の得点欄には，何も書いてはいけません。

5　答えは，全て**解答用紙の指定された解答欄**に書きなさい。

6　問題は4題で，8ページまであります。

7　「終了」の合図で，すぐ鉛筆を置きなさい。

8　解答用紙は，机の上に置いて，退室しなさい。

受検番号　　　　番

令和４年度兵庫県公立高等学校学力検査

理　科　解　答　用　紙

※100点満点

得点	

<table>
<tr><td rowspan="10">Ⅰ
〔　　点〕</td><td rowspan="4">1
〔　　点〕</td><td>(1)</td><td colspan="4"></td></tr>
<tr><td>(2)</td><td colspan="4"></td></tr>
<tr><td>(3)</td><td colspan="4"></td></tr>
<tr><td>(4)</td><td colspan="4"></td></tr>
<tr><td rowspan="4">2
〔　　点〕</td><td>(1)</td><td colspan="4"></td></tr>
<tr><td rowspan="2">(2)</td><td>①</td><td colspan="3"></td></tr>
<tr><td>②</td><td colspan="3">N</td></tr>
<tr><td>(3)</td><td>縮む
筋肉</td><td></td><td>ゆるむ
筋肉</td><td></td></tr>
</table>

1．３点×４
2．⑴３点
⑵３点×２
⑶完答４点

<table>
<tr><td rowspan="8">Ⅱ
〔　　点〕</td><td rowspan="4">1
〔　　点〕</td><td>(1)</td><td colspan="4"></td></tr>
<tr><td>(2)</td><td colspan="4"></td></tr>
<tr><td>(3)</td><td>⑤・⑥</td><td></td><td>⑦</td><td></td></tr>
<tr><td>(4)</td><td colspan="4"></td></tr>
<tr><td rowspan="4">2
〔　　点〕</td><td>(1)</td><td colspan="4"></td></tr>
<tr><td>(2)</td><td colspan="4"></td></tr>
<tr><td>(3)</td><td colspan="4"></td></tr>
<tr><td>(4)</td><td colspan="4"></td></tr>
</table>

1．３点×４（⑶は完答）
2．⑴３点
⑵３点
⑶３点
⑷４点

Ⅰ　感覚と運動のしくみに関する次の問いに答えなさい。

1　刺激を受けとってから，反応するまでの時間を調べるために実験を行った。

＜実験＞

(a)　図1のように，Aさんから J さんの 10 人が手をつないで並び，Aさん以外は目を閉じた。

(b)　Aさんが右手に持ったストップウォッチをスタートさせると同時に，左手でとなりのBさんの右手をにぎった。

(c)　右手をにぎられたBさんは左手で，となりのCさんの右手をにぎり，次々に，にぎっていく。

(d)　最後の J さんが I さんに右手をにぎられたところをAさんが目で見て確認すると同時に，持っていたストップウォッチを止めた。

(e)　(a)〜(d)の手順で 3 回実験を行い，その結果を表にまとめた。

図1

表

	1回目	2回目	3回目
ストップウォッチではかった時間〔秒〕	2.59	2.40	2.33

(1)　Bさんは，右手をにぎられたことが脳に伝わると，脳から手を「にぎれ」という命令の信号が出され，左手をにぎる反応が起こる。このように，判断や命令などを行う神経を，次の**ア**〜**エ**から１つ選んで，その符号を書きなさい。

ア　運動神経　　**イ**　感覚神経　　**ウ**　末しょう神経　　**エ**　中枢神経

(2)　図 2 は，ヒトの神経の模式図である。実験(c)の下線部の反応が起こるとき，刺激や命令の信号が伝わる経路を，次の**ア**〜**エ**から１つ選んで，その符号を書きなさい。

ア　a→d→i→f　　**イ**　a→d→j→h

ウ　f→i→d→a　　**エ**　f→i→e→c

図2

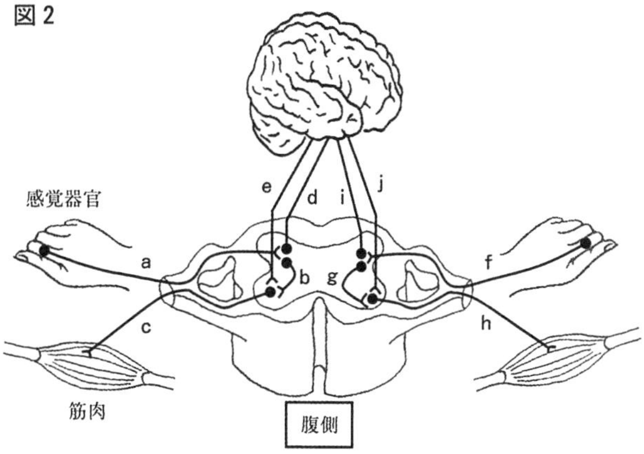

(3)　となりの人に右手をにぎられてから別のとなりの人の右手をにぎるまでの１人あたりにかかる時間の平均として適切なものを，次の**ア**〜**エ**から１つ選んで，その符号を書きなさい。ただし，J さんが I さんに右手をにぎられたところをAさんが確認してからストップウォッチを止めるまでにかかる時間を 0.20 秒とする。

ア　0.22 秒　　**イ**　0.25 秒

ウ　0.28 秒　　**エ**　0.31 秒

(4)　実験のように「手をにぎる」という反応は意識して行われるが，「熱いものに手がふれたとき，とっさに手を引っ込める」という反応は，意識とは無関係に起こる。意識とは無関係に起こり，生まれつきもっている反応として適切なものを，次の**ア**〜**オ**から１つ選んで，その符号を書きなさい。

ア　映画を見ていると感動して涙が出た。

イ　目覚まし時計が鳴ったので，急いで止めた。

ウ　地震のゆれを感じたので，速やかに机の下に隠れた。

エ　皿の上に置かれた赤い梅干を見ると，口の中にだ液が出てきた。

オ　暗いところから明るいところへ移動すると，ひとみの大きさが変わった。

2　ヒトがさまざまな運動をすることができるのは，骨格が体を支えるとともに，筋肉とはたらき合うからである。図３は，ひじを曲げて荷物を点Ａで持ち上げて静止させているときの模式図である。

(1)　図３のａは，関節をへだてた２つの骨についている筋肉の両端の部分を示している。このａを何というか，書きなさい。

図３

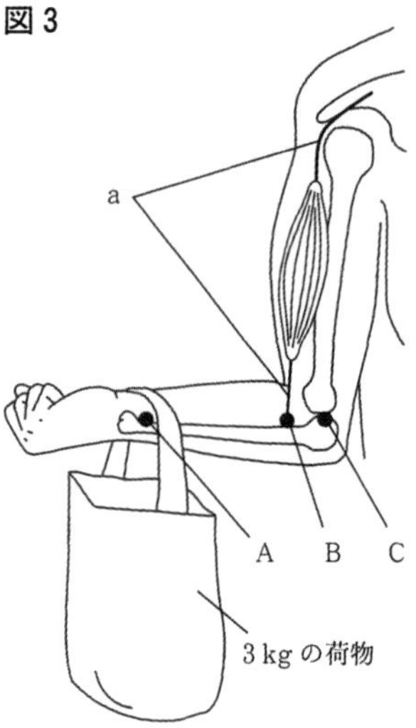

(2)　うでを使って荷物を持ち上げることができるのは，てこのはたらきを利用しているためである。点Ａから点Ｂまでの距離を 22 cm，点Ｂから点Ｃまでの距離を 3 cm とし，荷物の質量は 3 kg とする。

①　てこを使っておもりを持ち上げることについて説明した次の文の［ X ］～［ Z ］に入る語句の組み合わせとして適切なものを，あとの**ア**～**エ**から１つ選んで，その符号を書きなさい。

てこが水平につり合うとき，以下の式が成り立つ。

［おもりの重さ］×［［ X ］から［ Z ］までの距離］

＝［［ Y ］に加える力の大きさ］×［［ Y ］から［ Z ］までの距離］

なお，図３では，点Ａが［ X ］，点Ｂが［ Y ］，点Ｃが［ Z ］にあたる。

ア　X　作用点　　Y　力点　　Z　支点
イ　X　作用点　　Y　支点　　Z　力点
ウ　X　力点　　Y　支点　　Z　作用点
エ　X　支点　　Y　作用点　　Z　力点

②　図３のように，荷物を支えるとき，点Ｂにはたらく力は何Ｎか，求めなさい。ただし，うでの質量は考えないものとし，点Ａ～Ｃの３点は水平かつ同一直線上にある。また，質量 100 g の物体にはたらく重力の大きさを 1 N とする。

(3)　図４は，手首を伸ばしたまま，うでと指を曲げた状態の模式図であり，筋肉**Ｄ**～**Ｉ**が関係している。この状態から，うで，手首，指を伸ばした状態にしたときに縮む筋肉とゆるむ筋肉を，それぞれ**Ｄ**～**Ｉ**から全て選んで，その符号を書きなさい。ただし，指の骨は複数の骨がつながっているが，１つの骨として描いている。

図４

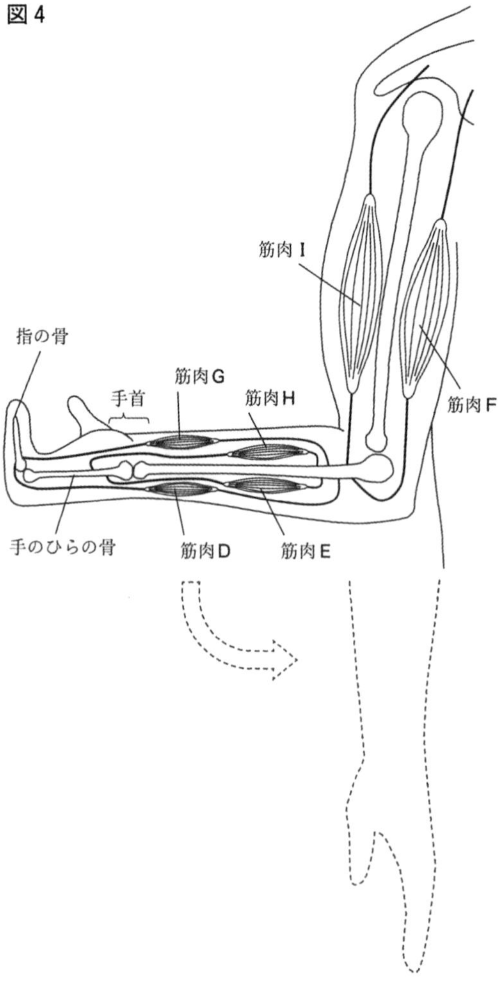

Ⅱ　岩石と地震に関する次の問いに答えなさい。

1　はなこさんは，自分の住んでいる地域の火成岩を観察し，まとめたレポートについて先生と話をした。

【目的】

見た目の異なる火成岩を観察し，鉱物の特徴を比較して，火成岩ができた当時の火山活動を推測する。

【方法】

○　２つの火成岩の表面をルーペで観察する。

○　火成岩の全体の色，有色の鉱物と白色・無色の鉱物の割合，鉱物の特徴を記録する。

○　観察結果と資料から，火成岩ができた当時の火山活動を推測する。

【結果】

○　特徴

＜火成岩Ａ＞

・白色・無色の鉱物の割合が多く，有色の鉱物は微量である。

・有色の鉱物は１種類で，黒色で形が板状である。

・比較的大きい鉱物である［①］が，細かい粒などでできた［②］の間にちらばる［③］組織が見られる。

＜火成岩Ｂ＞

・白色・無色の鉱物の割合が多く，有色の鉱物は微量である。

・有色の鉱物は２種類で，緑黒色で形が長い柱状の鉱物が含まれている。

・［②］の部分がなく，同じくらいの大きさの鉱物だけが，組み合わさってできている。

【考察】

○　火成岩Ａは［④］であると考えられる。

○　火成岩のもとになったマグマのねばりけと主な鉱物の割合の関係を表した資料（図１）より，火成岩Ｂをつくったマグマのねばりけは［⑤］，噴火は［⑥］であり，噴火後にできた火山の形は図２のようであったと考えられる。

図１

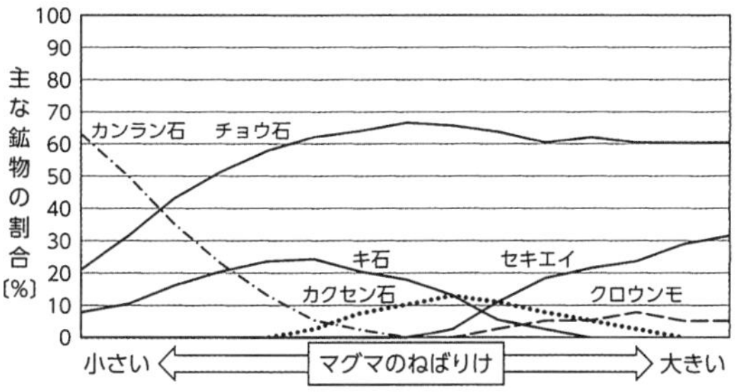

図２

火山の形の模式図

［⑦］

(1)　【結果】の中の［①］～［③］に入る語句の組み合わせとして適切なものを，次の**ア**～**エ**から１つ選んで，その符号を書きなさい。

ア　①斑晶　②石基　③斑状　　**イ**　①石基　②斑晶　③斑状

ウ　①斑晶　②石基　③等粒状　　**エ**　①石基　②斑晶　③等粒状

(2)　【考察】の中の［④］に入る岩石名として適切なものを，次の**ア**～**エ**から１つ選んで，その符号を書きなさい。

ア　花こう岩　　**イ**　せん緑岩　　**ウ**　斑れい岩　　**エ**　流紋岩

(3)　【考察】の中の［⑤］，［⑥］に入る語句の組み合わせとして適切なものを，次の**ア**～**エ**から１つ選んで，その符号を書きなさい。また，［⑦］に入る火山の形の模式図として適切なものを，次の**ア**～**ウ**から１つ選んで，その符号を書きなさい。

【⑤・⑥の語句の組み合わせ】	**ア**　⑤大きく　⑥激しく爆発的　　**イ**　⑤大きく　⑥比較的おだやか **ウ**　⑤小さく　⑥激しく爆発的　　**エ**　⑤小さく　⑥比較的おだやか
【⑦の火山の形の模式図】	**ア** 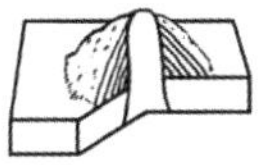　**イ** 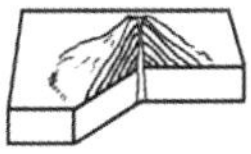　**ウ** 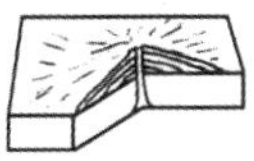

(4)　はなこさんと先生が，図１を見ながら話をしている。次の会話文の［⑧］に入る文として適切なものを，あとの**ア**～**エ**から１つ選んで，その符号を書きなさい。

先　生：図1は，主な鉱物の割合とマグマのねばりけの関係がわかりやすいですね。
　　　　また，図1から，[⑧]ことが読み取れますけど，何か理由があるのかな。
はなこ：確かにそうですね。今回の結果からはわからないのですが，また調べてみたいと思います。

ア　マグマのねばりけに関係なく，チョウ石は20％以上の割合があり，セキエイは10％以上の割合がある
イ　マグマのねばりけに関係なく，有色の鉱物は必ず40％未満の割合である
ウ　カンラン石の割合が減り，セキエイの割合が増えると，マグマのねばりけが大きくなる
エ　マグマのねばりけが小さいとき，白色・無色の鉱物の割合が20％未満である

2　表は，ある地震の，地点A～Cにおける観測記録である。また，図3は，ある年の1年間に，□で囲んだ部分で発生した地震のうち，マグニチュードが1.5以上のものの震源の分布を表したもので，震源を●印で表している。なお，地震の波の伝わる速さは一定であるものとする。

表

地点	震源からの距離	初期微動が始まった時刻	主要動が始まった時刻
A	72 km	8時49分24秒	8時49分30秒
B	60 km	8時49分21秒	8時49分26秒
C	96 km	8時49分30秒	8時49分38秒

図3

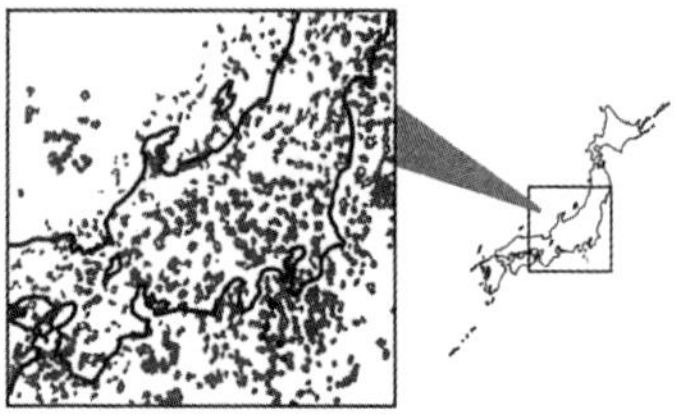

(1)　地震について説明した文の組み合わせとして適切なものを，あとの**ア**～**エ**から1つ選んで，その符号を書きなさい。
①　地震が起こると，震源では先にP波が発生し，遅れてS波が発生する。
②　初期微動は伝わる速さが速いP波によるゆれである。
③　震源からの距離が遠くなるほど初期微動継続時間が小さくなる。
④　震源の深さが同じ地震では，マグニチュードの値が大きいほど，ゆれが伝わる範囲が広い。
ア　①と③　　**イ**　①と④　　**ウ**　②と③　　**エ**　②と④

(2)　表の地震の発生時刻として最も適切なものを，次の**ア**～**エ**から1つ選んで，その符号を書きなさい。必要があれば右の方眼紙を利用してもよい。
ア　8時49分4秒　　**イ**　8時49分6秒
ウ　8時49分8秒　　**エ**　8時49分10秒

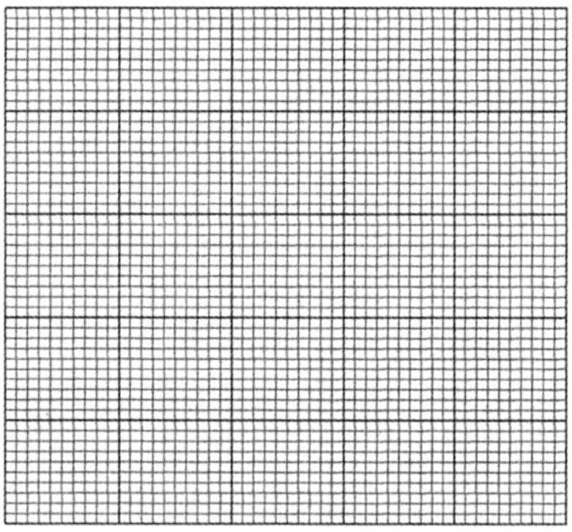

(3)　表の地震において，地点Bで初期微動が始まってから4秒後に，各地に同時に緊急地震速報が届いたとすると，震源からの距離が105 kmの地点では，緊急地震速報が届いてから何秒後に主要動が始まるか。最も適切なものを，次の**ア**～**エ**から1つ選んで，その符号を書きなさい。
ア　4秒後　　**イ**　8秒後　　**ウ**　16秒後　　**エ**　20秒後

(4)　図4は，図3の□の部分を地下の深さ500 kmまで立体的に示したものである。また，次の**ア**～**エ**は，図4の矢印W～Zのいずれかの向きに見たときの震源の分布を模式的に表した図で，震源を●印で表している。矢印Wの向きに見たものとして適切なものを，次の**ア**～**エ**から1つ選んで，その符号を書きなさい。

図4

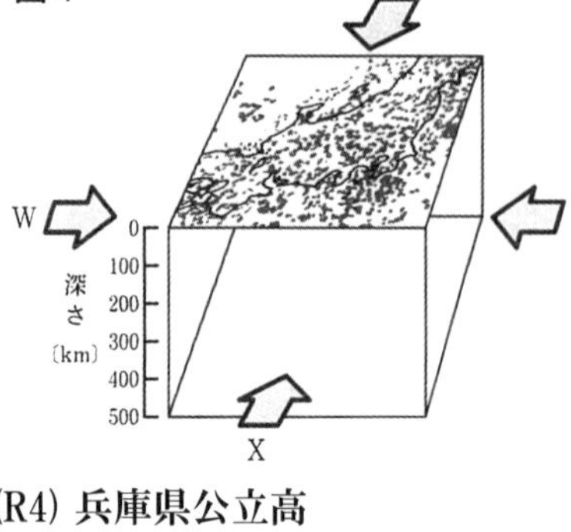

ア

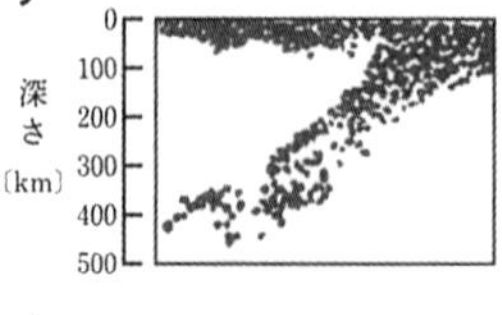

イ

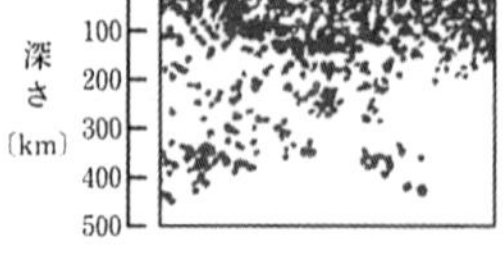

ウ

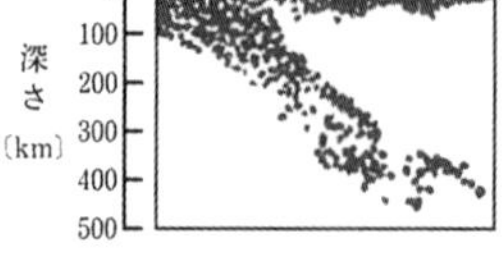

エ

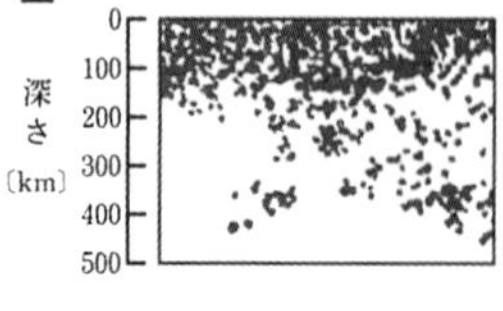

Ⅲ　化学変化とイオンに関する次の問いに答えなさい。

1　電池について，次の実験を行った。

＜実験１＞

図１のような電気分解装置にうすい水酸化ナトリウム水溶液を満たし，電源装置につなぎ，電気分解を行った。その後，図２のように，電子オルゴールの⊕を電極Ｘに，⊖を電極Ｙにつなぐと電子オルゴールが鳴ったことから，図２の電気分解装置は電池としてはたらいていることがわかった。

次に，容器内の水素と酸素の体積と電子オルゴールが鳴っている時間の関係を調べるため，電気分解装置を４個用意した。その後，電気分解を行い，水素の体積を $4\,cm^3$，酸素の体積を $1\,cm^3$，$2\,cm^3$，$3\,cm^3$，$4\,cm^3$ とし，電子オルゴールにつないだ結果を表１にまとめた。

図１

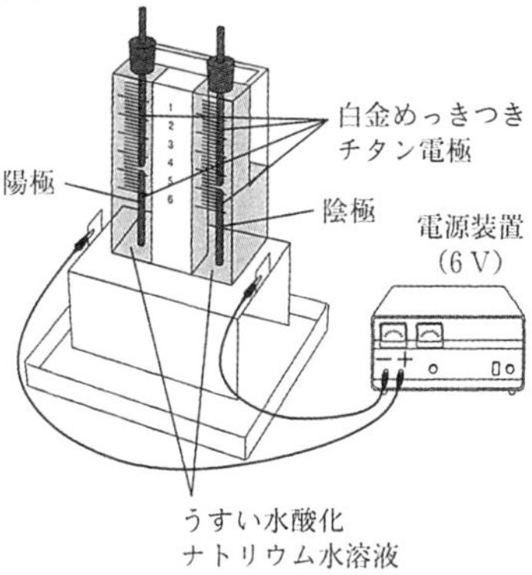

表１

	電気分解装置			
	A	B	C	D
水素の体積〔cm^3〕	4	4	4	4
酸素の体積〔cm^3〕	1	2	3	4
残った気体の体積〔cm^3〕	2	0	1	2
電子オルゴールが鳴っていた時間〔分〕	10	20	20	20

図２

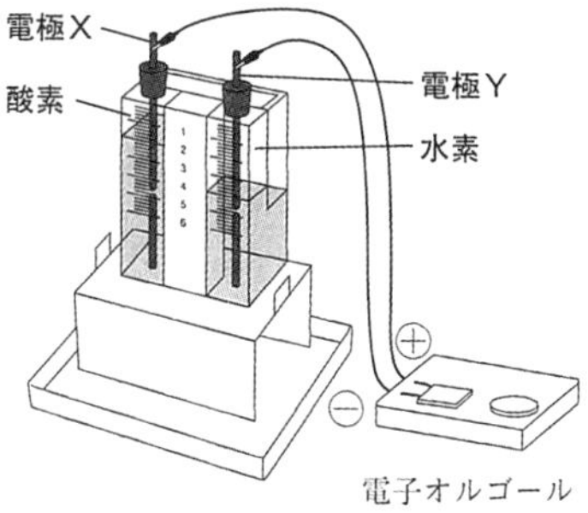

(1)　水酸化ナトリウム水溶液の性質として適切なものを，次の**ア**～**エ**から１つ選んで，その符号を書きなさい。

ア　青色リトマス紙を赤色に変える。

イ　マグネシウムリボンを入れると，水素が発生する。

ウ　フェノールフタレイン溶液を赤色に変える。

エ　pH の値は７より小さい。

(2)　次の文の［①］～［③］に入る語句の組み合わせとして適切なものを，あとの**ア**～**エ**から１つ選んで，その符号を書きなさい。

実験１において，電子オルゴールが鳴っているとき，電子は［①］から［②］へ移動する。また，図２の電池の－極で反応している気体は，［③］と考えられる。

ア　①電極Ｘ　②電極Ｙ　③酸素　　**イ**　①電極Ｙ　②電極Ｘ　③酸素

ウ　①電極Ｘ　②電極Ｙ　③水素　　**エ**　①電極Ｙ　②電極Ｘ　③水素

(3)　図２の電池では，水の電気分解と逆の化学変化によって，水素と酸素から水が生じるとともに，エネルギーが変換される。エネルギーの変換と電池の利用について説明した次の文の［①］，［②］に入る語句の組み合わせとして適切なものを，あとの**ア**～**エ**から１つ選んで，その符号を書きなさい。また，［③］に入る電池として適切なものを，あとの**ア**～**エ**から１つ選んで，その符号を書きなさい。

図２の電池は，水素と酸素がもつ［①］エネルギーを，［②］エネルギーとして直接取り出す装置であり，［③］電池と呼ばれる。［③］電池は，ビルや家庭用の電源，自動車の動力として使われている。

【①・②の語句の組み合わせ】	**ア**　①電気　②音　　**イ**　①化学　②電気 **ウ**　①電気　②化学　　**エ**　①化学　②音
【③の電池】	**ア**　燃料　**イ**　ニッケル水素　**ウ**　鉛蓄　**エ**　リチウムイオン

(4)　表１の結果から，電気分解装置Ａ～Ｄで生じていた水の質量を比較したグラフとして適切なものを，次の**ア**～**エ**から１つ選んで，その符号を書きなさい。

ア

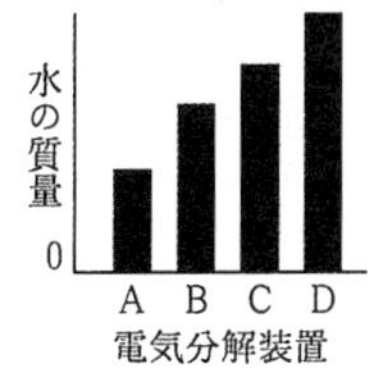

イ

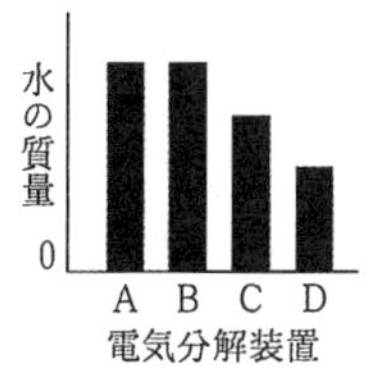

ウ

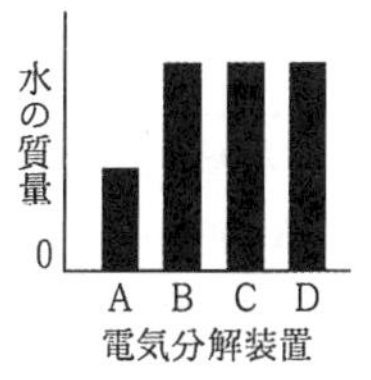

エ

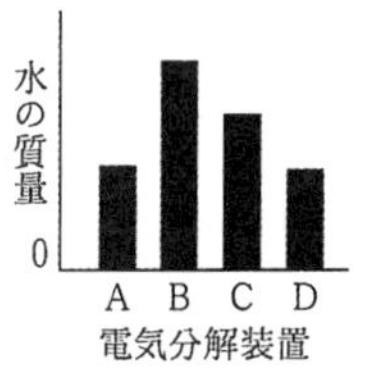

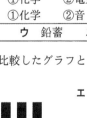

2　うすい硫酸とうすい水酸化バリウム水溶液を用いて，次の実験を行った。

<実験 2>

うすい水酸化バリウム水溶液をそれぞれ 20 cm^3 ずつビーカーA～Eにとり，BTB溶液を 2，3 滴ずつ加えた。その後，ビーカーA～Eに加えるうすい硫酸の体積を変化させて，(a)～(c)の手順で実験を行った。

(a)　うすい硫酸をメスシリンダーではかりとり，図 3 のように，ビーカーA～Eにそれぞれ加えて反応させた。しばらくすると，ビーカーA～Eの底に白い沈殿ができた。

(b)　図 4 のように，電源装置と電流計をつないだステンレス電極を用いて，ビーカーA～Eの液に流れる電流をはかった。

(c)　(a)でできた白い沈殿をろ過し，ろ紙に残ったものをじゅうぶんに乾燥させて質量をはかり，加えたうすい硫酸の体積とできた白い沈殿の質量を表 2 にまとめた。

図 3

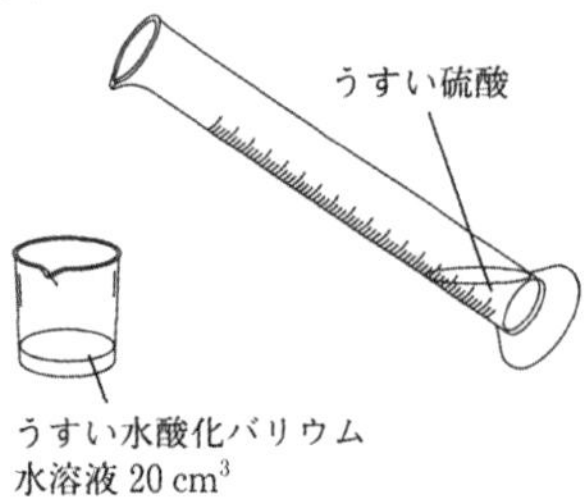

図 4

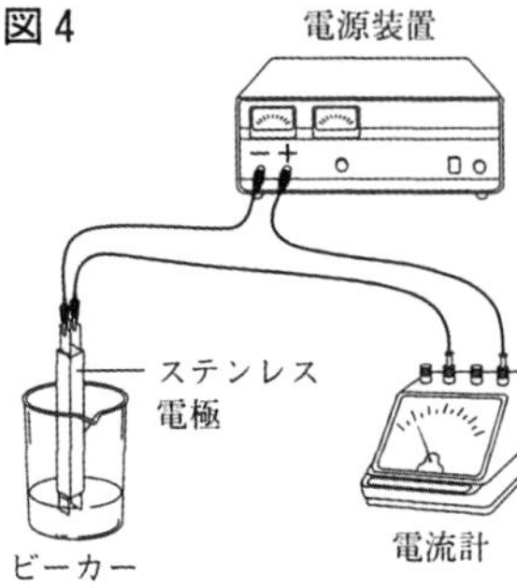

表 2

	A	B	C	D	E
加えたうすい硫酸の体積〔cm^3〕	10	20	30	40	50
できた白い沈殿の質量〔g〕	0.24	0.48	0.72	0.82	0.82

(1)　水酸化バリウム水溶液に含まれるバリウムイオンについて説明した文として適切なものを，次の**ア～エ**から 1 つ選んで，その符号を書きなさい。

ア　バリウム原子が電子 1 個を失ってできた 1 価の陽イオンである。
イ　バリウム原子が電子 2 個を失ってできた 2 価の陽イオンである。
ウ　バリウム原子が電子 1 個を受け取ってできた 1 価の陰イオンである。
エ　バリウム原子が電子 2 個を受け取ってできた 2 価の陰イオンである。

(2)　次の文の［①］，［②］に入る色として適切なものを，あとの**ア～エ**からそれぞれ 1 つ選んで，その符号を書きなさい。

うすい水酸化バリウム水溶液が入ったビーカーEにBTB溶液を加えたとき，ビーカーEの液は［①］になり，うすい硫酸 50 cm^3 を加えると液は［②］になる。

ア　赤色　　**イ**　青色　　**ウ**　緑色　　**エ**　黄色

(3)　実験 2 の結果から，加えたうすい硫酸の体積とビーカーA～Eの液に流れる電流の関係を模式的に表したグラフとして適切なものを，次の**ア～エ**から 1 つ選んで，その符号を書きなさい。

ア

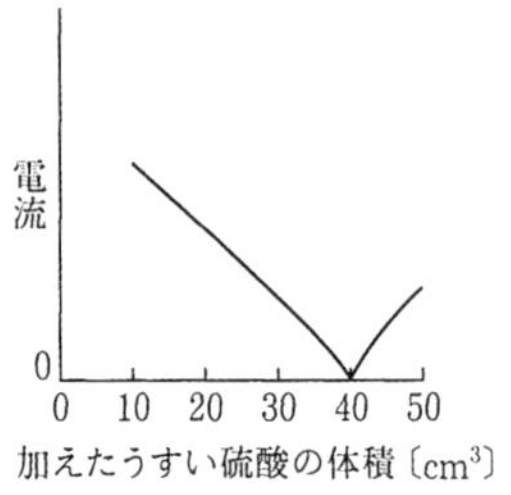

イ

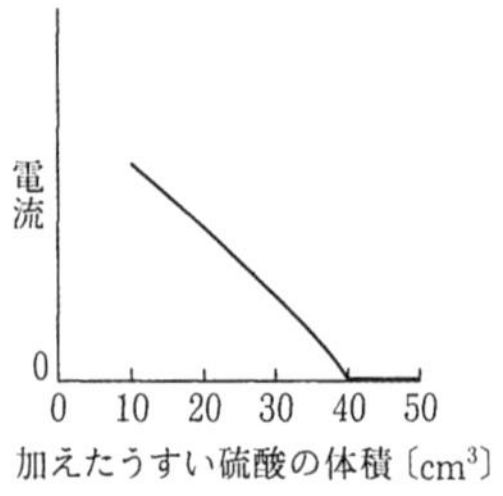

ウ

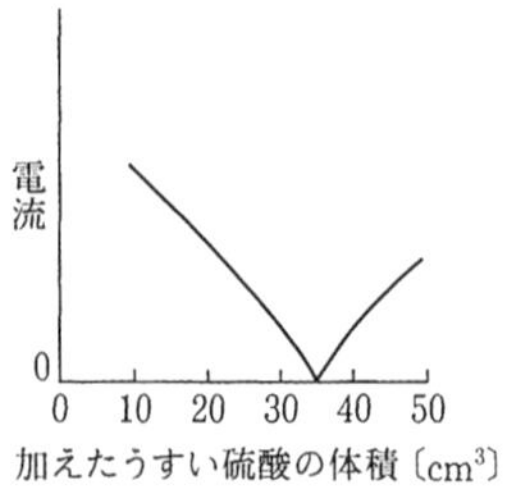

エ

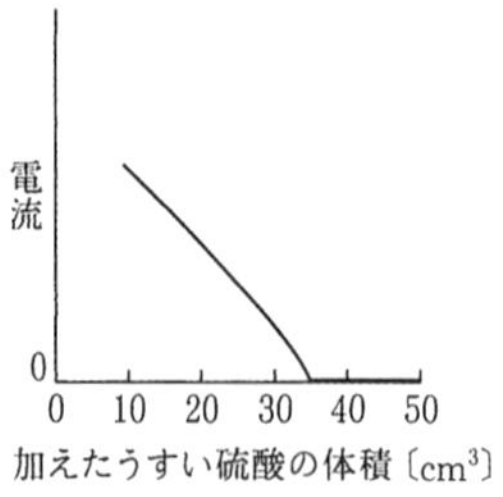

(4)　実験 2 の後，ビーカーA，Eのろ過した後の液を全て混ぜ合わせて反応させたとき，この液に残る全てのイオンのうち，陰イオンの割合は何%か，四捨五入して整数で求めなさい。ただし，反応前のうすい硫酸 10 cm^3 には水素イオンが 100 個，50 cm^3 には水素イオンが 500 個，うすい水酸化バリウム水溶液 20 cm^3 にはバリウムイオンが 200 個存在するものとする。

Ⅳ　電気とエネルギーに関する次の問いに答えなさい。

1　電気器具の利用について，答えなさい。

図1

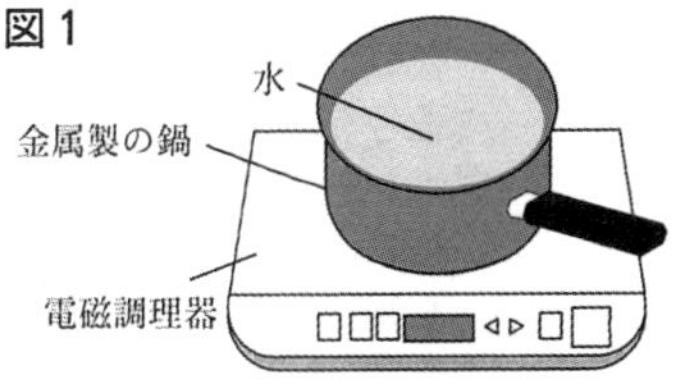

(1)　図1のように，電磁調理器で金属製の鍋の中の水を温めた。このことについて説明した次の文の ① ， ② に入る語句の組み合わせとして適切なものを，あとの**ア**～**エ**から1つ選んで，その符号を書きなさい。

電磁調理器の中にはコイルがあり，コイルに ① が流れると磁界が変化する。その変化した磁界に応じて，金属製の鍋の底に ② 電流が流れ，鍋の底の金属の抵抗によって鍋の底で熱が発生し，水が温められる。

ア　①直流　②伝導　　**イ**　①交流　②伝導　　**ウ**　①直流　②誘導　　**エ**　①交流　②誘導

(2)　図2のように，差し込み口が2か所あるコンセントがあり，差し込み口の1か所にはテーブルタップがつないである。コンセントの電圧は100 Vである。テーブルタップには差し込み口が4か所あり，最大15 Aまで電流を流すことができる。表1は，電気器具，電気器具の消費電力の表示，1日の使用時間をまとめたものであり，電気器具はそれぞれ1つずつしかない。

図2

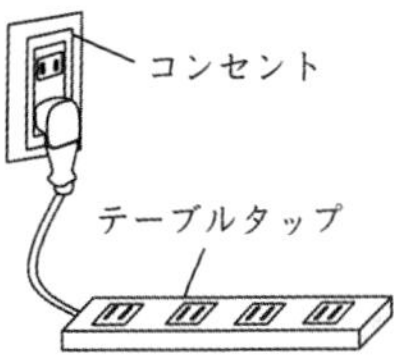

表1

電気器具	電気器具の 消費電力の表示	1日の 使用時間
電気カーペット	100 V - 400 W	4時間
そうじ機	100 V - 600 W	30分
ノートパソコン	100 V - 80 W	2時間
ヘアドライヤー	100 V - 1200 W	20分

①　コンセントの差し込み口の1か所に電気カーペットをつなぎ，テーブルタップにノートパソコンとヘアドライヤーをつないで，全て同時に使用した。このことについて説明した文として適切なものを，次の**ア**～**エ**から1つ選んで，その符号を書きなさい。

ア　電気カーペット，ノートパソコン，ヘアドライヤーは，互いに並列につながっている。

イ　電気カーペット，ノートパソコン，ヘアドライヤーは，直列につながっている。

ウ　ノートパソコンとヘアドライヤーは並列につながっており，それに，電気カーペットが直列につながっている。

エ　ノートパソコンとヘアドライヤーは直列につながっており，それに，電気カーペットが並列につながっている。

②　テーブルタップに，表1の電気器具のうちの2つ以上をつなぐとき，同時に使用できる電気器具の組み合わせは何通りか，求めなさい。ただし，テーブルタップの差し込み口に違いはないものとする。

③　表1の4つの電気器具の1日の使用時間はそれぞれ同じままで，電気カーペットとそうじ機を新しいものに取り換えて，4つの電気器具の1日の電力量の合計を10％以上節電したい。電気カーペットを360 Wのものに取り換えるとき，取り換えることができるそうじ機の最大の消費電力は何Wか，求めなさい。

2　小球をレール上で運動させる実験を行った。

<実験1>

図3のように，2本のまっすぐなレールを点Bでつなぎ合わせて，傾きが一定の斜面と水平面をつくる。レールには目盛りが入っており，移動距離を測定することができる。点Aはレールの一端である。(a)～(d)の手順で実験を行い，小球の移動距離を測定し，結果を表2にまとめた。小球はレールから摩擦力は受けず，点Bをなめらかに通過できるものとする。

図3

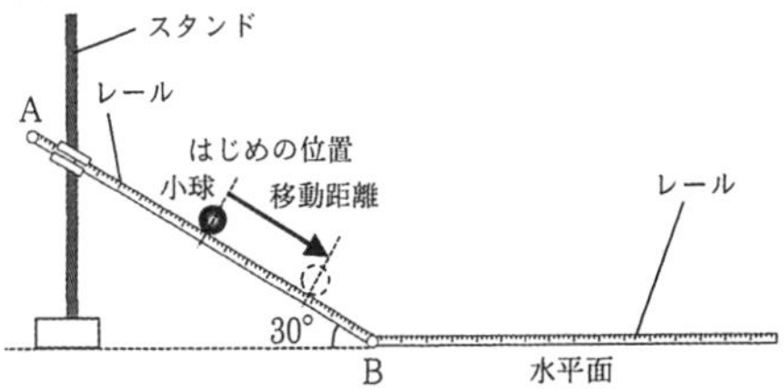

(a)　図3のように，斜面ABのレール上に小球を置いた。

(b)　デジタルカメラの連写の時間間隔を0.1秒に設定し，カメラのリモートシャッターを押して連写をはじめた後に，小球からそっと手をはなして小球を運動させた。

(c) 小球が移動したことが確認できる最初の写真の番号を1とし，そのあとの番号を，2，3，4…と順につけた。
(d) レールの目盛りを読み，小球がはじめの位置からレール上を移動した距離を測定した。

表2

	撮影された写真の番号							
	1	2	3	4	5	6	7	8
小球の移動距離〔cm〕	0.2	3.6	11.9	25.1	43.2	66.0	90.3	114.6

<実験2>

実験1の後，図4のように，斜面ABのレール上で，水平面からの高さが20 cmの位置に小球を置いた。このとき，小球の位置と点Bの距離は40 cmであった。実験1と同じ方法で測定し，結果を表3にまとめた。

図4

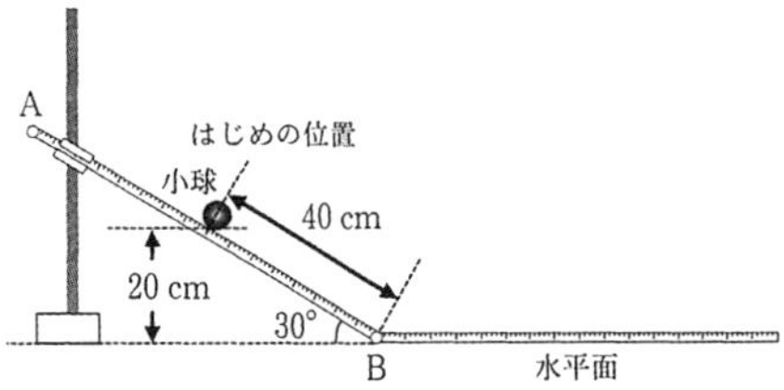

表3

	撮影された写真の番号							
	1	2	3	4	5	6	7	8
小球の移動距離〔cm〕	0.9	6.3	16.6	31.8	51.1	70.9	90.7	110.5

(1) レール上を運動する小球にはたらく力について説明した文として適切なものを，次の**ア**～**エ**から1つ選んで，その符号を書きなさい。
ア 斜面ABでは，小球にはたらく重力と垂直抗力の大きさは等しい。
イ 斜面ABでは，小球には，運動の向きに力がはたらき，その力は徐々に大きくなる。
ウ 水平面では，小球にはたらく重力と垂直抗力の大きさは等しい。
エ 水平面では，小球には，運動の向きに一定の力がはたらき続ける。

(2) 実験1，2の結果について説明した次の文の ① に入る区間として適切なものを，あとの**ア**～**エ**から1つ選んで，その符号を書きなさい。また， ② ， ③ に入る語句の組み合わせとして適切なものを，あとの**ア**～**エ**から1つ選んで，その符号を書きなさい。

実験1において，手をはなした小球は，表2の ① の間に点Bを通過する。また，水平面での小球の速さは実験2のほうが ② ため，実験1において，小球のはじめの位置の水平面からの高さは20 cmよりも ③ 。

【①の区間】	**ア** 3番と4番　**イ** 4番と5番　**ウ** 5番と6番　**エ** 6番と7番
【②・③の語句の組み合わせ】	**ア** ②大きい ③低い　**イ** ②小さい ③低い **ウ** ②大きい ③高い　**エ** ②小さい ③高い

<実験3>

実験2の後，図5のように，斜面のレールと水平面のレールとの間の角度を小さくした。斜面ABのレール上で，水平面からの高さが20 cmの位置に小球を置き，実験1と同じ方法で測定した。小球のはじめの位置と点Bの距離は60 cmであった。また，点Cは水平面のレール上にあり，点Bと点Cの距離は60 cmである。

図5

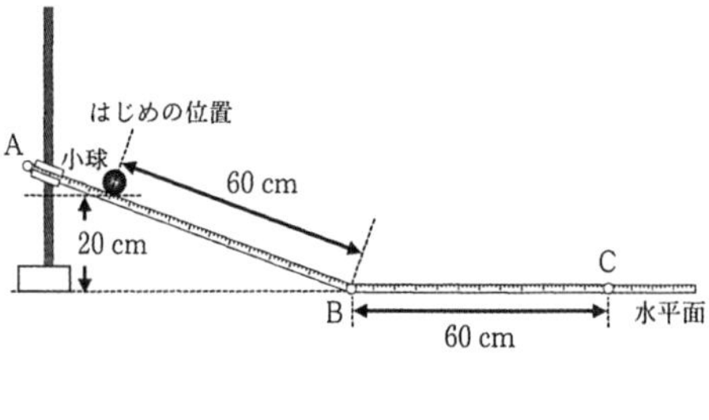

(3) 実験2と実験3について，小球の速さと時間の関係を表したグラフとして適切なものを，次の**ア**～**エ**から1つ選んで，その符号を書きなさい。

ア

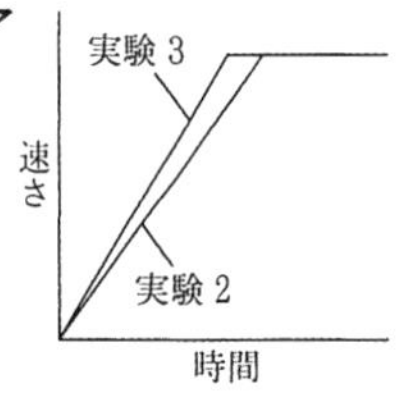

イ

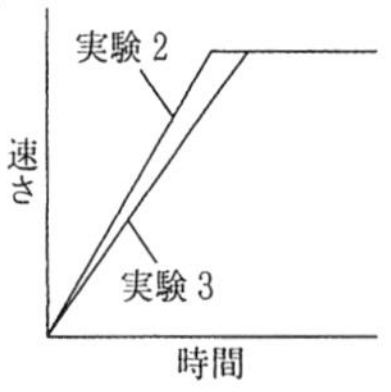

ウ

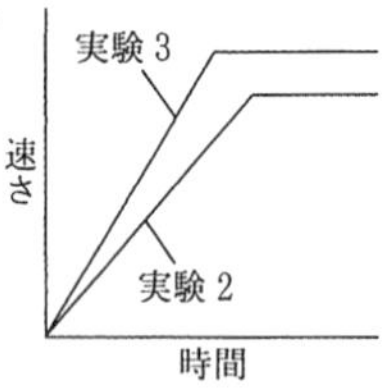

エ

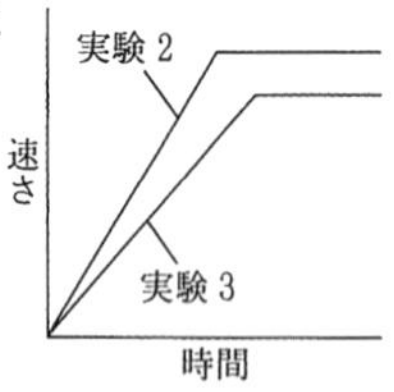

(4) 実験3において，小球が動きだしてから点Cを通過するまでにかかる時間は何秒か，四捨五入して小数第2位まで求めなさい。

令　和　4　年　度

兵庫県公立高等学校学力検査問題

社　　　　会　(50分)

注　　　意

1　「開始」の合図があるまで開いてはいけません。

2　「開始」の合図で，1ページから8ページまで問題が印刷されていることを確かめなさい。

3　**解答用紙の左上の欄に受検番号**を書きなさい。

4　解答用紙の□の得点欄には，何も書いてはいけません。

5　答えは，全て**解答用紙の指定された解答欄**に書きなさい。

6　問題は3題で，8ページまであります。

7　「終了」の合図で，すぐ鉛筆を置きなさい。

8　解答用紙は，机の上に置いて，退室しなさい。

受検番号 番

令和４年度兵庫県公立高等学校学力検査

社 会 解 答 用 紙

※100点満点

得点	

Ⅰ 〔　点〕	1 〔　点〕	(1)		
		(2)		
		(3)		
		(4)		
		(5)		
		(6)		
	2 〔　点〕	(1)		
		(2)		
		(3)		
		(4)		
		(5)	①	
			②	
			③	

1．(1) 2点
(2) 2点
(3) 2点
(4) 2点
(5) 3点
(6) 3点
2． 3点×7

Ⅱ 〔　点〕	1 〔　点〕	(1)	①	
			②	
			③	
		(2)	①	
			②	
		(3)	①	朝 鮮
			②	
			③	文 化
	2 〔　点〕	(1)		
		(2)	①	
			②	
		(3)		
		(4)		
		(5)		

1．(1) 2点×3
(2) 2点×2
(3)① 2点
② 2点
③ 3点
2． 3点×6

K 教英出版

I　世界や日本の地理に関するあとの問いに答えなさい。

1　世界の地理に関する次の問いに答えなさい。

(1)　図1の P ～ R は，表1のA～Cのいずれかの都市である。そのうち P，R と，都市の気温と降水量に関する表1のA～Cの組み合わせとして適切なものを，次の**ア**～**カ**から1つ選んで，その符号を書きなさい。

ア　P－A　R－B　　**イ**　P－A　R－C
ウ　P－B　R－A　　**エ**　P－B　R－C
オ　P－C　R－A　　**カ**　P－C　R－B

図1

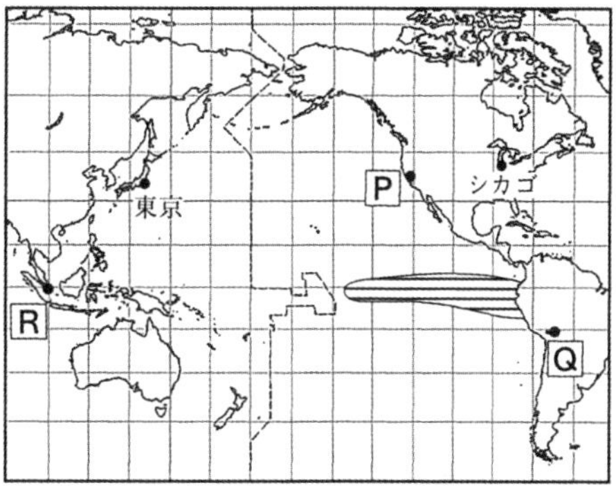

（経線・緯線は15度間隔で描かれている）

(2)　図1の ▤ の海域に関して述べた次の文X，Yについて，その正誤の組み合わせとして適切なものを，あとの**ア**～**エ**から1つ選んで，その符号を書きなさい。

X　この海域では温帯低気圧が発生し，沿岸部に大きな被害をもたらすことがある。

Y　この海域では平年より海水温が高くなるエルニーニョ現象が起きることがある。

表1

	月平均気温が最も高い月		月平均気温が最も低い月		年平均気温(℃)	年間降水量(mm)
	月平均気温(℃)	月降水量(mm)	月平均気温(℃)	月降水量(mm)		
A	9.5	44.5	4.9	7.5	7.7	629.8
B	28.6	164.3	26.8	333.1	27.8	2122.7
C	18.2	1.0	10.7	105.9	14.7	499.8

（気象庁ホームページより作成）

ア　X－正　Y－正　　**イ**　X－正　Y－誤　　**ウ**　X－誤　Y－正　　**エ**　X－誤　Y－誤

(3)　次の写真は，ある再生可能エネルギーによる発電の様子を示したものである。また，図2は2018年における，そのエネルギーによる発電量の国別割合を示したグラフである。これらについて述べた次の文の下線部**ア**～**エ**のうち適切でないものを，1つ選んで，その符号を書きなさい。

写真

図2

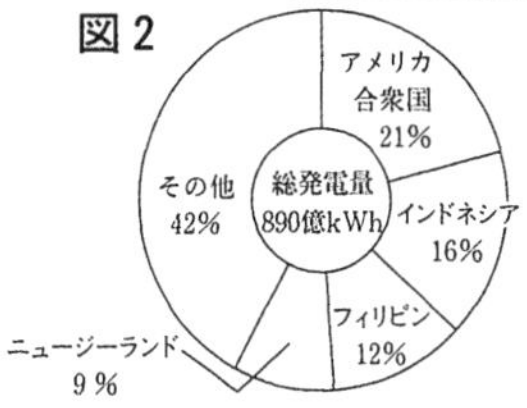

（『世界国勢図会』より作成）

写真から，ア発電所が山間部に立地していることが分かる。これは，イこの発電が水量の豊富な河川の上流で行う必要があるためである。また，図2からウ環太平洋造山帯に位置する国の発電量が多いことが読み取れる。さらに，エアメリカ合衆国が最大の発電国で，180億kWh以上発電されていることも分かる。

(4)　表2は，図1の東京－シカゴ間の航空便の運航スケジュールであり，経度は現地の標準時子午線，出発と到着は現地の時刻である。表2の i ，ii と，これについて述べた次の文の iii に入る語句の組み合わせとして適切なものを，あとの**ア**～**カ**から1つ選んで，その符号を書きなさい。

表2

東京	出発 1月29日 午前10:40	所要時間 11時間55分 →	到着 1月29日 i	シカゴ
東経135度	到着 ii 午後2:55	所要時間 13時間25分 ←	出発 1月31日 午前10:30	西経90度

この航空路は上空の iii 風の影響で，シカゴから東京に向かう方が所要時間が長くなる。

ア　i　午前7時35分　ii　2月1日　iii　西　　**イ**　i　午前7時35分　ii　1月30日　iii　西
ウ　i　午前7時35分　ii　2月1日　iii　東　　**エ**　i　午後1時35分　ii　2月1日　iii　東
オ　i　午後1時35分　ii　1月30日　iii　西　　**カ**　i　午後1時35分　ii　1月30日　iii　東

(5)　表3は，S，T両国政府の発表資料に基づく，1996年と2016年における両国それぞれに移民として入国した人々の出身国のうち上位3か国を示したものである。表3のS，Tの組み合わせとして適切なものを，次の**ア**～**カ**から1つ選んで，その符号を書きなさい。

ア　S　アメリカ合衆国　T　カナダ
イ　S　アメリカ合衆国　T　オーストラリア
ウ　S　カナダ　T　アメリカ合衆国
エ　S　カナダ　T　オーストラリア
オ　S　オーストラリア　T　アメリカ合衆国
カ　S　オーストラリア　T　カナダ

表3

		1位	2位	3位
S	1996年	ニュージーランド	イギリス	中国
	2016年	インド	中国	イギリス
T	1996年	メキシコ	旧ソ連	フィリピン
	2016年	メキシコ	中国	キューバ

(6)　図3の U ～ W は，小麦，肉類，銅鉱のいずれかの2020年における日本の輸入相手上位3か国からの輸入額を示したものである。そのうち，小麦と銅鉱の組み合わせとして適切なものを，あとの**ア**～**カ**から1つ選んで，その符号を書きなさい。

図3　　U　　　　V　　　　W　（単位　億円）

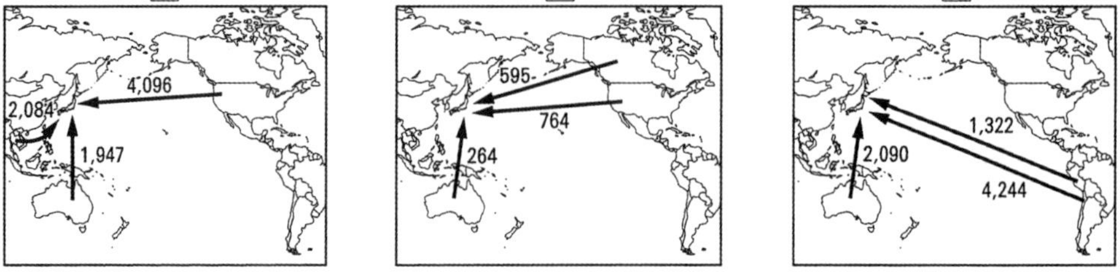

（『貿易統計』より作成）

ア　小麦－U　銅鉱－V　**イ**　小麦－U　銅鉱－W　**ウ**　小麦－V　銅鉱－U
エ　小麦－V　銅鉱－W　**オ**　小麦－W　銅鉱－U　**カ**　小麦－W　銅鉱－V

2　図4に関する次の問いに答えなさい。

図4

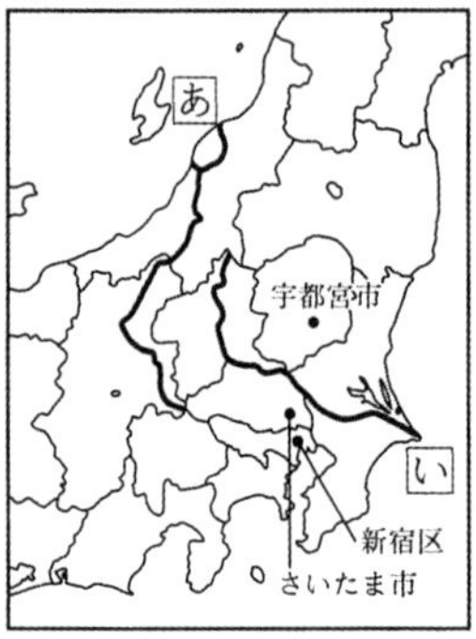

(1)　図5は図4の河川あ，いそれぞれの月別平均流量を示しており，図5の**A**，**B**は河川あ，いのいずれかである。河川の名称と図5の**A**，**B**の組み合わせとして適切なものを，次の**ア**～**エ**から1つ選んで，その符号を書きなさい。

図5

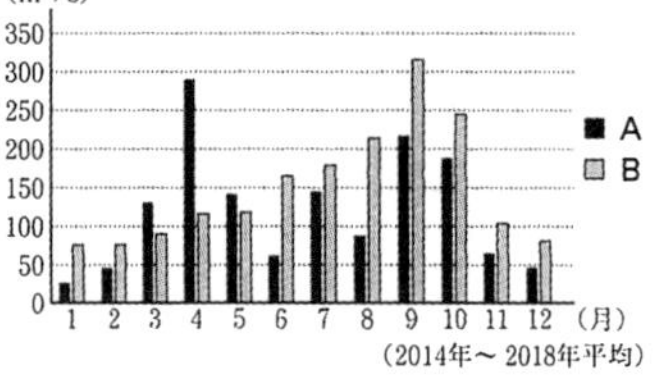

（『水文水質データベース』より作成）

ア　あ信濃川－**A**　い利根川－**B**
イ　あ信濃川－**B**　い利根川－**A**
ウ　あ利根川－**A**　い信濃川－**B**
エ　あ利根川－**B**　い信濃川－**A**

(2)　表4は，群馬県，千葉県，山梨県，長野県の2019年における農業産出額を示している。また，あといは，果実か畜産のいずれかの産物である。表4のあの産物と，表4に関して述べた文の組み合わせとして適切なものを，あとの**ア**～**エ**から1つ選んで，その符号を書きなさい。

表4　（単位　億円）

県名＼産出額	あ 産出額	い 産出額	キャベツ 産出額	ホウレンソウ 産出額	農業 産出総額
P	1,248	114	70	70	3,859
Q	279	743	50	17	2,556
R	1,058	83	183	82	2,361
山梨県	78	595	2	3	914
全国	32,344	8,399	913	856	89,387

（『生産農業所得統計』より作成）

a　Pは，農業産出総額が4県の中で最も多く，キャベツ産出額やホウレンソウ産出額も多いことから，消費地への近さを生かした農業が盛んな長野県である。

b　Rは，ホウレンソウ産出額と，夏でも涼しい高原の気候を生かして栽培するキャベツ産出額が4県の中で最も多いことから，群馬県である。

ア　果実・a　**イ**　果実・b　**ウ**　畜産・a　**エ**　畜産・b

(3)　表5は茨城県，栃木県，千葉県，神奈川県の1969年と2019年における化学工業，鉄鋼，電気機械器具，輸送用機械器具の各工業の製造品出荷額を示している。表5のiiの県とXの工業の組み合わせとして適切なものを，次の**ア**～**カ**から1つ選んで，その符号を書きなさい。

ア　ii　栃木県　X　鉄鋼
イ　ii　栃木県　X　電気機械器具
ウ　ii　千葉県　X　鉄鋼
エ　ii　千葉県　X　電気機械器具
オ　ii　神奈川県　X　鉄鋼
カ　ii　神奈川県　X　電気機械器具

表5　（単位　億円）

工業	輸送用機械器具		化学工業		X		Y	
県名	1969年	2019年	1969年	2019年	1969年	2019年	1969年	2019年
茨城県	409	9,555	316	15,905	3,031	7,580	1,170	8,110
i	457	1,015	2,712	22,927	1,411	1,582	5,157	14,971
ii	639	12,925	135	6,998	2,342	8,317	250	2,312
iii	15,859	37,628	6,520	19,071	12,187	6,940	4,012	6,332

（『工業統計調査』より作成）

(4)　図6の①～③は，図4の宇都宮市，さいたま市，新宿区における2015年の自宅外就業者のうち他市区町村への通勤者の割合と昼夜間人口比率を示している。宇都宮市と新宿区の組み合わせとして適切なものを，次の**ア**～**カ**から1つ選んで，その符号を書きなさい。

ア　宇都宮市－①　新宿区－②　**イ**　宇都宮市－①　新宿区－③
ウ　宇都宮市－②　新宿区－①　**エ**　宇都宮市－②　新宿区－③
オ　宇都宮市－③　新宿区－①　**カ**　宇都宮市－③　新宿区－②

図6

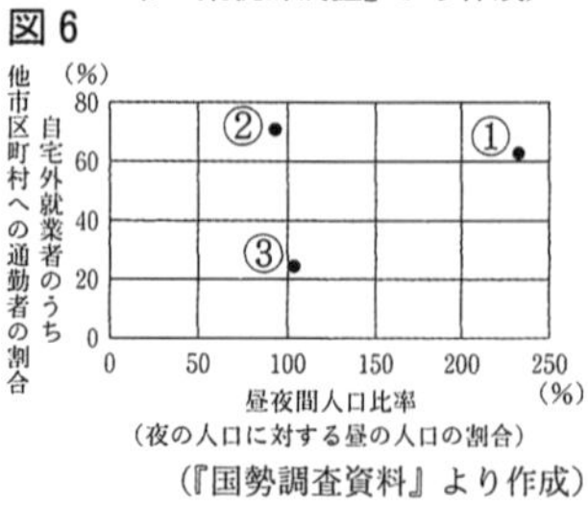

（『国勢調査資料』より作成）

(5) 図7を見て，あとの問いに答えなさい。

図7

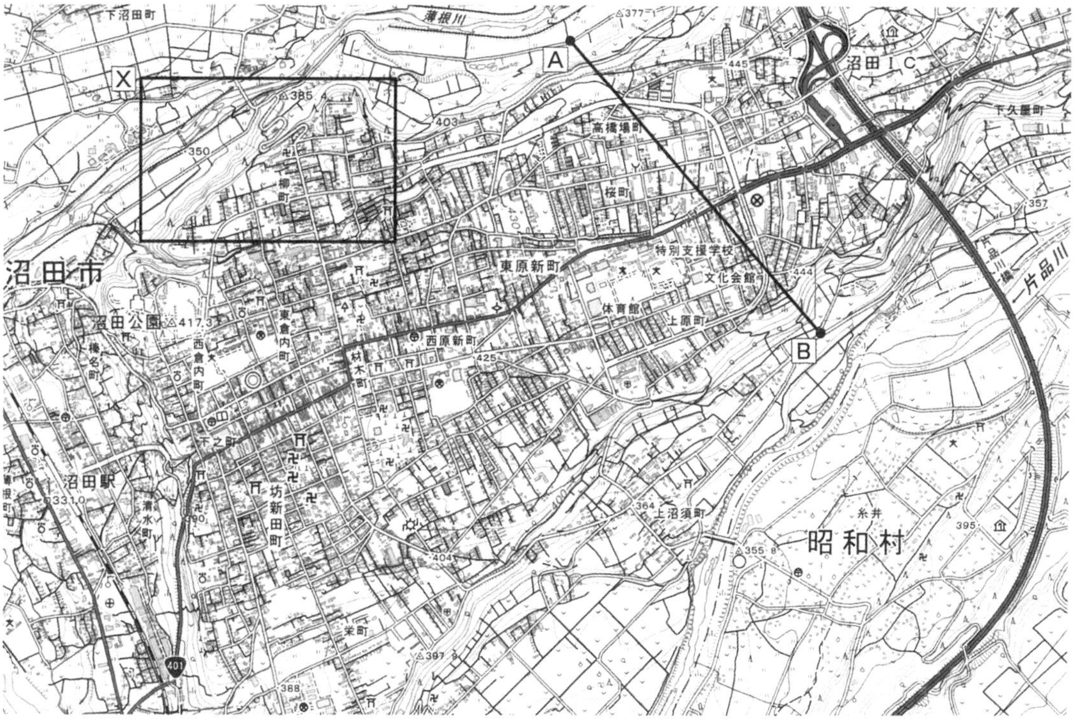

（2万5千分の1地形図「沼田」（2017年）を一部改変）

① 図7から読み取れることを述べた文として<u>適切でないもの</u>を，次の**ア〜エ**から1つ選んで，その符号を書きなさい。

ア 沼田駅は，城跡のある沼田公園より80m以上低い土地にある。

イ 沼田ＩＣから東原新町へ進む国道沿いに警察署がある。

ウ 片品川は北東から南西に向かって流れており，川沿いに市役所がある。

エ 坊新田町付近には神社や寺院が立地している。

② 図7の A − B の断面を示した模式図として適切なものを，次の**ア〜エ**から1つ選んで，その符号を書きなさい。

ア

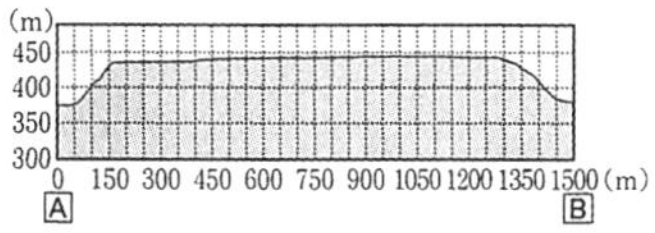

イ

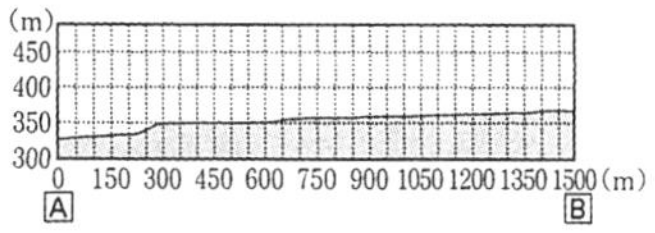

ウ

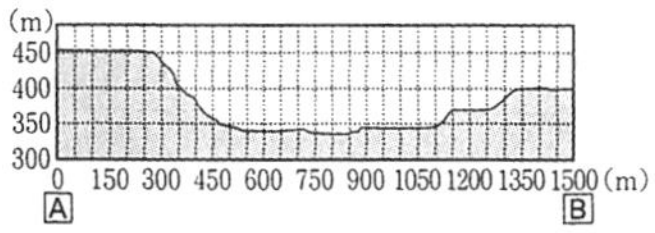

エ

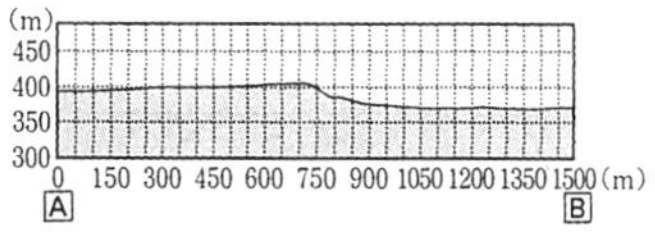

③ 図8は図7の X で示した範囲であり，■ はある災害がおこる可能性が高いところを示している。これについて述べた次の文の i ～ iii に入る語句の組み合わせとして適切なものを，あとの**ア〜カ**から1つ選んで，その符号を書きなさい。

図8

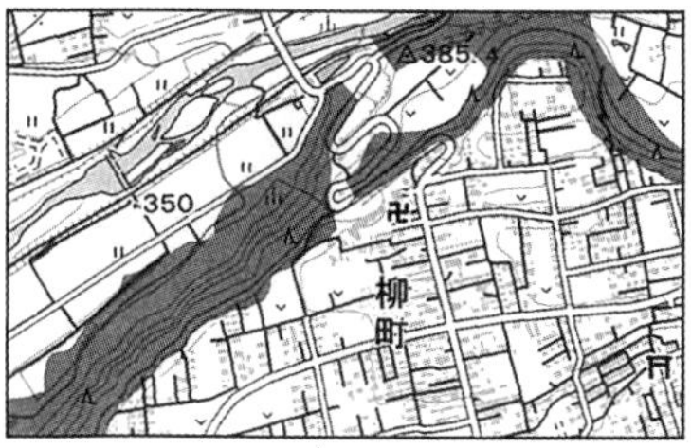

（ハザードマップポータルサイトより作成）

■ で示した土地は i になっており， ii が見られる。ここは，豪雨の際に iii が発生する可能性が高い。

	i		ii		iii	
ア	i	平地	ii	水田	iii	がけくずれ
イ	i	平地	ii	水田	iii	洪水
ウ	i	平地	ii	針葉樹林	iii	洪水
エ	i	急斜面	ii	水田	iii	がけくずれ
オ	i	急斜面	ii	針葉樹林	iii	がけくずれ
カ	i	急斜面	ii	針葉樹林	iii	洪水

Ⅱ　歴史に関するあとの問いに答えなさい。

1　図と，絵の一部である資料１，資料２に関して，あとの問いに答えなさい。

(1)　図に関する次の問いに答えなさい。

①　図に関して述べた次の文X，Yについて，その正誤の組み合わせとして適切なものを，あとの**ア**～**エ**から１つ選んで，その符号を書きなさい。

X　朱雀大路の西側を左京，東側を右京に分けて，張り出すように外京が置かれた。

Y　都の中央部北端には，天皇が住む内裏と政治を行う役所が置かれた。

ア　X－正　Y－正　　**イ**　X－正　Y－誤　　**ウ**　X－誤　Y－正　　**エ**　X－誤　Y－誤

図

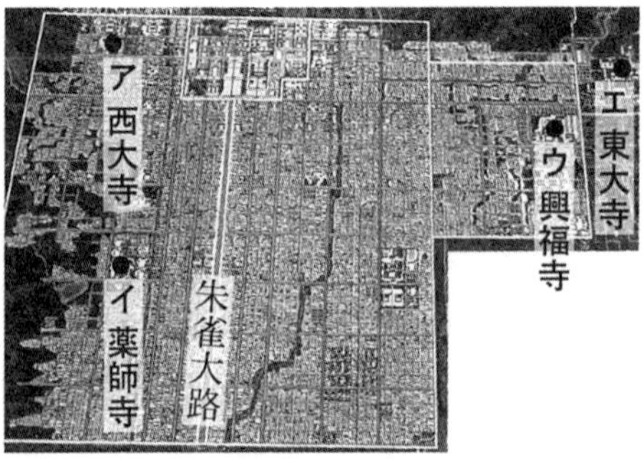

②　この場所が都であった時代に，度重なる遭難で失明したにも関わらず来日し，唐招提寺を開いた僧として適切なものを，次の**ア**～**エ**から１つ選んで，その符号を書きなさい。

ア　行基　　**イ**　鑑真　　**ウ**　最澄　　**エ**　法然

③　源平争乱からの復興時に，運慶らが制作した金剛力士像が納められた寺院として適切なものを，図の**ア**～**エ**から１つ選んで，その符号を書きなさい。

(2)　資料１に関する次の問いに答えなさい。

資料１

①　資料１に関して述べた次の文X，Yについて，その正誤の組み合わせとして適切なものを，あとの**ア**～**エ**から１つ選んで，その符号を書きなさい。

X　町衆が中心となって町ごとに豪華な鉾《ほこ》などを立てる，祇園祭の様子が描かれている。

Y　馬の背に荷を載せて運搬するなど，京都の人や物の往来の様子が描かれている。

ア　X－正　Y－正　　**イ**　X－正　Y－誤　　**ウ**　X－誤　Y－正　　**エ**　X－誤　Y－誤

②　資料１は，室町幕府を滅ぼした人物が入手した絵である。この人物が行ったこととして適切なものを，次の**ア**～**エ**から１つ選んで，その符号を書きなさい。

ア　正長元年以前の借金を，神戸四か郷では帳消しにした。

イ　すべての有力な家臣に，一乗谷に移るように命じた。

ウ　安土の町を楽市として，さまざまな税を免除した。

エ　諸国の百姓が刀・弓・鉄砲などを持つことを，固く禁止した。

(3)　資料２に関する次の問いに答えなさい。

資料２

①　資料２の□に描かれている，将軍の代替わりの際などに来日した使節を何というか，解答欄に合わせて漢字３字で書きなさい。

②　資料２について述べた次の文の［ i ］～［ iii ］に入る語句の組み合わせとして適切なものを，あとの**ア**～**カ**から１つ選んで，その符号を書きなさい。

> 資料２は，将軍が［ i ］の頃の江戸城の様子である。1657年に起きた［ ii ］により，［ iii ］がなくなり，現在もその土台だけが残された状態になっている。

現在の様子

(Google Mapsより作成)

ア　i　家光　ii　火事　iii　天守　　**イ**　i　家光　ii　地震　iii　蔵屋敷

ウ　i　家光　ii　火事　iii　蔵屋敷　　**エ**　i　綱吉　ii　地震　iii　天守

オ　i　綱吉　ii　火事　iii　天守　　**カ**　i　綱吉　ii　地震　iii　蔵屋敷

③　18世紀末になると，江戸の商工業が発達し，19世紀の初めには，江戸中心の町人文化が栄えた。その頃の文化を，元号にちなんで何というか，解答欄に合わせて漢字２字で書きなさい。

2 近代以降の日本の政治や経済の進展に関する文章を読み，あとの問いに答えなさい。

> a開国後の国内経済の混乱は，江戸幕府の滅亡につながった。近代化をめざした日本は，bまず軽工業，次に重工業という2つの段階を経て産業を発展させた。20世紀に入り，ヨーロッパでc第一次世界大戦が始まると，日本経済はさらに飛躍した。この頃の産業の発展に伴い，d社会で活躍する女性も増え，e都市が発達し，文化の大衆化により人々の生活が変化した。

(1) 下線部aに関して，次の文の[i]，[ii]に入る語句の組み合わせとして適切なものを，あとの**ア**～**エ**から1つ選んで，その符号を書きなさい。

> 大老井伊直弼が[i]を結び，欧米諸国との貿易が始まると物価が上昇し，外国との金銀交換比率の違いから，一時的に[ii]が流出して経済が混乱した。

ア i 日米和親条約　ii 金　**イ** i 日米和親条約　ii 銀
ウ i 日米修好通商条約　ii 金　**エ** i 日米修好通商条約　ii 銀

(2) 下線部bに関して，日本の産業革命に関する次の問いに答えなさい。

① 軽工業における主要な産品について述べた次の文[a]，[b]とその産品の組み合わせとして適切なものを，あとの**ア**～**カ**から1つ選んで，その符号を書きなさい。

> [a] まゆから生産され，生産が盛んな地域では飼料の桑も栽培された。
> [b] 植物から生産され，機械を用いた大規模工場で生産されることが多かった。

ア [a]－綿糸 [b]－生糸　**イ** [a]－羊毛 [b]－生糸　**ウ** [a]－生糸 [b]－羊毛
エ [a]－綿糸 [b]－羊毛　**オ** [a]－羊毛 [b]－綿糸　**カ** [a]－生糸 [b]－綿糸

② 図のあ～うは，近代化を支えた工場の場所を示している。このうち，近くの筑豊炭田の石炭を使った製鉄所の場所と，その建設資金の一部を得た外交上の事柄との組み合わせとして適切なものを，次の**ア**～**カ**から1つ選んで，その符号を書きなさい。

ア あ－日清修好条規　**イ** い－日清修好条規　**ウ** う－日清修好条規
エ あ－下関条約　**オ** い－下関条約　**カ** う－下関条約

図

(3) 下線部cに関して，この頃の日本の様子を述べた次の文X，Yについて，その正誤の組み合わせとして適切なものを，あとの**ア**～**エ**から1つ選んで，その符号を書きなさい。

X 大戦中に，工業製品の輸出が拡大し，工業生産額が農業生産額を上回った。
Y 三井・三菱・住友は大戦後に鉱山や工場の払い下げを受けて，財閥となった。

ア X－正 Y－正　**イ** X－正 Y－誤　**ウ** X－誤 Y－正　**エ** X－誤 Y－誤

(4) 下線部dに関して，市川房枝や平塚らいてうが，女性の政治参加などを求めて1920年に設立した団体を，次の**ア**～**エ**から1つ選んで，その符号を書きなさい。

ア 国会期成同盟　**イ** 立憲政友会　**ウ** 青鞜社　**エ** 新婦人協会

(5) 下線部eに関して，次の資料1，資料2は1923年に出された東京郊外の土地を販売した会社の広告の一部と，新聞に掲載された広告の一部である。資料1または資料2から読み取れることを述べた文として適切でないものを，あとの**ア**～**エ**から1つ選んで，その符号を書きなさい。ただし，資料は一部書き改めたところがある。

資料1 大正12（1923）年1月の広告

> 都市の人口過剰とか労働者の生活悪化とかいうような恐《おそ》るべき弊害が生じて参りましたため，これが対応策として労働者の住宅改善という問題が永い間種々攻究されて参ったのであります。（中略）
> この目的に添う住宅地の要件としては私共はおよそ次のことを要求したいと思います。
> 一 土地高燥にして大気清純なること。
> 二 地質良好にして樹木多きこと。
> 三 面積は少なくとも10万坪を有すること。
> 四 1時間以内に都会の中心地に到達する交通機関を有すること。
> 五 電信・電話・電灯・瓦《ガ》斯《ス》・水道等の設備完整せること。

（田園都市株式会社『田園都市案内』より作成）

資料2 大正12（1923）年11月の広告

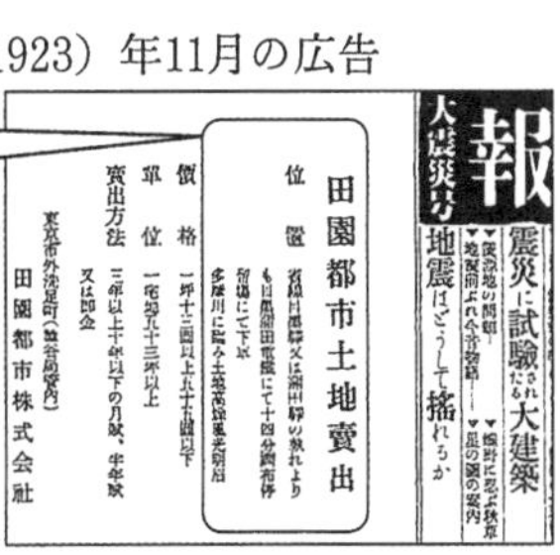

> 田園都市土地売出
> 位置 省線目黒駅又は蒲田《かまた》駅の執《いず》れよりも目黒蒲田電鉄にて十四分調布停留場にて下車
> 多摩川に臨み土地高燥風光明媚《び》

※「省線」は鉄道省（現在の国土交通省）が管理していた鉄道の路線

（『東京日日新聞』より作成）

ア 都市では人口が増加して生活環境が悪化し，住宅改善が問題となっている。
イ 郊外の住宅地が開発され，関東大震災の後にも土地が売り出されている。
ウ 電車を使って，郊外と都市を移動できるようになっている。
エ 郊外の住宅の室内照明として，ガス灯の設置が進められている。

Ⅲ　政治や経済のしくみと私たちの生活に関するあとの問いに答えなさい。

1　所得の再分配に関する文章を読み，あとの問いに答えなさい。

> 政府が行う財政の役割には a所得の再分配がある。日本の社会保障制度は，b日本国憲法第25条に保障されている権利に基づいており，c4つの柱から成り立っている。多くの国でd少子高齢化が進むなかで，世代間の公正の観点に着目して社会保障のしくみを考えていく必要がある。

(1)　下線部aに関して，所得税において所得が多い人ほど高い税率が適用される制度を何というか，解答欄に合わせて漢字4字で書きなさい。

(2)　下線部bの権利を説明した次の文の[i]，[ii]に入る語句の組み合わせとして適切なものを，あとの**ア**～**エ**から1つ選んで，その符号を書きなさい。

> この権利は，[i]の中の最も基本的な権利である生存権で，[ii]を保障している。

ア　i　自由権　　ii　奴隷的拘束及び苦役からの自由
イ　i　社会権　　ii　健康で文化的な最低限度の生活を営む権利
ウ　i　自由権　　ii　健康で文化的な最低限度の生活を営む権利
エ　i　社会権　　ii　奴隷的拘束及び苦役からの自由

(3)　下線部cに関して，次の表に関するあとの問いに答えなさい。

①　表の**A**～**D**と次に示す社会保障の内容の組み合わせとして適切なものを，あとの**ア**～**カ**から1つ選んで，その符号を書きなさい。

> あ　生活環境の改善や感染症の予防などで国民の健康と安全を保つ。
> い　高齢者や児童など社会的弱者に支援サービスを提供する。

ア　あ－A　い－B　　**イ**　あ－A　い－C
ウ　あ－B　い－C　　**エ**　あ－C　い－B
オ　あ－C　い－D　　**カ**　あ－D　い－C

表

4つの柱
A　社会保険
B　公衆衛生
C　社会福祉
D　公的扶助

②　社会保障について説明した次の文の[i]，[ii]に入る語句の組み合わせとして適切なものを，あとの**ア**～**エ**から1つ選んで，その符号を書きなさい。

> 社会保障には，介護保険制度のように加入が[i]，前もって保険料を納めることで社会全体でリスクを分担するしくみや，政府が税金等を財源として生活を保障する[ii]のしくみがある。

ア　i　義務づけられており　　ii　公助
イ　i　義務づけられており　　ii　共助
ウ　i　義務づけられてはいないが　　ii　公助
エ　i　義務づけられてはいないが　　ii　共助

(4)　下線部dに関して，次のような総人口が常に100万人の国で，65歳以上の高齢者の生活を15～64歳の人々が支えることとした場合，このモデルを説明した文あ～おのうち，正しいものの組み合わせとして適切なものを，あとの**ア**～**カ**から1つ選んで，その符号を書きなさい。

【50年前】	**【現在】**
15～64歳人口 69万人　65歳以上人口 7万人	15～64歳人口 59万人　65歳以上人口 29万人

あ　50年前と比べて，現在は65歳以上の人口割合が高く，15～64歳の人々が約5人で65歳以上の高齢者1人を支えていることになる。
い　50年前と比べて，現在は65歳以上の人口割合が高いが，15～64歳の人々が65歳以上の高齢者1人を支える割合に変化はない。
う　50年前は，現在と比べて15～64歳の人口割合が高く，15～64歳の人々が約2人で65歳以上の高齢者1人を支えていたことになる。
え　50年前は，現在と比べて15～64歳の人口割合が高く，15～64歳の人々が約10人で65歳以上の高齢者1人を支えていたことになる。
お　50年前と比べて，現在は15～64歳の人口割合が低く，15歳未満の人口割合も50年前と比べて約半分になっている。

ア　あ・え　**イ**　あ・お　**ウ**　い・う　**エ**　い・お　**オ**　う・え　**カ**　え・お

(5) 次のA～Cの政策を小さな政府と大きな政府に分類した時の組み合わせとして適切なものを，あとの**ア**～**エ**から１つ選んで，その符号を書きなさい。

A　政府の税収を増やす。
B　国民の税の負担を軽くする。
C　政府が充実した社会保障や公共サービスを提供する。

ア　小さな政府－A・C　　大きな政府－B
イ　小さな政府－A　　大きな政府－B・C
ウ　小さな政府－B・C　　大きな政府－A
エ　小さな政府－B　　大きな政府－A・C

2　次の文章に関するあとの問いに答えなさい。

インターネットによる大量の情報の送受信が可能となり，a情報化が進展する一方で，b知的財産を保護する重要性も増している。また，多くの情報を蓄積し，瞬時に情報を処理するコンピュータにはc半導体が用いられており，先端技術の分野で企業間の競争も激しくなっている。

(1) 下線部aに関して，情報通信技術が発達する中で，情報を正しく判断して活用する力を何というか，次の**ア**～**エ**から１つ選んで，その符号を書きなさい。
ア　情報リテラシー　**イ**　マイクロクレジット　**ウ**　バリアフリー　**エ**　クラウドファンディング

(2) 下線部bに関して，次の問いに答えなさい。

① 知的財産権の説明として適切なものを，次の**ア**～**エ**から１つ選んで，その符号を書きなさい。
ア　個人情報が本人の意思に反して利用，公開されない権利。
イ　臓器提供などの際に自己決定する権利。
ウ　国や地方公共団体がどのような活動をしているかを知る権利。
エ　著作物や意匠（デザイン）など新しいアイデアに関する権利。

② 次の文の[i]～[iii]に入る語句の組み合わせとして適切なものを，あとの**ア**～**カ**から１つ選んで，その符号を書きなさい。

企業は，新たな特徴を持った商品を開発する[i]により，高性能な商品を提供しようと競争するので消費者に利益を与えることになる。健全な競争を保つために[ii]が制定されており，公正取引委員会が監視している。一方で，ある企業の技術が特許として認められると，[iii]ため，対立がおきる場合もある。

ア　i　技術革新　ii　製造物責任法　iii　国や地方公共団体が市場価格を決める
イ　i　規制緩和　ii　製造物責任法　iii　国や地方公共団体が市場価格を決める
ウ　i　技術革新　ii　独占禁止法　iii　国や地方公共団体が市場価格を決める
エ　i　規制緩和　ii　製造物責任法　iii　他の企業は自由にその技術を使えない
オ　i　技術革新　ii　独占禁止法　iii　他の企業は自由にその技術を使えない
カ　i　規制緩和　ii　独占禁止法　iii　他の企業は自由にその技術を使えない

(3) 下線部cに関して，次の問いに答えなさい。

① 世界の半導体をめぐる変化を示した資料１に関して述べた文X，Yについて，その正誤の組み合わせとして適切なものを，あとの**ア**～**エ**から１つ選んで，その符号を書きなさい。

資料１

【1980年代】	【近年】
世界市場占有率(1988年) 日本 50.3%　アメリカ合衆国 36.8% アジア(日本以外) 3.3%	世界市場占有率(2019年) 日本 10.0%　アメリカ合衆国 50.7% アジア(日本以外) 25.2%
用　途　電気製品の一部品	用　途　デジタル製品の制御

（経済産業省ホームページより作成）

X　1980年代の半導体の生産は，日本とアメリカ合衆国の寡占状態だったが，近年はアジア（日本以外）での生産も盛んになってきた。

Y　近年は，日本の半導体分野での世界市場占有率が高くなり，デジタル化の進展と国際環境の変化により，半導体の必要性も高まっている。

ア　X－正　Y－正　　**イ**　X－正　Y－誤　　**ウ**　X－誤　Y－正　　**エ**　X－誤　Y－誤

②　資料2 ～ 4について説明した次の文の［ i ］～［ iii ］に入る語句の組み合わせとして適切なものを，あとの**ア～カ**から1つ選んで，その符号を書きなさい。

> 2019年から2020年にかけて，パソコン（ノート型）もパソコン（デスクトップ型）も［ i ］が20%以上大きく落ち込んでいる。この時の［ ii ］の消費者物価指数が下がっているのは，［ iii ］ことが要因の1つと推測される。

ア	i	国内生産台数	ii	パソコン(ノート型)	iii	需要量が供給量を上回っている
イ	i	国内販売台数	ii	パソコン(デスクトップ型)	iii	需要量が供給量を上回っている
ウ	i	国内生産台数	ii	パソコン(ノート型)	iii	供給量が需要量を上回っている
エ	i	国内販売台数	ii	パソコン(ノート型)	iii	供給量が需要量を上回っている
オ	i	国内生産台数	ii	パソコン(デスクトップ型)	iii	需要量が供給量を上回っている
カ	i	国内販売台数	ii	パソコン(デスクトップ型)	iii	供給量が需要量を上回っている

資料2　国内生産台数

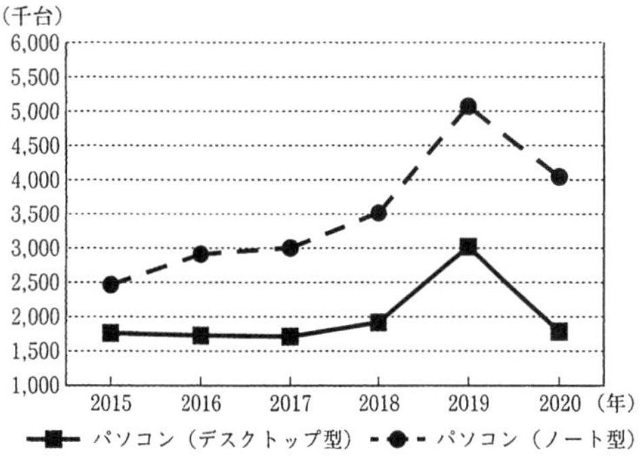

（『生産動態統計年報』より作成）

資料3　国内販売台数

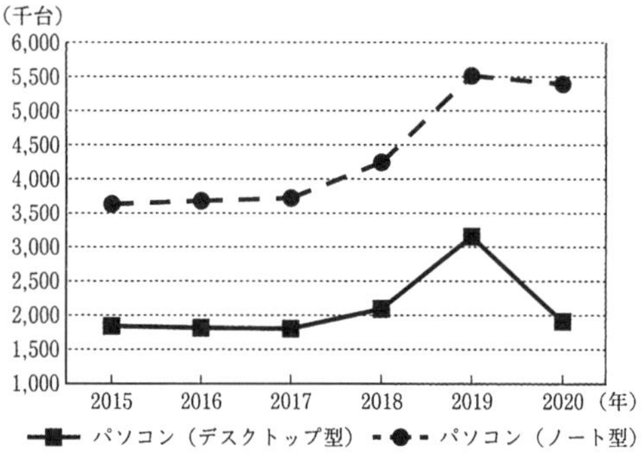

（『生産動態統計年報』より作成）

資料4　消費者物価指数　消費者物価指数は2015年を100とした時の数値

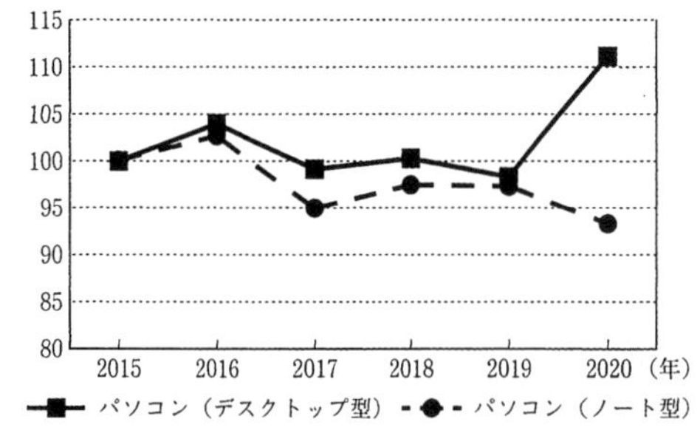

（総務省ホームページより作成）

③　ある物に価格がつくのは，人間が求める物の量に対して，生産することができる商品の量が限られているからである。このことを説明した次の文の［　　］に共通して入る語句を，解答欄に合わせて漢字2字で書きなさい。

> 一般に，地球上に大量にある空気の［　　］は低いので，価格がつかないが，宇宙旅行をする人にとって，宇宙空間の空気は［　　］が高く，高価になる。

Ⅲ 〔　点〕	1 〔　点〕	(1)		制　度
		(2)		
		(3)	①	
			②	
		(4)		
		(5)		
	2 〔　点〕	(1)		
		(2)	①	
			②	
		(3)	①	
			②	
			③	性

1．２点×６
2．３点×６